QUATRIÉME PARTIE

DIVISEE

EN DEUX SECTIONS;

LA PREMIERE CONTENANT,

LES PRIVILEGES,

FRANCHISES ET LIBERTEZ

DE LA PROVINCE

DE BRETAGNE.

LA SECONDE

CONTENANT,

LES DROITS, IMMUNITEZ,

EXEMPTIONS ET PRIVILEGES

DE LA CHAMBRE DES COMPTES

DE BRETAGNE.

A NANTES.

De l'Imprimerie de la Veuve d'ANDRE' QUERRO, Imprimeur ordinaire du Roy, & de Nosseigneurs de la Chambre des Comptes en Bretagne.

M. DCC. XXII.

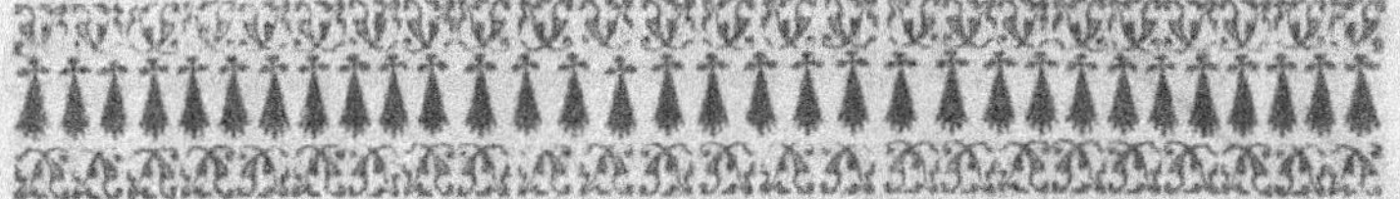

TABLE
DES EDITS, ARRESTS
ET REGLEMENS
CONTENUS EN CE VOLUME.

QATRIE'ME PARTIE.
SECTION PREMIERE.

Affaires concernant la Province.

TABLE

SECTION II.

Privileges de la Chambre.

DECIMES.

BAN ET ARRIERE-BAN.

TAILLES.

FRANC-SALE.

Douze Privileges.

DES CHAPITRES.

CHAPITRE II.

§. PREMIER.

Contenant les Privileges particuliers à la Chambre des Comptes de Bretagne.

REUNION DU DOMAINE.

Droit de Nomination aux Charges de Payeur des Gages, Garde & Huissiers appartenant à la Chambre.

§. III.

NOBLESSE.

Exemption de Nomination à Tutelle, & exemption de Taxes & Impositions mises & à mettre.

Droit de Committimus *aux Requêtes du Palais.*

Exemption des Droits Seigneuriaux sous le Fief du Roy.

§. IV.

Rang & Préseance.

Arrest

DES CHAPITRES.

§. V.

Exemption des Droits Seigneuriaux.

§. VI.

Exemption de Subsides.

§. XIII.

Droit de Jettons à l'avenement des Ducs de Bretagne à la Couronne.

§. XIV.

Brieux ou Congez pour la Mer.

Fin de la Table de la quatriéme Partie.

OBSERVATIONS

SUR

LES PRIVILEGES

DE LA PROVINCE

DE BRETAGNE.

AVANT de mettre icy les Privileges & Usages de la Province, il ne sera pas inutile de rapporter sur cela le sentiment d'un Auteur moderne, qui dit dans son discours préliminaire de son Histoire Critique de l'établissement des Bretons dans les Gaules, que ce qu'on appelle Libertés, Franchises & Privileges de la Province de Bretagne, ne sont que des graces purement arbitraires que les Bretons tiennent de la liberalité de nos Rois, & qu'ils n'ont obtenuës que pour autant de temps qu'ils demeureront dans la fidelité qu'ils doivent à leur Prince, *in fidelitate & devotione permansuris*, comme il est porté, dit-il, dans la Chartre de Filippe le Bel de l'an 1196. On ne conteste pas que des Sujets ne meritent la conservation de leurs Privileges, qu'autant qu'ils demeurent fideles & attachés à leur Souverain : C'est le sens de la Chartre citée par l'Auteur ; mais la consequence qu'il en tire n'est pas juste (que nos Privileges sont des graces purement arbitraires & accordées à certaines conditions) Car quoique la fidelité dans le Sujet soit une condition necessaire pour obtenir du Prince la conservation des graces anciennes, aussi bien que pour en meriter de nouvelles, il y a néanmoins bien de la difference entre conserver les Privileges à ceux qui sont en possession d'en joüir, & en accorder de nouveaux. Peut-on douter que chaque Païs & chaque Etat n'ait ses Usages & ses Privileges fondés sur des traditions anciennes, qui par le consentement de toute une Nation, la permission & l'autorité du Souverain, & la possession non interrompuë, ont acquis force de Loy.

Or il est certain qu'avant l'union du Duché de Bretagne à la Couronne de France, les Sujets joüissoient de certains Privileges que les Ducs à leur avenement à la Couronne avoient coûtume de reconnoître & de confirmer, avant d'être reconnus pour Ducs. Les Ducs l'ont souvent avoüé & reconnu dans les Assemblées des Etats, comme on le verra dans la Succession Chronologique des Ducs de Bretagne, qui sera jointe à la quatriéme Partie de ce Recueil : mais quand même les Histoires n'en feroient pas mention, il n'en faut point d'autres preuves que la confirmation qu'en ont faite nos Rois lorsqu'ils sont venus à la possession de ce Duché. Charles VIII. les confirma par son Contrat de Mariage avec Anne de Bretagne le 16 Decembre 1491 par la Declaration du 4 Juillet 1492, par son Edit du mois de Novembre 1493, & par ses Lettres du 16 Janvier 1494 données sur la Remontrance des Gens des trois Etats. Loüis XII. les confirma pareillement par son Contrat

de Mariage avec la même Reine du mois de Janvier 1498 & François I.
mari de Claude de France heritiere de Bretagne, fille de Louis XII. & de
la Reine Anne, en donna aussi son Edit au mois d'Août 1532, par lequel, à
la priere & requisition des Etats du Païs assemblés à Vannes en la même année, il unit la Bretagne à la Couronne de France, & en consequence confirma leurs Privileges par Edit du mois de Septembre de la même année.
Henry II. les confirma encore par son Edit du mois de Juin 1579, donné
sur la Remontrance des Etats de la Province, & ordonna entr'autres choses:
*Qu'avenant qu'il se presente aucunes Lettres ou Edits en la Cour de Parlement ou ail-
leurs, préjudiciables aux Privileges & Libertés du Païs, les Etats ou leur Procureur Syndic pourront se pourvoir par opposition & voye accoûtumée, a bons & loyaux sujets per-
mises en Justice, nonobstant tout ce qui en pourroit avoir été fait au contraire.* Tous ces
Edits portent: *Avons continué & confirmé, loué & approuvé; & par la teneur de ces
presentes de nôtre grace speciale, pleine puissance & autorité Royale & Ducale, confirmons,
continuons, loüons, ratifions & approuvons tous & chacuns lesdits Privileges, Exemptions, Franchises & Libertés à eux octroyés & concedés par nos predecesseurs Ducs de Bretagne, & dont ils ont cy-devant joüi en chacun desdits Etats.* Si l'Auteur avoit lû
ces Titres, il n'auroit pas avancé que tous nos Privileges ne font que des
graces purement arbitraires de la liberalité de nos Rois, puisqu'ils ont bien
voulu reconnoître qu'ils avoient été anciennement concedés par les Ducs leurs
prédecesseurs audit Duché. Il est vrai que cette confirmation est une marque
de leur bonté, mais elle n'est pas moins l'effet de leur justice; rien n'em-
pêche que ce qui est grace en un sens, ne soit une justice en un autre sens.
Nous sommes bien aises de tenir de la bonté de nos Rois la conservation de
nos Privileges; & bien loin que cette idée de Franchise & de Privileges diminuë
la soumission & l'amour respectueux que nous avons pour leur personne sa-
crée, elle nous y attache par un double lien, lorsque joüissant des avantages
de l'union à la Couronne de France, que nos peres ont si sagement demandée, nous nous retrouvons sous l'autorité de nos Rois dans les mêmes Droits
& Privileges que ceux dont nous joüissions sous le gouvernement de nos Ducs.

Ce que dit l'Auteur Critique sur le sujet de nos Privileges, est une suite
de son systême sur la vassalité & dépendance prétenduë de nos premiers Princes Bretons, auxquels il a entrepris de ravir l'honneur de la Souveraineté originaire. Il n'est pas de nôtre sujet de refuter cette erreur, d'autres le feront
mieux que nous; il suffit de dire que l'établissement des Princes Bretons en
Armorique étant aussi ancien, à quelques années près, que celui de la Monarchie de France dans les Gaules, il n'est pas possible que celle-cy ait pû
se soumettre l'autre dans un temps où elle ne faisoit que de naître: car on
ne met l'entrée des Francs dans les Gaules qu'en l'année 418 ou 20, selon
Mezerai, & l'établissement des Princes Bretons dans l'Armorique est, selon le
systême de Geoffroy Archidiacre de Montmouth (que Pierre le Baud & d'Argentré ont suivi) dès l'an 383, lors du passage de Maxime dans les Gaules;
ou selon le sentiment de l'Auteur de la nouvelle Histoire de Bretagne en
458. Or en ces temps-là les François étoient encore au-delà du Rhin; ils
avoient fait du temps de Faramond (que nous regardons comme le pere & la tige
de la Nation Françoise) tous leurs efforts pour le passer, mais les Romains
qui étoient encore maîtres d'une partie des Gaules, les avoient repoussés en
418, & leur avoient même ôté les terres qu'ils leur avoient données.

Mezerai nous apprend que Clodion successeur de Faramond étoit encore au-
delà du Rhin au commencement de son regne qui fut en 428, & qu'il ne le
passa qu'en 431, mais qu'il fut repoussé & rechassé par le General Aétius:
que quelques années après, sçavoir, en 437 il passa encore le Rhin & se rendit
maître de Cambrai & de quelques autres Places aux environs: qu'en 447 il

étoit encore en Artois, d'où il s'élargit jufqu'à la Riviere de Somme, ayant pris la Ville d'Amiens dont il fit fon Siége Royal, qui fut auffi celuy de Meroüé fon fucceffeur : qu'en 451 l'Empereur Valentinien III. ayant fait maffacrer Aétius, le feul qui par fa valeur & fon experience dans la guerre, foûtenoit l'Empire ébranlé & entamé de tous côtés ; & cet Empereur ayant été tué lui-même l'année fuivante par les amis de ce grand Capitaine, Genferic Roi des Vandales fe fervit de l'occafion pour s'emparer de l'Empire d'Occident : ainfi Meroüé, & après lui Childeric fon fils, eurent le temps propre pour étendre leur limites. Meroüé prit d'un côté toute la Germanie premiere, qui eft le territoire de Mayence, & de l'autre la partie de la Belgique feconde, qui eft la Picardie avec la Normandie, & prefque toute l'Ifle de France. Il mourut en 458, qui eft, comme on l'a dit, l'époque de l'établiffement de Riwal premier Prince Breton, en la partie occidentale de l'Armorique.

Childeric Roi IV. des François, qui fucceda à fon pere en 458, comme on vient de le dire, abufant de fon autorité, il fe forma une confpiration contre lui. Gillon maître de la Milice des Romains fut mis en fa place, comme un homme qui étoit en reputation de fageffe & de probité ; mais Childeric fut rappellé en 468 par les intrigues de fes amis. Depuis ce temps jufques en 481 il conquit le Païs de Tréves, de Cologne & de la Lorraine ; puis traverfant la Champagne, qui demeura encore quelque temps ferme dans l'obéiffance des Romains, il fe rendit Maître de Beauvais, de Paris & des Villes fur l'Oife & fur la Seine, c'eft-à-dire, de l'Ifle de France, les peuples facilitant eux-mêmes ces conquêtes en fe donnant aux François, pour fe delivrer des concuffions des Magiftrats Romains qui les avoient reduits à chercher leur falut dans la ruine de l'Etat. Clovis fils de Childeric luy fucceda en 481. Il n'eft pas plûtôt fur le Trône, qu'il entrepend la guerre contre Siagrius fils de Gillon qui avoit été mis en la place de fon pere Childeric. Il le défait prés de Soiffons dont il fe rend maître, ainfi que de Rheims, de Provins, de Sens, de Troyes, d'Auxerre & de toutes les autres Places aux environs. Ces conquêtes acheverent d'ôter aux Romains tout ce qui leur reftoit dans les Gaules.

Clovis fut, comme on fçait, le premier Roi des François qui reçût le Baptême ; ce fut le jour de Noël de l'an 496 en l'Eglife de Rheims ; trois mille de fes Sujets defcendirent après lui dans les Eaux facrées du Baptême, ce qui rendit en peu de temps la France Chrétienne. Le zele du Chriftianifme ne ralentit pourtant pas l'ardeur guerriere de ce Prince, il luy prit envie de fubjuguer les Armoriques d'entre la Seine & la Loire ; mais n'ayant pû y réuffir, il le fit en l'année 503 une Confederation entre les François & les Armoriquains. Les garnifons Romaines n'étant plus capables de fe maintenir, leur remirent les Places entre les mains : ainfi Clovis & les Bretons demeurerent paifibles, ce qui leur donna lieu de s'affermir paifiblement dans les Païs dont ils étoient en poffeffion. La victoire que Clovis remporta en 507 fur Alaric Roi des Vifigoths, Arien, à cinq ou fix lieuës de Poitiers, lui donna moyen d'étendre fa domination en Poitou, dans l'Auvergne, la Xaintonge & les trois Aquitaines. Il mourut à Paris le 26 Novembre de l'an 511.

Nous pourrions pouffer plus loin l'Hiftoire de ces temps-là, mais ce que nous venons d'en rapporter (que nous avons tiré de Mezerai dans fon Hiftoire de France, & qu'il a tiré lui-même de Procope Hiftorien Grec qui vivoit fous l'Empire de Juftinien dans le fixiéme fiécle, Auteur de l'Hiftoire des Goths & des Vandales) fuffit pour faire voir que nos premiers Princes Bretons n'étoient foumis à aucune Puiffance ; car s'ils en avoient reconnu quelqu'une fuperieure à la leur, ce n'auroit pû être que celle des Romains ; mais cet Empire étoit alors fi affoibli, qu'il n'étoit plus en état de s'oppofer à l'établiffement de la Nation Bretonne dans l'Armorique, & les François, comme on vient de le voir sous le regne de Clovis, en étoient encore bien éloignés.

L'Auteur critique apporte en cet endroit le témoignage de Gregoire de Tours, le premier des Historiens de France, qui a tenu le Siége de l'Eglise de Tours depuis l'an 572 jusqu'en 594, qui dans son Histoire dit que les Bretons ont toûjours été soumis à la puissance des Rois de France après la mort de Clovis, & que leurs Chefs ont été appellés Comtes & non pas Rois.

Pour répondre à l'autorité d'un Historien aussi respectable que Gregoire de Tours, il faut se rappeller l'état où étoit la France après la mort de Clovis. Ce Prince avoit laissé quatre fils qui partagerent le Royaume en quatre parts, Childebert premier qui regna en Neustrie, il avoit établi son Siége à Paris; Clotaire qui fut Roi de Soissons; Thiery de l'Austrasie à Metz; & Clodomir Roy d'Orleans. L'Austrasie comprenoit tout ce qui est entre la Meuse & le Rhin; & même en deça de la Meuse, Rheims, Châlons, Cambray & Laon; de plus, l'ancienne France & tous les Peuples subjugués au-delà du Rhin, comme les Bavarois, les Allemans & autres. La Neustrie s'étendoit depuis la Meuse en deça jusqu'à la Loire. L'Aquitaine n'étoit pas comprise sous le nom de France, ni la Bourgogne même lorsqu'elle eut été conquise, ni la Bretagne Armorique, au moins la basse, *parce que c'étoit un Etat indépendant*; ce sont les propres termes de Mezeray dans son Histoire.

Tome 1. page 61. de l'Abregé.

L'autorité de cet Historien qui rapporte ce que nous venons de dire, est d'autant plus considerable en cette occasion, qu'elle s'accorde avec la vrai-semblance: car est-il croyable que la France divisée comme elle étoit sous les enfans & les petits-fils de Clovis, eut été en état de faire la conquête de l'Armorique, qui étoit un Etat aussi puissant à peu prés, que celuy de ces quatre Rois, chacun à part.

Le témoignage de Gregoire de Tours doit-il être préferé en cela à celui de tous nos Historiens qui déposent le contraire. Pierre le Baud Doyen de S. Tugdual de Laval, Conseiller & Aumônier de la Duchesse Anne, composa son Histoire de Bretagne par les ordres de cette Princesse en l'année 1498; & pour lui donner les moyens de la faire d'une maniere qui pût satisfaire le Public, elle lui fit expedier des Lettres pour avoir communication de tous les Titres des Chapîtres & Abbayes, des Communautés & des Archives de Bretagne. Pierre le Baud s'acquitta de sa commission avec tout le soin, l'exactitude & la sincerité possible. Tous les Sçavans qui ont loüé son ouvrage, & qui le loüent encore à present, conviennent qu'en fait d'histoire on n'en peut avoir une plus sure ni plus autentique. On a donc raison de l'opposer à Gregoire de Tours, qui par une prévention pour sa nation, assez ordinaire aux Historiens, l'a pû porter à avancer ces faits sur de legeres conjectures, & sans avoir approfondi l'origine de la Nation Bretonne.

Néanmoins pour concilier Gregoire de Tours avec Pierre le Baud & avec Mezeray, on peut dire avec le premier, que les Villes de Rennes, de Nantes & de Vannes, étoient sous la domination des François dans le commencement de l'établissement des Bretons en Armorique, & que ceux-cy ne s'en rendirent maîtres que vers le milieu du neuviéme siécle, sous le regne de Charles le Chauve; & on peut dire avec les seconds que le reste de la Bretagne (que le Baud appelle Bretons bretonnans, qui sont les bas Bretons, pour les distinguer des hauts Bretons, qui sont les Habitans de Rennes & de Nantes) ont été indépendans dans leur origine, c'est-à-dire, qu'ils n'ont été soumis qu'à leurs Princes particuliers, qui dans les commencemens ont pris le Titre de Comtes, puis de Rois, & enfin de Ducs; & toûjours avec une autorité souveraine & indépendante de toute autre puissance, & cela s'accorde avec les Auteurs qui ont écrit dans ces temps-là. Celui qui a écrit les Actes de Saint Vinoch, l'un de nos Saints Bretons, dit: que du temps de Clotaire, c'est-à-dire vers l'an

360 ou 62, Riwal étoit maître de toute la Bretagne. *Hic autem Rivalus à transmarinis Britanniis veniens cum multitudine navium possedit totam minorem Britanniam, tempore Clotarii Regis Francorum, qui Clodovei Regis filius extitit.* Nôtre Auteur critique prétend trouver en ces termes l'époque de la prétendue concession de la petite Bretagne faite par Clotaire à nos premiers Bretons; mais on n'y voit rien d'approchant, si ce n'est à la faveur d'une paraphrase que cet Auteur prête au texte, qui ne dit point, comme il lui fait dire, que Clotaire avoit bien voulu recevoir nos Bretons en ses Etats, & leur donner la Bretagne pour y faire leur établissement, mais seulement qu'ils étoient maîtres de toute la Bretagne sous le commandement de Riwal leur Souverain au tems de Clotaire, & cela est conforme à ce qui est rapporté dans les Annales de Loyjel Auteur Breton, qui dit que ce fut sous le regne de Charles Magne que les François se rendirent maîtres de la petite Bretagne, ce qui ne leur étoit point encore arrivé. *Tota Britannorum Provincia quod nunquam antea à Francis factum fuerat, à Francis subjugata est.* Le Comte Guy (dit cet Historien) qui commandoit dans la marche de Bretagne, parcourut toute la Province avec d'autres Comtes ses collegues; toute la Province se soumit, & il presenta au Roy à son retour de la Saxe, les armes des Chefs qui s'étoient rendus, avec les noms de ces Commandans écrits sur leurs armes. Les Chefs, le Peuple & la Terre même, furent livrez à ces Comtes, & toute la Province des Bretons fut soumise par les François, ce qu'ils n'avoient point encore fait: *totam perlustrans Provinciam in ditionem accepit.* Il n'est pas étonnant qu'un des plus puissans Princes qui ayent regné en France, & un des plus grands Empereurs, ait soumis par la force des armes un petit Souverain, dont les forces n'étoient pas capables de tenir contre celles du plus puissant Prince qui fut alors; car on ne peut pas entendre le mot *subjecit* en un autre sens que d'une conquête faite par la force des armes; & ce que cet Annaliste ajoûte, que cela n'étoit point encore arrivé aux Bretons, *quod nunquam antea à Francis factum fuerat,* est une preuve incontestable qu'avant cette conquête, les François n'avoient aucune autorité en Bretagne.ad. an. 799.

A cette preuve positive j'en joins une autre qui, quoique négative, ne laisse pas d'avoir sa force. C'est que quand Clovis fit assembler le premier Concile d'Orleans en 511, il y fit venir tous les Evêques du Païs dépendant de son obéïssance, parmi lesquels on trouve un *Melanius* Evêque de Rennes, *Modeste* Evêque de Vannes & un *Epiphanius* Evêque de Nantes, mais on n'y en trouve pas un seul du reste de la Bretagne, ce qui fait voir qu'il y avoit en Bretagne des Evêques indépendans de Clovis; car de dire, comme le prétend l'Auteur critique, qu'il n'y avoit point encore d'Evêques Bretons établis en ces Païs-là, c'est contester l'existance d'un grand nombre de saints Evêques qui ont gouverné ces Eglises Bretonnes, & dont les Legendaires ont conservé les noms. Car quoiqu'ils ayent quelquefois mêlé la fable avec la verité, pour embellir l'histoire de leurs Saints, suivant l'usage de ces tems-là, leur existance n'en est pas moins certaine: comme celle de S. Paul compagnon & contemporain des saints, Gildas, Tugdual, Samson, Magloire & Malo qui passerent de la grande Bretagne en la petite, & aborderent au Païs de Leon, dont saint Paul fut Evêque.

Ce n'est pas d'aujourd'huy qu'on a attaqué la Souveraineté de nos premiers Princes Bretons; Monsieur l'Abbé de Vertot qui vient de donner au Public son histoire critique de l'établissement des Bretons dans les Gaules, où il prétend prouver contre le Pere Lobineau dans sa nouvelle histoire de Bretagne, leur dépendance originaire des Rois de France, nous apprend luy-même qu'en 1619, Vignier fit un livre contre d'Argentré pour prouver que nôtre petite Bretagne fut assujettie à la Couronne de France sous le regne de Clovis, parce qu'on voit que ce Prince étoit déja maître des Villes de Rennes, de Nantes & de Vannes: mais s'ensuit-il de là que toute la Bretagne ait reconnu Clovis

B

pour son Souverain : S'ensuit-il que parce que nos Rois sont maîtres des Villes de Metz, Toul & Verdun, toute la Lorraine leur soit assujettie ? On conclud bien du tout à la partie, mais non pas de la partie au tout ; voilà pourtant le principal fondement sur lequel Vignier a bâti son système de la prétendue dépendance des premiers Princes Bretons de la Couronne de France, & qui est aussi celuy de Monsieur l'Abbé de Vertot. Qu'il nous dise donc pourquoy ces Princes qui tenoient, comme il le prétend, tout ce qu'ils possedoient de la liberalité des Rois de France, qui avoient bien voulu, dit-il, les recevoir en leurs Etats, & leur donner la petite Bretagne à cultiver ; pourquoy, dis-je, ils ont été si long-tems sans en rendre hommage à leur Seigneur & bienfaiteur ? Est-il croyable qu'ils ayent reçu une si grande étenduë de terre, sinon à titre de féodalité & de ligence ? Ils ont donc dû en faire hommage dès leur établissement. Nous ne voyons pourtant pas par nos histoires qu'ils l'ayent fait avant l'année 1202. Ce fut le jeune Duc Artur fils de Constance qui le rendit le premier au Roi Philippe Auguste, contraint par la necessité de ses affaires, & afin de se menager un secours contre Jean Sans-Terre son oncle & son ennemi déclaré, lequel ayant usurpé sur son neveu le Royaume d'Angleterre, vouloit encore le dépouiller du Duché de Bretagne.

Pierre de Dreux, surnommé Mauclerc, Prince de la Maison de France, qui étoit arriere-petit-fils de Louis le Gros, vint au Duché de Bretagne en 1211, par son mariage avec Alix de Bretagne fille de Guy de Touars & de Constance. Le Roi Philippe qui étoit le maître de donner Alix au jeune Comte de Pentievre à qui elle avoit été promise, ou à Pierre de Dreux, préfera celui-cy à l'autre pour deux raisons : la premiere, pour gratifier un Prince de la Maison de France ; la seconde, pour se faire un vassal de la fidelité duquel il pût être sûr. Alix, comme on vient de le dire, avoit été promise en mariage à Henry d'Avaugour Comte de Pentievre : cette alliance avoit été approuvée & désirée par les Etats de la Province, parce que ce jeune Seigneur réünissoit en sa personne tous les droits au Duché de la branche aînée & de la cadette. Il étoit sorti depuis deux cens ans de celle qui étoit sur le Trône : les Bretons jugerent qu'il n'y avoit pas de meilleur moyen de terminer les differends qui depuis quatre ou cinq generations armoient les Ducs contre la branche d'Avaugour, que de faire épouser l'heritiere de Bretagne à l'heritier d'Avaugour. On jetta donc les yeux sur Henry, tout enfant qu'il étoit, pour en faire l'époux d'Alix ; le Contrat en fut dressé à Paris en presence du Roi Philippe. Mais ce Prince considerant depuis, que le Comte de Pentievre devenu Duc de Bretagne, seroit trop puissant, & que l'esprit d'indépendance naturel à sa Maison, seroit soûtenu par les Bretons qui n'étoient pas accoûtumez à la domination Françoise, crut qu'en donnant à l'heritiere de Bretagne un Prince du Sang de France accoûtumé à se regarder comme Vassal de la Couronne, il auroit moins de peine à reconnoître son autorité, qu'un Prince dont les ancêtres n'avoient jamais relevé de personne. Un Prince cadet de la Maison de Dreux, comme Pierre Mauclerc, à qui le mariage d'Alix apportoit une Seigneurie si considerable, n'avoit garde de refuser la condition que Philippe exigea de luy avant de luy donner l'heritiere de Bretagne, qui fut de luy en rendre hommage comme il fit à Paris le 27. Janvier 1213.

Ces exemples qui prouvent que les Ducs de Bretagne ont quelquefois rendu hommage aux Rois de France lorsqu'ils y ont été contraints par la necessité de leurs affaires, prouvent en même tems que c'étoit une nouveauté ; & que dans l'origine des Princes Bretons en Armorique, ils n'ont jamais reconnu de Seigneur lige, ni rendu hommage en cette qualité.

L'Auteur de l'histoire critique rapporte page 511. un passage tiré des Annales de S. Bertin, qui porte que *Nominoé* Prince Breton étant mort vers l'an

851, *Erispoé* son fils alla trouver Charles le Chauve à Angers où il fit son hommage au Roy, & que ce Prince luy donna l'investiture des Terres que son pere avoit possedées; qu'il y ajoûta les Païs de Rennes, de Nantes & de Retz, & luy donna les habillemens Royaux.

Ce que rapporte cet Annaliste n'est point contraire à notre systeme : Nous ne contestons pas que quelques-uns des successeurs de nos premiers Princes Bretons n'ayent rendu hommage aux Rois de France, *Erispoé* qui pour réparer en quelque façon la faute de son pere qui avoit manqué de foy à Loüis le Débonnaire & à Charles le Chauve son fils, avoit dessein de donner sa fille unique heritiere de Bretagne à Loüis Duc du Maine fils de Charles le Chauve, n'eut pas de peine à se résoudre à rendre hommage de ce qu'il possedoit au Roy Charles, d'autant plus qu'il y trouvoit un avantage considerable, en ce qu'il ajoûtoit à ses Etats les Villes de Rennes, de Nantes & le Païs de Retz qui achevoient de le rendre maître de toute la Bretagne, & ce fut apparemment la condition du mariage proposé entre Loüis Duc du Maine & l'heritiere de Bretagne.

Nôtre Auteur critique oppose encore à la Souveraineté originaire de nos Princes Bretons, le témoignage d'Eginard Historien de Charles Magne qui vivoit dans le huitiéme siécle, qui dit, que de son tems & dès l'an 786, la Bretagne payoit tribut aux Rois de France. Les Anglois & les Saxons, (dit cet Historien) s'étant rendus maîtres de l'Isle de Bretagne, la plus grande partie des habitans passa la mer, & se refugia dans l'extremité des Gaules. Ce peuple, ajoûte-t'il, soûmis aux Rois des François, & fait tributaire, avoit accoûtumé de payer, quoiqu'à regret, le tribut qu'on leur avoit imposé. *Is populus à Regibus Francorum subactus ac tributarius factus, impositum sibi vectigal, licet invitus, solvere solebat ad an. 786.* C'étoit donc déja selon cet Auteur une coûtume établie du tems d'Eginard, que les Bretons payoient tribut aux Rois de France.

L'Auteur critique rapporte aussi en cet endroit l'autorité des Peres du Concile de Savonieres près de Toul tenu en l'an 859, sous Charles le Chauve, lesquels en parlant de la revolte de Salomon Roy de Bretagne dans leur Lettre Synodale adressé aux Evêques de Bretagne, s'explique ainsi : Qu'il se souvienne que la Nation des Bretons a toûjours été soumise dès le commencement *ab initio* aux Rois des François, & qu'ils leur ont toûjours payé tribut. Voilà, dit nôtre Auteur critique, deux témoignages bien précis contre l'indépendance originaire des Princes Bretons; car est-il croyable qu'un Historien comme Eginard, qui étoit en même tems Secretaire, Ministre & Historien de Charles Magne, & les Peres d'un nombreux Concile, qui faisoient partie des Etats du Royaume, & qui avoient, selon l'usage de ce tems-là, beaucoup de part au Gouvernement, eussent avancé, ceux-ci dans un Concile à la vûe de toute la France, & celui-là dans une histoire, que Salomon avoit prêté serment de fidelité au Roy, & que la Nation Bretonne avoit *payé tribut* à la France *ab initio*, dès son établissement. Si ces deux faits n'avoient pas été de notorieté publique, les Evêques de Bretagne à qui cette Lettre Synodale fut adressée, ne se seroient-ils pas recriez contre une supposition qui dementoit toutes leurs histoires; & Salomon sur tout & toute la Nation, ne s'y seroient-ils pas hautement opposez, & l'histoire ne nous auroit-elle pas conservé quelques traces de ce qu'ils auroient pû répondre?

Nous ne revoquons pas en doute le témoignage d'Eginard, ni celui des Peres du Concile de Savonieres, soit par rapport au serment de fidelité que Salomon a pû rendre au Roy Charles le Chauve en 852, en consequence du Traité fait entre le Roy & Salomon, ni par rapport au tribut que celui-ci paya, qu Eginard & les Peres de Savonieres appellent ancienne Coûtume, quoiqu'elle n'eut pas encore cent ans. Nôtre Auteur critique lui-même page 313, n'en met la date qu'en 786, & il y avoit déja plus de trois siécles que la Nation Bretonne étoit établie en la petite Bretagne. Ce terme *ab initio*, dès le commencement, dont se servent les Peres du Concile de Savonieres, ne doit pas être pris à la lettre & dans la signification la plus étroite, comme s'ils avoient voulu dire que dès l'établissement des Princes Bretons en l'Armorique, ils eussent été tributaires des Rois de France, puisque nôtre Auteur critique déclare lui-même page 518 de la premiere partie, que quand il a dit après les Historiens, que les Bretons étoient sujets de nos Rois dès le commencement de la Monarchie, il ne prétend pas qu'on rapporte ce terme (dès le commencement) à Pharamond, mais au tems des enfans de Clovis, sous le regne desquels les Bretons, selon luy, furent reçus en France; mais cette époque qu'il luy a plû d'imaginer, ne s'accorde pas avec nos Historiens. C'est donc par rapport au regne des fils de Clovis qu'il faut entendre le terme (*ab initio*) des Peres du Concile de Savonieres, qui ne connoissoient pas d'époque plus ancienne de l'établissement des Bretons dans l'Armorique; ils en étoient un peu trop éloignez pour en connoître toutes les circonstances, ils n'en jugeoient que sur la foy des Historiens François: mais ce qui fait connoître que la coûtume de payer tribut par la Nation Bretonne aux Rois de France, n'étoit pas aussi ancienne que son établissement en Armorique, c'est ce qu'en dit Eginard dans l'endroit même qu'on cite contre nous. *Is populus tributarius factus impositum sibi vectigal, licet invitus, solvere solebat.* Car pourquoy payoient-ils ce tribut à regret, c'est que c'étoit un tribut nouveau? Si nos Princes Bretons & la Nation Bretonne l'avoient payé dès le commencement, c'est-à-dire dès leur établissement, ils ne se seroient point fait de peine de le payer dans la suite, *ab assuetis non fit passio?* Ils s'y seroient accoûtumez, ou plûtôt ils n'auroient point senti la pesanteur du joug qu'on leur imposoit. Si vous mettez un fardeau sur les épaules d'un homme accoûtumé dès son enfance à le porter, il le portera sans peine; mais si vous le mettez sur celui qui n'en a jamais porté, il luy paroîtra insuportable, & ne le portera qu'à regret, *invitus.* Mais sans sortir de la supposition de nôtre Auteur critique, qui veut que les fondateurs de la Nation Bretonne ayent reçu de la liberalité des Rois de France les Terres qu'ils ont occupées en l'Armorique, & qu'ils leur donnerent, selon luy, à cultiver pour leur subsistance; je demande si un Seigneur de Fief qui a des Terres de son Domaine propre non cultivées, & qui les donne à seage à son homme (ce sont les termes de l'Article 359 de nôtre Coûtume) à condition de les tenir de luy à foy, hommage & rachat, ou à cens & rente; je demande si ce Vassal devenu proprietaire de la Terre qu'il possede par la liberalité de son Seigneur (car la concession feodale doit être essentiellement gratuite, *feudum debet esse gratuitò*, c'est pour cela qu'on l'appelloit anciennement *beneficium*) si, dis-je, il a lieu de se plaindre de son Seigneur lorsqu'il exige de luy les redevances ausquelles il s'est engagé par le titre de son infeodation, mais si le Seigneur exigeoit de son Vassal de nouveaux droits & de nouveaux subsides, pour lors il auroit lieu de se plaindre, & on ne pourroit point l'accuser d'ingratitude envers son Seigneur, s'il avoit recours à la Justice superieure, pour s'en faire décharger: Voilà le cas dont parle Eginard. Nos Princes Bretons nez libres & indépendans de toute autre Puissance, supportoient impatiemment le joug que les François leur avoient imposé, contraints de ceder à la loy du plus fort. Ils regretoient leur ancienne liberté, & ne pouvoient se resoudre à payer des tributs que leurs prédecesseurs n'avoient jamais payé; mais si-tôt qu'ils trouverent l'occasion de s'en affranchir, ils en profiterent, & les Rois de France de leur côté se contenterent de l'hommage de la bouche & des mains, qui se faisoit debout & sans ôter son Chaperon ni son Epée; hommage bien different de l'hommage lige qui se rend à genoux, les mains jointes entre celles du Seigneur & sans épée, comme on le verra dans la Succession Chronologique des Ducs de Bretagne, qui sera la conclusion de cette derniere Partie.

Au

Au reste la question de la dépendance ou de l'indépendance de nos premiers Princes Bretons, est aujourd'huy fort inutile par rapport aux Privileges de la Province; car soit qu'ils ayent été assujettis dès leur établissement à la Couronne de France, où qu'ils ne l'ayent pas été, on ne peut contester que la Province n'ait joüi de tout temps de certains Privileges : ainsi laissant la question de l'indépendance à discuter entre le Pere Lobineau & Mr. l'Abbé de Vertot, nous croyons avoir lieu de soûtenir que les Privileges de la Province de Bretagne ne sont point, comme l'avance cet Auteur, des concessions émanées de la pure liberalité de nos Rois, mais des usages legitimes & des droits fondés sur les conventions faites entre les Ducs Souverains & les Etats du Païs & Duché de Bretagne, loüés, ratifiés & confirmés par les Rois leurs successeurs audit Duché.

Quant à ce que l'Auteur critique prétend prouver que les Ducs de Bretagne relevoient en proche Fief des Ducs de Normandie, & en arriere-Fief de la Couronne de France, le P. Lobineau traite cette opinion de fable. Elle ne laisse pas néanmoins d'être fondée sur le témoignage de plusieurs Auteurs qui ont écrit l'Histoire de France, qui attribuent tous l'origine de la mouvance de Bretagne du Duché de Normandie à Charles le Simple qui commença à regner en 893, lequel, selon ces Auteurs, donna par le Traité de S. Clair fait en l'an 912, la Seigneurie directe de cette Province sous la souveraineté de la Couronne de France à *Rolon* premier Duc de Normandie, en lui donnant Gisla sa fille en mariage, laquelle Seigneurie passa ensuite aux Ducs de Normandie successeurs de Rolon, jusqu'au temps de Philippe Auguste environ trois cens ans après : pour lors, ajoute l'Auteur critique, la Normandie ayant été confisquée sur Jean Sans-Terre Roi d'Angleterre & Duc de Normandie, par la Cour des Pairs, à cause du meurtre d'Artur Duc de Bretagne, commis par Jean son oncle, cette Province fut réunie à la Couronne de France, & par cette réunion la Bretagne qui n'en relevoit qu'en arriere-Fief, rentra dans la mouvance directe & immediate de la Couronne.

Il faut convenir de bonne foy, dit le P. Lobineau, que quoique l'opinion que la mouvance de la Bretagne a été autrefois cedée par Charles le Simple à Rolon premier Duc de Normandie, soit fondée sur une erreur, aussi bien que les hommages qu'on prétend avoir été rendus à Guillaume Longue-épée, & à Richard 1. fils & petit-fils de Rolon par les Ducs de Bretagne. Elle s'établit néanmoins peu à peu, parce que les Ducs de Normandie devenus Rois d'Angleterre, se trouverent en état de faire valoir leurs prétentions. C'est ainsi que dans le Traité de Gisors fait en 1113 entre Loüis le Gros, Roi de France, & Henry 1. Roi d'Angleterre, Loüis ceda à Henry la mouvance de la Bretagne. Ce fut encore sur le même fondement que Henry II. Roy d'Angleterre, ayant donné la Normandie au jeune Henry son fils aîné, voulut que Geoffroy son troisième fils, Duc de Bretagne par sa femme Constance fille de Conan IV. dit le Petit, rendit hommage de la Bretagne à Henry son frere aîné comme Duc de Normandie. Geoffroy qui ne tenoit la Bretagne que du chef de sa femme, que le Roi son pere luy avoit fait épouser après s'être rendu maître de cette Souveraineté, sous prétexte de secourir Conan contre ses Sujets revoltés, étoit-il en état de refuser cet hommage, & ne s'exposoit-il pas à tout perdre, s'il s'opposoit aux volontés d'un Prince puissant & absolu ? Tout ce qu'on peut donc conclure de ces exemples, c'est que les Ducs de Bretagne ont été souvent obligés de s'accommoder au temps & de ceder à la necessité. *Nos Principi serevimus, ipse temporibus*, dit l'Orateur Romain : mais il ne s'ensuit nullement que les Princes Bretons dans leur origine ayent relevé en proche ou arriere-Fief d'aucun Seigneur Souverain, cette question après tout est devenuë aussi inutile, que celle de la mouvance de la Bretagne de la Couronne de France, après l'union de ces deux grandes Provinces à cette Monarchie, en laquelle étant aujourd'huy incorporées, elles ne reconnoissent plus toutes deux qu'un même Maître.

Au surplus, le souvenir de nôtre origine n'alterera jamais nôtre fidelité, & n'empêchera pas que le Corps de la Province ne s'oppose toûjours aux entreprises de ceux qui sous prétexte de Privileges, tendroient à secoüer le joug de l'obéïssance.

CONTRACT
DE MARIAGE
DE LA DUCHESSE ANNE
HERITIERE
DE BRETAGNE.

Avec le Roy Charles VIII. celebré au Chêteau de Langeais, Diocéſe
de Tours, le ſixiéme Decembre mil quatre cens quatre-vingt onze.

*IN nomine & honorem ſanctæ ac individuæ Trinitatis, Patris, & Filii, & ſpiritûs
Sancti. Amen. Cùm poſtquam plurimos tractatus de & ſuper Matrimonio Matrimonia-
libusque aſſentibus preſtante Deo ipſius Sacramenti auctore ineundis inter Sereniſſimum &
Chriſtianiſſimum Principem & Dominum Carolum Francorum Regem hujus nominis octa-
vuum, nunc Dei gratiâ regnantem ex unâ; & Illuſtrem Dominam Annam Filiam ac uni-
cam Hæredem defuncti recolendæ memoriæ Principis Domini Franciſci ſecundi hujus nominis
Britanniæ Ducis parte ex aliâ, plurium Illuſtrium Principum & Dominorum ex ſangui-
ne regali propagatorum, atque aliorum Dominorum & notabilium Virorum ſcientiâ, pruden-
tiâ, & aliis multifariis inſignitorum, felicem proſperitatem, decus, utilitatem & bonum, tam
commune, quàm particulare dictarum partium & totius Reipublicæ patriarum jam dictarum
zelantium conſilio, ut dicebant fretos. Demum anno Domini milleſimo quadrageteſimo
nonageſimo primo indictione decimâ, menſis verò Decembris, die ſextâ Pontificatus ſanctiſ-
ſimi in Chriſto Patris & Dominæ noſtri Innocentii Divinâ Providentiâ Papæ octavui,
anno octavo, in Caſtro de Langeſiis, Turonenſis Diæceſis, &c.*

Ceux qui voudront voir ce Contrat tout au long en Latin, le trouveront
dans le Tome des Preuves de l'Hiſtoire du Pere Lobineau Benedictin, à la page
1539. L. 22. qui l'a tiré de l'Armoire vulgairement appellée *Turnus Brutus*,
Liaſſe 8. cote IXxxIX. étant à la Chambre des Comptes ; mais comme il a été
paſſé en Langue Françoiſe par la Cour & Juriſdiction de Tours, ainſi que
l'aſſûre Mr. d'Argentré au Livre XII. de ſon Hiſtoire page 661. qui prétend
même que cette Copie Françoiſe eſt plus correcte que la Latine, il m'a paru
que je devois preferer la premiere à la ſeconde, & qu'elle ſera plus au goût du
plus grand nombre de ceux qui liront cet Ouvrage : comme il ſuit.

SÇachent tous preſens & à venir, que comme par cy-devant euſſent
eſté, & par grandes & meures Deliberations, paroles de Mariage entre
trés-Chreſtien & ſuper Illuſtriſſ. Prince Charles Roy de France à preſent
regnant, d'une part ; Et tres-Illuſtre Ducheſſe Madame Anne, fille & heritiere ſeule & unicque de feu de bonne memoire Prince François Duc de
Bretagne ſecond de ce nom, dernier decedé, d'autre part. O le conſeil de
pluſieurs trés-Illuſtres Princes & Seigneurs du Sang Royal & autres : &
auſſi

uſſi de pluſieurs gens du conſeil, & zelateurs du bien, honneur & proffit, tant commun, que particulier deſdites parties & pays. Aujourd'huy datte de ces preſentes, leſdites parties par l'advis, & mure deliberation, & pour les cauſes que deſſus au lieu de Langeais, docieſe de Tours en la Cour du Roy noſtre ſieur au chaſtel dudit lieu de Langeais, perſonnellement eſtablis, & auſſi tres-haut & tres-puiſſant ſeigneur monſieur Jean de Chaalon, Prince d'Orenge, ſoy voulant & conſentant, & meſmement ledit ſieur de ſa grace & bien ordonnée volonté, ſoubmettent, & ont ſoumis, eux leurs hoirs, avec tous & chacun leurs biens & choſes meubles, immeubles, preſens & à venir, à la juriſdiction, corection, pouvoir & reſſort de ladite cour, quant à ce qui enſuit par forme de contract, ayant force & vigueur en tant que beſoin ſeroit de conſtitution & authorité de loy, & toute autre vertu, authorité, fermeté & ſtabilité, tels que mieux leſdits ſieur, & dame pourroient extrémément tant de droit que de couſtume : ont connu & confeſſé en ladite Cour avoir fait, & font entr'eux les traictez, pactions, donnaiſons, & convenances cy-apres declarées & ſpecifiées, & en la forme & maniere qui enſuit.

C'eſt a Sçavoir que leſdits Seigneur & dame, de leur pleine pure, franche, & liberale volonté, à l'honneur de Dieu noſtre Createur, & de toute la Cour Eccleſiaſtique de Paradis, à l'exaltation de la foy Catholique & des ſaints Sacremens, l'honneur & bien deſdites parties, & de leurſdits pays, ont conſenty & promis, & dés à preſent contentent & promettent prendre l'un l'autre par nom & loy de ſaint Sacrement de mariage, inſtitué, & authoriſé en ſon exorde par Dieu noſtre Createur en Paradis terreſtre, entre nos premiers parens, & eſtat d'innocence : c'eſt à ſçavoir le Roy noſtre ſieur, ladite dame & Princeſſe, madame Anne, en femme & epouſe, & ladite dame, le Roy noſtredit ſieur, en mary, & eſpoux, par le moyen & miniſtere de noſtre mere ſainte Egliſe.

Item & en faveur, & contemplation dudit mariage, & pour le bien perpetuel & indiſſoluble de paix, entre le diadéme & couronne de France, & auſſi le Duché de Bretagne, que chacunes deſdites parties par divers moyens qui ſeroient longs à reciter, pretendent leur competer & apparrenir pour le bien de la paix & tranquilité deſdits pays, par cy-devant anguſtiez & affligez de guerres en contemplation de l'honneur qu'en contractant ledit mariage, le Roy noſtre ſieur exhibé à ladite dame, & pour les affections conjugales qu'elle a, & doit avoir ladite dame audit ſieur, pour elle, ſes ſucceſſeurs, & ayans cauſe, a donné, cedé, quitté, & tranſporté, & delaiſſé à touſjours, mais perpetuellement, irrevocablement à heritage audit ſieur, ſes ſucceſſeurs Rois de France, par titre de donnation faite par cauſe & raiſon dudit mariage, ſans jamais la revoquer par teſtament ny autrement, au cas qu'elle ira de vie à treſpas paravant ledit ſieur, ſans aucuns hoirs procréez d'eux legitimement en leurdit mariage, (ce que n'advienne par le bon plaiſir de Dieu) tous & chacuns les droits, proprietés, poſſeſſions, noms, raiſons, actions, & obligations competans à ladite dame audit Duché, en cedant, & tranſportant dés apreſent, comme pour lors pour ladite dame audit ſieur tous & chacuns ſes droits de proprieté, poſſeſſion, ſeigneurie, noms, raiſons, & obligations, par cy-devant à elle competans & appartenans, en le conſtituant, & le conſtitué dés à preſent audit cas, comme pour lors en choſes que deſ-

D

fus, & chacune d'icelle, fon procureur comme en fa propre chofe, & ce tout
en corroborant & fortifiant en tant que befoin feroit le droit par cy-devant
competant audit fieur. ET PAREILLEMENT ledit fieur en faveur & contemplation que deffus, voulant exhiber efgale faveur maritale à ladite dame,
pour les caufes deffufdites, a donné, cedé, quitté, delaiffé, & tranfporté,
irrevocablement, perpetuellement, & à heritage, au cas que ledit fieur) ce qu'à
Dieu ne plaife) aille de cette vie mortelle fans hoirs procrées legitimement
de leur chair audit mariage, tout tel droict, noms, raifons, action, obligation, proprieté, poffeffion par cy-devant competant audit fieur en ladite Duché, fans rien ni aucune chofe referver : en cedant & tranfportant dés à prefent, comme pour lors, par ledit fieur à ladite dame tous & chacuns fes
droicts de proprieté, poffeffion, feigneurie, noms raifons, actions, & obligations par cy-devant lui competans & appartenans, en conftituant, & conftituë ladite dame dés à prefent ou audit cas, comme pour lors és chofes
que deffus, & chacunes d'icelles fon procureur, comme en fa propre chofe,
& ce tout en corroborant & fortifiant en tant que befoin feroit le droit par
cy-devant competant à ladite dame audit Duché. ET POUR éviter lefdites
incommodités de guerre, & finiftres fortunes vray femblablement à enfuivir entre les pays, que ladite dame ne convolvera à autres nopces, fors avec le
Roy futur, s'il luy plaift & faire fe peut, ou à autre prochain prefomtif futur fucceffeur de la couronne : & lequel prochain hoir fera tenu en iceluy cas
faire & exhiber au Roy les reconnoiffances & redevances, tant honorables que
proffitables deuës par cy-devant, par raifon dudit Duché & appartenances en
la forme, & maniere qu'ont fait les Ducs predeceffeurs de ladite dame, &
ne pourront aliener ladite Duché, & fes appartenances en autres mains, que
dudit fieur & de fes fucceffeurs Rois de France, que pour le prix defdites alienations les hoirs dudit fieur Roy de France ne la puiffent avoir, ne recouvrer : & au cas qu'il y auroit enfans procrées defdits fieur & dame, & ladite
dame furviveroit ledit fieur, icelle dame joüira & poffedera entierement ledit
pays & Duché de Bretagne, comme à elle appartenante. Item en outre ledit
fieur a voulu & confenty, veut & confent, conftituë, & a conftitué par ces prefentes, en faveur dudit mariage à ladite dame, tout tant, & tel doüaire que
ledit fieur avoit voulu, confenty, & conftitué pour dot à feuë de noble mémoire la Reyne dernierement trepaffée mere dudit fieur, que Dieu abfoluë,
à l'inftrument duquel dot ledit fieur fe rapporte, lequel & toute fa teneur de
point en point, il a voulu, & veut eftre pour ce inferé & incorporé en ces
prefentes, & de tel effet, comme s'il y eftoit incorporé.

ITEM a voulu & confenty, & veut & confent ledit fieur, au cas qu'il ira
de vie à trefpas devant ladite dame, que ladite dame ait, perçoye, & face fiens
les meubles foyent joyaux de quelque & tant grand prix qu'ils pourront eftre,
lefquels elle aura au temps du trepas dudit feigneur, foient les biens avec fa
perfonne, & pour le fervice de fadite perfonne, & ailleurs que pour l'entretennement de fa maifon, lefquels il veut eftre & appartenir perpetuellement
à ladite dame, & aux fiens, à toûjours. ET QUANT, à tout ce que deffus
eft dit, tenir & accomplir, fans jamais faire ne tenir au contraire, lefdits fieur
& dame & chacun d'eux, ont obligé & obligent eux, leurs hoirs avec tous
& chacuns leurs biens, & chofes meubles, & immeubles, prefens & advenir :

& mefmement ladite dame en la prefence, & du confentement, en tant que
befoin feroit dudit tres haut & tres puiffant fieur monfieur le Prince d'Orange,
prochain parent & heritier de ladite dame, lequel apres ce qu'il a ouy les
chofes deffufdites & chacune d'icelles, en tant, & pourtant que luy peut toucher, pour quelconque intereft qui lui puiffe competer, ou appartenir, foy foub-
mettent comme deffus a ratifié, loué, & approuvé ce que deffus : & audit
cas d'abondant fondit droit & intereft efdites Duché, comté, & leurs appartenances, en telle & quelconque maniere ou qualité, fe pourroit monter, taxer, ou eftimer du confentement de ladite dame, ledit Prince d'O-
range a cedé, quitté, & tranfporté à toûjours, mais irrevocablemedt audit
fieur & aux fiens : parce qu'audit cas le Roy noftredit feigneur a promis lui
faire recompenfe ailleurs qu'audit Duché. Et ont renoncé & renoncent lefdits
eftablis & fubmis, comme deffus, à toute exception & deception, à tous plegemens, & oppofitions quelconques : & fpeciallement ladite dame au benefice de veleian à toutes & chacunes les chofes à ce contraires. Defquelles
chofes les deffufdits feigneurs, & dame, & Prince d'Orange ont paffé autres
femblables lettres en effet & fubftance, en la prefence de maiftre Pierre Bour-
reau, Licentié aux loix, Notaire de l'autorité Apoftolique, pour plus grande
fermeté & corroborance des chofes deffufdites, & fans ce que l'une defdites
lettres, puiffe ou doive aucunement prejudicier à l'autre. Ce fut fait audit
lieu de Langeais, lefdits feigneurs & dame prefents, & le Prince d'Orange
prefent & confentant és prefence, confeil & confentement de tres-hauts & puif-
fants Princes meffieurs Loüis Duc d'Orleans, Pierre Duc de Bourbon, Charles
Comte d'Angoulefme, Jean Comte de Foix, François Comte de Vendofme,
mofieur Guy de Rochefort Chevalier Chancelier de France, Reverends peres,
meffires Loüis d'Amboife, Evefque d'Alby, Jean de Rely, Docteur en Theo-
gie, Confeffeur dudit fieur, efleu en Evefque d'Angers, avec plufieurs autres de
la part dudit fieur, & ledit monfieur le Prince, meffire Philippes de Montauban
Chancelier de Bretagne, le fire de Guemené, le fieur de Coëtquen grand
maiftre dudit Bretagne, & plufieurs autres de ladite dame, auffi prefens.

Et promirent lefdits feigneurs & dames en promeffes & paroles Royales,
& ledit Prince d'Orange par foy & ferment de fon corps, pour ce baillés
corporellement de non jamais faire n'y venir encontre. Et incontinent fans
divertir à autres actes lefdits feigneur & dame, procedans en la falle dudit
chaftel de Langeais où eftoit preparé pour celebrer la meffe, & folemnifer
lefdites époufailles defdits fieur & dame, & illec en la prefence des notaires
cy foufcrits, les deffufdits, & plufieurs autres Ducs, & Comtes, tres-illuftriffi-
me Princeffe madame Anne de France, Ducheffe de Bourbon, fœur dudit
fieur, & autres feigneurs & dames en grand nombre, lefdits feigneur & dame, par le miniftere dud. Reverend pere en Dieu Evefque d'Alby, folenni-
ferent & firent publiquement leurdit mariage, & par paroles de prefent, prin-
drent & efpouferent l'un l'autre : comme en tel cas il eft accouftumé : Et par
le miniftere dudit Reverend Pere en Dieu, efleu en Evefque d'Angers, fut
celebrée meffe, avec la benediction nuptiale. Donné, audit lieu de Langeays,
& fcellés du feau, dont l'on ufe aux contracts Royaux, en la ville & cha-
ftellenie, & reffort de Tours en témoin de verité, &c. le 6. jour de Decembre, l'an M. CCCCXCI.

LETTRES
DU ROY CHARLES VIII,

Données sur la Remontrance des Gens des trois Etats du Pays & Duché de Bretagne, qui déclarent entr'autres choses, que l'intention de Sa Majesté est, de ne lever, ny faire lever aucuns Foüages, Aydes, ny Subsides sur les Sujets dudit Pays; si-non en la forme & maniere que les Ducs de Bretagne avoient accoûtumé de faire au temps passé, & que lesdits Sujets ne pourront être obligés de plaider en premiere instance ailleurs que devant les Juges dudit Pays de Bretagne.

Du 7 Juillet 1491.

CHarles par la grace de Dieu Roy de France. A tous ceux qui ces presentes Lettres verront, Salut. Comme puis n'agueres nos bons & loyaux subjects de nostre pays & Duché de Bretagne; nous ayent fait faire par leurs deleguez & commis certaines remontrances touchant leurs affaires d'iceluy pays, sur plusieurs points & articles qui par eux nous ont esté presentez, en nous humblement requerant sur iceux donner ordre & provision. Sçavoir faisons, que nous, ce consideré, & la grande loyauté, bonne & vraye obeyssance en quoy sont de present envers nous, & que esperons que seront le temps à venir les gens d'Eglise, Nobles, Bourgeois, manans & habitans de nostredit pays : desirant le bien, soulagement & entretenement, recouvrement, accroissement & augmentation d'iceluy : & que bonne police y soit mise, & justice gardée & administrée en tous actes : à ce que nos subjets d'icelui pays puissent par effect cognoistre le bon vouloir qu'avons de les bien traicter & faire vivre sous nous en bonne paix & tranquilité, toutes oppressions & violences cessans.

Pour ces causes & autres à ce nous mouvans, ouyes par nous bien au long lesdites remontrances, & lesdits articles leuz en nôtre presence, où plusieurs Princes & Seigneurs de nostre sang Gens de nostre conseil, & de nos finances, estoient, & toutes lesdites matieres amplement veuës & debatues, Nous, par l'advis & meure deliberation d'iceux Princes & Seigneurs, gens de nostredit Conseil & nosdites finances, Avons sur lesdites remonstrances & articles, entre autres choses voulu, declaré & ordonné; & par la teneur de ces presentes, de nostre grace speciale, plaine puissance & auctorité Royale, voulons, declarons & ordonnons que les grands jours que l'on appelle Parlement audit pays de Bretagne, soient doresnavant tenus par les Presidents & Conseillers qui par nous y seront ordonnez, desquels les parties en pourront appeller; & leurs appeaux relever en nôtre Cour de Parlement à Paris ainsi que par cy-devant a esté accoustumé de faire.

Item, Nous avons declaré & declarons que nostre vouloir & intention
n'est

n'est pas de lever ne faire lever d'oresnavant aucuns soüages, aides ou subsides sur les sujets dudit pays & Duché de Bretagne, sinon ainsi & par la forme
& maniere que les Ducs de Bretagne ont accoustume de faire le tems passé.

Item, Aussi avons voulu & declaré, voulons & declarons par cesdites
presentes, que nosdits habitans & subjets de nostredit pays & Duché de
Bretagne, d'oresnavant ne soient, & ne seront traictez ny convenus en premiere
instance ailleurs que par devant les Juges dudit pays & Duché, de barre,
ainsi qu'ils ont esté d'ancienneté. Et que si aucuns par committimus, par privileges des Universités ou autrement s'esforçoient de faire le contraire, que
aux executeurs d'iceux ne soit obey.

Et semblablement avons interdit & deffendu, interdisons & defendons à
nostre Prevost des Mareschaux audit pays de Bretagne, qu'il ne tienne ny
exerce aucune jurisdiction ou justice audit pays, fors seulement sur les gens de
guerre tenans les champs, & aussi durant le temps qu'ils seront en l'armée.

Aussi avons declaré & ordonné, ordonnons & declarons que le droict de
bilot & appetissage qui par nous sera ordonné lever pour la reparation &
entretennement des villes, places fortes, ponts & passages dudit pays, soit
employé esdits usages & non ailleurs : & defendons à nos receveurs & à ceux
des Barons & Seigneurs dudit Pays de Bretagne, & à leurs gens & officiers de
non convertir ne ailleurs employer les deniers dudit devoir de bilot.

Et outre à ce que les cas & crimes ne demeurent impunis, & que le fait de
la justice ne soit aucunement retardé és choses qui sont à poursuivre pour
nous. Enjoignons & expressement commandons à nos receveurs ordinaires,
chacun en sa recepte, de faire payement des frais & mises necessaires de Justice, signées par le commandement de nos Juges & Procureurs, chacun en sa
jurisdiction : le tout par maniere de provision & sans toute foys par l'octroy
de ces presentes, deroger à nos droits Royaux, ressort & souveraineté.

Si donnons en mandement par ces mesmes presentes à nostre amé & feal
Conseiller audit pays & Duché de Bretagne, à nos amés & feaux gens de
nos Comptes, General & Thresorier dudit pays, aux Senechaux de Rennes,
Nantes, Ploëtmel & Vannes, à nos Procureurs esdits lieux, & à tous nos autres Justiciers & Officiers d'icelui pays ou à leurs Lieutenans ou commis & à
chacun d'eux si comme à lui appartiendra : Que de nos present vouloir, declaration & octroy, & tout le coutenu en cesdites presentes ils enterinnent, entretiennent, accomplissent, gardent & observent chacun en droit soy : ou fassent
entretenir, accomplir, garder & observer de poinct en poinct selon leur forme &
teneur, sans rien innover ne souffrir aucune chose estre faite, attentée ou innovée en aucune maniere, mais tout ce qui seroit fait au contraire ils reparent ou fassent reparer & mettre tantost & sans delay au premier estat & deu.
En contraignant à ce faire & souffrir tous ceux qu'il appartiendra, & qui
pour ce seront à contraindre, par toutes voyes & manieres deuës & raisonnables : nonobstant oppositions ou appellations quelconques. Car ainsi nous
plaist & voulons estre fait. Et qu'au vidimus de ces presentes fait sous seel
Royal, foy soit adjoustée comme à ce present original. En temoign de
ce nous avons fait mettre nostre seel à cesdites presentes. Donné à Paris le
septiéme jour de Juillet, l'an de grace 1492, & de nostre regne le neuvié-

me: Ainsi signé, par le Roy, Messieurs les Ducs d'Orleans & de Bourbon, les Comtes de Montpensier & de Ligney, les sieurs de Guyé Mareschal de France, de Baydricourt Gouverneur de Bourgongne, de Miollans , d'Aubigny , de l'Isle du Bouchage , de Grimault , de Brest , maistres Thibaud Baillet President, Pierre de Cohardy Advocat , Guillaume Ruzé Conseiller en la Cour de Parlement, les gens des finances , & autres presens, Damoul, & scellé.

E D I T
DU MESME ROY
CHARLES VIII,

REND U sur la remontrance des Gens des trois Estats , du Pays & Duché de Bretagne.

Du mois de Novembre 1493.

CHarles par la grace de Dieu Roy de France, Sçavoir faisons à tous presens & à venir, que, comme nos tres chers & bien amez les gens des trois Estats de nostre pays & duché de Bretagne, à la derniere convocation & assemblée d'iceux Estats tenuë à Vannes, au mois d'Octobre passé dernier , apres qu'ils nous eurent tres-liberalement & volontiers accordé ce que leur feismes requerir par les Commissaires assistans de par nous à ladicte assemblée, iceux des Estats ayant mis en avant & faict plusieurs querimonies, doleances & remontrances des affaires & necessitez que nos subjects de nostredict pays & Duché , ont eu, & ont à supporter en plusieurs façons & manieres , requerans lesdits Estats y avoir égard , & que nostre plaisir fust faire vivre le peuple de Bretagne en repos & Justice. A quoy nos Commissaires & deleguez, illec assistans, cognoissans certainement qu'il n'est rien que plus desirons, que de faire vivre nostredit peuple en paix & justice, & le soulager des foules & oppressions, s'il en avoit à supporter , afin que de nostre temps on puisse dire qu'il aura fructifié & prosperé en biens, facultez & richesses, dirent à iceux des Estats, que tres-volontiers ils y entendroient, & qu'ils missent par article leursdites remontrances, & qu'ils nous en fissent requeste, ce qu'ils ont fait. Et à cette fin ayant envoyé devers nous presentement aucuns grands & notables personnages dudit pays leurs deleguez, pour nous faire à plein lesdites remontrances & doleances. Lesquels deleguez, pour le tres singulier desir qu'avons au bien & soulagement de nos subjects d'iceluy pays de Bretagne , avons tres-volontiers & benignement ouys, comme ceux que desirons autant ou plus qu'autres de nos subjects, bien & doucement traicter & favoriser, afin que le Pays puisse florir , & se

puiſſe auſſi reſoudre des dures & griefves charges que par l'hoſtilité de la
guerre il a longuement endurées & ſouffertes, à nôtre tres-grand regret &
deplaiſir. Et apres ce que les matieres ont eſté bien au long debatues en noſtre preſence, & d'aucuns Princes & Seigneurs de noſtre ſang, & par devant
pluſieurs grands & notables Clercs & perſonnages, tant de noſtre grand Conſeil, de noſtre Cour de Parlement, que autres. Ouy leur rapport, & eu conſeil, meure & grande deliberation avec eux, pour ce que bonnement ne pouvons, quant à preſent totalement pourvoir és choſes par leſdits delegués re-
quiſes, dictes & remontrées par écrit : Avons adviſé, d'envoyer en briefs jours
en noſtredit pays de Bretagne, aucuns notables perſonnages, qui auront toute
puiſſance de nous, pour pourvoir és affaires dud. pays, ſur les poincts & articles
que leur avons remis : Et ſur le reſidu des autres poincts, articles & affaires
d'iceluy pays, où nous avons pû & deu donner prompte proviſion & expedition : Nous l'avons de tres-bon cœur fait & accordé par le Conſeil &
advis des ſuſdits, & ſur chacune petition, requeſte, doleance, & remonſtran-
ce d'iceux deleguez, pourveu en la forme & maniere, & ainſi que cy-apres
ſera declaré.

1. Premierement, entant que touche la police & maniere de vivre des gens
de guerre, ſur ce que les gens des trois Eſtats diſent & remonſtrent que de
tout temps paravant que noſtredit pays de Bretagne fuſt en nos mains,
quelque guerre, hoſtilité & diviſion qui eut cours audit pays, les gens de
guerre allans, venans & ſejournans par iceluy pays, payoient leurs eſcots
& deſpens par où ils paſſoient. Et toutesfois que deſpuis ceux deſdits gens
de guerre qui ont paſſé & paſſent, vont & viennent, ne payent rien de leurs
eſcots & deſpences, ny de leurs chevaux, & qui pis eſt, contreignent par
batteries, & menacent les pauvres gens des champs, où ils ſe logent, à aller
querir vivres delicats qu'ils n'ont en leurſdites maiſons, ez villes prochaines :
& autrement pillent & rançonnent le peuple; tellement qu'il en a eſté & eſt
merveilleuſement appauvri & comme en deſeſpoir, nous avons declaré, ſtatué
& ordonné, declarons, ſtatuons & ordonnons par ces preſentes, par Edit
& ordonnance irrevocable, que leſdits gens de guerre, ſoit d'ordonnance
petite ou grande, garniſons ou autres, allans, venans ou ſejournans par noſtredit pays de Bretagne, payeront d'oreſnavant leurs eſcots & deſpences par
où ils paſſeront : & ſe contenteront des vivres qu'ils trouveront, ſans contraindre nos ſubjets à leur en aller querir, ou bailler d'autres, leſquels ils
payeront comme dit eſt. Et d'abondant, afin que ledit pays ſoit mieux tenu en paix & tranquilité. Nous voulons que les Ordonnances puis-n'agueres
par nous faites ſur le fait de la guerre, ſoient publiées & criées par noſtredit pays de Bretagne, par tout où il appartiendra, & icelles gardées & ob-
ſervées.

2. Item, Et pour ce que pluſieurs deſdits gens de guerre eſtant en noſtredit pays de Bretagne, de leur authorité induë s'ingerent & parforcent ſouventesfois de prendre par puiſſance, poſſeſſion des benefices, ſeigneuries, terres,
domaines & biens, en depoſſedent violentement les poſſeſſeurs & jouyſſans,
ſpecialement filles principales heritieres : leſquelles par force & contraincte
ils font convoler en mariage à petits perſonnages à leur plaiſir & volonté

& sans commandemens ou authorité de justice, s'avancent de donner aide & support à ceux qui les pourchassent d'ainsi le faire : dont il vient & sort plusieurs grands debats, questions & differens : nous statuons , declarons & ordonnons par ces mesmes presentes , qu'aucuns gens de guerre de quelque estat ou condition qu'ils soient , d'oresnavant ne feront , ou donneront force, aide & secours , à prendre & garder possession de benefices , terres, seigneuries , & autres choses quelconques mal-sonantes , sans l'exprex commandement & authorité de nous & de nostre justice, & qu'il en appaire deuëment. Et ne s'assembleront à faire prinses , pilleries , ny autre exaction ne oppression à nostredit peuple , sur peine d'en estre punis corporellement.

3. Item , Et combien que par cy-devant ayent esté faits par nos predecesseurs Ducs de Bretagne plusieurs belles ordonnances & statuts de la maniere de lever les foüages en iceluy pays, & en ayent esté par eux baillez plusieurs lettres & mandemens : & mesmes qu'il ne soit raisonnable que les Receveurs desdits foüages prennent, arrestent ou executent aucuns de nosdits subjets , allans , venans, residans ez foires , marchez, plaids , & autres assamblées, aussi aux Messes Dominicales & service de grandes festes de leurs Eglises parochiales : & neantmoins depuis que nostredit pays de Bretagne est en nos mains, n'a esté gardé ordre ny estat à ce que dessus est dit , au grand grief, prejudice & dommage d'iceux nos subjets, avons statué , declaré, & ordonné , statuons, declarons & ordonnons, comme dessus que en ce que touche la recepte & cueillete desdits foüages, courses & chevauchées, que les Edits & statuts faits en cette partie par nos predecesseurs Ducs de Bretagne , seront gardés & inviolablement observés , selon les lettres & mandemens de ce faites & passées, lesquelles lettres mandemens & statuts, voulons (si besoin est) estre publiés & mis par articles ez lieux publics où l'on a accoustumé faire cris & proclamations, afin qu'aucun n'en puisse pretendre cause d'ignorance.

4. Et en outre, que les contributifs ausdits foüages autres que les collecteurs d'iceux : ne seront d'oresnavant prins , arrestez, emprisonnez & empeschez pour cause du non payement desdits foüages de leurs paroisses , allans , venans, ou estans ez foires, marchez, plaids , assises , assemblées publiques , ny ez bonnes villes où ils pourront aller pour leurs negoces & affaires, ne aussi au service de Dieu des Dimanches, ne autres festes sollennelles ne ailleurs : pourveu que lesdits paroissiens mettront si bons collecteurs à lever lesdits foüages, & qu'ils soient si bien cautionnés, que les deniers d'iceluy foüage , ne puissent venir à eux sans diminution, perte, ne retardement. Et que d'oresnavant les brevets de faire l'esgail & assiete d'iceux foüages, seront envoyés aux paroissiens, six sepmaines avant le terme du payement desdits foüages escheu , sinon toute foys qu'il y eust urgente necessité, qu'autrement se deust faire. Et d'avantage que on ne pourra prendre pour raison & payement d'iceux foüages, les bœufs, charrues, ny autre harnois de labeur de nosdits subjets de Bretagne.

5. Item, Et iaçoit ce que le temps passé les Capitaines des francs archers d'iceluy nostre pays de Bretagne, n'ayent assigné ny fait assigner monstres d'iceux , francs-archers sans mandement exprés de nosdits predecesseurs

Ducs ,

Ducs, qu'il y ait eu eminent peril de guerre : ce nonobſtant puis n'agueres les Capitaines deſdicts francs-archers ſouventesfois de leurs authoritez & ſans neceſſité ont fait & font aſſignations de monſtres : prennent & exigent grandes ſommes de deniers des frabriqueurs & francs-archers, & inſtituent ou deſtituent ceux que bon leur ſemble. Et pour ce faire prennent auſſi grand argent à la foule & oppreſſion du peuple. Nous voulons, ſtatuons & declarons, que les Capitaines d'iceux francs-archers preſens & futurs, n'aſſembleront iceux francs-archers de Bretagne, ne eux aſſigneront, ne feront aſſigner, ne tenir monſtres ne reveuës en aucune maniere ſans nos congé & commandement expres : & n'exigeront, prendront, ne leveront deſdits francs-archers ny des paroiſſiens aucuns deniers, fors les devoirs anciennement deuz & accouſtumez paravant les guerres, qui depuis dix ans en çà ont eu cours en iceluy pays. Et ne deſtitueront, changeront ny mettront de nouveau aucuns deſdits francs-archers, ſinon par la preſentation que leur en feront leſdits paroiſſiens, leſquels lors que ſera beſoing d'ainſi le faire, choiſiront & preſenteront auſdits Capitaines trois bons corps de chacune paroiſſe. Et ſur leſdits trois perſonnages le Capitaine choiſira celuy qu'il verra eſtre affaire, le plus ſuffiſant pour avoir lieu & place de franc-archer & l'y inſtituera & non autrement, ſur peine de nullité de ce qu'ils feront au contraire, & d'en eſtre punis arbitrairement, ſelon l'exigeance du cas : pourveu toutesfois que le plus haut preſenté deſdits trois perſonnages par les paroiſſiens d'icelle paroiſſe, ne paye plus avant que de ſoixante ſols pour ſon foüage : & que dés à preſent pour obvier aux inconveniens qui peuvent ſurvenir de jour en jour en noſtredit pays de Bretagne, qui eſt circuit de mer & environné d'eſtrangers, iceux francs-archers ſoient choiſis & eſleus. Et toutes & quantefois qu'aucuns deſdits choiſis iront de vie à trepas, que incontinant leſdits paroiſſiens faſſent ladite preſentation par la forme que dit eſt, afin que toûjours noſtredit pays ſoit garny de gens preſts & en armes pour obvier aux inconveniens deſſuſdits.

Item, & combien que dés le mois de May mil quatre cens quatre vings & unze, nous avons donné à noſdits ſujects tous & chacuns les reſtants des foüages precedemment mis ſus, & impoſez en noſtredit pays de Bretagne, toutesfois & ce nonobſtant pluſieurs receveurs deſdits foüages & autres ont contraint & s'efforçent contraindre les pauvres contributifs auſdits foüages à payer leſdits reſtants, au tres grand dommage d'iceux contributifs & de la choſe publique : Nous voulons, ſtatuons, ordonnons, & declarons par ces preſentes. Que leſdits contributifs ſeront & demeureront quittes d'iceux reſtants, ſelon & enſuivant le don que leur en avons fait en ladite année mil quatre cens quatre vings unze Et defendons aux receveurs d'iceux reſtants, & à tous autres qu'il appartiendra, de non d'oreſnavant aucune choſe en prendre ou faire prendre, cueillir, lever ny recevoir, ne y contraindre iceux contributifs, nonobſtant quelque autre commiſſion ou mandement baillé, ou que cy apres pourrions bailler au contraire. En caſſant, mettant au neant, & annullant tous procez & exploits de juſtice qui pourroient avoir été meuz & faits touchant ceſte matiere : avec toutes les obligations & contracts qui ſont enſuivis. Sauf toutes voyes auſdits receveurs à demander la raiſon des

F

mifes que ils ont euës & fouftenues à l'effigement & recepte d'iceux reftants : ce qu'ils pourront faire à la fin & clofture des comptes qu'ils rendront de ce en la Chambre de nos Comptes de Bretagne. Et fi aucuns d'iceux contribu- tils font detenus, arreftez, fequeftrez ou autrement empefchez : Nous en- tendons que incontinant ils foient mis à pleine, pure & entiere delivrance. Et femblablement leurs biens s'ils font pource prins, detenus & gardez par execution depuis le mandement de furfeance que n'agueres avons envoyé du payement d'iceux reftants, feront rendus à ceux à qui ils appartiendront : fans pour tout ce aucune chofe payer defdits reftants, le tout en enfuyvant les dons & octroiz déja par nous faicts en cefte partie.

Item, & jaçoit ce que l'on n'ait accouftumé mettre fus le devoir de con- voy en noftredit pays de Bretagne, fors à la requefte des marchans en iceluy, & qu'il y euft guerre & non feur acces d'aller par mer, ce nonobftant il eft venu à la notice & cognoiffance d'iceux Eftats, que l'on vouloit mettre ledit devoir de convoy fus, & le faire payer ainfi que s'il eftoit neceffaire, fans ce qu'il en fuft befoin ou neceffité qui foit au grand detriment de la chofe publi- que d'iceluy pays. Nous avons ftatué, ordonné, voulu & declaré, ftatuons, ordonnons, voulons & declarons par Edit irrevocable, Que ledit convoy, quelque mandement qu'ayons baillé à cefte fin, ne fera prins, cueilly ne levé, & n'entendons qu'iceluy mandement ne autres que cy-apres pourrions decer- ner, foient mis à execution, fors que les marchands frequentant la mer le re- quiffent, ou qu'il en fuft befoin & urgeante neceffité, & que les efcriteaux & af- fignations des fermes fi aucunes ont efté baillees d'iceluy convoy, ne fortiront aucun effet.

Item, Et combien qu'en noftre terroir de Guerrande n'ait accouftumé le temps paffé avoir qu'une feule & unique jurifdiction à laquelle eftoient & font fubjets les neufs paroiffes dudit terroir, entre lefquelles eft comprife la paroiffe de Bas, dont ceux du Croific font paroiffiens, & eftoit tenue & exercée ladite jurifdiction en noftre ville de Guerrande : mais que nonob- ftant nous inadvertis, de ce, puis aucuns temps ença, avons octroyé à nos chers & bien amez les manans & habitans du Croific d'avoir Jurifdiction de Prevofté audit lieu du Croific, qui eft chofe nouvelle & non accouftumée, au tres-grand prejudice & dommage de nos fubjets, pour les mangeries, pilleries & exactions qui fi peuvent faire. Parce que icelui lieu du Croific eft lieu rebond & à part, non garni d'Advocats & practiciens comme eft noftre jurifdiction de Guerrande : Nous declarons, voulons, ftatuons, & ordonnons que en ce qu'eft ladite jurifdiction & Prevofté du Croific que les Officiers & Jufticiers qu'avons par cy-devant commis & ordonnez pour la tenir & exercer, ne la tiendront, exerceront ne feront tenir & exercer d'orefnavant jufques à ce qu'y ayons pourveu & advifé. Et cependant lefdits du Croific & autres dudit terroir de Guerrande feront fubjects & traictez en noftredite Cour & jurifdiction de Guerrande, devant nos Officiers & Jufticiers illec & eux tenus y comparoir & reffortir, tout ainfi qu'ils ont fait d'ancienneté auparavant la conftitution d'icelle Prevofté audit Croific.

Item, Que en derogeant aux droits, libertés & préeminances de noftredit pays de Bretagne efquels nous avons voulu maintenir nofdits fubjets de Bretagne depuis que ledit pays est en nos mains, & de ce octroyé nos lettres de confirmation en forme deuë, plusieurs ont fait & font traicter, citer & adjourner & convenir iceux nos subjets hors iceluy pays en premiere instance, & autrement qu'en la forme ancienne & accoustumée du vivant de nos predecesseurs Ducs de Bretagne. Laquelle chose est grandement prejudiciable à nosdits subjets, & à la foule, charge & detriment de la chose publique: Nous avons statué, ordonné & declaré, statuons, ordonnons & declarons par Edit & ordonnance irrevocable: Que d'oresnavant nosdits subjets d'iceluy pays de Bretagne, ne seront plus traictez, convenus ny mis hors ledit pays en premiere instance, pour quelque matiere que ce soit ou puisse estre, soit par vertu de commitimus, mandement de scholarité ou autrement, sinon és cas esquels ils ont de toute ancienneté accoustumé estre tirés & resortir les droicts Royaux & de souverainneté reservez.

Item, Et qu'aucuns personnages de robbe courte & autres qui ne sont clercs, lettrez ni experimentez au fait de Justice ont puis-n'agueres impetré de nous, impetrent, obtiennent de jour à autre office de justice, & puis les vendent ou les afferment, ou commettent gens pour eux à les exercer, & en retiennent les gages à eux, qui est donner couleur & moyen à ceux qui ainsi les exercent sous autrui, de commetre plusieurs mangeries & pilleries sur nostredit peuple de Bretagne, en contrevenant à la constitution & establissement de nostre Parlement & grands jours en icelui pays, & au grand detriment de la chose publique: Nous, en suivant les ordonnances puis-n'agueres par nous faites sur le fait de la justice en nostre Cour de Parlement à Paris, Avons statué, voulu, ordonné & declaré, statuons, voulons, ordonnons & declarons par Edit: Que d'oresnavant lesdits offices de justice ne pourront estre tenus ni exercés sinon par gens clercs, lettrez, & experimentez, & capables de les tenir & exercer: & qui facent residence actuelle en la maniere accoustumée sur les lieux, sinon que par nous en fussent dispensez & n'en seroit pris aucun profit.

Item, Et combien que les Patrons laiz des benefices de nostredit pays & Duché de Bretagne ayent droit de presenter aux ordinaires, personnes idoines & suffisans pour accepter & deservir iceux benefices: lesquels ordinaires ne les peuvent refuser, & que plusieurs grands seigneurs & autres gens laiz ayent fait en leurs temps de belles & notables fondations sur intention de tousjours pourvoir à iceux benefices quand ils seroient vacquans, à gens d'Eglise de bonne & honneste conversation, qui feront le service divin & residence en iceux benefices selon l'intention desdits fondateurs, & qu'autrement selon le droict n'en puisse estre disposé ni pourveu. Ce neantmoins plusieurs courtisans de petite façon qui n'ont litterature ni bonnes mœurs, & ne sont pour faire residence sur lesdits benefices, trouvent moyen par subtilitez & cautelles de faire autres benefices litigieux de plus grande valeur, & pour les pacifier font faire resignation en cour de Rome desdits benefices, estans au patronages desdits laiz, & s'en font pourvoir par le Pape, qui est deroger audit droict de patronage. Et ont mis cecy en avant & en telle pratique que ceste derogation a esté frequentée par trois ou quatre fois sur un mesme benefice en nostredit pays de Bretagne, en telle façon

que les droits de patronnage d'Eglife fe perdent ; au grand intereſt prejudice & dommage deſdits fondateurs, perdition & adnihilation deſdits benefices, & pour deſcourager & deſvoyer les bonnes & devottes creatures,
qui à celle occaſion ſe ſont retraintes de plus faire fondations ni augmentation à l'Egliſe : Nous, pour ces cauſes, avons defendu & inhibé, defendons
& inhibons par ces preſentes & par Edict irrevocable aux gens de noſtre
Parlement, grands jours, ou Conſeil en Bretagne, & à tous autres qu'il
appartiendra, Que d'oreſnavant ils ne baillent lettres ny mandemens de nous
à quelque perſonne que ce ſoit, de congé & licence de mettre telles bulles,
proviſions & lettres Apoſtoliques à execution, contenans proviſions de benefices derogeantes auſdits patrons laiz, en quelque forme & maniere que
ce ſoit ; & à celui Edict faire garder eſtat pour eviter à tous abus ; ſur peine
à ceux qui feroient le contraire d'eſtre punis comme tranſgreſſeurs de nos
conſtitutions & ordonnances. En mandans aux Juges ordinaires & autres
nos Officiers audit pays de Bretagne, que les porteurs, facteurs & entre-
meteurs de telles bulles, ſoient prins, arreſtez & empriſonnez, juſques à ce
qu'ils ayent faict caſſer, revoquer & annuller toutes fulminations & cenſu-
res Eccleſiaſtiques qui à cauſe de ce auroient eſté prononcées & jettées à
leurs propres couſts & deſpens.

Item, Et pour ce qu'en noſtredit pays de Bretagne y a une ſeule & unique Univerſité, laquelle feu noſtre couſin le Duc François dés ſon advene-
ment à la Duché, fit créer & ordonner par noſtre ſaint Pere, en noſtre ville
de Nantes, en la forme & telle conſtitution que ſont celles de Sienne & de
Bologne en Italie. Laquelle Univerſité au vivant de noſtredit feu couſin a
eſté entretenuë de bons Docteurs & regens & liſans, juſques environ le
commencement des dernieres guerres & diviſions qui ont eſté en icelui pays :
Par le moyen deſquelles les Docteurs regens & eſcholiers s'eſvaderent, & à
preſent ſont retournés en icelles villes de Nantes, aucuns eſcholiers pour
degré & ſcience acquerir, mais ils n'ont point de Docteurs, regens, & liſans
à cauſe de ce que ne leur avons encore ordonné aucun entretenement,
Nous pour ces cauſes, conſiderans que la faculté de ſapience & litterature
eſt à chacun utile, honnorable & profitable. Et afin que ladite Univerſité
de Nantes ſoit bien garnie & fournie de bons Docteurs, avons accordé & ordonné, accordons & ordonnons par ces meſmes preſentes pour l'entretenement de ladite Univerſité en icelle noſtre ville de Nantes, la ſomme de
quatre cens livres tournois par chacun an, à prendre ſur les deniers communs
de ladite ville.

Item, Et que le temps paſſé quand les aides des villes eſtoient par les ſup-
poſts de ſes Eſtats accordez. Noſtredit feu couſin le Duc de Bretagne en fai-
ſoit faire mandements, dedans leſquels eſtoient declarees les ſommes miſes
ſur chacune ville pour ledit aide, & eſtoient envoyez par les villes pour y
eſtre publiez, & demeuroient aux Procureurs deſdites villes iceux mandemens, pour leur deſcharge de l'egail & cuillette des deniers d'iceluy aide.
Et que nonoſtant ce, l'annee derniere paſſee on a ſeulement envoyé des
brevets qui contenoient faire egail dudit aide, comme ſi c'eſtoit un denier
ordinaire & de touts temps accouſtumé, qui cederoit au prejudice dudit

pays :

pays : Nous avons ordonné, declaré & statué comme dessus : Que la forme
& maniere d'ordonner & lever lesdites aides de ville en nostredit pays de
Bretagne, sera tenue, gardée & observée ainsi qu'elle a esté faite le temps
passé sans novalité aucune, ne qu'il puisse tourner à prejudice pour l'advenir aux supposts des Estats dudit pays.

Si donnons en mandement par cesdites presentes à nos amez & feaux les
gens de nostre Parlement, grands jours & Conseil en iceluy pays, Seneschaux, Alloüez, Baillifs, Prevosts, Lieutenans, & Procureurs de Rennes,
Nantes, Vannes, Cornoüaille, Leon, Treguer, Morlaix, & Guingamp, &
à tous nos autres Justiciers & Officiers, ou à leurs Lieutenans ou commis
presens & advenir, & à chacun d'eux, si comme luy appartiendra : Que nos
statu, ordonnance, declaration, & constitution & tout le contenu en
cesdites presentes, ils gardent, entretiennent & observent : & fassent garder,
entretenir & observer de point en point, inviolablement & sans enfraincte &
les fassent chacun en droit soy lire, publier & enregistrer en leurs cours,
barres & jurisdictions & ailleurs où l'on a accoustumé à faire cris & proclamations, en maniere qu'aucun n'en puisse pretendre cause d'ignorance. Et
si aucune chose estoit faite ou innovée au contraire de nosdits statut & ordonnance : Nous voulons & declarons irrevocablement estre de nul effet
& valeur comme non advenuë : & qu'elle soit incontinent reparée & remise au premier estat & deu. En faisant, ou faisant faire des transgresseurs
telle, si grieve, & prompte punition, qu'il cede & vienne en exemple à tous
autres. En contraignant à ce faire, souffrir & obeir tous ceux qu'il appartiendra & qui pour ce seront à contraindre par toutes voyes & manieres ac-
coustumées de fait pour nos propres besoignes & affaires, nonobstant oppositions ou appellations quelconques : car ainsi nous plaist-il estre fait, nonobstant aussi quelconques lettres subreptices ou à imperrer à ce contraires :
Et pour ce que de ces presentes on pourra avoir à besongner en plusieurs lieux :
Nous voulons que au vidimus d'icelles, fait sous scel Royal, foy soit adjoustée comme à ce present original. Et afin que ce soit chose ferme & stable
à tousjours mais : Nous avons fait mettre nostre scel à cesdites presentes,
sauf en autres choses nostre droit, & l'autruy en toutes. Donné aux Montils
les Tours au mois de Novembre, l'an de grace mil quatre cens quatre-vingt-
treize. Et de nostre regne l'onziéme ainsi ; signé sur le reply. Par le Roy,
Monseignent le Cardinal de Lyon, l'Evesque de S. Malo, le sieur de Gyé,
de Gravile, du Bouchaige, de Grimaud, maistre Jean de Gaunay, President
en Parlement, Jean François, General des finances, & autres presens, Bohier.
Et scellé en lacs de soye de cire verte.

REMONTRANCE
DU PROCUREUR GENERAL
DE LA CHAMBRE DES COMPTES

POUR la conservation des Droits, Franchises & Libertés du pays & Duché de Bretagne.

Du 24. Octobre 1495.

AUjourd'hui vingt-quatriéme jour d'Octobre l'an mil quatre cens quatre-vingt & quinze, en la Cour de Parlement, accoustumé tenir en Bretagne, seant & levant de par le Roy nostre Souverain Seigneur en cette Ville & Cité de Vannes, s'est en jugement comparu personnellement, honorable homme & sage maistre Jean Gibon, Seigneur du Grisso, Procureur dudit Seigneur en la Chambre des Comptes en cedit pays & Duché de Bretagne : disant & remontrant par maniere de grief, complainte & doleance, que nonobstant que de tout temps & paravant toute mémoire d'homme vivant, les Rois Ducs & Princes de cedit pays & Duché de Bretagne, ayent tousjours eu & gardé ce droit entre leurs autres droits, libertés & noblesses de leursdit pays & Principauté, que jamais de leurdite Cour de Parlement de Bretagne, n'estoit ressorti par appel ne autrement, à la Cour de Parlement de Paris, quelque obeïssance que depuis aucun temps, l'on y ait accoûtumé faire par appel dudit Parlement de Bretagne en matiere de commune justice, singulierement de trois cas : sçavoir, de Sentence donnée par ladite Chambre des Comptes, entre le Prince & ses sujets, Fermiers, Receveurs ou autres, & ressorties par appel de l'une des parties ou de toutes deux, en ladite Cour de Parlement de Bretagne, des cas & matietes de crimes, soit capitauls ou autrement jugez audit Parlement, & aussi des possessoires des Benefices de Bretagne, tant Eveschés, Abbayes, Dignités & Prébendes, qu'autres quelconques, ains audit Parlement de Bretagne esdits trois cas, & chacunes celles instances & matieres d'appel, meurent & prennent fin, sans plus avant aller : & quant aucuns des subjets se sont efforcés en faire ressort ou appel & icelui conduire, ils ont esté privés des corps, détenus, punis & maltraités, comme perturbateurs contrevenans, & transgresseurs desdits droits, libertés & noblesses. Ce neanmoins Jean le Rougears, Jean Tymadeuc & autres Officiers comprables en ladite Chambre des Comptes, ont ressorti par appel à Paris de certaines Sentences contre eux données par ladite Chambre, & confirmées audit Parlement de Bretagne, requerant & suppliant ledit procureur General qu'il plaise à la Cour lui donner & decerner acte & certification valable de

la verité du tout , du donné entendre cy-deſſus pour lui valloir & ſervir
ainſi que de raiſon, tant vers leſdits nomez, qu'autres quelconques, ſur laquelle Requeſte ainſi bien à plain oüye neanmoins que de tout ce que deſſus la Cour en ſoit bien & ſuffiſamment informée , tant par les anciens
Cahiers, Livres & Papiers d'icelle, que même par la pratique & experience
que eſdits trois cas, & chacuns l'on y a tenu, gardé & obſervé depuis le
tems de quarante ans & plus, encore & d'abondant , ont eſté en jugement
par Monſieur le Preſident, ſur & touchant ce, juré, dire vray, interrogés
& enquis pluſieurs des plus anciens Sieurs & Conſeillers de ladite Cour ;
& auſſi pluſieurs anciens & notables Juges, Avocats & Praticiens audit jugement aſſiſtants, leſquels & chacuns ſans aucuns differents , ne dificultés,
ont par leurſdits ſerments recordé la propoſition & remontrance cy deſſus,
par ledit Procureur de la Chambre, faite contenir verité , & eſtre telle eſdits
trois cas, & chacuns & ainſi de tout leur tems, l'avoir vû obſerver & tenir ;
ſur quoy le tout bien & murement entendu & oüy par ladite Cour , ont
eſté par icelle leſdits trois points & chacun avec ladite pratique & obſervance d'iceux, eu & baillés pour loy, ſtile & obſervance en perpetuel, &
commandé ainſi eſtre regiſtré & immatriculé és Livres & cahiers d'icelle
Cour : & outre tout ce, fait commandement à tous les ſubjets de cedit pays
& Duché d'y obeir & garder eſtat, ſans en fraindre, & ſi aucuns ont fait
ou de cy-en avant font ou attentent au contraire, eſt mandé au Procureur
General de Bretagne, les faire prendre & empriſonner des corps, & les tirer
à conſequence, d'amende & punition, comme tranſgreſſeurs & violateurs
des droits, libertés & nobleſſes de cedit pays & Principauté , & autres peines qui ſelon tout droit & raiſon y ſeront applicables : & ſemblablement les
Sergents quels qu'ils ſoient, qui ſe immiſſeroient ou entremetteroient de faire
aucuns ajournemens, intimations ou autres exploits à ce contraires, ou derogatoires donnés comme devant ſous le petit Scel de ladite Cour , avec
le ſigne de moy Jacques Bouchart, Secretaire dudit Seigneur en cedit Duché par icelle Cour, commandé eſtre mis & appoſé à ces preſentes , les
jours & an de-ſuſdits : ainſi , ſigné du commandement de ladite Cour,
Bouchart. Ar. *De Turnus Brutus*, liaſſe 2. cotte 45.

EDIT

DU ROY LOUIS XII.

CONTENANT *les clauſes & conditions accordées par ſon Contrat de Mariage avec
la Reyne Anne Ducheſſe de Bretagne.*

Du mois de Janvier 1498.

LOUIS par la grace de Dieu Roy de France, ſçavoir faiſons à tous preſens
& à venir, comme ce jourd'huy en traitant, accordant & concluant le
mariage qui preſentement a eſté fait & accordé entre nous, d'une part, &

noſtre tres-chere & trés-amée couſine la Reine Anne Ducheſſe de Bretagne , de la ſienne. Pluſieurs points & articles ayent eſté accordés entre nous
& elle, & iceux mis & redigez par eſcrit. Deſquels articles & conventions
avons accordé deux lettres ſeulement eſtre faites. L'une contenant les choſes
particulieres des perſonnes de nous & noſtredite couſine , & des enfans qui
iſtront de nous deux, ſelon les lettres & contrats ſur ce paſſé : Et celles touchant les choſes concernant le gouvernement , adminiſtration, droits, libertez , prééminences , offices & officiers dudit pays , tant au fait de l'Egliſe,
de la Juſtice, Nobleſſe, que la generalité d'iceluy pays, Et deſquels articles
& conventions la teneur s'enſuit.

C'eſt à ſcavoir : Que entant que touche de garder & conduire le pays de
Bretagne & ſubjets d'icelui en leur droits, libertez , franchiſes , uſages , couſtume & ſtile tant au fait de l'Egliſe, de la Juſtice, comme Chancelerie, Conſeil , Parlement, Chambre des Comptes, Treſorerie, Generalité , & autres.
Auſſi de la Nobleſſe & common Peuple , en maniere qu'aucune nouvelle loy
ou conſtitution n'y ſoit faite fors en la maniere accouſtumée par les Rois &
Ducs predeceſſeurs de noſtredite couſine la Ducheſſe de Bretagne. Que nous
voulons , entendons & promettons garder & entretenir ledit pays & ſubjets de
Bretagne en leurſdits droits & libertez ainſi qu'ils en ont joüy du tems des
feux Ducs predeceſſeurs de noſtredite couſine.

Item , Que entant que touche de ne muer ni changer les offices ni Officiers que noſtredite couſine a mis & inſtituez eſdits offices en ſondit pays
de puis le trepas de feu noſtre tres-cher Seigneur & couſin le Roy Charles
huiéme de ce nom, que Dieu abſolve, mary & eſpoux de noſtredite couſine, Et de ratifier & conformer iceux offices, & Officiers : enſemble les autres
choſes faites par noſtredite couſine durant icelui tems, & ſans qu'il ſoit beſoin en lever autres lettres, fors la lettre de ce preſent traité. Nous voulons ,
accordons, promettons , ratifions & confermons leſdites choſes.

Item , En ce que touche que quand vacation d'iceux offices adviendra par
mort, forfaicture ou autrement, qu'il ſoit ſur ce pourveu auſdits offices à
nomination de noſtredite couſine , & que leſdites lettres en ſoient ſcellées
en Bretagne, nous en ſommes contens, & accorderons biens enſemble nous
& noſtredite couſine.

Item , Que entant que touche que és impoſitions des foüages & autres ſub-
ſides levez & cuëillis audit pays de Bretagne, les Eſtats dudit pays ſoient
convoquez & appellez en la forme accouſtumée. Et que les ſubjets d'icelui
pays ne ſoient tirez hors d'icelui en premiere inſtance ne autrement que de
barre en barre. Et en cas de reſſort du Parlement de Bretagne, & en deuë
de droit & de negotiation de juſtice en la maniere accouſtumée du tems des
Ducs predeceſſeurs de noſtredite couſine. Nous ſur ce voulons, entendons,
accordons & promettons les y entretenir , pour en uſer en la forme accouſtumée de toute ancienneté.

Item , Entant que touche qu'en nos guerres que pourrions cy-aprés faire
hors dudit pays de Bretagne, que les Nobles d'icelui pays , ne ſoient ſubjets à nous ſervir hors dudit pays fors en cas d'extrême neceſſité, ou qu'il
y ait ſur ce conſentement de noſtredite couſine & des Eſtats dudit pays. Nous
ſur

sur ce, voulons & entendons ne tirer lesdits Nobles hors dudit pays, sans grande & extrême necessité.

Item, Que entant que touche, de nous nommer & intituler Duc de Bretagne és choses qui concerneront le fait dudit pays, & de continuer la monnoye d'or & d'argent sous le nom & titre de nous & de noftre cousine: Nous, sur ce voulons, entendons, accordons & promettons ainsi le faire: & d'y faire par maniere que les droits de la couronne de France soient gardés d'une part & d'autre. Et pour ce faire y seront commis tant de noftre part que de la part de noftre cousine & pays de Bretagne, bons & notables personnages, pour le tout bien dresser, en façon que les droits de Bretagne seront gardez.

Item, Et entant que touche que s'il advenoit que de bonne raison il y euft quelque cause de faire mutation particuliere, en augmentant, diminuant, ou interpretant lesdits droits, couftumes, conftitutions ou eftablissement que ce soit par le Parlement & assemblée des Eftats dud. pays, ainsi que de tout tems eft accouftumé, & que autrement ne soit fait: Nous voulons & entendons qu'ainsi se face: appellez toutesfois les gens des trois Eftats dudit pays de Bretagne.

Item, Entant que touche que les benefices de quelque Eftat qu'ils soient en ensuivant les droits dudit pays, soient baillez aux gens d'icelui pays de Bretagne, & que autres ne soient receus à les avoir par lettres de naturalité ne autrement, fors par la nomination de noftre cousine, en ayant regard au grand nombre des Nobles dudit pays, qui ont accouftumé de vivre, & d'eftre entretenus desdites choses, nous sur ce, en complairons à noftredite cousine, ainsi qu'entre nous & elle sera advisé & ordonné.

Item, Que entant que touche que nuls Prevofts, Capitaines, ne autres, n'ayent jurifdiction, fors les Chancelerie, Parlement, Senechaux & autres ornaidires, chacun en son regad comme ils avoient au tems & du vivant des feu Ducs: nous sur ce, voulons, entendons, accordons & promettrons d'ainsi le faire en la forme accouftumée d'ancienneté.

Item, Que entant que touche certaine remontrance declarée esdits articles contenant que par les droits, libertez, indults & anciennes possessions dudit pays, qui eft limitrophe, la nomination & presentation des Evefchez, quand vacation advient, appartient aux Princes dudit pays: mefmement de l'Evefché de Nantes, qui eft l'une des principales Cités & forteresse dudit pays.

Et qu'en usant desdits droits, indults & anciennes possessions, feu noftre tres-cher Seigneur & cousin le Duc de Bretagne François second de ce nom, & pere de noftredite cousine, nomma & presenta au feu Pape Innocent, maiftre N. Archidiacre & Chanoine de Nantes, son prochain Conseiller & serviteur. Et par le Chapitre d'icelle Eglise canoniquement efleu en futur pafteur & Evefque. Et depuis le trepas dudit Duc par noftredite cousine Ducheffe & heritiere dudit Duc son pere, consenti & approuvé, & de nouvel entant que meftier eftoit, nommé & presenté. Sur la provision duquel, jaçoit ce que ledit Pape Innocent euft escrit audit feu Duc, qu'il avoit vouloir que ladite nomination sortift effet, il en pourvoiroit ledit N. dudit

Evesché de Nantes. Ce neanmoins en pourveut feu maistre N. & aprés son decez maistre Iean d'Espinay son frere Evesque de Mirepois : lesquels nostredite cousine disoit & dit avoir esté & estre tous deux lors en party à elle contraire : & avoir par indeus & sinistres moyens, & contre le vouloir & plaisir d'elle, s'efforcer d'occuper & tenir ledit Evesché de Nantes. Et lesquels tousjours elle a eu & a à present pour suspects, & non agréables, requerant sur ce que en gardant lesdits droits, libertez, indults & possessions, vueillons tant faire & tenir main, envers nostre saint pere le Pape, S. Siege Apostolique, & tous autres, que lesdits droits soient gardez & observez. Et que ladite nomination faite par ledit feu Duc, & depuis par nostredite cousine, de la personne dudit N. comme à eux seur & feable, sortisse son plain & entier effet. En approuvant & conformant le saisissement fait par nostredite cousine, du temporel dudit Evesché à la preservation desdits droits : Nous sur ce en escrirons volontiers à nostredit saint Pere, & tiendrons la main à cete fin.

Item, Que entant que touche que les matieres de Finances, decimes de benefices, finissent au Parlement de Bretagne, sans qu'il en soit fait ailleurs ressort, ainsi qu'il a tousjours esté accoustumé. Nous, sur ce, voulons, entendons, accordons & promettons d'ainsi le faire & entretenir en la forme & maniere accoustumée d'ancienneté.

Item, Que entant que touche qu'aucunes executions de mandement ni autres exploits soient faits audit pays de Bretagne, sans préalablement les montrer & apparoir au Conseil de Bretagne, pour en avoir le placet, ainsi que d'ancienneté est accoustumé de faire : Nous sur ce voulons, entendons, accordons & promettons d'ainsi le faire, en suivant ce que sera advisé & conclud par les gens des trois Estats dudit pays de Bretagne. Et cependant en sera fait, ainsi qu'on a accoustumé d'ancienneté.

Item, Que en ce que touche que pour obvier aux questions & differens qui peuvent advenir sur les marches & limites de France & de Bretagne, il soit convenu & accordé que les deux prochains Juges Royaux & Ducaux dessus les lieux en ayent la connoissance, & comparoissent sur les lesdits lieux pour en decider & faire la fin : Nous voulons, entendons, accordons & promettons d'ainsi le faire, en ensuivant ce qui a esté par cy-devant sur ce ordonné, & qu'on a accoustumé d'ancienneté. Lesquelles choses dessusdites nous avons cedit jour accordées, voulues, consenties, promises & jurées, accordons, voulons, consentons, promettons & jurons par ces presentes, signées de nostre main, en foy & parole de Roy, tenir la main & accomplir, sans venir à l'encontre.

Si donnons en mandement à tous nos Officiers, Justiciers & Subjets que icelles choses cy-dessus declarées, ils entretiennent de point en point, selon leur forme & teneur, sans y mettre, ne souffrir estre mis aucun destourbier ou empeschement, en quelque maniere que ce soit : Car ainsi nous plaist-il estre fait. Et afin que ce soit chose ferme & stable à tousjours, nous avons fait mettre nostre Scel à cesdites presentes, sauf en autres choses nostre droit, & l'autruy en toutes. Donné au Chastel de Nantes, au mois de Janvier, l'an de grace mil quatre cens quatre vingt dix-huit, & de nostre regne le premier :

Ainsi signé, Loüis, Par le Roy, Messieurs les Cardinaux de saint Pierre ad Vincula, & d'Amboise. Vous le sieur de Ravestan, le prince d'Orange, le Marquis de Rothelin, les Comtes de Rohan, de Guise, de Ligney, de Dunois, de Rieux, les Evesques d'Alby, de saint Brieux, de Luçon, de Leon, de Cepte, de Cornoüaille, de Bayeux, les sires de Gyé, de Baudricourt, Mareschaux de France, Sens, Chancellier de Bretagne, de la Trimoüille, de Chaumont, de Beaumont, d'Avaugour, & de Tournon : les Abbez de Redon, Vicechancelier de Bretagne, & de Moustier Rame, Jacques de Beaune General des Finances en Languedoc, maistre Charles du Haut-bois President des Enquestes, Philippes Baudou, Gouverneur de la Chancellerie de Bourgongne, René du Pont Archidiacre de Plœchastel, Amaury de Quenecquivilly, Roland de Sclisson, Alain Marec Seneschal de Rennes, maistres des Requestes & Conseillers ordinaires de Bretagne, Gobrien Miron, Medecin ordinaire, & plusieurs autres presens, Petit. Et scellé en Lacs de soye de cire verte.

Le Contrat de Mariage & Edit precedent sont enregistrés à Fol. 33, du premier Liv. des Mandemens commencé en 1492.

CONTRACT DE MARIAGE

DE MADAME CLAUDE DE FRANCE, FILLE du Roy Louis XII, & de la Reine Anne Duchesse de Bretagne, avec François Duc de Valois, & Comte d'Angoulesme, arrêté aux Montils lez Tours.

Le 22. May 1516.

LOUIS par la Grace de Dieu, Roy de France : A tous ceux qui ces presentes Lettres verront; SALUT : Comme par l'avis & meure deliberation des Princes & Seigneurs de nôtre Sang & Lignage, Prélats & Gens de nostre Conseil & autres grands & notables Personnages, assemblés en grand nombre & obtemperant inclinant aux très-instantes & humbles Prieres, Supplications, Requestes, qui nous ont été faites, tant de la part desdits Princes & Seigneurs de nostre Sang, que des Deputez deleguez des Provinces & grosses Villes & Cités de nostre Royaume, qui pour ce sont tirez vers nous en cette nostre bonne ville & cité de Tours; Nous ayons conclut & declaré par ledit avis, & pour le très-grand & évident bien, profit, utilité & seureté de nosdits Royaume, Pays, Seigneuries, Subjets, & choses publiques d'iceux, faire & traiter le Mariage de nostre très-chere & trèsamée Fille unique, CLAUDE DE FRANCE avec nostre très-cher & trèsamé Cousin le DUC DE VALLOIS, Comte d'Angoulesme; & en suivant les avis & deliberation ayons ja fait faire en la presence des susdits, Fiançailles

de noſtredite Fille & Couſin, en intention de deliberation (l'âge qui leur
eſt requis venu) faire parachever, conſommer & accomplir ledit Mariage,
au traité & pour parler duquel entre Nous & noſtre très-chere & très-amée
Compagne la Reine, & au nom de noſtre Fille, d'une part ; & noſtre très-
amée Couſine, la Comteſſe d'Angoulesme, au nom & comme ayant le
Bail, Gouvernement & Adminiſtration de noſtredit Couſin, le Duc de
Vallois ſon Fils, d'autre part ; ayent eſté faits, concluts & accordez les
traités, accords, promeſſes par paction & convenances cy après declarées,
dont & deſquelles la teneur enſuit ; Ou traité de Mariage, qui ſe fera &
accomplira par le vouloir & plaiſir de Dieu, de très-excellente & puiſſante
Princeſſe Madame Claude de France, & très-haut & très - puiſſant Prince,
Monſeigneur le Duc de Vallois, ont eſté par le Roy & la Reine, pour &
au nom de madite Dame, promettans luy faire ratifier & conſentir (Elle
venuë en âge) & haute & puiſſante Princeſſe, Madame la Comteſſe d'Angoulesme, pour & au nom de mondit Sieur de Vallois ſon Fils, traitées &
accordées les choſes qui enſuivent ;

Premierement, qu'incontinent que madite Dame Claude de France &
mondit Sieur le Duc de Vallois ſeront venus en âge requis, pour conſommer & accomplir ledit Mariage, il ſe conſommera & accomplira, en faveur
& contemplation duquel Mariage, le Roy conſtituë en dot & Mariage à
madite Dame ſa Fille, les Comtez de Blois, d'Aſt & Soiſſons, Seigneuries
de Couſſy, & tout ce qu'il a au Royaume, qui n'eſt que de l'Appan-
nage ; en retenant neanmoins & reſervant à luy l'Uſufruit deſdits Comtez, Terres & Seigneuries ſa vie durant ; & au cas que iceluy Seigneur,
que Dieu doint, laiſſe Enfans maſles, après ſon décés il pourra toutes & quantes fois que bon luy ſemblera, avoir & retirer à luy leſdites Comtés, Terres, & Seigneuries, en baillant à madite Dame, ou à
ſeſdits Heritiers vingt mille livres de rente, ou Royaume en titre, &
prééminences de Duché ; & la Reine conſtituë en Dot & Mariage à
madite Dame ſa Fille la ſomme de cent mille écus d'or, leſquels ſe payeront
à deux termes par égalle portion ; à ſçavoir, cinquante mille un an après
les Nopces & conſommation dudit Mariage, & les autres cinquante mille
l'autre an prochain enſuivant. Sera tenu mondit Seigneur le Duc de Vallois,
de à chacune fois qu'il recevra leſdits deniers, iceux bien & ſuffiſamment aſſigner ſur ſes Terres & Seigneuries preſentes & à venir, au profit
de madite Dame Claude & de ſes Heritiers, leſquelles choſes ſortiront nature de vray patrimoine & heritages, pour madite Dame & ſes Heritiers
deſcendans de ſon corps, au deffaut deſquels elle retournoit, à ſçavoir au
Roy & à ſes Heritiers, ce qu'il a deſſus conſtitué en Dot pour ladite Dame,
& ſemblablement à la Reine & à ſes Hoirs leſdits cent mille écus.

Item, Plus a eſté traité & accordé que s'il avenoit que Dieu veüille que
la Reine ait Enfans maſles elle pourra diſpoſer de la Duché de Bretagne,
au profit de ſondit Fils ; & luy delaiſſer & bailler, ſi bon luy ſemble & faire
le veut, nonobſtant le contenu au Contrat de Mariage du Roy, & de ladite
Dame, auquel quant à ce iceux Seigneur & Dame ont expreſſement dérogé
& derogent par ces Preſentes, le ſurplus neanmoins dud. traité demeurant

en

en sa force & vigueur en toutes autres choses; & si Doüaire a lieu , & que
ledit Seigneur parvienne à la Couronne , en ce cas ladite Dame aura le
Doüaire que les autres Reines de France ont accoustumé d'avoir., & ledit
Seigneur ne parvenant à la Couronne , icelle Dame sera doüairée au tiers
des Terres & Seigneuries d'iceluy Seigneur, sçavoir faisons , après avoir
bien entendu les points & articles cy-dessus contenus , qui ont été par Nous,
nostredite Compagne , & nostredite Cousine, ès noms que dessus, conclurs,
arrêtez, consentis & accordez ; Nous promettons en bonne foy & parole de
Roy , & sur nostre honneur les tenir , & faire tenir , garder & accomplir
de nostre part , sans aller ou souffrir aller au contraire en quelque
maniere que ce soit : & iceux en tant qu'ils touchent à nostre Fille,
faire ratifier , consentir & agréer par Elle , selon leur forme & teneur ,
& à ce obligeons Nous , nos Hoirs & biens : en témoin de ce nous avons
signé ces Presentes de nostre main , & à icelles fait mettre nostre Scel.
Et nous ANNE , par la Grace de Dieu , Reine de France , Duchesse de
Bretagne , sur ce deuément authorisée de Monseigneur le Roy , confessons
lesdits points & articles cy-dessus inserez , avoir esté & estre entre Nous
ainsi faits , conclurs & accordez , & promettons de nostre part en bonne
foy & parole de Reine, les tenir, entretenir , garder , observer , & accomplir de point en point selon leur forme & teneur , sans aller , ou permettre aller ne venir au contraire directement ou indirectement, en quelque
maniere que ce soit , & iceux faire ratifier & consentir par nostredite Fille ,
comme contenu est , esdits articles ; en témoin de quoy nous avons signé
ces Presentes de nostre main, & à icelles fait mettre nostre Scel, & requis aux
Notaires & Secretaires de mondit Seigneur, cy-dessous écrits, les signer à
nostre requeste : Et nous LOÜISE Comtesse d'Angoulesme , Dame Des-
pernay , Romorantin , Melle & Chisse , ayant le Bail , Gouvernement &
Administration de nôtre très-cher & très-amé Fils le Duc de Vallois , Comte
d'Angoulesme , connoissons & confessons lesdits Articles cy-dessus incorpo-
rez , avoir esté & estre faits & arrêtez, concluds & accordez entre mondit
Seigneur le Roy & Madame la Reine; & Nous, comme cy-dessus est contenu , & promettons de nostre part en bonne foy & parole de Princesse les
tenir & faire entretenir , garder , observer & accomplir sans enfreindre ne
aller au contraire , en quelque maniere que ce soit, & iceux entant que
touche à nostre Fils le Duc de Vallois , faire ratifier , consentir & agréer par
luy, le tout selon leur forme & teneur ; & à ce obligeons Nous , nos Hoirs
& biens : Et pour plus grande seureté & approbation avons signé ces Presentes de nôtre main , & à icelles fait mettre nôtre Scel ; & outre avons requis
aux Notaires & Secretaires de mondit Seigneur, qui ont reçû le commandement de ces Presentes , les signer à nostre requeste. DONNE' au Mon-
tils-lez-Tours le vingt-deuxiéme jour de May l'an de grace mil cinq cens
seize , & de nostre Regne le neuvième. Ainsi signé , LOUIS , ANNE,
LOUISE , & en soubscription : Par le Roy , de son consentement à la requeste de la Reine & de Madame la Comtesse d'Angoulesme , à ce presentes, & Monseigneur le Cardinal d'Amboise Legat en France. Vous les
Evesques de Paris & Nantes , les Seigneurs de Rohan & de Rieux , & de

Sens Chancelier de Bretagne ; Maiftre Jehan de Gaumay , premier Prefident
de la Cour de Parlement de Paris ; Jehan François , General des Finances de
Bretagne , & autres prefens. Ainfi figné , Robertet , Gedoyn , & icelle
en double queuë & Cire jeaune & rouge. Ar. *de Turnus Brutus* , Liaffe 8 ,
cotte IX^{xx}XI.

DECLARATION
DU ROY
FRANÇOIS PREMIER,
*PORTANT REGLEMENT POUR LA LEVEE DES
Foüages ; Reglement pour les Notaires ; reduction de leur nombre ; & confirmation
des Privileges de Bretagne.*

Du 29. Mars 1519.

FRANÇOIS par la grace de Dieu Roy de France, ligitime Adminiftrateur & Ufufrutuaire des biens de nôtre très-cher & très-amé Fils
le Dauphin, Duc & Seigneur proprietaire des pays & Duché de Bretagne.
A tous ceux qui ces Prefentes Lettres verront , Salut. Comme après les derniers Eftats tenus de par Nous en nofdits pays & Duché de Bretagne , nos
très-chers & bien amez les Gens defdits trois Eftats, ayent envoyé pardevers
Nous Me. Raoul de la Chaffe leur Procureur, avec certains Articles de com-
plaintes, doleances & remontrances faites aufdits Eftats par plufieurs nos
fubjets, nous requerans y pourvoir pour le bien, profit & utilité de nos
Gens de Juftice & de la chofe publique de nofdits pays.

PREMIEREMENT.

Et premierement, fur la Remontrance faite efdits derniers Eftats que
combien que depuis a par bonne & düë reformation , ait été mis par écrit
& arrêté en nôtre Chambre des Comptes en nofdits pays , le nombre des
Métairies exemptes de Foüages en chacune Paroiffe de nofdits pays : néanmoins plufieurs perfonnes, tant gens d'Eglife , Nobles, gens de Juftice,
Marchands que autres, ont édifié nouvelles Métairies & en grand nombre
en plufieurs & diverfes Paroiffes, lefquelles ils s'efforcent tenir exemptes dud.
droit de Foüage au grand préjudice de nous & de nos fubjets : auffi parce
que efdits pays y a Sergentifes, qui font nuables par chacun an & durant
l'année, iceux Sergentes font exempts dudit droit de Foüage , plufieurs riches
& puiffans trouvent moyen de eux y faire pourvoir , & aprés qu'ils font
pourvûs, fe y faire continuer d'an en an, & par ce, la charge qu'ils doivent

porter , tourne sur le Peuple. Nous avons dit , & declaré & ordonné, disons, déclarons & ordonnons, que tous nos Procureurs de chacune Senechaussée
& Jurisdiction de nosdits pays & Duché de Bretagne , ayent à eux retirer
en nôtredite Chambre des Comptes dudit pays, prendre & retirer par extrait, ladite Reformation sur le fait des metairies exemptes desdits Fouages,
& y faire garder état , tellement que Nous & le Peuple n'y soient interressés.
Et quant esdits Sergents est ordonné ausdits Procureurs faire garder les
Coûtumes & Constitutions sur ce faites : le tout sur privation de leur Offices, & ausquels Gens de nosdits Comptes & autres qu'il appartiendra, avons
ordonné & ordonnons bailler lesdits Extraits incontinent & sans delay, à
nosdits Procureurs, & à chacun respectivement. Et combien que par Ordonnance & Constitution faite par nôtre très-chere & très-amée Dame & Mere,
lorsqu'elle étoit Regente en nos Royaumes , Pays & Seigneuries par nôtre
absence, ait été ordonné sur le fait des Plaidoiries par rescrit, forme de raporter les expeditions , salaire des Notaires & autrement ainsi qu'il est contenu esdites Lettres de Chartres, Constitution & Ordonnances : Et que lesd.
Lettres de Chartres, Constitutions & Ordonnances ayent été lûës , publiées
& enregistrées en nôtre Cour de Parlement, Conseil & Chancellerie , &
par toutes nos Barres & Jurisdictions. Néanmoins les Secretaires & Notaires, sous ombre de certainnes oppositions qu'ils ont formé contre ledit Edit
de nôtredite Dame & Mere , & publication d'icelui, s'efforcent continuer
és procès, plaidoiries & appointements pour avoir plus grands salaires, à la
confusion , peine & labeur des Juges & des matieres , retardation de Justice,
frais , mises és dépens des Parties ; avons ordonné que ledit Edit , Statut &
Ordonnance pendant cesdites pretenduës oppositions , sera gardé & observé , & que les Juges, chacun en sa Jurisdiction, le fassent entretenir ,
garder , & observer selon sa forme & teneur , & contre les infracteurs procedent par mulctes , condemnation d'amande , privation
ou suspension des états des infracteurs , & lesdites condemnations fassent
executer reaument & de fait par provision, nonobstant Arrêts, Plegements,
oppositions ou appellations quelconques, sans prejudice d'icelles , & jusqu'à
ce qu'autrement en soit ordonné, & ausquels Juges nous ordonnons de ainsi
le faire, sur peine de suspension de leurs états & Offices.

I I. Item. Que contre la forme des Constitutions de nôtredit pays , y a
si grand & effrené nombre de Tabellions & Notaires qui passent & reçoivent
Contrats, esquels sont faites plusieurs fraudes & collusions , parce qo'ils dé-
guisent les devoirs & obéïssances, & les attribuent aucune fois à ceux dont
ils ne sont tenus, font & contiennent plusieurs autres abus au préjudice de
nous, de nos subjets & de nos droits, à quoy ne se peut pourvoir , parce
que lesdits Notaires & Tabellions tiennent leur Actes secrets, par quoy par
longueur de tems causent obtusion de Fiefs, Droits & Devoirs, tant à nous
que autres appartenans , avons ordonné que lesdits Notaires & Tabellions
ayent chacun un seul Registre & Deal, & qu'en iceluy & non ailleurs, ils
enregistreront les Contrats & stipulations qu'ils passeront, & iceux commu-
niqueront de deux Plaids en deux Plaids pour le moins, tant à nos Procureurs qu'aux Procureurs des Barres, Châtelains & autres ayant Jurisdiction,
sans aucuns en receler ne l'attirer, à ce que les droits & devoirs soient con-

nûs à qui ils devront appartenir, & ce, sur peine ausdits Notaires & Tabellions d'être dits & reputés faussaires, de privation de leur états, & d'être griefvement punis.

III. Item. Et pour ce, comme dit est en nôtre pays y a Notaires, Tabellions & Sergens, à grand & effrené nombre, les aucuns ignorans, non suffisans ni capables contre les constitutions & établissement de nosd. pays, à la grande charge, foule & oppression de nos subjets; avons statué, commandé, ordonné & enjoint à tous nos Senechaux, Lieutenants, Prevôts & autres Justiciers & Officiers de nosdits pays & Duché, de reformer tel nombre effrené, & iceluy réduisez au desir de nos Constitutions & Ordonnances, & à ce vacques en bonne & brefve diligence, sur peine de suspension & privation de leur états & Offices, & autres peines arbitraires.

IV. Item. Que combien que par les Privileges par Nous & nos Predecesseurs octroyez & confirmez à nos Subjets de nosdits Pays, ils ne puissent être convenus hors dudit Pays; neanmoins plusieurs personnes ont obtenu de nos Lettres d'Evocation, tant en matieres civilles que beneficiales, à la grande charge & oppression, frais, mises & depens des Parties, & enfraignant & corrompant lesdits Privileges par Nous & nos Predecesseurs à eux octroyez & confirmez, avons dit, declaré, statué & ordonné, disons, declarons, statuons & ordonnons que doresnavant aucunes Evocations ne seront concedées, ne les Subjets d'istroits hors du pays, si-non par appel ès cas ressortissants en nôtre Cour de Parlement à Paris, & se par importunité ou autrement, aucunes en étoient obtenuës, avons dispensé comme pour lors, & dès lors comme pour le present, icelles dites & declarées, disons & declarons nulles & de nul effet, en mandant & ordonnant à tous nos Justiciers, Officiers & Subjets ausquels lesdites Lettres seront apparuës, d'icelles contredire & empêcher sans icelles souffrir, ne permettre sortir effet contre & au préjudice desdits Privileges, lesquels voulons & entendons être observez & gardez selon leur forme & teneur.

V. Item. Que combien qu'il n'y ait aucunes Fondations de nos Predecesseurs Ducs & Princes de Bretagne couchées & enregistrées en ligne de compte en nôtre Chambre des Comptes dudit Pays, neanmoins les Receveurs sur lesquels sont ordounées lesdites Fondations font souventes-fois refus, délay & difficulté de payer & satisfaire lesdites Fondations en deffraudant l'intention de nos Predecesseurs, avons ordonné lesdites Fondations être payées, entretenuës & continuées en la maniere accoûtumée.

VI. Item. Aussi que combien, que par nos Lettres patentes en forme de Chartre, en ensuivant nos Predecesseurs ayons ordonné nos Chancellerie & Conseil de nos Pays & Duché de Bretagne, estre tenus & exercez en nos villes de Rennes & Nantes alternativement; toute-fois nôtre Ordonnance n'a été gardée ne observée. Avons commandé, ordonné & enjoint, ordonnons, commandons & enjoignons aux Gens de nôtre Conseil & Chancellerie garder ordre & état ausdites Lettres & Ordonnances, sous peine d'en être repris, & que ayons cause de y autrement pourvoir.

VII. Item. Que depuis quinze ans en ça, se sont mûs plusieurs Procés & differents entre les Prieurs, Curés & Receveurs des Eglises paroissiales fiales & les Paroissiens desdites Paroisses, pour plusieurs devoirs prétendus par lesdits Prieurs, Curés & Receveurs sur les Paroissiens desdites Paroisses; desquels Procés & differents nos amez & feaux Conseillers les Gens tenans nôtre Conseil & Chancellerie ont entrepris la connoissance; mais ils n'y ont fait Jugement ne decision, & par ce demeurent toûjours lesdits differens entre lesdits Prieurs, Curez, Receveurs & Paroissiens, qui tourne au trés-grand interêt & préjudice de Nous & de nos sujets & desdites Eglises paroissiales: Nous ordonnons, commandons & enjoignons aux Gens de nôtre Cour de Parlement de nôtredit Pays, qu'ils députent quelque nombre de bons Personnages ès lieux où ils sçauront que seront lesdits differents, pour oüir les Parties, avec puissance, laquelle entant que besoin est, leur avons attribué & attribuons par cesdites Presentes en ce qui concerne la jurisdiction temporelle, pour appointer lesdites Parties sommairement & de plain, sans longueur ne striptude de procés, soit par expedient, ou par Jugement contradictoire; ou sinon qu'ils s'en informent, & nous renvoient les Informations avec leur avis, pour en ordonner comme de raison; & que neanmoins cependant lesdits Gens de nôtre Conseil, quant ès matieres qui sont pendantes pardevant eux, ayent à faire & administrer bonne & brieve Justice, à ce que tels differens ne demeurent en langueur, ains soient, comme dit est, sommairement décidées, soit par expedient ou jugement.

VIII. Item. Et quant à ce qui Nous a été representé, que combien que par nos Lettres patentes ayons octroyé aux Gens desdits trois Estats que durant le tems que leverions audit pays ce Devoir d'Impôt de 37 sols 6 den. monnoye sur chacune Pipe de Vin vendüe en détail esdits pays, iceux Gens desdits Estats auroient, prendroient & leveroient, outre ledit Devoir sur chacune Pipe de Vin six deniers monnoye pour subvenir aux affaires desdits Estats & payement de leurs Officiers, qui vacquent au fait de la chose publique du pays, & ledit Devoir desdits six deniers estre reçû par nos Receveur & Tresorier, pour en payer, bailler & delivrer aux Commis à ce par lesdits Estats, la somme de 800. livres par chacun an; & qu'en vertu de nosdites Lettres les Gens desdits Estats ayent été payez jusqu'à present, neanmoins le Tresorier dudit Pays en a fait difficulté, parce que lesdits six deniers ne sont couchez en l'état de nos Finances de l'an present, combien qu'ils ayent été & soient toûjours reçûs; Nous avons ordonné & ordonnons que par le premier nôtre Huissier ou Sergent sur ce requis, commandement soit fait ausdits Receveurs & Tresoriers de Bretagne presens & à venir, & tant que prendront & recevront, ou feront prendre & recevoir ledit Devoir d'Impôt desdits 37 sols 6 deniers monnoye, ils fassent outre prendre, cüeillir & lever lesdits six deniers sur chacune Pipe de Vin, vendüe en détail, & sur la somme vendüe desdits six deniers fassent payement aux Gens desdits Estats, ou à leur Commis desdits huit cent livres par chacun an, selon & ensuivant nosdites Lettres par Nous données, en rapportant lesquelles ou vidimus d'icelles, fait sous l'un de nos Sceaux, la Quittance des Gens desdits Estats, ou de leursd. Commis: Nous voulons ladite somme de huit cent livres être alloüée audit Tresorier & Receveur par nos amés & feaux Gens de nos Comptes en nosdits Pays & Duché de Bretagne, sans difficulté.

K

IX. Item. Pource que iceux nos très-chers & bien amés les Gens desd. Estats de nosdits Pays & Duché de Bretagne, Nous ont octroyé trente sols monnoye, outre la somme de six livres monnoye, à nous octroyée en cette presente année pour chacun feu, pour payement de nôtre rançon, & recouvrement de nos très-chers & très-amés Enfans, Nous avons dit & declaré, disons & declarons pour Nous & nos Successeurs, que ledit Octroy & le payement qui sera fait desdits trente sols monnoye, pour la cause des susdites, ne leur attribuera aucune sujetion ne consequence pour le temps à venir envers nous, ne nos Successeurs, mais demeureront en telles facultés & libertés qu'ils ont été par cy-devant, & aux droits qu'ils ont accoûtumé payer du temps de Nous & de nos Predecesseurs. Si DONNONS EN MANDEMENT par cesdites Presentes à nos amez & feaux Conseillers les Gens de nôtre Cour de Parlement, Gens de nôtre Conseil, Chancellerie, & de nos Comptes, General & Tresorier de nosdits Pays, Senechaux, Alloüés & Lieutenants, & à tous nos autres Justiciers & Officiers de nosd. Pays & Duché presens & à venir, & à chacun d'eux, si comme à luy appartiendra, que nosd. presente Declaration, Statut & Ordonnance, & tout le contenu en cesdites presentes ils executent, entretiennent, gardent, & observent, fassent executer, entretenir, garder & observer de point en point, selon leur forme & teneur, sans souffrir ne permettre aucune chose être faite au contraire, laquelle si faite étoit-il, la reparent & remettent, ou fassent reparer ou remettre incontinent & sans délay au premier état & dû, & quant à ce faire souffrir & accomplir, contraignent ou fassent contraindre tous ceux qu'il appartiendra, & qui pour ce, sont à contraindre reaulment & de fait, nonnostant quelconques plegemens, arrests, oppositions, ou appellations, & sans préjudice d'iceux, pour lesquels ne voulons estre differé; Car ainsi Nous plaît-il estre fait, en temoin de ce Nous avons fait mettre nôtre Seel à cesdites Presentes. DONNE' à Blois le 29 jour de Mars, l'an de grace mil cinq cens vingt-neuf, & de nostre Regne le seiziéme. Ainsi signé sur le Reply, Par le Roy en son Conseil, BRETON; & scelé en double queuë de Cire jaune, sur le dos duquel Mandement est écrit ce qui s'ensuit.

Les Lettres & Mandement de l'autre part, ont été lûés en la Cour de Parlement de Bretagne, & baillées pour publiées, & commandé être enregistrées au Greffe; à la charge des modifications faites sur les cinquiéme & sixiéme Articles desdites Lettres, & sauf à passer de l'opposition du Procureur General de ce Pays & Duché de Bretagne, en ce que contient le huitiéme Article d'icelle. DONNE' en Parlement tenu à Vannes le troisiéme jour d'Octobre l'an 1530. Signé, LE FORESTIER.

Enregistré au 2. Livre des Mandements, Fol. 52, R°.

EDIT
DU ROY FRANCOIS PREMIER,

PAR lequel sur la Remontrance des Gens des trois Etats, du pays & Duché de Bretagne assemblez à Vannes, Sa Majesté y étant, Elle permet & agrée, que le Dauphin son Fils fasse son Entrée à Rennes, Ville capitale dudit pays, en qualité de Duc & Prince Proprietaire dudit Duché: unit & joint par union perpetuelle ledit Duché de Bretagne à la Couronne de France: gardant toute-fois & entretenant les Droits, Libertés, & Privileges dudit pays, contenus aux Chartres anciennes; revoquant, cassant & annullant tout ce qui auroit été auparavant fait au contraire, comme fait contre la Coûtume dudit pays, & sans le Sceu & consentement desdits Gens des trois Etats.

Donné à Nantes au mois d'Aoust 1532.

FRANÇOIS par la grace de Dieu Roy de France, usufructuaire des pays & Duché de Bretagne, pere & legitime administrateur des biens de nostre tres-cher & tres aimé fils le Dauphin, Duc & Seigneur proprietaire desdits pays & Duché: Sçavoir faisons à tous presens & à venir: Que Nous tenans les Estats de ce pays & Duché de Bretagne, assemblez en nostre ville de Vannes en gros nombre, Nous a esté par la bouche de l'un des Prelats estant en icelle assemblée, pour & au nom d'eux, & en leur presence tres-humblement supplié & requis, que voulussions permettre à nostre tres-cher & tres aimé fils aisné Dauphin illec present, estre par eux receu à faire son entrée à Rennes, ville capitale d'icelle Duché, comme leur Duc & Seigneur proprietaire. Requerant que toutes autres choses qui pourroient par cy-devant avoir esté faites au prejudice & contraire de ce que dessus, fussent revoquées, cassées & annullées, comme non faites, sans ce que lesdits gens des Estats les eussent entenduës & consenties. Et qu'eussions à reserver à nous l'usufruit & administration totale d'icelui pays & Duché. Et outre nous supplient & requierent que nostre plaisir fut unir & joindre par union perpetuelle icelui pays & Duché de Bretagne à nostre Royaume & Couronne de France: afin que jamais ne se mist guerre, dissention ou inimitié entre lesdits pays. Et en ce faisant eussions à garder & entretenir les droits, libertez & privileges dudit pays & Duché, ainsi que nous & nos predecesseurs avions fait par cy-devant, tant par chartres anciennes que autrement & les y maintenir & garder. Et que nostredit tres-cher fils le Dauphin jurast d'ainsi le faire. Et outre nous requierent defendre à tous ceux qui ont pris le nom de Bretagne, à cause de leurs meres, de le porter, & ordonner qu'ils ayent à mettre difference aux armes. Et que ceux qui sont issus de ladite maison, bastards & hors loyal mariage, n'ayent à porter les armes de Bretagne, sans une barre. Apres laquelle requisition, icelle requeste signée du

Procureur & Greffier defdits Eftats, nous fut prefentée & leuë publiquement, affiftans & prefens iceux gens des Eftats par noftre amé & feal Confeiller, Maiftre des Requeftes ordinaire, maiftre Mathieu de Longue Joe,
fieur d'Iverny, de la teneur qui s'enfuit.

Au Roy noftre fouverain Seigneur, ufufructuaire de ce pays & Duché
de Bretagne, pere & legitime adminiftrateur de Monfeigneur le Dauphin
Duc & Seigneur proprietaire dudit Duché ; Supplient & requierent tres-
humblement les gens des trois Eftats dudit pays de Bretagne : qu'il vous
plaife leur accorder & permettre que Monfeigneur le Dauphin, qui eft leur
Duc & Prince naturel, eftant à prefent en cedit pays, foit receu & faffe fon
entrée à Rennes, qui eft le chef de fa Duché, comme Duc & Prince
proprietaire de ce pays. Requerans d'avantage, que toutes autres chofes faites
par cy-devant au contraire de ce que deffus, foient revoquées, caffées &
annullées, comme faites fans que lefdits Eftats l'ayent confenti & entendu.
En refervant toute-fois à vous, Sire, l'ufufruit & adminiftration totale d'i-
celui pays. Et outre, Sire, vous fupplient tres-humblement lefdits gens des
trois Eftats, qu'il vous plaife unir & joindre par union perpetuelle ledit
pays & Duché de Bretagne avec le Royaume de France ; à ce que jamais
ne fe trouve guerre, diffention ou inimitié entre lefdits pays, gardant toute-
fois & entretenant les Droits, Libertez & Privileges dudit Pays, tout ainfi qu'il
vous a pleu, Sire, & à vos predeceffeurs Rois & Ducs de cedit pays, tant
par les chartres anciennes qu'autrement, les y maintenir & garder. Et que
mondit Seigneur le Dauphin ainfi le jure faire. Dequoy, Sire, vous plaira
leur faire dépecher vos Lettres patentes. Auffi, Sire, vous fupplient tres-
humblement, qu'il vous plaife defendre à tous ceux qui ont pris le nom
de Bretagne, à caufe de leurs meres, de non le porter, & mettre difference
aux armes. D'avantage, Sire, vous fupplient tres humblement, que voftre
plaifir foit, ordonner que ceux qui font venus de baftardife, porteront
d'orefnavant une barre en leurs armes, leur enjoignant & defendant fur
groffes peines, de non en ufer autrement.

La Requefte cy-deffus a efté lûë par moy Greffier defdits Eftats fouffigné,
à haute & intelligible voix ; en l'affemblée & congregation defdits Eftats.
Et aprés avoir efté entenduë, ouye & confentie, fans aucune contradiction,
a efté dit, qu'elle fera prefentée au Roy pour y ordonner felon fon bon plaifir.
FAIT en la Congregation & Affemblée des Eftats, en la grande Sale du
Manoir Epifcopal de Vannes, le quatriéme jour d'Aouft, l'an mil cinq
cens trente-deux. Signé, R. de la Chaffe Procureur, & Ja. S. Malon Greffier
defdits Eftats.

Aprés laquelle lecture : Nous, confiderans le contenu en icelle Requefte
eftre très-jufte & raifonnable, utile & commode, & profitable audit Pays,
& le foulagement, repos & tranquilité d'iceluy, & que plus grand bien ne
leur pouroit avenir, attendu que ledit Pays moyennant ce, demeureroit en
grande & groffe feureté, ayant le Royaume de France d'un côté, & la mer d'autre part, dont les ports & entrées font dangereufes & difficiles pour y entrer.
Et par ainfi éviteroient les inconveniens & ruines où fe font trouvés par cy-devant. Et en ce que le contenu en leur Requefte eftoit fondé en droit & raifon.

Pour

Pour ces caufes & autres bonnes confiderations à ce Nous mouvans, de noftre certaine fcience, pleine puiffance & autorité, avons accepté, & eu pour agreable le contenu en lad. Requefte. Et ce faifant avons déclaré & déclarons noftre Fils aifné, eftre vray Duc & Proprietaire dudit Pays & Du-ché de Bretagne, moyennant la Couftume, par laquelle les Aifnez fucce-dent audit Duché. Et ce nonobftant toutes chofes qui pourroient avoir aupa-ravant efté faites au contraire, comme faites contre la Couftume dudit Pays, & fans le fçû & confentement des Gens defdits trois Eftats. Lefquelles chofes ainfi faites, Nous avons declarées & declarons nulles, & comme telles caffées & revocquées, caffons & revocquons, tant & fi avant que befoin pourroit eftre. Et voulons, confentons & Nous plaift, que noftredit très-cher & très-aimé Fils aifné, Duc Proprietaire de Bretagne, faffe fon Entrée en Ren-nes, Ville capitale dudit Pays : Et qu'il foit illec receu & couronné en vray Duc & Seigneur proprietaire de Bretagne, avec toutes folemnitez & autres chofes requifes & accouftumées d'eftre faites, gardant les loüables & ancien-nes Couftumes d'iceluy Pays. En Nous refervant toutes fois l'ufufruit & ad-miniftration dudit Pays & Duché de Bretagne, à Nous delaiffé par Tefta-ment de feuë de bonne memoire noftre très-chere & très aimée compagne Claude de France Ducheffe de Bretagne ; enfuivant auffi la Requefte à Nous faite par lefdits Eftats. Et avec ce pour la grande commodité qui pourra par cy-après advenir audit pays de Bretagne. Inclinans à la priere defdits Eftats fondée en bon fens & providence des chofes qui pourroient advenir, Nous avons de noftre certaine fcience, pleine puiffance & authorité que deffus, uny, joint, uniffons & joignons ledit Pays & Duché de Bretagne avec le Royaume & Couronne de France perpetuellement : de forte qu'ils ne puiffent eftre feparez ny tombez en diverfes mains, pour quelque caufe que ce puiffe eftre. D'avantage, voulons & Nous plaift que les Droits & Privileges que ceux dudit Pays & Duché ont eu par cy-devant & ont de prefent, leur foient gardez & obfervez inviolablement, ainfi & par la forme & maniere qu'ils ont efte gardez & obfervez jufqu'à prefent, fans y rien changer ne inno-ver, dont avons ordonné & ordonnons Lettres patentes en forme de Chartre leur eftre expediées & delivrées.

En outre, avons deffendu & deffendons à toutes perfonnes de quelque qualité & condition qu'ils foient, qu'ils n'ayent à porter le nom de Bretagne fous ombre de leurs meres. Et que les Baftards d'icelle Maifon ne portent les armes de Bretagne, fi ce n'eft avec une Barre, pour éviter la confufion & inconvenient qui par fucceffion de temps en pourroit advenir : fur peine de confifcation de leurs Fiefs.

Si donnons en Mandement par ces Prefentes à nos amez & feaux Con-feillers les Gens tenans nos Cours de Parlement de Paris & de Bretagne, Confeil & Chancelerie dudit Pays, & Chambre des Comptes d'iceux lieux de Paris & de Bretagne, & à tous nos Senechaux, Alloüés, Baillifs, Pré-vofts, Jufticiers & Officiers dudit Pays ou leurs Lieutenans, que noftre pre-fent Edit faffent lire, publier & enregiftrer en leurs Cours : afin que nul n'en puiffe pretendre caufe d'ignorance, & iceluy faffent inviolablement obferver. Et qu'ils ayent à punir aigrement ceux qui directement ou indirectement

L

attenteront au contraire : Car ainſi nous plaiſt il eſtre fait , ſauf en autres choſes noſtre droit , & l'autruy en toutes. Et afin que ce ſoit choſe ferme & ſtable à toûjours , Nous avons fait mettre noſtre Seel à ceſdites Preſentes.

Donné à Nantes , au mois d'Aouſt l'an de grace mil cinq cens trente-deux , & de noſtre Regne le dix-huitiéme. Ainſi ſigné ſur le reply , Par le Roy , Uſufructuaire des Pays & Duché de Bretagne : Breton & ſcellé de Cire verte , pendant avec Cordon de ſoye verte & rouge. Et ſur le reply eſt écrit ce qui enſuit.

Lecta publicata & regiſtrata audito Procuratore generali & requirente , die vigeſimâ menſis Septembris , anno Domini milleſimo quingenteſimo trigeſimo ſecundo me præſente.

P. le Foreſtier.   Et outre eſt écrit.

Lecta publicata & regiſtrata in Conſilio Britanniæ , audito Procuratore generali & requirente die octavâ menſis Oct. a. D. milleſimo quingenteſimo trigeſimo ſecundo me præſente.

❦❦❦❦❦❦❦❦❦❦❦❦❦❦❦❦❦❦❦❦❦

EDIT

DU ROY FRANÇOIS PREMIER,

PORTANT CONFIRMATION DES PRIVILEGES
du Pays & Duché de Bretagne.

Donné à Vannes au mois d'Aouſt 1532.

FRANÇOIS par la grace de Dieu Roy de France , pere & legitime adminiſtrateur & uſufuctuaire des biens de noſtre tres-cher & tres-aimé fils le Dauphin, Duc & Seigneur proprietaire des pays & Duché de Bretagne. A tous preſens & avenir, Salut. Comme en la preſente aſſemblée des Eſtats deſdits pays & Duché, tenus & aſſemblés. Nous & noſtredit fils le Dauphin preſens en nos perſonnes en cette ville de Vannes , les Gens deſdits Eſtats nous ayent tres-humblement ſupplié & requis , que uniſſant perpetuellement & à toûjours icelui pays & Duché de Bretagne à nos Royaume & couronne de France , nôtre bon plaiſir ſoit les entretenir , garder & obſerver és privileges, franchiſes, libertez & exemptions à eux cy-devant concedez & octroyez par les Ducs de Bretagne nos predeceſſeurs & dont ils ont cy-devant joüi, tant en l'Eſtat de l'Egliſe , Nobleſſe & peuple dudit pays, qu'en la Juſtice, ville, lieux & communautez d'icelui. Et d'i-ceux privileges, exemptions, franchiſes & libertez, leur octroyer & conceder nos lettres de confirmation , & ſur ce nos graces de liberalité leur impartir. Sçavoir faiſons, que nous voulans & deſirans de tout noſtre cœur, en ce gratifier & favorablement traiter les gens de noſdits trois Eſtats: en conſideration meſmement de l'entiere obéïſſance, ſingulier amour, loyauté & fidelité qu'ils nous ont toûjours porté & portent , & ſemblablement à noſtredit fils le Dauphin leur Duc proprietaire. Affin auſſi qu'en icelle loyauté & fidelité , ils continuënt & perſeverent, comme nos bons loyaux & feables ſujets , au bien dudit pays & de toute la choſe publique d'icelui. A iceux

gens des trois Estats, pour les causes & autres bonnes & grandes considerations à ce nous mouvans. Avons continué, confirmé, loüé & approuvé: &
par la teneur de ces presentes de nostre grace speciale, plaine puissance &
autorité Royale & Ducale, confirmons, continuons, loüons, ratifions & approuvons tous & chicuns lesdits privileges, exemptions, franchises & libertez à eux
octroyez & concedez comme dit est, par nosdits predecesseurs Ducs de
Bretagne, & dont ils ont cy-devant joüi en chacun desdits Estats. Et pareillement au fait & administration de la Justice, ville, lieux, & communautez
d'iceux pays & Duché: voulans que d'iceux ils joüissent d'oresnavant cy-
après perpetuellement & à toûjours, ainsi & par la forme & maniere qu'ils
ont par cy-devant fait bien & deuëment, joüissent & usent encore de present: reservé toutesfois ce que les gens mêmes desdits Estats nous pourrons
requerir estre reformé ou mué pour le bien profit & utilité dudit pays.

Si donnons en mandement par ces mêmes presentes à nos amez & feaux
les Lieutenant general & Gouverneur dudit pays present & avenir, gens
tenans nostre Parlement & Conseil de Bretagne, Seneschaux, Allouez, &
à tous nos autres Justiciers & Officiers & subjers esdits pays & Duché, que
de nos presentes grace, ratification, approbation & confirmation, ils fassent,
souffrent & laissent les gens desdits trois Estats joüir & user plainement &
paisiblement, sans leur faire, mettre ou donner, ne souffrir estre fait, mis
ou donné aucun destourbier ou empêchement au contraire. Car tel est nostre plaisir. Et afin que ce soit chose ferme & stable à toûjours, nous avons
fait mettre nostre seel à cesdites presentes, sauf en autres choses nostre droit,
& l'autrui en toutes. Donné à Vannes au mois d'Aoust, l'an de grace mil
cinq cens trente-deux. Et de nostre regne le dix-huitiéme. Ainsi, signé sur
le repli. Par le Roy, Vous Monseigneur le Cardinal de Montmorancy,
grand Maistre de France & de Chasteau-Briand, Lieutenant general & Gouverneur en Bretagne, & autres presens. Boschet. Et Scelé à double queuë
de cire jaune.

AUTRE EDIT
DU ROY FRANCOIS PREMIER,

PORTANT CONFIRMATION DES PRIVILEGES
du Pays & Duché de Bretagne; & specialement qu'il n'y sera faite aucune levée de
Deniers ni Impositions: si préalablement elle n'a été demandée aux Etats d'icelui, &
par eux octroyée.

Donné au Plessis Macé au mois de Septembre 1532.

FRANÇOIS par la grace de Dieu Roy de France, usufructuaire des
pays & Duché de Bretagne, pere & legitime administrateur des biens
de nostre tres-cher & tres-aimé fils le Dauphin, Duc & Seigneur proprie-

faire defdits pays & Duché : Sçavoir faifons à tous prefens & à venir : Nous avons reçû l'humble fupplication de nos tres-chers & bien amez les gens des trois Etats dudit pays & Duché de Bretagne, par laquelle il nous ont remontré qu'à la derniere affemblée d'iceux à Vannes, où nous étions en perfonne. Après avoir accepté & eu pour agréable la Requefte qu'ils nous avoient baillée par écrit, fignée de leur Procureur & Greffier, par laquelle nous requeroient l'union d'icelui pays & Duché avec la couronne de France : Nous leur avions promis les entretenir en leurs Privileges & libertez anciennes : & que de ce leur baillerions Lettres en forme de Chartre. A cette caufe il nous plaife leur confirmer & agréer les Privileges dont ils ont par cy-devant joüi & ufé düëment, joüiffent & ufé encore de prefent : C'eft à fçavoir, que par cy-après, comme il a efté fait par cy-devant, aucune fomme de deniers ne leur puiffe eftre impofée, fi préalablement n'a efté demandée aux Eftats d'iceluy Pays, & par Eux octroyée. Et que les Deniers provenans des billots foient feablement employez aux fortifications & reparations neceffaires des Villes & Places fortes dudit Pays, d'autant que ledit Billot fut mis fus, principalement à caufe defdites reparations, qui revient à grande charge & foule du pauvre peuple. Et que la Juftice foit entretenuë en la forme & maniere accouftumée : C'eft à fçavoir, le Parlement, Confeil, Chancellerie, Chambre des Comptes, Affemblée des Eftats, les Barres & Jurifdictions ordinaires dudit Pays. Et que les Subjets d'iceluy n'en foient tirez hors, foit en premiere inftance ou autrement : fors aux cas reffortans par appel à Paris, en fuivant les Declarations qui ont efté par cy-devant fur ce faites. Et que moyennant l'union faite dudit Duché de Bretagne avec la Couronne de France à la requefte defdits Eftats, aucun préjudice ne foit fait à l'indult d'iceluy Pays; qui porte, que Nul non originaire ne pourra avoir ne obtenir benefice audit Pays, fans avoir fur ce Lettres du Prince. Et que icelles Lettres ne foient baillées à Gens eftrangers ne autres, finon à ceux qui font à l'entour de noftre Perfonne. Et avec ce, que nous ayons à confirmer tous les autres Privileges, dont ils ont Chartres anciennes, & joüiffance immemoriale jufques à prefent. Nous defirans gratifier lefdits Supplians, non-feulement de leur confirmer lefdits Privileges, ains de les leur augmenter, pour le grand amour & fidelité qu'avons connu par effet qu'ils ont envers Nous. De noftre certaine fcience, pleine puiffance & authorité : Avons confirmé & agréé, confirmons & agréeons lefdits Privileges, lefquels entant que befoin feroit leur avons donné & donnons de nouveau, pour d'iceux joüir pleinement & entierement, tant & fi avant qu'ils en ont par cy-devant deuëment & juftement joüy & ufé, joüiffent & ufent encore à prefent. Toutes-fois n'entendons aucunement par ce que deffus, revoquer les Ordonnances par Nous dernierement faites à Vannes, fur l'abbreviation des Procez, fuivant l'avis des Principaux du Confeil d'iceluy Pays.

Si donnons en mandement, par ces mêmes Prefentes, à nos amez & feaux noftre Goûverneur & Lieutenant general audit Pays, Gens dudit Parlement, Confeil & Chancellerie, Chambre des Comptes, Senefchaux, Alloüés & à tous autres Jufticiers & Officiers dudit Pays & Duché, ou leurs Lieutenans, de publier & enregiftrer les Prefentes chacun en fon endroit, & icelles faire

garder

garder & obſerver de point en point ſelon leur forme & teneur, ſans aucunement venir au contraire. Car ainſi nous plaît-il eſtre fait. Et afin que ce ſoit choſe ferme & ſtable à toûjours : Nous avons fait mettre noſtre ſcel à ceſdites preſentes, ſauf en autres choſes noſtre droit, & l'autrui en toutes.

Donné au Pleſſis Macé, au mois de Septembre l'an de grace mil cinq cens trente-deux, & de noſtre Regne le dix-huitiéme.

Ainſi ſigné, Par le Roy, Breton. Et ſcellé en Lacs de ſoye de Cire verte. Et ſur le reply eſt écrit.

Lecta publicata & regiſtrata in Parlamenti curia, audito ſuper hoc Procuratore generali Regis. Die ſextâ Octob. anno domini milleſimo quingenteſimo trigeſimo ſecundo.

Sic ſignatum, Le Foreſtier.

E D I T
DU ROY HENRY III.

CONCERNANT LES DECLARATIONS, STATUTS ET Ordonnances faites par Sa Majeſté, ſur les Remontrances, plaintes & doleances, contenuës au Cahier des Gens des trois Eſtats du pays & Duché de Bretagne.

Du mois de Juin 1579.

HENRY par la grace de Dieu Roy de France & de Pologne à tous preſens & à venir ſalut. Comme nos tres-chers & bien aimez les Gens des trois Eſtats de noſtre pays & Duché de Bretagne, n'a gueres tenus par noſtre autorité & commandement en noſtre Ville de Rennes, nous auroient par diverſes fois envoyé leurs Députez, pour nous faire entendre pluſieurs remontrances, plaintes & doleances, concernans les affaires & neceſſitez que nos ſujets dudit pays ont ſupporté par le paſſé, & ſupportent encore en pluſieurs façons & manieres : nous ſuppliant tres-humblement leſdits des Etats y avoir égard : & que noſtre plaiſir ſoit leur y pourvoir, & donner moyen de vivre ſous noſtre obeïſſance, en repos & Juſtice. A quoy deſirant ſatisfaire, & bien & gratieuſement les traiter, afin que noſtredit pays puiſſe fleurir, & ſe reſoudre des dures & grieves pertes qu'il a endurés & ſouffertes, à noſtre tres-grand regret & deplaiſir : & après que tout a été bien & meurement conſideré en noſtre conſeil, auquel étoient pluſieurs Princes & ſieurs d'icelui : avons ſur leurſdites Remontrances, ſtatué & ordonné, ſtatuons & ordonnons ce qui enſuit.

Premierement, Qu'avenant qu'il ſe preſente aucunes Lettres ou Edits en la Cour de Parlement ou ailleurs, préjudicians aux Privileges & libertez du pays, les Etats d'iceux ou leur Procureur Syndic, pourront ſe pourvoir par oppoſition & voyes accoûtumées, à bons & loyaux ſujets permiſes en Ju-

M

ſtice, nonobſtant tout ce qui en pourroit avoir été fait au contraire.

II. Et entant que touche que les emprunts ſoient volontaires & qu'en iceux ne ſoient compris les gens d'Egliſe, & de la Nobleſſe : & même que la conſtitution des rentes, à raiſon deſdits emprunts, ſe faſſe ailleurs que ſur les deniers des Foüages, comme il a été fait par le paſſé.

Avons ſtatué & ordonné, ſtatuons & ordonnons, qu'à l'avenir leſdits emprunts ſeront volontaires, ſans qu'aucun y ſoit contraint à l'avenir, & ſe leveront d'oreſnavant ſur les plus aiſés, autre que Nobles, vivans noblement, & gens Eccleſiaſtiques, & dont il ſera conſtitué rente ailleurs que ſur les deniers deſdits Foüages : attendu que ce ſont deniers d'octroy.

Et pour le regard de décharger noſdits ſujets d'un certain devoir appellé, petit Sceau, mis & impoſé de nouveau ſur les draps qui ſe font audit pays. Avons déclaré & ordonné que leſdits ſupplians demeureront dechargez dud. devoir, lors que la rente de l'Hôtel de la ville de Paris (au payement de laquelle les deniers ſont affectez) ſera rachetée.

III. Et ſur la plainte à nous faite par leſdits ſupplians, des exactions & contraintes qu'ils ont ſouffertes & ſouffrent encore en la vente & alienation des feux de Foüages : avons revoqué & revoquons leſdites contraintes, remettant les choſes à la libre volonté de ceux qui pour leur commodité particuliere, ſe voudroient deſcharger à l'avenir du payement deſdits Foüages Et pour le regard des exactions & abus en la vente deſdits Foüages, & dont ils nous ont par cy-devant fait plainte. Mandons à noſtre Cour de Parlement, & autres nos Juſticiers audit pays, chacun en droit ſoy, diligemment s'informer & proceder contre les coupables, ainſi que de raiſon.

IV. Et ſur ce qu'ils nous ont pareillement remontré, qu'il ſe commet pluſieurs abus ſur les Abbayes & autres Benefices dudit pays, contre le vouloir & intention des Fondateurs d'iceux : avons ſtatué, declaré & ordonné qu'à l'avenir, les fondations des Abbayes & autres Benefices, ne ſeront alterées ains maintenüës & gardées ſuivant les ſaints Decrets & Canons, & intention des Fondateurs : & aux fins deſquelles leſdits Abbayes & Benefices ont été fondées, conſtruites & dotées.

V. Et pour le regard des Indults mentionnez en leur Requête : Nous avons ſtatué & ordonné qu'il en ſera uſé en nôtredit pays comme il a été par le paſſé.

Et outre avons déchargé & déchargeons pour l'avenir, leſdits Eccleſiaſtiques, de toutes penſions autres que canoniques : ſans que par cy-après ils en puiſſent être de nouveau chargez.

VI. Et en ce que concerne la ſuppreſſion de pluſieurs Officiers ſupernumeraires nouvellement érigez audit pays, comme, Treſoriers Generaux des Finances, Garde des Sceaux, Greffiers, Cabaretiers, Gourmets, Garde-notes, Enquêteurs & autres plus à plein mentionnez par le cahier de leur Remontrance, du mois de Mars dernier.

Avons dit, ſtatué & ordonné, ſtatuons & ordonnons, outre ce que nous avons cy-devant dit, par nôtre Edit general, ſur les cahiers des Eſtats generaux de nôtre Royaume, ſur le retranchement & reduction des Officiers ſupernumeraires, vacation avenant d'iceux, par mort, ou forfaiture, que néanmoins s'ils se trouve qu'il y ait quelques Etats & Offices audit pays de Bretagne, à telle charge du Peuple qu'il n'en puisse attendre la suppression par mort ou forfaiture, sommes très-contens de l'effectuer dès à present, moyennant que le pays rembourse lesdits Officiers des deniers qu'ils montreront avoir payé en nos Finances: lesquels en ce cas de remboursement: Nous avons dès à present supprimez & supprimons.

VII. Et pour obvier aux fraudes & abus qui ont été commises par le passé aux Offices de Judicatures, & des Finances. Nous avons deliberé de pourvoir à l'avenir ausdits Offices, de personnes qui auront la probité en tel cas requise, & d'en faire un bon choix & élection, comme chose que connoissons grandement toucher le bien general de nôtre Royaume, & de nos sujets.

VIII. Et quant à ce qu'ils nous ont supplié de n'octroyer plus d'évocations des causes pendantes en nôtredit pays, comme il a été fait par le passé contre les Privileges dudit pays, & prejudice des sujets d'icelui. Nous ordonnons qu'il ne sera d'oresnavant octroyé aucunes Lettres d'évocation contre & auprejudice de leursdits Privileges, sinon entant qu'elles se trouveront conformes à nos Edits & Ordonnances selon qu'il est porté par la réponse faite au cahier de nos Estats generaux. Et où il en seroit par cy-après obtenu aucunes par surprise, importunité, ou autrement, ne voulons qu'elles ayent lieu: & les avons dès à present revoquées & revoquons. Et quant au committimus, nous ne voulons ni entendons qu'autres en joüissent audit pays que nos Officiers domestiques, qui sont obligez à un ordinaire service, près nôtre personne, & qui ne servent par quartier. Revoquant dès à present tout ce qui s'en pourroit faire au contraire.

IX. Et pour le regard des torts & griefs qu'ils nous ont remontré avoir soufferts, à raison de l'alienation des Communs audit Pays, sous ombre qu'ils disent estre Terres vaines & vagues, dont ils Nous ont requis revocation.

Nous avons sursis & suspendu l'execution des Commissions concernants ladite Alienation, jusqu'à ce qu'autrement en ait esté ordonné: ayant avisé d'envoyer sur les lieux certain Personnage de qualité, pour connoistre & regler ce qui en pourra estre distrait, ou delaissé aux communs & particuliers dudit Pays. Et pour le regard des abus qui ont esté commis en l'execution de ladite Commission: Mandons aux gens de nostre Cour de Parlement audit Pays d'en connoistre, & proceder à l'encontre de ceux qui les ont commis, ainsi que de raison.

X. Et à ce qu'aucunes Commissions, soit pour lever deniers extraordinairement, ou autre innovation à l'estat du Pays, soit sur l'Ecclesiastique, ou autres, pour quelque cause, & pour quelque couleur que ce soit, ne soient executées, qu'elles n'ayent préalablement esté vûës, deliberées, & consenties par les Estats generaux dudit Pays, suivant leurs anciens Privileges: Avons ordonné & ordonnons que les formes anciennes seront gardées & observées, & les Sujets dudit Pays conservez en leurs Privileges & Libertez.

XI. Et que doresnavant Nous ne ferons & ne permettrons point estre levez aucuns deniers extraordinairement sans convocation des Estats annuels dudit Pays. Neanmoins nous entendons que quand il se presentera occasion

& fera befoin faire levée de deniers devant ou après la tenuë defdits Eſtats, qu'il fera aſſemblé une forme de petits Eſtats, pour pourvoir & faire ce qu'il fera neceſſaire, fans remettre les affaires à ladite tenuë des Eſtats annuels.

XII. Et en ce que concerne la reddition des Comptes des deniers communs d'octroy des Villes & Communautez dudit Pays. Avons dit & ordonné que les Lettres obtenuës par leſdits Eſtats au mois de Mars dernier feront verifiées & effectuées felon leur forme & teneur, nonobſtant les prétenduës remonſtrances des Gens de noſtre Cour de Parlement : Auſquels Nous mandons & enjoignons ainſi le faire, & à noſtre Chambre des Comptes d'y obéïr & garder eſtat : leur deffendant entreprendre aucune connoiſſance au contraire.

XIII. Et quant à ce qu'ils nous ont auſſi requis pour les penſions affectées aux originaires dudit pays : Nous avons accordé, voulu & ordonné qu'elles foient diſtribuées auſdits originaires de noſtre Pays & Duché de Bretagne.

XIV. Et fur ce que leſdits Supplians nous ont remonſtré que combien que par cy-devant nous leur ayons fait don des reſtes des comptes des deniers extraordinairement levez audit Pays, & iceluy don verifié en noſtre Chambre des Comptes. Toutes-fois les Gens de noſdits Comptes ont puis quelque temps ordonné leſdits Deniers eſtre mis ès mains de noſtre Treſorier general, contre nôtre vouloir & intention. A cette cauſe avons dit & ordonné, ſtatuons & ordonnons, & nous plaiſt, que tous les Deniers de ladite nature feront fans aucune diſtinction & modification rendus & mis ès mains du Treſorier deſdits Eſtats, pour eſtre mis & employez en leurs neceſſitez & affaires, auſquels ils font deſtinez : Caſſant & revocquant tous Arreſts donnez par leſdits Gens de nos Comptes à ce contraires. Et qu'à cette fin les comptes qui ont été rendus en ladite Chambre feront communiquez aux Gens deſdits Eſtats, pour la conſervation de leurdit don.

XV. Et en ce que concerne que les Eveſques & Gentils-hommes & autres dudit Pays, ne foient aſtraints qu'une feule fois de faire le ſerment de fidelité, encore qu'il y eût mutation de Roy, ny bailler leur minu autrement qu'en la forme ancienne & accouſtumée. Avons declaré, ſtatué & ordonné, declarons & ordonnons que les fermens de fidelité, à Nous faits par leſdits Eveſques ne feront réïterez ; mais tous autres Eccleſiaſtiques & tenans fiefs & Juſtice mouvans de Nous, feront (comme ils font tenus par la Couſtume du Pays) hommage & ſerment de fidelité à toutes mutations, à ſçavoir la premiere fois fans aucune ſommation, & la feconde & autres, après ſommation faite, fans toutes-fois qu'il fe puiſſe, ne doive faire aucune faiſie generale, par autorité de noſtre Chambre des Comptes, ne autrement : ains après connoiſſance de cauſe. Et leſdites ſommations faites, ladite faiſie pourra être faite. Et quant aux Aveus, Minus & Denombremens, il ſuffira de les bailler une feule fois par chacun deſdits Beneficiers & Vaſſaux : & ce fuivant la forme ancienne obſervée en ladite Province, & le tout fans autres frais & dépenſe, que ceux qui font portez par la Couſtume dudit Pays.

XVI. Et fur ce que touche les Deniers deſtinez pour la reparation des Pavez des Villes dudit Pays. Avons pareillement dit & ordonné que les Deniers de ladite nature, feront mis ès mains des Miſeurs des Deniers communs deſdites

Villes,

Villes, ainsi qu'il a esté verifié devoir estre fait, & qu'il se fait en aucunes desdites Villes dudit Pays, pour être employez ausdits effets. Deffendant à tous nos Tresoriers & Receveurs de non y toucher, & s'en entremettre par cy-après, en sorte que ce soit.

XVII. Et pour le regard des Remonstrances qu'ils Nous ont pareillement faites, touchant l'Imposition de plusieurs Devoirs que nous aurions depuis n'a-gueres mis & imposez, tant sur les Bleds, Vins, Pastels, Toilles, & autres Marchandises (qu'ils appellent une Imposition foraine) de laquelle ils disent être exempts, comme Regnicoles & réünis à nostre Couronne. Et aussi que pour icelles ils nous payent équipolent Devoir sur lesdites Marchandises audit Pays. Au moyen dequoy ils en auroient esté declarez exempts, mes-me par Contrat onereux, fait avec defunt nostre très - honoré Seigneur & Pere le Roy Henry, que Dieu absolve, dès l'an mil cinq cens cinquante trois, de l'effet duquel ils ont toûjours depuis joüy & usé. Nous, à ces causes, desirant les soulager & maintenir en leurs entiers Droits & Privi-leges : Avons revocqué & revocquons nostre Edit concernant ladite Im-position desdits Devoirs, & toutes Lettres par nous octroyéez en consequence d'iceluy, pour le regard de nostre pays de Bretagne seulement : Voulons & ordonnons qu'ils en soient exempts, suivant mesme l'intention de no-stredit feu Sieur & Pere.

XVIII. Et quant à ce que concerne l'Entrée des Drogueries, Espiceries & Aluns audit Pays : Voulons aussi & ordonnons que les anciennes Ordon-nances faites sur l'Entrée desdites Drogueries, Espiceries & Aluns, soit gardée & observée, sans avoir égard aux Lettres qui depuis pourroient avoir esté expediées pour permettre l'entrée d'icelles par autres lieux que ceux qui sont portez par lesdites anciennes Ordonnances. Lesquelles Lettres nous avons revocquées & revocquons, n'entendans que lesdits Supplians soient par cy-après empeschez en ce qu'ils ont cy-devant bien joüy pour le fait desdites Drogueries, Espiceries & Aluns, mais voulons qu'ils en joüissent, comme ils ont fait par le passé, sans aucuns abus.

XIX. Et quant à ce que touche la Levée des Francs-Archers & Esleus. Avons pareillement statué, dit & ordonné, que doresnavant lesdits Francs-Archers & Esleus ne se pourront lever que pour grande & urgente necessité, & pour la deffense du Pays, & feront le service en personne. Et se rendront les comptes des Deniers qui se leveront par cy-après pour le payement d'iceux, pardevant les Commissaires députez à l'audition des comptes des Deniers desd. Estats, suivant la forme portée par l'Arrest de nostre Conseil privé, du vingt-sixiéme Janvier mil cinq cens septante deux. Et pour le regard des Deniers qui ont ja esté levez de ladite nature : Avons ordonné & ordonnons que le reli-qua qui se trouvera rester par l'issuë des Comptes de ceux qui ont fait la Recette, sera mis ès mains du Tresorier desdits Estats, pour estre employé en leurs necessitez & affaires, suivant le don que leur en avons fait.

XX. Et en ce que touche la prolongation d'un mois de chacune Seance de nostre Cour de Parlement audit Pays, requise par lesdits Estats : Avons ac-cordé ladite Prolongation dudit mois pour chacune Seance. Et sur la Requête qui nous a esté aussi faite à ce que la tenuë desdits Estats ordinaires dudit

Pays soit sans esloignement ne remise : assignée chacun an, au vingt-cinquiéme de Septembre : Voulons & ordonnons que doresnavant les Estats ordinaires dudit Pays seront tenus aux mesmes temps, en la forme & maniere accoustumée. Et pour le regard des petits Estats, nous ne les ferons tenir sinon en cas d'urgente necessité, & pour le bien du pays.

XXI. Et afin que les Morte-payes establis à la garde des Places fortes desdits Pays, par les Receveurs des Evefchez proches desdites Places pour éviter aux frais qu'ils supporteroient à aller querir leur payement à la Recette generale : Avons ordonné & ordonnons à nos Treforiers generaux audit Pays de faire payer lesdits Morte-payes sans aucuns frais, & sur la mesme nature de deniers, sur laquelle leur payement est assigné, selon les Ordonnances & peines contenuës par icelles.

XXII. Et quant à ce qu'ils nous ont requis de lever & oster la deffense par nous faite, de ne tirer aucuns Bleds hors ledit Pays : Nous bien informez de l'abondance des Bleds qui est cette année audit Pays · Avons ouvert ladite traite des Bleds : & revocqué & revocquons les deffenses faites au contraire.

XXIII. Et pour le regard de maintenir la connoissance & souveraineté des Prevosts des Mareschaux audit Pays, suivant nos Edits & Ordonnances, & faire deffenses à nôtre Cour de Parlement d'entreprendre sur leur Jurisdiction : Avons statué & ordonné que nos Edits concernans l'érection desdits Prévosts des Mareschaux & leur Jurisdiction, seront entierement gardez & observez, sans qu'il y puisse estre contrevenu : revocquant tout ce qui pourroit dés-à-present estre fait au contraire.

XXIV. Et sur ce que lesd. des Estats nous ont pareillement requis ne leur plus retrancher les Gages de nos Officiers aud. pays, pour ne leur donner occasion de les reprendre par le menu sur nostre peuple, qui ne leur demande que Justice, que nous leur devons gratuitement : ny mesme user d'aucun reculemens des Terres constituées acquises par contrainte & emprisonnement : moyens inventez par aucuns Receveurs & Financiers, pour faire leur profit de la retention des Deniers sous nostre autorité, dont ils abusent, sous couleur de quelques Lettres pratiquées à la dévotion de ceux qui se font assigner sur telles natures de Deniers, pour les butiner à moitié de profit avec les Receveurs. Avons dit & declaré que nous donnerons cy-après ordre, & pourvoirons à ce que le payement des Gages de nos Officiers ne sera doresnavant retranché : ains pourveu de bonnes assignations, ayans fait assigner ce qui peut estre deu, tant desdites rentes que gages sur les Foüages.

XXV. Et en ce que concerne que nous ayons égard aux dons & pensions immenses que plusieurs particuliers, désirans s'enrichir sur nosd. sujets, ont poursuivi & poursuivent encore chacun jour vers nous, à l'oppression de nôtre pauvre peuple, occasion que nostre Royaume a été chargé de plusieurs grandes dettes.

Nous desirant gratifier lesdits supplians en cet endroit, avons resolu & accordé de n'assigner aucunnes pensions sur nos recettes generales, ni même sur celles de nôtredit pays & Duché de Bretagne.

Si donnons en mandement par cesdites presentes à nos amez & feaux les gens tenans nôtre Cour de Parlement, gens de nos Comptes, Treforiers de

France, & Generaux de nos Finances, Senéchaux, Allouez, & leurs Lieutenans, & à tous nos autres Justiciers & Officiers en nôtre pays de Bretagne, presens & à venir, si comme à lui appartiendra, que nos presens Edit, Statut, Ordonnance, & Déclaration, & tout le contenu en ces presentes, que voulons perpetuellement & irrevocablement avoir lieu, ils fassent lire, publier & enregistrer en leurs Cours, Barres & Jurisdictions: icelles garder & observer de point en point, selon sa forme & teneur, sans y contrevenir, ne souffrir être contrevenu en aucune maniere, en contraignant & faisant contraindre à ce faire, tous ceux qu'il apartiendra, par toutes voyes & manieres dûës & raisonnables: nonobstant Edits, Ordonnances, Arrêts, Restrictions, Mandemens, Défenses, & Lettres impetrées ou à impetrer à ce contraire, ausquelles nous avons dérogé & dérogeons par ces presentes; desquelles pour ce qu'on pourra avoir affaire en plusieurs & divers lieux: Nous voulons qu'au vidimus d'icelles, fait sous le Scel Royal ou dûëment Collationné, par l'un de nos amez & feaux Notaires & Secretaires, foy soit ajoûtée comme au present original. Auquel afin que ce soit chose ferme & stable à toûjours, nous avons fait mettre nôtre scel, sauf en autre choses nôtre droit, & l'autrui en toutes.

Donné à Paris au mois de Juin, l'an de grace mil cinq cens soixante dix-neuf, & de nôtre regne le sixiéme. Ainsi signé, HENRY.

Et plus bas, Par le Roy en son Consel.　　　BRUSLART.

Et Scellé de Cire verte en lacs de soye rouge & verte.

Registré à la Chambre le 26. Novembre 1579. au premier Livre des Edits, Folio 189.

EDIT
DU ROY LOUIS XIII,
PORTANT CONFIRMATION DES DROITS, Franchises & Privileges des Pays & Duché de Bretagne, en la même maniere qu'ils ont été concedés & octroyés par les Ducs de Bretagne, & les Rois leurs Successeurs audit Duché.

Donné à Paris au mois de Mars 1611.

LOUIS par la grace de Dieu Roy de France & de Navarre: A tous presens & à venir, salut. Nous avons été dûëment informez de quelle affection nos trés chers, & bien amez sujets les gens des trois Estats de nôtre pays & Duché de Bretagne se sont portez au service des Rois nos predecesseurs: Combien fidelement ils se sont maintenus, & conservez sous leur obéïssance, depuis que cette Province a été alliée, & beaucoup plus depuis l'union d'icelle à cette Couronne. Et comme pour ces considerations elle est grandement recommandable, nosdits predecesseurs les ont cheris & aymez, & eu soin de les traiter favorablement sur tous autres leurs sujets, les ayans gratifiez de plusieurs notables & importans privileges, droits, immunitez libertez & franchises, qui de regne en regne successivement leurs ont été continuez à l'égal de leur perseverance en leur fidelle affection; speciallement par le feu Roy Henry le grand, nôtre très-honnoré Seigneur & pere (que Dieu absolve) qui de son regne a reçû des preuves & témoignages si exprès de l'inviolable devotion desdits gens des Etats à l'obeïssance qu'ils doivent à cette Couronne, & depuis se seroient soûmis à racheter le Domaine alliené de ladite Province, qu'ils ont entrepris à leurs propres coûts & depens, & y ont dé,a donné tel avancement, qu'en bref la joüissance nous en reviendra libre & entiere, au grand soulagement de nos affaires. A raison de quoy nous ressentans grandement obligez à embrasser leur bien, repos, & contentement, nous ne voulons perdre occasion quelconque de leur faire connoître le desir, & le soin que nous en aurons. Dequoy les ayans fait assûrer par les Commissaires, qui se sont trouvez de nôtre part en leur derniere Assemblée, usant aussi en leur endroit de la même faveur, que nosdits predecesseurs leurs ont départis en la joüissance plaine, libre, & entiere de leurs droits, Libertez, Franchises, Privileges, Immunitez: Nous pour ces causes, par le bon & prudent avis de la Reine Regente, nôtre très honorée Dame & mere, & des Princes de nôtre sang & autres, comme aussi des Officiers de cette Couronne étans près de nous, & autres plus notables Personnages de nôtre Conseil: Avons ausdits gens des trois Etats de nôtredit pays & Duché de Bretagne, continué, conservé & confirmé, comme de nos graces speciales, pleine puissance & autorité Royale, nous les conservons, continuons & confirmons, & de nouveau entant que besoin seroit, à cause de nôtre avenement à cette Couronne, concedons, accordons & octroyons tous & chacuns les Privileges, Facultez, Droits, Immunitez, Franchises, Libertez, Exemptions & autres graces, Dons, Commissions & Octroys, qui leur ont été donnez & octroyez par les Ducs de Bretagne, & Rois de France nos predecesseurs: tout ainsi que s'ils étoient ci par le menu exprimez: pour du tout joüir & user en general & particulier, ores & pour toujours plainement, librement, paisiblement, par la même forme & maniere qu'ils en ont bien & dûement joüi & usé par le passé, joüissent & usent encore de present.

Si donnons en Mandement à nos amez & feaux Conseillers les Gens tenans nôtre Cour de Parlement à Rennes, & tous nos autres Justiciers & Officiers qu'il appartiendra, que ces presentes ils fassent lire, & registrer & du contenu en icelles joüir & user, lesdits gens des trois Etats de nôtredit pays & Duché de Bretagne plainement, paisiblement & perpetuellement, cessant à cette fin, & faisant cesser tous troubles & empêchemens à ce contraires. Car tel est nôtre plaisir, sauf en autres choses nôtre droit & l'autrui en toutes. Et afin que ce soit chose ferme & stable à toûjours, nous avons fait mettre nôtre Scel à cesdites presentes. Donné à Paris au mois de Mars, l'an de grace 1611. & de nôtre regne le premier. Signé sur le repli; par le Roy, la Reine Regente sa mere presente. Potier. Et plus bas à côté, *Visa contentor.* Signé Du Pont. Scellé de Cire verte à lacs de soye rouge & verte.

SECTION II.

SECTION II,
CONTENANT
QUATRE CHAPITRES.
DANS LE PREMIER,

LES PRIVILEGES COMUNS A LA CHAMBRE DES Comptes de Paris, & à celle de Bretagne.

DANS LE SECOND,

LES PRIVILEGES PARTICULIERS A CETTE COMPAGNIE.

DANS LE TROISIÉME,

LA SUCCESSION CRONOLOGIQUE DES DUCS ET Princes Souverains de Bretagne, avec quelques faits principaux.

DANS LE QUATRIÉME,

LE CATALOGUE DES TERRES ERIGE'ES EN DIGNITE', dont les Lettres se trouvent sur les Livres de Chancelerie & des Mandemens de la Chambre.

CHAPITRE PREMIER.
CONTENANT LES PRIVILEGES COMUNS A LA Chambre des Comptes de Paris & à celle de Bretagne.

Du 15. Juin 1610.

LOUIS par la grace de Dieu, Roy de France & de Navarre, à tous ceux qui ces presentes Lettres verront, SALUT. Sçavoir faisons, que pour l'entiere confiance que nous avons en la fidelité, affection, soin & devoir que nos amez & feaux Conseillers les Gens tenans nôtre Chambre

O

des Comptes de nôtre pays & Duché de Bretagne, ont rendus aux Rois nos predecesseurs, desirans à leur exemples, & suivant leur bonne & loüable coûtume, gratifier & favoriser en general, le Corps de nôtredite Chambre & par envers tous & chacuns nos Officiers, desirans en icelle à cestui nôtre avennement à la Couronne, les bien & favorablement traiter, pour les convier à nous continuer, & au public en la fonction de leurs états & Offices, le même bon devoir que par le passé. Nous pour ces causes, de nôtre grace specialle, puissance & autorité Royale, par l'avis de nôtre très-chere & très-honorée Dame & mere la Reine Regente, avons confirmé & confirmons par ces Presentes, l'établissement de nôtredite Chambre, avec toutes & chacunes les fonctions, autorité, pouvoir & faculté qui y appartiennent: comme aussi tous & chacuns les Présidans, Maîtres, Correcteurs & Auditeurs, nos Avocat & Procureur Generaux & autres nos Officiers de lad. Chambre, y compris les denx Tresoriers de France, selon qu'ils sont de present, dûëmant institués pour en joüir, aux Dignités, Autorités, Préminences, Prérogatives, Privileges, Exemptions, Gages, Epices & autres droits atribuez à leurs états & Offices, pour eux & chacun d'eux plainement & paisiblent comme au passé, & tout ainsi qu'en joüissent les Officiers de nôtre Chambre des Comptes de Paris, à l'instar de laquelle ils ont été reglez, sans y être troublez à cause de nôtredit avenement à la Couronne, ni autrement, selon & ainsi qu'en semblable cas il est plus amplement porté par les Lettres patentes des Rois nos Predecesseurs, & par les Edits des années 1572, 1588 & 1598; tous lesquels Edits & Declarations Nous avons aussi confirmez & confirmons par ces Presentes, voulons & nous plait, qu'ils continuent d'avoir lieu: ainsi qu'ils ont eu bien & dûëment par le passé, & sortent leur plain & entier effet, sans que sur ce il soit besoin d'avoir plus ample & expresse Déclaration, & confimation de nôtredite volonté & intention.

Si donnons en Mandement à nos amez & feaux Conseillers les Gens tenans nôtredite Chambre des Comptes, en nôtredit pays & Duché de Bretagne, que cesdites Presentes ils fassent bien publier, & enregistrer, pour avoir lieu, valoir, leur servir, & sortir comme dit est, leur plain & entier effet, nonobstant quelconques: Ordonnances, Reglemens, Deffences & autres choses à ce contraires, ausquelles de nôtre plus ample grace, pouvoir & autorité que dessus: Nous avons dérogé & dérogeons pour ce regard & aux dérogatoires des dérogatoires, y contenuës: Car tel est nôtre plaisir: en témoin de quoy, Nous avons fait mettre nôtre Scel à ces Presentes. Donné à Paris le quinsiéme jour de Juin 1610. & de nôtre regne le premier. Ainsi signé LOUIS, par le Roy, la Reine Regente sa mere presente.

POTIER. Et sur le repli lû & registré en la Chambre des Comptes suivant l'Arrêt d'icelle, ce jour 10. Novembre 1610. Plus est écrit par extrait des Registres de la Chambre des Comptes de Bretagne. Signé, FOYNEAU.

Au Mandement, Cotte 24. Fol. 179.

LETTRES
DU ROY LOUIS XIII,

PORTANT CONFIRMATION DES PRIVILEGES de la Chambre des Comptes de Bretagne, tout ainsi qu'en joüissent les Officiers de la Chambre des Comptes de Paris.

Du 6 Avril 1626.

LOUIS par la grace de Dieu Roy de France & de Navarre: A tous ceux qui ces presentes Lettres verront; SALUT, Combien que les Privileges & Immunitez attribués par les Rois nos predecesseurs à nostre Chambre des Comptes de Paris, soient assés notoires, & que d'iceux nos amés & feaux Conseillers les Presidents, Maistres, Auditeurs, Avocat & Procureur Generaux, & autres Officiers du Corps de nôtre Chambre des Comptes de Bretagne en ayent bien & düëment joüy & usé; ce neanmoins aucuns jaloux de l'autorité & splendeur de nôtredite Chambre, depuis quelque tems ont voulu revoquer en doute leursdits Immunités & Privileges, & se sont efforcés de les enfraindre, comme ils nous ont fait entendre & remontrer, que tels troubles molestoient non-seulement nosdits Officiers de nôtre Chambre, mais pourroient mettre & entretenir en trouble nos principaux Officiers de nôtredite Province, au prejudice de nos service & affaires & du repos de nos Sujets, à quoy voulans pourvoir, & nosdits Officiers maintenir & garder en la possession de leursdits Droits & Privileges, & les preserver de toutes oppressions & vexations indüës: Comme les bons & fideles services qu'ils nous ont toûjours rendu & à nos Predecesseurs, & qu'ils continuent à Nous rendre; & requierent, & nous y convient: avons dit & declaré par ces Presentes, disons & declarons, voulons & Nous plaît, que nosdits Conseillers les Presidents, Maistres, Auditeurs, Avocat & Procureur Generaux, & autres Officiers du Corps de notredite Chambre des Comptes de Bretagne, joüissent & usent de tous les Honneurs, Autorités, Prerogatives, Privileges, Exemptions, Immunités, Prééminences, Droits, Franchises & Libertés; dont joüissent nos Officiers de nôtredite Chambre des Comptes de Paris, à l'instar de laquelle Nous avons voulu nôtredite Chambre des Comptes de Bretagne être reglée, en cas que lesdits Privileges ne soient cy declarés ni specifiés. Si donnons en Mandement à nos amés & feaux Conseillers les Gens tenans nos Cours de Parlement & Chambre de nosdits Comptes, Tresoriers Generaux de France, Senéchaux, Alloüés, Baillifs, ou leurs Lieutenants, & tous autres nos Justiciers & Officiers en nosdits Pays & Duché de Bretagne qu'il appartiendra, que cesdites presentes nos Lettres de Declaration, ils fassent lire, publier & enregistrer, & du contenu en icelles faire, & laisser joüir & user nosdits Officiers du Corps de nôtredite Chambre des Comptes plainement & paisiblement, cessant & faisant cesser tous troubles & empêchements au contraire; CAR tel est nôtre plaisir, nonobstant quelconques Ordonnances, Restrictions, Mandemens, Deffenses & Lettres, si aucunes sont à ce contraires, en temoin dequoy, Nous avons fait mettre nôtre Scel à cesdites Presentes, desquelles, parce que nosdits Officiers pourroient avoir affaire en divers lieux: Voulons qu'aux Copies deument collationnées d'icelles, par l'un de nos amés & feaux Conseillers & Secretaires, ou sous Scel Royal, foy soit ajoûtée, & l'execution s'en ensuive comme sur le present Original. DONNÉ à Paris le sixiéme jour d'Avril l'an de grace mil six cens vingt & six, & de nôtre Regne le seiziéme. Signé, LOUIS, & sur le reply, Par le Roy, LEBEAUCLERC, & scellé du grand Sceau de Cire jaune à double queüe.

Registré suivant l'Arrest de la Cour de ce jour, pour en joüir les Impetrans bien & deument, suivant la volonté du Roy, & ledit Arrest, comme ils ont fait au passé. Fait à Rennes en Parlement, le 17 jour de Septembre 1626, & plus bas, Extrait des Registres du Parlement. Signé, Monnerays.

ARREST

DU PARLEMENT DE BRETAGNE, POTANT ENREGISTREMENT
des precedentes Lettres.

Du 17 Septembre 1626.

LOUIS par la grace de Dieu, Roy de France & de Navarre : A tous ceux qui ces Presentes verront; SALUT, sçavoir faisons que vû par nôtre Cour de Parlement nos Lettres patentes données à Paris, le 6. d'Avril 1626, de Nous signées, & sur le Reply, Par le Roy, Lebeauclerc, & scellées de Cire jaune, obtenuës par nos amez & feaux les Presidents, Maîtres, Auditeurs, Avocat & Procureur Generaux & autres Officiers de nôtred. Chambre des Comptes de nôtre Pays & Duché de Bretagne ; par lesquelles Nous voulons & ordonnons qu'ils joüissent & usent de tous les Honneurs, Autorités, Prérogatives, Privileges, Exemptions, Immunités, Prééminences, Droits, Franchises & Libertez, dont joüissent les Officiers de nôtre Chambre des Comptes de Paris, à l'instar de laquelle nous avons voulu ladite Chambre de nos Comptes de Bretagne être reglée, encore que lesdits Privileges ne soient déclarés, ne specifiés suivant que plus amplement est contenu ausdites Lettres, Cahier d'Extraits, Tirés de nôtredire Chambre des Comptes de Paris, dans lequel sont tenus par Copies Collationnées, Signées, BOURLON: les Lettres de nôtre très-cher feu Frere Philippes du vingt uniéme Fevrier 1331. Autres Lettres de nôtre très-cher feu Frere Charles, des 19. Juillet 1383. & 2. Mars 1421. Autres Lettres de nôtre très-cher feu
Frere

Frere Loüis XI. du 19. May 1479. Autres Lettres de nôtre très cher feu Frere François premier, du mois de Mars 1519. Autres Lettres de nôtre très-cher feu Frere Charles IX. des 20. Avril 1561. & du mois de Septembre 1570. Autres Lettres de nôtre très-cher & très-honoré feu Pere Henry le Grand, & de nous à present regnant des années 1605. 1606. & 1613. Copie des Lettres de confirmation des Officiers de nôtredite Chambre du 15. Juin 1610. Requête presentée à nôtredite Cour par les Gens de nos Comptes en Bretagne, le 12. Septembre present mois: afin de verification defd. Lettres & Privileges. Autre Requête de Me. Jan de Berulleu, Sieur de Seaux, se disant Procureur General de nôtre très-honorée Dame la Reine mere, du 15. dudit mois, tendante à avoir communication defdites Lettres pour déduire contre icelles ses préjudices, si aucuns il avoit pour son interêt, & laquelle auroit été communiquée à nôtre Procureur General, & sur icelle pris ses conclusions. Autres conclusions de nôtredit Procureur General: & tout consideré, nôtredite Cour par son Arrêt a ordonné & ordonne, que nesdites Lettres & Privileges seront Regiftrez au Greffe d'icelle pour en joüir les impetrans, bien & duëment suivant nôtre volonté, comme ils ont fait au passé: en témoin de quoy nous avons fait mettre & appofer nôtre Scel à cefdites Presentes. Donné à Rennes en nôtredit Parlement, le 17. jour de Septembre, l'an de grace 1626. & de nôtre regne le 17. Et plus bas est écrit, par Arrêt de la Cour, Signé, Monneraye, & Scellé: Regiftrées suivant l'Arrêt de la Cour de ce jour, pour en joüir les impetrans bien & duëment, suivant la volonté du Roy, & ledit Arrêt, comme ils ont fait au passé. FAIT à Rennes en Parlement, le 17. jour de Septembre 1626.

Tous les Edits cy-deffus enregiftrés au Mandement, Cotté 24. Fol. VIII^{XX}XIX & IX^{XX}XI, & au 2 Liv. noir Fol. 42.

E D I T

CONCERNANT LES PRIVILEGES DE LA CHAMBRE
des Comptes de Paris.

Exemptions des Decimes pour les Officiers Clercs de ladite Chambre.

PHILIPPES par la grace de Dieu, Roy de France : A tous Archevêques & Evêques de nôtre Royaume, & à tous autres qui ces prefentes Lettres verront; SALUT, Nous avons vû une Lettre fcellée du Scel de nôtre très-cher Seigneur & Coufin le Roy Charles, que Dieu abfolve, contenant la forme qui fuit,

An. 1331.

CAROLUS Dei gratiâ, Franciæ & Navarræ Rex : omnibus Archiepifcopis & Epifcopis Regni noftri Franciæ : Ad quos præfentes Litteræ pervenerint falutem, fignificamus vobis Confiliariis noftris, in camerâ computorum regiorum obfequiis

P

pariter insistentes ab omni portione decimæ pro Beneficiis Ecclesiasticis quæ obtinent, ut sint quitti, liberi, & immunes vobis & viris quibus libet honore præsentium inhibentes, ne ab ipsis, vel pro beneficiis eorum prædaciter de præterito & futuro tempore, Decimam exigatis, nec processus aliquos contra ipsos ob defectionem solutionis dictæ Decimæ, faciatis, factos visis præsentibus revocantes & restituentes eis, quid hâc occasione recepistis ab eisdem. Datum Parisiis 14. *die Junii anno* 1327 ; Lesquelles Lettres Nous voulons demeurer en leur force & vertu, & icelles confirmant de certaine science, vous deffendons & à chacun de vous par la teneur de ces presentes Lettres, que vous ne leviés Decimes de nosdits Clercs ni d'aucuns d'eux, pour les Benefices qu'ils obtiennent & obtiendront pour le temps qu'ils sont & seront à nos services de la Chambre de nosdits Comptes ; & ainsi voulons-nous, & leur octroyons de grace speciale qu'il soit fait par les arrerages desdites Decimes des Benefices qu'eux & chacun d'eux obtiennent & ont obtenus, pour tout le temps passé qu'ils ont été en nosd. services, jusqu'à la date des presentes Lettres ne fassiez aucun Procez contre eux ou aucun d'eux pour leursdites Decimes, ou arrerages non payés inçoit si aucun Procez à eux fait contre eux ou aucun d'eux pour ce, vous les rappelliés vû nos Lettres & leur rendiés & fassiés rendre tout ce que dû leur sera levé, ou tenu pour cette cause, sans avoir autre Mandement de Nous. DONNE' à Virlegrand le 21 Fevrier l'an de grace 1331. & à côté est écrit, Collationné, & paraphé; & au dessous écrit, Extrait des Regiftres de la Chambre des Comptes, Signé, BOURLON.

LETTRES
DU ROY CHARLES VI

PORTANT EXEMPTION DE BAN ET ARRIERE BAN,
& des Francs-Fiefs pour les Gens des Comptes.

Du 19. Juillet 1383.

CHARLES par la Grace de Dieu, Roy de France, à tous nos Justiciers ou leurs Lieutenants, & à tous Commis & Députez sur le fait des Compositions des tenans Fiefs en nôtre Royaume, qui nous serviront en nos presentes guerres; SALUT. Comme nous ayons n'agueres ordonné & fait crier, que tous Nobles, Annoblis & tenants Fiefs en nôtre Royaume, nous viendroient Servir, montez & armez en nosdites guerres, sur grandes peines à appliquer à nous; Nous considerans les services que nos amez & feaux Conseillers les Gens de nos Comptes à Paris, & aussi nos Clercs d'embas de nôtre Chambre de nosdits Comptes, nous font continuellement connoître les dommages & inconvenians qui pourroient venir s'ils étoient absens, & ne y entendoient & vaquoient sans intermission, les avons de grace speciale exemptés & exemptons de nôtredite Ordonnance, & ne voulons qu'ils soient tenus de nous venir servir en nosdites guerres, ni de payer pour leursd. Fiefs aucunes finances. Si vous mandons & à chacun de vous comme il appartiendra, que nosdits Conseillers & Clercs, & chacun d'eux vous fassiez & laissiez joüir & user paisiblement de nostre presente Grace sans les molester en quelque maniere au contraire. Donné à Paris le 19 Juillet l'an de grace mil trois cens quatre-vingt trois, & de nôtre Regne le tiers, Par le Roy, à la Relation de Messieurs les Ducs de Berry, de Bourgogne. J. Tabari, & à costé est écrit, Collationné & Paraphé, & plus bas est écrit, Extrait des Registres de la Chambre des Comptes. Ainsi signé, BOURLON. I.

LETTRES
DU ROY CHARLES VII.
PORTANT EXEMPTION DE TAILLES, ET AUTRES SUBSIDES.

Du 2 May 1425.

CHARLES par la grace de Dieu, Roy de France : A tous ceux qui ces presentes Lettres verront. SALUT, sçavoir faisons de la part de nos amez & feaux Gens de nos Comptes avoir été exposé que jaçoit que du temps de nos Predecesseurs, & depuis que sommes à la Couronne de France, ils ayent été tenus francs, quittes & exempts de toutes Tailles, Aydes, quatriéme, Impositions & autres Subventions & Actions quelconques, sans qu'ils en ayent payé aucune chose ny contribué en aucune maniere, neanmoins sous ombre de ce qu'au Conseil dernierement tenu à Poitiers en l'Assemblée des trois Estats, fût dit & ordonné, que tous Officiers de quelque état qu'ils fussent, contribueroient à la Taille ou Ayde qui Nous fût octroyée par les Gens ordonnés au gouvernement de la ville de Bourges, ou les Commis à l'assiette de la portion, à quoy icelle Ville a été assise, les ont aucuns d'eux imposé & taxé, avec les Populaires d'icelle Ville à certaine somme, pour partie du payement de ladite Taille, & se sont efforcés & efforcent de les faire contraindre par Sergents ou autrement à payer icelle somme, qui a été & est en leur très-grand préjudice & dommage, & aussi au très-grand vitupere & deshonneur de toute la Chambre desdits Comptes, & en villipendant icelle, & encore plus seroit si par nous ne leur étoit sur ce pourvû, si comme ils disent requerants icelle provision, pour ce est-il que Nous ces Causes considerans, voulans nosdits Gens des Comptes tenir & garder Franchises, Libertez & Privileges accoûtumés, & les preserver de toutes oppressions & molestations indûës & non accoûtumées, ainsi que par nosdits Predecesseurs sommes suffisamment informez avoir été fait le temps passé. Voulons & Nous plaift & à nofdits Gens des Comptes avons octroyé & octroyons par ces Prefentes qu'ils ne foient, ne aucuns d'eux affis, impofez, ou taxez à lad. Taille ou Ayde, avons dorefnavant octroyé, comme dit eft, & fi affis ou impofez y avoient été, qu'ils ne foient pour ce contraints ne executés en quelque maniere que ce foit; encore voulons & avons ordonné & declaré, ordonnons & declarons par ces mêmes Prefentes qu'icelle Taille ou Ayde, & auffi la quatriéme Impofition & autres exactions & fubfides quelconques mis ou à mettre fus, & combien qu'elles foient ou puiffent être nommez au tems à venir, ils foient & demeurent & un chacun d'eux à toûjours mis francs, quittes paifibles & exempts, fans ce qu'ils foient ou puiffent être contraints par qui que ce foit à en payer aucune chofe, ne à y contribuer en aucune maniere.

Si donnons en Mandement à nos amez & feaux, les Generaux Confeillers, Commiffaires ordonnés & à ordonner fur le fait & gouvernement de toutes nos Finances, & fur le fait d'icelles Tailles, Aydes & autres fubventions des fufdites, à tous Elûs & Receveurs Generaux, ou particuliers, commis ou à commettre fur icelui fait, au Baillif de Bourges, & à tous nos autres Jufticiers ou Officiers, ou à leurs Lieutenans Bourgeois, Manans & Habitans de Villes, députez au gouvernement d'icelles, en l'affiette de telles Tailles, Aydes ou fubventions, & à chacun d'eux fi comme à lui apartiendra, que de nôtre prefente volonté, Ordonnance & Déclaration faffent, fouffrent & laiffent nofdits Gens des Comptes & chacun d'eux, joüir & ufer plainement & paifiblement, en les tenans & faifant tenir, ores & pour le tems à venir, francs, quittes & exempts defdites Tailles, Aydes & autres exactions & fubventions quelconques, en les faifant rayer & ôter des Regiftres où ils pourroient pour cette caufe être mis ou écrits, fans les contraindre, ne fouffrir être contrains, & en payer aucune chofe, ni à y contribuer en quelque maniere que ce foit, comme dit eft. Car ainfi par cefdites prefentes au vidimus defquelles, Nous voulons plaine foy être ajoûtée comme à l'Original, & voulons & ordonnons être fait, nonobftant qu'à l'Octroy de lad. Taille ou Ayde, eût été dit & ordonné, que toutes perfonnes y contribueroient, comme deffus eft dit, ou que pareillement, fût ou pût être ordonné & dit des autres Aydes & fubventions qui nous pouroient être octroyez au tems à venir, & quelques Ordonnances, Mandemens, Statuts ou Edits, faits ou à faire, & Lettres impetrées à ce contraires. En témoin de ce avons fait mettre nôtre Scel à cefd. prefentes. Donné à Yfoudun le 2. Mars 1425. & de nôtre regne le 4. Ainfi Signé, par le Roy, Nous l'Archevêque de Touloufe: deffus, le Comte Dauphin d'Auvergne le Maréchal de la Fayette, l'Abbé de Saint Auguftin, les Sieurs de Lanfac & de Trignac, & autres Sieurs prefans. J. Lepicard. L.

NOUS les Generaux Commiffaires fur le fait & gouvernement de toutes Finances, tant en Languedil que Languedoc, confentons & tant qu'en nous eft à l'enterrinement & accompliffement des Lettres Royaux, aufquelles ces Prefentes font attachées fous l'un de nos fignes, par lefquelles le Roy nôtred. Sire, veut & octroye aux Gens de fes Comptes, qu'ils foient

francs,

francs, quittes & exempts de toutes Tailles, Aydes, Quatriéme, Impofitions & autres exactions & fubfides quelconques, mis ou à mettre fus & comment qu'elles foient ou puiffent être nommées au tems avenir, pour les caufes & tout ainfi & par la forme & maniere que le Roy nôtredit Sire le veut & mande : écrit à Bourges le 12. Avril l'an 1426. après Pâques. Ainfi Signé, DIJON. Et à côté eft écrit, Collationné & Paraphé : & au deffous Extrait des Regiftres de la Chambre des Comptes. Ainfi Signé, BOURLON. I.

LETTRES
DU ROY LOUIS XI,

PORTANT EXEMPTION DU BAN ET ARRIERE BAN,
& de contribution pour icelui, en faveur des Officiers de la Chambre des Comptes de Paris.

Du 19. May 1479.

LOUIS par la grace de Dieu Roy de France, à tous nos Senechaux, Baillifs, Prévôts & autres, qui par nous ou nos Lieutenants Generaux ont eté ou feront commis à la conduite des Nobles & non Nobles & autres, qui font fujets à nos Ban & arriere Ban, à tous Commiffaires touchant le fait defdits Ban & arriere Ban, & autres nos Jufticiers ou à leurs Lieutenants; SALUT & dilection, nos amez & feaux les Gens Clercs & Officiers de la Chambre de nos Comptes à Paris, nous ont fait expofer, que fous ombre de certaine Ordonnance par Nous nouvellement faite, pour contraindre toutes manieres de gens tenans Fiefs, Arriere-Fiefs & Terres Nobles, tenuës de Nous ou d'autres en nôtre Royaume, fujets à nos Ban & Arriere-Ban, mettre fus & en armes ou gens par eux, felon la valeur defdites Terres & Fiefs qu'ils poffedent pour eux employer à la tuition & deffenfe de nôtre Royaume, vous ou aucuns de vous, fans avoir égard aux Privileges & Exemptions par nos prédeceffeurs & nous, à eux octroyés aux peines, travaux, & à l'occupation continuelle qu'ils ont chaque jour en icelle Chambre, & pour l'exercice de leurs Offices, les y avez voulu & voulez à ce faire contraindre, & en deffaut de ce faire, Saifies mettre en nôtre main, leurfdits Fiefs & Terres Nobles qui feroit à leur grand préjudice & dommage, & totalement les fruftrer de leurfdits Privileges & Exemptions : ainfi que plus à plain ils nous ont ces chofes fait dire & remontrer, requerans fur ce, leur être par nous donné Provifion : pourquoy Nous ces chofes confiderées, voulons lefdits Expofans, être entretenus en leurfdits Privileges & Droits : & principalement en celui que par nofdits Prédeceffeurs & Nous ils ont obtenus à cette fin, fans autrement les enfraindre, pour confideration de ce, & pour autres caufes & confiderations, qui à ce raifonnablement nous doivent

Q

mouvoir à iceux Exposants & chacun d'eux, pour ces causes & autres à ce Nous mouvans, avons octroyé & octroyons de grace speciale par ces presentes qu'à cause desdits Fiefs & Arriere-Fiefs & Terres Nobles qu'ils tiennent & tiendront de nous & d'autres quelconques en nôtre Royaume, & dont ils sont sujets à nos Ban & Arriere-Ban, ils ne soient tenus cette presente année, de venir ni d'envoyer d'autres pour eux en nôtredite armée, ni autrement y contribuer en quelque maniere que ce soit ; & voulons qu'ils en soient par vous, & chacun de vous en son endroit, tenus Quittes, Francs & Exempts, & dont en tant que métier seroit en ensuivant leursdits Privileges & Exemptions, les en avons exemptez & exemptons de grace speciale par cesdites Presentes, par lesquelles vous mandons, & expressément enjoignons à chacun de vous, si comme à lui appartiendra, que de cette presente grace Octroy & Exemption, vous fassiez, souffriez & laissiez lesdits Exposants & chacun d'eux, joüir & user pleinement & paisiblent, en leurs mettans leursd. Fiefs & Terres pour ce empêchez ; ensemble, les fruits & revenus d'iceux à pleine délivrance, sans aucunement aller ni venir à l'encontre. Car ainsi le voulons & nous plaît être fait, nonobstant Ordonnance par nous ainsi faite : & que par les Commandemens par nous dernierement envoyez, il soit expressément mandé contraindre toutes manieres de gens, exemps & non exempts, Privilegiez & non Privilegiez & quelques exemptions qu'ils ayent obtenus ou pourroient obtenir de nous ou autres, & autres Mandemens & deffenses au contraire. Donné à Puiseaux en Gatinois le 19. May l'an de grace 1479. & de nôtre regne le 18. Par le Roy, le Comte Marle Maréchal de France, les Sieurs de Bouchade & Joyeuse, & autres presens. J. le Maréchal, & à coté est écrit, Collationné & Paraphé, & au dessous est écrit, Extrait des Registres de la Chambre des Comptes. Signé, BOURLON. I.

LETTRES
DU ROY
FRANÇOIS PREMIER,

PORTANT EXEMPTION DU DROIT SUR LE SEL, en faveur des Officiers de le Chambre des Comptes de Paris, & Tréforiers de France, pour leurs provisions.

Du 14. Avril 1520.

FRANÇOIS par la grace de Dieu, Roy de France; Sçavoir faisons, à tous presents & à venir, que nous avons reçû l'humble supplication de nos amez & feaux les Gens de nos Comptes & Tresoriers à Paris, contenant que combien que par Privilege à eux donnez & octroyez par nos

prédecesseurs Rois, ils ayent droit & accoûtumé de prendre & percevoir du
Sel pour la provision & dépense de leurs Hôtels; néanmoins sous couleur
de certaine Ordonnance par nous, n'agueres faite sur le fait & distribution
dudit Sel, les Grenetiers de nos Greniers à Sel ont fait difficulté de leur en
bailler & délivrer, en troublant & empêchant iceux Gens de nos Comptes
& Tresoriers en la joüissance & possession de leursdits Privileges : requerant
sur ce nôtre Provision. Pour ce est-il, que Nous considerans les bons, loyaux
& continuels services que nosdits Gens des Comptes & Tresoriers nous ont par
cy-devant faits, & font chaque jour en l'exercice de leurs états & Offices,
voulant iceux entretenir ès Libertez, Franchises & Privileges appartenans
ausdits Officiers : avons par ces Presentes que avons pour ce Signées de
nôtre main, déclaré & déclarons nôtre vouloir & intention avoir été &
être, que nosdits Gens des Comptes & Tresoriers, ayent & prennent pour
cette année & avec l'année suivante, du Sel pour la provision & dépense
de leursdits Hôtels, en payant le droit du Marchand seulement, & sans
pour ce nous payer aucun droit de Gabelle, tout ainsi, & par la forme &
maniere qu'ils faisoient & avoient accoûtumé de faire auparavant lesdites Ordonnances & deffenses, esquelles n'avons entendu ni entendons être compris,
ains les en avons exceptez & exemptez, exceptons & exemptons, de grace
speciale par ces Presentes, en mandant à iceux Gens de nosdits Comptes cette
Presente nôtre Déclaration & vouloir, faire lire & publier & enregistrer ès
Registres de nôtre Chambre desdits Comptes, & en outre, à nos amez &
feaux Conseillers par nous ordonnés sur le fait & gouvernement de nos
Finances, que de l'effet & contenu d'icelle, ils souffrent, laissent & per-
mettent nosdits Gens des Comptes & Tresoriers, joüir & user paisiblement
comme ils avoient accoûtumé faire auparavant lesdites Ordonnances &
Deffenses, en employant par chacun an ès états de nosdits Grenetiers, le
Sel par eux baillé & delivré à iceux Gens de nosdits Comptes & Tresoriers,
par la maniere que dit est, nonobstant lesdites Ordonnances & Deffenses
par nous faites sur la distribution dudit Sel, & quelconques autres Ordonnances, Restrictions, Mandemens ou Deffenses à ce contraires & afin que
ce soit chose ferme & stable à toûjours, nous avons fait mettre & apposer
nôtre Seel à ces Presentes. Donné à Cognac au mois de Mars l'an de grace
1519. & de nôtre regne le sixiéme. Ainsi Signé FRANÇOIS, & sur le
repli, par le Roy. ROBERT. & visa Contentor, gratis. DESLANDES.

*Lecta publicata & registrata in Camera computorum Domini nostri Regis. Die
vigesimâ quartâ mensis Aprilis anno millesimo, quingentesimo vigesimo post Pascha.*
LE BLINE.

Et au dessous est écrit, Extrait des Registres de la Chambre des
Comptes. I.

EDIT

DU ROY FRANÇOIS PREMIER

PORTANT CONFIRMATION DES PRIVILEGES DES Officiers de la Chambre des Comtes de Paris.

Du mois d'Avril 1519.

FRANÇOIS par la grace de Dieu, Roy de France; Sçavoir faisons, à tous presents & à venir, que comme nous ayans égard & consideration aux grandes peines, travaux, labeurs, sollicitudes & diligences que nos amez & feaux les Présidents & Maîtres de nos Comptes, Tresoriers de France, Generaux & Secretaires de nos Finances, lesquels ont par cy-devant été par nos prédecesseurs Rois de bonne mémoire, que Dieu absolve, & par Nous, crées, institués, ordonnez & établis en leurs Offices, pour le bien de nous & de la chose publique, & de nôtre Royaume, conservation, conduite & direction de nôtre Domaine & deniers de nos Finances ordinaires & extraordinaires, ont eu & supporté, ont & supportent continuellement au fait & exercice de leurs états & Offices, & aux bons singuliers, agréables, recommandables & profitables services qu'ils ont cy-devant faits à nosdits prédecesseurs Rois chacun à leur égard, au fait & exercice de leursdits Offices, ainsi qu'ils nous ont fait & esperons qu'ils nous fassent à l'avenir à iceux Présidents, Vice-Présidents & Maîtres de nosdits Comptes, Tresoriers de France, Generaux & Secretaires de nosdites Finances : pour ces causes & autres justes & raisonnables considerations à ce nous mouvans, de nôtre certaine science, grace speciale, pleine puissance & autorité Royale, par ces Presentes avons ratifié, confirmé, homologué & approuvé, ratifions, confirmons, homologuons & approuvons tous & chacuns les Privileges, Franchises, libertez & exemptions, qui par cy-devant leur ont été donnez, concedez, octroyez par nosdits predecesseurs & nous, pour en joüir & user par eux & chacun d'eux & leurs successeurs en leursdits états & Offices, tout ainsi & par la forme & maniere qu'ils ont par cy-devant dûment joüi & usé, joüissent & usent de present, jaçoit que lesdits privileges, Franchises & Libertez, ne soient cy aucunement specifiez, & declarez, & lesquels nous y tenons pour expressément exprimez & déclarez, & d'abondant de nôtre plus ample & speciale grace, puissance & autorité Royale, par l'avis & déliberation de plusieurs Seigneurs & gens de nôtre Conseil, par nous & nos successeurs Rois de France, perpetuellement avons de nouvel à nosdits Présidents, Vice-Présidents, Conseillers & Maîtres de nosdits Comptes à Paris, Tresoriers de France, Generaux & Secretaires de nosdites Finances, qui à present sont, & à l'avenir seront & succederont en leursdits états & Offices : & afin qu'ils soient plus enclins & encouragez, de bien & diligemment,

gemment eux employer & acquitter au fait & exercice de leurſdits états &
Offices, au bien de nous & de nôtre Domaine & Finances ordinaires &
extraordinaires: donné, concedé & octroyé, donnons concedons & octroyons
par forme de Loy, Statut & Edit perpetuel & irrevocable, les Privileges,
Franchiſes, Libertez & exemptions, Dignitez, Autoritez, Prérogatives &
& Préeminences cy-après declarées en forme & maniere qu'ils s'enſuivent.

Premierement, les avons retenus & retenons de nôtre Hôtel & Famille,
pour nos Officiers ordinaires domeſtiques & commenceaux : & tels voulons
être dit & cenſez, tenus & reputez, en les mettant enſemble leurs biens &
Familles en nôtre ſpeciale Protection & Sauve garde.

II. Item, A ce que noſdits Preſidents, Vice-Preſidents, & Maîtres de
noſdits Comptes, Treſoriers de France, Generaux & Secretaires de nos
Finances ne ſoient diſtraits de la reſidence, laquelle ils ſont tenus faire chacun jour en l'exercice de leurſdits Offices, avons voulu & ordonné, voulons & ordonnons qu'ils ayent leurs cauſes perſonnelles & poſſeſſoires, &
auſſi les hypotequaires quand bon leur ſemblera, & ils le requereront, &
celles où ils ſe voudront adjoindre ou prendre l'aveu, garentie & deffenſe
ſans fraude, tant en demandant comme en deffendant commiſes pardevant
nos amez & féaux Conſeillers les Gens tenans ou qui tiendront les Requêtes de nôtre Hôtel, ou tenans les Requêtes de nôtre Palais à Paris, pardevant nos plus prochains Juges Royaux, ou des parties & choſes dont ſera
queſtion; & que icelles cauſes & procez ſoient vuidez en dernier Reſſort
en nôtre Parlement de Paris, ſans ce, qu'ils ſoient tenus plaider ailleurs,
poſé ores que les parties contre leſquelles noſdits Officiers intenteront leſdites cauſes perſonnelles, hypotequaires & réelles, fuſſent des pays & reſſort
de nos Pays & Duché de Normandie, dont ils les pourront faire tirer
& évoquer à l'avenir en l'Auditoire deſdites Requêtes, ou l'un d'iceux; &
s'ils vouloient pourſuivre en nôtredit pays de Normandie, & en Siege d'Aſſiſe, faire le pourront pardevant nos Baillifs de Roüen, Caux, Caën, Con-
tantin, Evreux, & Giſors, qui ſont les Baillifs Royaux de nôtredit Pays &
Duché de Normandie, & en Siege d'Aſſiſe & non ailleurs, nonobſtant
quelconques Privileges que pourroient avoir d'ancienneté & de nouvel de
Nous, ou de nos Predeceſſeurs aucuns Prelats, Egliſes Cathedrales, ou Col-
legiales, Chapitres, Seigneurs & Communautez de Villes, Cités & Uni-
verſitez, ou autres de non être tirez hors de leurs Villes & Cités en premiere & inſtance; en quoy ne voulons noſdits Officiers être aucunement
compris ne entendus.

III. Item. D'abondant en faveur des ſervices que nous ont fait & feront
noſdits Officiers, voulons & nous plaît qu'après leurs decez, leurs Femmes
étant veuves & durant leurs viduitez ſeulement, joüiſſent de tels & ſemblables Privileges, Franchiſes, Libertez & exemptions que faiſoient leurs
maris au tems & jour de leurs trépas, comme font noſdits Officiers, ſans
difference aucune.

IV. Item. Et néanmoins à l'occaſion de ce qu'il pourra ſouvent avenir
que noſdits Officiers pourront en faveur d'aucuns de leurſdits Fils, ou du
mariage d'aucunes de leurs Filles, & par congé de nous ou de noſdits pré-
deceſſeurs Rois, reſigner leurſdits Offices, voulons, ordonnons & octroyons,

R

que par Privilege singulier & special, que celui ou ceux de nosdits Présidents, Gens de nos Comptes, Tresoriers Generaux & Secretaires de nosdites Finances, qui aura ou auroit ainsi resigné par ledit congé de nous ou de nosdits successeurs, leursdits Offices au profit de leursdits Fils ou en faveur de mariage d'aucunes de leurs Filles, joüissent pleinement & paisiblement, de tous & chacuns lesdits Privileges & Prééminences, dont joüissent & joüiront nosdits Officiers, & pareillement leurs Femmes, si elles les survivent, & durant leurs viduitez seulement.

V. Item. Voulons & ordonnons que nosdits Officers joüissent & soient francs, quittes & exempts de payer aucun profit & émolument, des Sceaux & de nos Chancelleries de nôtredit Royaume, pays & Seigneuries, en mandant à l'Audiancier & Controlleur presents & à venir, les Sceller & delivrer Lettres de Chartres, Privileges & autres quelconques Lettres octroyées & à octroyer à eux en nos Chancelleries pour leurs affaires en general ou en particulier, dont ils auront à besoigner, franchement & quittement, & sans en prendre aucun profit & émolument.

VI. Item. Pareillement soient à toûjours francs & quittes & exempts de payer l'émolument des Arrêts, Sentences, Appointements & autres expeditions qui seront faites pour eux & en leurs noms par les Greffiers de nos Cours du Grand Conseil, des Parlements, des Comptes, des Auditoires, des Requêtes, tant de nôtre Hôtel que de nôtre Palais à Paris, Justice de nos Aydes, Senéchaufées, Baillages & autres Cours & Jurisdictions Royaux, soit ordinaires ou sur le fait de nos Tailles & Aydes, & pareillement de toutes les Cours & Jurisdictions subalternes de nosdits Pays, Terres & Seigneuries, & que lesdits Arrêts, Sentences, Appointements & autres expeditions de Justice leur seront signées par les Greffiers desdites Justices, & Scellées par les Juges & Garde-Sceaux desdits lieux, chacun en son égard, sans pour ce prendre, lever ou exiger à nosdits Officiers dessus nommez, aucuns profits ou salaires, & que toutes Lettres, instruments, achapts, obligations hereditaires & mobilieres qui ont été ou seront levées par eux, & qui seront passées pour & de par eux, leur soient Scellées par les Gardes des Sceaux & Tabellions, soit qu'ils tiennent lesdits Sceaux à ferme ou autrement, franchement & quittement.

VII. Item. Aussi qu'ils soient francs, quittes & exempts de toutes Tailles, Crües, Emprunts, Fourrages, Monnoyages, Aydes, Subsides, Gabelles, Impositions, Equivallants, Quatriéme, Huitiéme, vingtiéme, Peages, Barrages, Leudes, Revers, Travers, tant par Eau que par Terre, Dons, Emprunts, & Aydes de Villes, & autres charges, subsides & subventions quelconques, & comment qu'elles soient ou puissent être à l'avenir dittes, nommées & appellées, mises & à mettre sus en nosdits Pays, Terres & Seigneuries, à toûjours le tems à venir, tant pour raison de leurs personnes, biens meubles, qu'immeubles, possessions & heritages quelconques, Royaux, Nobles & non Nobles, & des Bureaux, Fruits croissans & provenans en iceux, quelque part qu'ils soient situez & assis, nonobstant coûtumes & usages de pays au contraire, & qu'aucunes fois aux Octroys & Commissions desdits Tailles, Crües, Aydes & subventions, soit mandé assoir & imposer toutes manieres de Gens, tant Privilegiez que non Privilegiez; en quoy ne voulons nosdits Officiers être compris ne entendus, mais de ce les avons exceptez & affranchis, exemptons & affranchissons, & en outre voulons & ordonnons qu'ils soient quittes, & exempts de toutes coûtumes; Guets & Gardes de Porte: de deniers communs, pour affaires & reparations de Villes, Places, Forteresses, Fossez, Ponts, Portes, Chaussées & autres subventions quelconques & comment qu'elles soient ou puissent à l'avenir être dittes, nommées, appellées, mises & à mettre sus, en nos Royaume, Dauphiné, Pays, Terres & Seigneuries, pour le fait de nos guerres & autres nos affaires, ou autrement, en quelque forme & maniere que ce soit, & de tous autres acquits, tributs quels qu'ils soient, & à quelques personnes qu'ils puissent appartenir, & pareillement de tous vivres, danrées & Marchandises qu'ils vendront ou feront vendre de leurs crûs: aussi de ce qu'ils acheteront & feront mener pour leur usages en quelque lieux & pays que ce puisse être pour la provision d'eux & de leurs menages seulement, sans ce qu'aucune chose leur en puisse être demandée ne à leurs Serviteurs, & autres menants & conduisants lesdits vivres, provisions, meubles, & ustanciles & autres biens quelconques, en montrant certification dûë, par laquelle il appert lesdits vivres & choses dessus dites leur appartenir.

VIII. Item. D'abondant que nosdits Officiers dessus nommez, leurs successeurs esdits Offices, puissent & leur soit loisible aquerir tous Fiefs, Arriere-Fiefs Nobles, soit en Franc-Aleu, ou de quelqu'autre qualité, valeur & condition qu'ils soient, & puissent être, en quelque part qu'ils soient situez & assis en nos Royaume, Pays & Seigneuries, & iceux avec ceux qu'ils ont eu de leurs predecesseurs & de leurs Femmes, & qu'ils ont jà aquis, tenir & posseder à perpetuité sans qu'ils puissent être contraints à en vuider leurs mains, ne à en payer aucune Finance de Franc-Fiefs, & de nouveaux aquêts: laquelle Finance nous leur avons entiérement donné & donnons à quelque somme & estimation qu'elle se puisse monter, nonobstant l'Ordonnance faite par nosdits progeniteurs & nous, & autres Ordonnances faites ou à faire, de ne passer & alloüer tels dons de Finance que pour la moitié seulement, quelque don qui en puisse être fait par nous ou nos successeurs Rois, ausquelles avons derogé & derogeons pour cette fois.

IX. Item. Aussi seront francs, quittes & exempts à toûjours de toutes Charges, Commissions publiques, oost, Chevauchées, Ban, Arriere-Ban, que nous ou nos successeurs pourrions faire & ordonner, pour le fait de la guerre ou autrement, sans qu'ils puissent être contraints eux mettre en armes, & comparoir aux montres qui s'en feroient, ne d'y envoyer autres pour eux, ou aucuns d'eux, ne pour raison de ce payer aucune composition, aydes ou amendes ou finances, supposé qu'ils tiennent & possedent Fiefs & Seigneuries Nobles à ce tenus & redevables: lesquels Fiefs ne voulons en deffaut de ce, être saisis, arrêtez, ou aucunement empêchez & mis en nôtre main, aussi de ne bailler eux ne leurs Fermiers, Chevaux ou autres bêtes, Chariots ou Charettes, ne pour la conduite de l'artillerie, vivres & munitions ou autres causes & affaires que ce pût être & par semblable cas avons de grace & privilege special, affranchi, & exempté nosdits Officiers de loger en leurs Maisons, Terres & possessions, gens de guerre,

tant à pied qu'à cheval, leurs Chevaux, Harnois, Chariots, fuite & baga-
ges & autres quelconques ; fi ce n'eſtoit de leur conſentement : auſſi de ne
loger, fournir, prêter & bailler advitaillement d'ooſt, d'armes, garniſons, places de navires, chariots d'artilleries, lits ou autres meubles & uſtanciles, bois
pour ſalpêtre & édifices & autres choſes quelconques qu'on leur voudroit
demander, à cauſe des choſes deſſus dites, d'aucunes d'icelles ou autres choſes concernants le fait deſdits ooſt, armes & advitaillement, tant par mer
que par terre, & le fait de nôtre artillerie ou autrement, ſous quelques formes de paroles contenuës ès Mandemens & Commiſſions ſur ce par nous
ou noſdits ſucceſſeurs commandées & ordonnées, en prohibant & deffendant aux Maréchaux de nôtre Hôtel, Chefs de Guerre, Capitaines, Lieutenants & gens de guerre, Maîtres, Capitaines & conducteurs de nôtre artillerie & munitions, & à leurs Fouriers, gens & ſerviteurs qu'ils ne ſoient
ſi oſez ne hardis, de loger ou faire loger, prendre vivres, uſtanciles
chevaux, & autres choſes quelconques, ès Maiſons & poſſeſſions appartenants à noſdits Officiers, ne autrement à l'avenir les empêcher
en la joüiſſance des choſes deſſus dites, poſé ores qu'à cette fin ils euſſent Lettres & Commandement de Nous, pour à ce contraindre toutes manieres de
Gens exemps & non exempts, privilegiez & non privilegiez, en quoy ne
voulons ne entendons noſdits Officiers être compris, ne entendus en quelque maniere, ne pour quelque cauſe ne occaſion que ce ſoit jaçoit, ce que
és-dites Lettres & Mandemens n'en ſoit fait mention, ou reſervation deſdits
Officiers.

X. Voulons en outre, & ordonnons noſdits Officiers & leurſdits Succeſſeurs eſdits Offices, être & demeurer francs & quittes & exempts de tous
droits & devoirs Seigneuriaux à Nous appertenants, tant des reliefs, rachapts, quints & requints, deniers, lots, & ventes, octriſes, Cheval de
ſervice & autres droits & devoirs quelconques qui ſe pourroient trouver
être dûs, à cauſe des Terres & Seigneuries & choſes nobles & roturieres de
noſdits Officiers, tenants & mouvants de Nous, qu'ils pourront cy - après
aquerir, deniers comptans, droits ſucceſſifs ou échoiſtes, à eux ou à leurs
Femmes, permutations, don de nous ou autres Titres quelconques, en quelques Pays ou Provinces qu'ils ſoient aſſis & ſituez, voulons que d'iceux
droits & devoirs, tant en general qu'en particulier, noſdits Officiers & leurſd.
ſucceſſeurs eſdits Offices, Veuves des ſuſdits, durant leur viduité en ſoient
quittes & exemptes en la forme que deſſus eſt dit, & qu'ils puiſſent
tenir & poſſeder leſdites Terres par eux aquiſes ou échûës, franches & quittes
deſdits droits, leſquels à quelques ſommes qu'ils ſe puiſſent monter, leur
avons de grace ſpeciale entierement donné, quitté & remis, donnons, quittons, remettons, & voulons les Changeurs du Treſor, nos Treſoriers &
Receveurs ordinaires en être tenus quittes & déchargez en leurs Comptes,
nonobſtant les Ordonnances faites ou à faire, de ne paſſer ou alloüer tels &
ſemblables dons que pour la moitié ſeulement : poſé ores que les dons por-
taſſent clauſe dérogeante à noſdites Ordonnances, auſquelles Ordonnances
avons voulu déroger & dérogeons pour cette fois par ces Preſentes, ſignées de
nôtre main.

XI.

XI. Item , Voulons & ordonnons que les Offices de nofdits Préfidents, Vice-Préfidents , Maîtres des Comptes , Treforiers generaux , & Secretaires de nofdites Finances , & leurs Succeffeurs aufdits Offices , foient perpetuelles pour la vie de ceux qu'une fois en auront dons & collation de Nous , ou de nos Succeffeurs, à ce qu'ils ne foient muables , vacants & impetrables, ne fujets à quelques changements par le trepas de Nous, ou de nos Succef-feurs , quand le cas adviendra , ainçois ceux qui tiennent & tiendront lefd. Offices au jour de nôtre trepas , ou de nos Succeffeurs , demeureront en leurfdits Offices en pareille qualité & prééminence , comme ils font & feront au jour de nôtredit trepas , fans qu'il leur foit befoin , ne neceffité d'en avoir & obtenir de Nous quelques dons, collation, ne confirmation, ne Lettres du Roy Succeffeur , & pourront exercer leurfd. Offices comme auparavant ils faifoient.

XII Item , Auffi nofdits Préfidents , Vice-Préfidents, Maîtres des Comptes, Treforiers generaux & Secretaires de nos Finances ne pourront être defti-tuez , déboutez , & privez defdits Offices , ne être dits vacants ou impe-trables , fors feulement par mort , refignation volontaire faite du plaifir de nous ou de nos Succeffeurs , ou par confirmation ou forfaiture , procedant du crime par eux commis , qu'il fut tel fi grand & fi grief , que raifonna-blement & par juftice la confifcation & privation dudit Office , s'en dût en-fuivir , & ledit Crime fût clairement prouvé & atteint, à forfaiture ou priva-tion préalablement declarées , & procez dûement fait par les Chanceliers de France , appellez & adjoints avec eux les Maîtres des Requêtes ordinaires de l'Hotel du Roy & aucuns des Gens des Comptes , ou par la Cour du Par-lement de Paris , appellez aucuns des Gens defdits Comptes ; auquel cas , & non autrement , & après ladite declaration ainfi faite que deffus , ledit Office feroit & pourroit être impetrable.

XIII. Item , Et fi au temps futur par inadvertance , & importunité des Requerans , ou autrement , Nous ou nofdits Succeffeurs Rois , faifons Dons d'aucuns Offices defdits Préfidents , Vice-Préfidents defdits Comptes , Trefo-riers generaux & Secretaires des Finances , tant par vacation que par mort, re-fignation ou forfaiture procedant dudit crime par eux commis, qu'il ne fût tel fi grand & fi grief , que raifonnablement par juftice la confifcation & privation dudit Office s'en dût enfuivir , & le crime fût clairement prouvé & atteint à ladite forfaiture, ou privation préalablement declarées , & par Procez ordinaire dûment fait par les deffus dits ; & auffi fi aucuns de nofdits Succeffeurs Rois à leur avenement à la Couronne & au Royaume de France donnoient lefdits Offices de nofdits Officiers deffus nommez , à aucuns d'i-ceux autrement que par leur vacation deffus-dite ; Nous dès-à-prefent pour lors declarons lefdits Dons de nul effet & valeur , & les avons irritez , caf-fez & annullez , irritons , caffons & annullons comme deffus , & deffendons à nôtredit Chancelier & à lefdits Succeffeurs audit Office & autres , ayant la garde de nôtre Scel , ordonner en l'abfence de non fceller icelles Lettres : Auffi prohibons & deffendons à nofdits Gens des Comptes de ne rece-voir iceux.

XIV. Item, Et pour ce que plufieurs pourroient enfraindre , contreve-

nir , & defobéir aux Privileges , Franchifes , Libertez & Exemptions de
nofd. Gens des Comptes , Treforiers generaux , & Secretaires de nos Finances ;
& fouvent pourroient furvenir & avenir plufieurs queftions & débats , Nous
voulons & ordonnons que Nous & nofdits Succeffeurs qu'à leur fimple requête , & par le premier Huiffier ou Sergent Royal fur ce requis ils & chacun d'eux puiffent & leur loifent licitement faire ajourner les infracteurs de
leurfdits Privileges , pardevant nôtredit Chancelier , Confervateur defdits
Privileges , ou lefd. Maîtres ordinaires de nôtre Hôtel , fuivant nôtre Cour
ou leur Auditoire , ou pardevant les Gens tenants les Requêtes du Palais ,
au choix & élection de nofdits Officiers , pour requerir iceux Infracteurs ,
Defobéiffans & Contredifans , être condamnés envers Nous en amendes arbitraires , & ès interefts & dommages de celuy ou ceux de nofdits Officiers
à qui aura été fait le trouble & empêchement , & autrement en être fait reparation ou commiffion qu'au cas appartiendra : SI DONNONS EN
MANDEMENT par ces mêmes Prefentes à nôtre amé & feal Chancelier ,
& à nos amez & feaux les Gens de nofdits Comptes , Treforiers de France
& Generaux de nofdites Finances , que ces Prefentes ils faffent lire , publier
& enregiftrer en leurs Cours , Jurifdictions & Auditoires.   MANDONS en
outre à tous nos Jufticiers & Officiers ou à leurs Lieutenants , & chacun d'eux
en fon regard , & comme à luy appartiendra , que de nos prefentes Confirmation , Ratification & Approbation , donnez de nouvel , Commiffion &
Octroy & de tout l'effet & contenu en cefd. Prefentes ils faffent & fouffrent
nofd. Prefidents , Vice-Prefidents , Maîtres des Comptes , Treforiers de France ,
Generaux & Secretaires de nos Finances prefents & à venir , & à chacun d'eux
joüir pleinement & paifiblement , fans leur faire mettre ou donner aucun
arreft , deftourbier ou empêchement , en quelque forme & maniere que ce
foit ; lequel fi fait mis ou donné luy étoit , ou étoient , faffent incontinent
& fans délay reparer & remettre au premier état & dû , nonobftant les
Ordonnances faites ou à faire fur le fait de la Revocation de nôtre Domaine & autres Ordonnances , par lefquelles l'effet de cefdites Prefentes
pourroit être empêché ; & pour ce que de cefdites Prefentes on pourra avoir
affaire en plufieurs & divers lieux , Nous voulons qu'au *Vidimus* defdites
Lettres faites fous Scels Royaux , & autres Extraits d'icelles ou d'aucuns
des Articles contenus en icelles , fignez par l'un des Greffiers de nôtre Chambre des Comptes ou Clercs en icelle , foy foit ajoûtée comme
à ce prefent original ; & afin que ce foit chofe ferme & ftable à toûjours ,
Nous avons figné cefdites Prefentes de nôtre main , & en icelles fait mettre
nôtre Scel , fauf entre autres chofes nôtre droit & l'autruy en toutes. DONNE'
à Blois au mois d'Avril l'an de grace mil cinq cent dix-neuf , avant Pâques ,
& de nôtre Regne le fixiéme. Ainfi figné , FRANÇOIS , & fur le Reply ,
Par le Roy , LE BASTARD de Savoye , Compte de Villars Grand Maître ,
le Seigneur de Chaunes Amiral de France , & autres prefens , figné , Robertet , & au deffous étoit écrit ce qui s'enfuit : *Collation a été faite de cette prefente*
Copie à l'Original fain & entier l'an mil cinq cens vingt-deux , le Mercredy dixiéme
jour de Septembre par Nous Jean de Calais & Maurice Damjau Notaires du Roy
noftre Sire au Chaftelet de Paris fonfcripts. Ainfi figné , DE CALAIS & DAMJAU ,

l'an mille cinq cens cinquante-six, le Mardy vingt-troisiéme jour de Novembre , Collation de cette presente Copie a été faite par les souscripts Notaires du Roy nôtre Sire, au Chastelet de Paris , à une autre Copie en Parchemin saine & entiere en ligne Parchemin & écritures, Signé, CHARTRAIN ET PONTRAIN , & plus bas , Collation de la presente Copie, contenante six Feüillets écrits , cetuy compris , a été faite avec semblable Copie, prise sur son Original, approuvé comme dessus par moy Notaire & Secretaire du Roy, signé, LEMAISTRE. Collation de la presente Copie contenant sept Feüillets écrits a été faite avec la Copie collationnée cy-dessus , renduë à l'instant par moy Grdffier en la Chambre des Comptes du Roy nôtre Sire , soussigné. Ainsi signé, LE GRAND. I.

Collationné par Nous Ecuyer , Conseiller, Secretaire
du Roy , Maison , Couronne de France & de
ses Finances, signé, LE TOUNEUR.

Cette Piece est au Coffre secret de la Chambre.

LETTRES
DU ROY CHARLES IX.

*PORTANT EXEMPTION DE LOGEMENT DES GENS
de Guerre pour tous les Officiers de la Chambre , soit à la Ville ou à la Campagne ,
comme étant Commenceaux de la Maison du Roy.*

Du 20. Avril 1561.

CHARLES par la grace de Dieu , Roy de France , à tous ceux qui ces presentes Lettres verront ; Salut , combien que de tout tems & ancieneté, nos amez & feaux Conseillers les Presidents, Maîtres, Correcteurs, Auditeurs, Avocat & Procureur Generaux, Greffier, premier Huissier, Receveur & autres Officiers de nôtre Chambre des Comptes à Paris, ayent été & soient Privilegiez & Exempts de loger en leurs Maisons , tant audit Paris qu'ailleurs ès Champs, Fermes, & Censes qu'ils y peuvent avoir, ni sur leurs Fermiers, aucuns Princes, Prélats, Gentilshommes, Officiers, Ambassadeurs & autres personnes de quelque qualité qu'ils soient ; toutesfois les Gens de nosdits Comptes nous ont remontré que les Maréchaux de nos Logis & Fouriers , marquent & logent ordinairement en leurs Logis, ainsi que bon leur semble. & s'ils se trouvent assis ès rües & quartiers, qu'ils baillent & départent, tant à nôtre très-chere & très-honorée Dame & Mere, & de nos très-chers & très-amez Freres & Sœurs, que pour les Princes étans ordinairement à la suite de nôtre Cour, & aussi pour les deux cens Gentilshommes de nôtre Hôtel, & quatre cens Archers de nos Gardes, lesdits Maréchaux & Fouriers, ne reservent leursdites Maisons : au moyen de quoy

les autres Maréchaux & Fouriers de nôtredite Dame & Mere, Freres &
Sœurs, & pareillement ceux defdits Princes, Gentilshommes & Archers
de nôtre Garde y marquent & logent auffi de leur part, tout ce qui leur
plaît, nous requerans à cette caufe nofdits Gens des Comptes, attendu le
devoir & fervice continuel qu'ils nous font en leurdit état, qu'en conti-
nuant la grace, faveur & exemption, dont ils ont toûjours joüi du tems
de nos predeceffeurs Rois, & encore depuis nôtre avénement à la Couronne,
nôtre bon plaifir foit vouloir fur ce déclarer nos vouloir & intention. Sçavoir
faifons, que nous defirans bien favorablement traiter tous & chacuns les
Officiers étant du Corps de ladite Chambre des comptes, en confideration
& mêmement, des bons, grands laborieux & recommendables fervices qu'ils
font ordinairement à nous & la chofe publique de nôtre Royaume, pour
reconnoiffance defquels, nos prédeceffeurs & nous, les avons toûjours tenus
& reputez, tenons & reputons du nombre de nos Officiers ordinaires &
Commenfaux, pour ces caufes & autres bonnes & raifonnables confiderations:
à ce nous mouvans, avons dit & déclaré, voulu, ftatué & ordonné, difons,
déclarons, ftatuons, ordonnons & nous plaît, de nôtre certaine fcience
pleine puiffance & autorité Royale par ces Prefentes, que lefdits Préfidents,
Maîtres, Correcteurs, Auditeurs, Avocat, & Procureur Generaux, Greffiers,
premier Huiffier, Receveur & autres Officiers de nôtre Chambre des Comptes,
prefens & avenir, foient & demeurent perpetuellement exempts de loger
en leurs Maifons, tant audit Paris qu'ailleurs, aucuns Princes, Prélats,
Gentilshommes, Officiers. Ambaffadeurs & autres perfonnes étant de prefents,
& qui feront cy-après à la fuite de nôtredite Cour, de quelque qualité &
condition qu'ils foient, & lefquels nofdits Officiers & chacun d'eux, tant
en general qu'en particulier, nous avons de ce exemptez à toûjours, de
nôtre grace, puiffance & autorité par ces Prefentes, en commendant &
deffendant très-expreffement : C'eft à fçavoir, aufdits Maréchaux & Fouriers de nos Logis, & à chacun d'eux prefens & avenir, que dorefnavant
ils n'ayent à marquer, & loger, ni fouffrir marquer, ni loger aucunes perfonnes de quelque qualité qu'ils foient, comme dit eft, ès Maifons defdits
Préfidens, Maîtres, Correcteurs, Auditeurs, Avocat, & Procureur Generaux,
Greffier, premier Huiffier, Receveur & autres Officiers de nôtredite Chambre, tant audit Paris qu'ailleurs ès Champs, Fermes, & Cenfes qu'ils y
peuvent avoir, ni fur leur Fermiers · & quand aucunes Maifons de ladite
Ville fe trouveront affifes ès Terres, & Quartiers qui ont été & feront cy-
après départis & diftribués, tant pour les Officiers, Freres & Sœurs, que defd.
Princes, Gentilshommes & Archers de nôtre Garde, ils ayent à icelles ex-
cepter & referver, en baillant & affûrant lefdits Quartiers à leurs Maréchaux,
Fouriers, aufquels nous faifons femblablement inhibitions & deffenfes, &
pareillement à tous autres Maréchaux & Fouriers des Compagnies de nos
Ordonnances, Chevaux Legers, Ban, Arriere-Ban, tant à Cheval que de pied,
de ne loger ès Maifons que nofdits Officiers & chacun d'eux ont & pourront
avoir aux Champs, fur peine d'être caffés de nôtre Service, folde & état,
punis comme infracteurs & tranfgreffeurs de nos Ordonnances : & à cette
fin avons permis & permetons à nofdits Officiers des Comptes, faire met-

tre

tre & appofer aux portes de leurfdites Fermes & Cenfes, & de leurfdits
Fermiers, nos Panonceaux armoyez de nos armes, & aufquels Panonceaux
nous deffendons à toutes perfonnes telles qu'elles foient, toucher ni trans-
greffer en aucune maniere, fur peine de la vie : deffendons très expreffement
à tous autres nos fujets, ufer defdits Panonceaux & de eux en aider s'ils ne
font Privilegiez. Si donnons en Mandement à nos amez & feaux les Con-
nétables & Maréchaux de France ou leurs Lieutenants, à la Table de Marbre de nôtre Palais à Paris, Prevôté de nôtre Hôtel, prefent & à venir, &
aux Gens des Comptes & chacun d'eux fi comme à lui appartiendra, que
nos Prefentes Déclaration, Statut, & Ordonnance, ils faffent lire, publier
& enregiftrer, garder & obferver, fans fouffrir y être contrevenu en aucune
maniere. Car tel eft nôtre plaifir, & pour ce que de cefdites Prefentes les
Gens de nos Comptes, Officiers & chacun d'eux, pourroient avoir affaire
en plufieurs & divers lieux : Nous voulons qu'au vidimus d'icelles dûëment
Collationnées par l'un de nos amez & feaux Notaires & Secretaires, foy foit
ajoûtée comme au prefent Original, aufquels en témoin de ce, nous avons
fait mettre nôtre Scel. Donné à Fontaine Bleau le 20. Avril, l'an de grace
1561. après Pâques : & de nôtre Regne le premier. Signé fur le repli, par
le Roy. Vous & autres Prefens, Bourdin. Et Scellé fur double Queuë de
Cire jaune : & fur ledit repli eft écrit, lûës, publiées & enregiftrées en la
Chambre des Comptes du Roy nôtre Sire. Oüi & Requerant le Procureur
General dudit Sieur, en icelle le 24. defdits mois & an, figné, Fromages.
Lûës, publiées & enregiftrées au Greffe de la Prevôté de l'Hôtel. Le Procureur du Roy de ladite Prevôté le Requerant : à Paris étant à Saint Germain
des Prés le 6. jour de Janvier 1561. figné, Ravoufe. Lûës, publiées & enregiftrées
au Siege de la Connétablie & Maréchauffée de France, à la Table de Marbre
à Paris, au Palais le Requerant le Procureur du Roy audit Siege, le10. Juin
1561. Signé, Martin. Et à côté Collationné : & au deffous eft écrit, Extrait
des Regiftres de la Chambre des Comptes. Ainfi figné, BOURLON. J.

E D I T
DU ROY CHARLES IX,

PORTANT EXEMPTION DE TOUS DROITS SEIGNEURIAUX
& Cafuels, pour les Préfidents & Maîtres des Comptes.

Du mois de Septembre 1570.

CHARLES par la grace Dieu, Roy de France, à tous prefens &
avenir : Salut, nos prédeceffeurs Rois voulant donner ordre à la
conduite & direction de leurs Finances, qu'elles fuffent fi bien maniées &

T

administrées par leurs Officiers Comptables, qu'ils en puſſent tirer le ſe-
cours qui étoit & eſt neceſſaire, au bien, repos & ſoulagement d'iceux &
du pauvre Peuple, auroient établi la Chambre de leurs Comptes en nôtre
Ville de Paris, icelle compoſée de Préſidents, Maîtres, Correcteurs & Auditeurs, pour vaquer chacun en ſon regard ſelon la fonction qui leur eſt
ordonnées par la Proviſion & Inſtitution de l'état auquel ils ont été pourvûs,
& ſoit ainſi qu'à noſdits Préſidents & Maîtres tenants les premiers lieux de
nôtredite Chambre, pour les grands, vertueux, dignes & recommendables
Services qu'ils ont cy-devant faits à nos predeceſſeurs Rois, & Nous font
& continuent encore chacun jour, tant à la conduite & direction de noſd,
Finances, qu'autres grandes & importantes Charges, eſquelles ils ont été
employez, leur ont été donnés & octroyés pluſieurs beaux Privileges,
deſquels ils ont toûjours joüi & uſé, joüiſſent & uſent encore à-preſent;
& deſirant plûtôt iceux accroître & augmenter que diminuer; pour les cauſes que deſſus & autres juſtes & raiſonnables conſiderations à ce Nous
mouvans, avons de nôtre certaine ſcience, grace ſpeciale, pleine puiſſance
& autorité Royale, loüé, ratifié, confirmé, homologué & approuvé,
loüons, ratifions, confirmons, homologons, approuvons tous & chacuns les
Privileges, Immunités & Exemptions par Nous & nos Predeceſſeurs à eux
& chacun d'eux, & leurs ſucceſſeurs ſd. Etats & Offices concedés & octroyés,
tout ainſi & par la même forme & maniere qu'ils en ont joüi & uſé,
joüiſſent & uſent, encore à preſent; & davantage voulu, ſtatué & ordonné par Edit perpetuel & irrevocable, que noſdits Préſidents & Maîtres
ſeront tenus francs, quittes & exempts eux & leurſdits Succeſſeurs deſdits
Etats, de tous les Droits & Devoirs, Profits feodaux & ſeigneuriaux à nous
appartenants, comme droits de reliefs, rachapts, quints & requints, denier
treziéme, lods & ventes, & autres droits & devoirs quelconques, pour &
à cauſe des Terres & Seigneuries tenuës & mouvantes de Nous, ou d'aucuns des Membres de nôtredit Domaine en fief ou cenſive, dont les droits,
devoirs & profits nous appartiennent, ou euſſent appartenu, & ſont dûs
ſelon la diverſité des fiefs ou heritages roturiers ſont aſſis, ſoit à cauſe
d'Acquiſitions, Eſchanges, Tittres ſucceſſifs d'une ou autre maniere que ce
ſoit, tout ainſi que ſont nos amez & feaux Notaires & Secretaires de la
Maiſon & Couronne de France; ſans que pour raiſon d'iceux leurs Succeſſeurs eſdits Eſtats ſoient contraints payer aucune choſe, & qu'ils puiſſent
tenir & poſſeder les Terres par eux acquiſes eſchûës franches & quittes
deſdits droits, ſans en eſtre empéchés, en quelque ſorte ou maniere
que ce ſoit; leſquels droits & devoirs à telle valeur, ſomme & eſtimation
qu'ils ſe puiſſent monter, leurs avons & à leurſdits Succeſſeurs eſdits Eſtats
de Préſidents & Maîtres, donnez, quittez & rémis, donnons, quittons, &
remettons de noſdites grace, puiſſance & autorité par ces Preſentes; ſignées
de nôtre main, voulons que noſdits Treſoriers, Receveurs ordinaires, ou
Fermiers, en ſoient tenus quittes & déchargez en leurs Comptes pour tout,
ainſi qu'il appartiendra, par la même forme & maniere, que ſi tous leſdits
devoirs de Fiefs & Cenſives à nous dûës, à cauſe deſdits Aquiſitions, auſdits

Titres & moyens , ou pour tenir & posseder lesdits lieux , étoient cy specifiez & declarez , dont en tant que besoin est ou seront , avons nosdits
Présidents & Maîtres de nôtredite Chambre des Comptes , relevés & dispensés , relevons & dispensons par ces Présentes , levons & ôtons tous Arrests & empêchemens qui pourroient sur ce intervenir , & imposant pour
ce regard , silence perpetuel à nôtre Procureur General present & à venir :
Si donnons en Mandement à nos amez & feaux les Gens tenants nostre
Cour de Parlement de Paris & autres nos Cours quelque part qu'elles soient
ou puissent être situées , Gens de nosdits Comptes , Tresoriers de France ,
Baillifs , Sénéchaux , & à tous nos autres Justiciers & Officiers , ou à leur
Lieutenants presents à venir à chacun d'eux à leur égard , si comme à luy
appartiendra , que de nôtre present Edit , Privilege & Exemption , Don &
Octroy , ils fassent nosdits Présidents & Maîtres , & leurs Successeurs esdits
Estats joüir & user en la même forme & maniere que joüissent & usent
nosdits Notaires & Secretaires de la Maison & Couronne de France , comme dessus dit est , pleinement , perpetuellement & paisiblement , cessant &
faisant cesser tous troubles , main mises & autres empêchemens quelconques , qui leur seroient à cette occasion faits au contraire ; Car tel est nôtre plaisir , nonobstant quelconques Ordonnances , Restrictions , Mandemens ,
Deffenses & Lettres à ce contraires ; & pour ce que de cesdites Lettres l'on
pourra avoir affaire en plusieurs lieux , Nous voulons qu'au *Vidimus* d'icelles fait sous Scel Royal & düement collationnées , foy soit ajoûtée comme
au present Original , auquel afin que ce soit chose ferme à toûjours , Nous
avons fait mettre nôtre Scel , sauf en autre chose nôtre droit & l'autruy en
toutes. Donné à Paris au mois de Septembre l'an de grace mille cinq cens
soixante-dix , & de nôtre Regne le 10 , signé sur le reply , Par le Roy en
son Conseil. De Menville , *Visa*, *Contentor*, *Gratis*, Signé , Durné , & scellé
du grand Sceau de Cire verte sous Lacs de soye rouge & verte : plus sur
le reply est écrit , lûës , publiées & enregistrées : Oüy sur ce le Procureur
general du Roy , après les très-humbles Remontrances faites audit Seigneur
& autres , oüy la Creance des Seigneurs par luy envoyés pour , par les Gens des
Comptes joüir & user des Privileges dont justement & legitimement joüissent
à present & par les Présidents & Maîtres desdits Comptes , qui sont de present
& non leurs successeurs , joüir des autres Privileges mentionez ès Lettres
à vie , & tant qu'ils tiendront leurs états seulement , & qu'il plaira au
Roy , leur vie durant & sans aucune diminution du Domaine & Patrimoine de la Couronne de France , & à la charge de faire réiterer la lecture &
publication desd. Lettres , le Parlement séant au premier jour plædoyable
d'après la St. Martin prochement venant. A Paris en la Chambre ordonnée au
tems des vacations, le 25. jour d'Octobre l'an 1570. signé, Dutiller : lûës, publiées
& enregistrées pour les Présidents, Maîtres, Correcteurs & Auditeurs desd.
Comptes , joüir & user des Privileges confirmez , ainsi que bonnement & raisonnablement ils en ont cy devant joüi & usé , joüissent & usent de present & par les Présidents & Maîtres des Comptes , de l'augmentation qu'il
a plû au Roy leur en faire par cesdites Lettres. Oüi sur ce son Procureur General à Paris en Parlement le 8. jour de Janvier l'an 1570. Signé , Budes.

Lûës femblablement, publiées , & enregiftrées , oüy & ce requerant le Procureur general en la Chambre defdits Comptes du Roy nôtre Sire, pour par les Prefidents & Maîtres des Comptes joüir & ufer de l'effet & contenu en icelles , felon leur forme & teneur , le 24 jour de Janvier 1570. Signé, Legrand , & au deffous eft écrit, Collationné. Extrait des Regiftres de la Chambre des Comptes. Signé, Bourlon. I.

Voyez l'Article X. de l'Edit de 1519 , cy-devant Fol. 64.

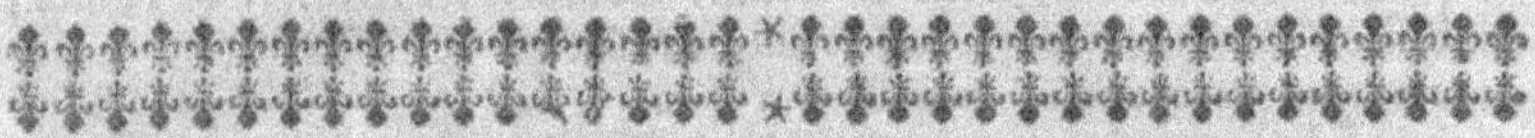

DROIT DE COMITTIMUS,

EN FAVEUR DES OFFICIERS DES COURS SUPERIEURES,

Extrait de l'Ordonnance de Moulins , de l'année 1566.

ARTICLE 56.

POUR foulager nos Sujets de la vexation des abus qui fe commettent ès prétendus Privileges de Gardiennes & Committimus , tant aux Sieges des Requétes de nôtre Palais qu'ailleurs, avons ordonné que dorefnavant joüiront defdits Privileges pour évocquer & diftraire les Caufes des Sieges ordinaires, les perfonnes qui enfuivent & non autres. C'eft à fçavoir, les principaux Officiers de nôtre Couronne, nos Confeillers de nôtre Confeil Privé, les Maîtres des Requêtes ordinaires de nôtre Hôtel, nos Notaires & Secretaires , & les Officiers Domeftiques couchez en l'Etat aux Gages de Nous, de la Reine nôtre Mere, de nos Freres & Sœurs , Onclès & Tantes, Enfans de France , exceptez ceux qui feroient fait de Marchandifes, & en joüiront auffi les Gens & Officiers de nos Cours Souverainnes ; & quant aux Avocats & Procureurs d'icelles, en joüiront feulement, douze des plus Anciens du nombre defdits Avocats , & autant defdits Procureurs en nôtre Cour de Parlement à Paris, & ès autres Parlements, fix de chacun ordre. Pareillement en joüiront les Chapitres & Communautez des Eglifes de nôtre Royaume, qui de ce ont Privilege pour les affaires communes defdites Eglifes feulement, & auront lefdits Committimus lieu pour diftraire nos Sujets hors du Reffort de leur Parlement (finon pour nos Domeftiques , & ceux qui en joüiffent par Privilege fpecial) En quoy auffi n'entendons toucher aux Privileges des Princes , ou Pairs de France , ni aucunement déroger à iceux.

Conforme à l'Art. 2 de l'Edit du mois d'Avril 1519. cy-devant à Fol. 64.

PRIVILEGES

DES ECCLESIASTIQUES, OFFICIERS ET GENTILSHOMMES, de ne pouvoir être Jugez qu'en la Grand'Chambre du Parlement pour Crimes.

Tit. Ier. Article XXI. de l'Ordonnance Criminelle de l'année 1670.

LES Ecclesiastiques, les Gentilshommes & nos Secretaires, pour- "
ront demander en tout état de cause, d'être jugez toute la Grande "
Chambre du Parlement où le Procès sera pendant, assemblée, pourvû tou- "
tefois que les opinions ne soient pas commencées. & s'ils ont requis d'être "
Jugez à la Grand'Chambre, ils ne pourront demander d'être renvoyez à "
la Tournelle, ce qui aura lieu à l'égard des Officiers de Justice, dont les "
Procès Criminels ont acoûtumé d'être jugez ès Grand'Chambres de nos "
Parlements. "

OBSERVATION.

Ces derniers mots (ce qui aura lieu à l'égard des Officiers de Justice dont les Procès Criminels ont acoûtumé d'être jugez ès Grand'Chambres des Parlements) doivent s'entendre, Suivant les doctes Remarques de Mr. le Prestre, dans ses Centuries, des Officiers des Parlements & autres Cours Superieures ; il est vray qu'il pretend qu'il n'y a aucune Ordonnance qui leur ait attribué cette prérogative, & qu'elle ne s'est établie que par l'usage ; mais il me paroit qu'il se trompe en cela, puisqu'outre l'usage nous avons l'Ordonnance de Moulins de l'année 1566. qui porte à l'Article XXXVIII.

Et pour regler les differents qui ont été cy-devant en nos Cours "
pour la connoissance des Causes & Procès Criminels des Gens d'Eglise, "
Nobles, & Officiers, déclarons & voulons que lesdits Procès introduits "
en premiere instance en nosdites Cours, soient instruits & jugez en "
la Grand'Chambre, si faire se peut, & lesdits Accusez le requierent, "
autrement & sans ladite requisition, se pourront instruire & juger en la "
Grand'Chambre de la Tournelle, à laquelle voulons aussi lesdites "
instructions être renvoyées par ladite Grand'Chambre, si pour les empé- "
chements & occupations d'icelle, lesdites instructions ne peuvent être "
faites promptement & commodement, ainsi qu'il est requis en telles ma- "
tieres, & néanmoins voulons en tout cas qu'au Jugement desdits Procès "
Criminels, qui seront faits en ladite Grand'Chambre, assistent les Présidents "
& Conseillers de la Grand'Chambre étant du Service de la Tournelle, & "
quant aux Procès instruits ou jugez pardevant nos Juges en premiere in- "
stance & hors nosdites Cours, contre les personnes susdites, les appel- "
lations interjettées des instructions, se pourront juger en la Tournelle "
nonobstant le debat des Parties, & semblablement les Appellations des "

V

" Jugements définitifs, si les personnes condamnées ne requierent être
" jugées en la Grand'Chambre, auquel cas y sera procedé comme dessus.

C'est en conformité de cette Ordonnance qu'a été formé l'Article cy-
dessus de l'Ordonnance de 1670, & le suivant, qui porte,

" Ne pourront les Presidents, Maîtres ordinaires, Correcteurs, Auditeurs,
" nos Avocats & Procureurs Generaux de nôtre Chambre des Comptes à
" Paris, être poursuivis ès causes & matieres criminelles, ailleurs qu'en la
" Grand'Chambre de nôtre Cour de Parlement à Paris ; pourront nean-
" moins pour crimes hors la Ville, Prévôté & Vicomté de Paris, nos Bail-
" lifs & Senéchaux informer, & s'ils sont Capitaux décreter à l'encontre
" d'eux ; à la charge de renvoyer les Procedures à la Grand'Chambre,
" pour être instruites & jugées, & au cas que les Parties ayent volontaire-
" ment procedé pardevant eux, elles ne se pourront pourvoir à la Grand'-
Chambre que par appel. "

*Ce qui est reglé par cette Ordonnance pour les Officiers de la Chambre des Comptes
de Paris, l'est aussi pour Ceux de Bretagne, puis qu'ils sont fondés dans les mêmes Droits
& Privileges, comme on l'a vû cy-devant ; aussi l'Edit du mois d'Avril 1659, qui sera
cy-aprés, rapporté les y maintient expressément, & en general tous les Officiers des Cours
Superieures joüissent de ce Privilege, dont il y a plusieurs Arrêts rapportez par la
Roche Flavin en ses parlements ; & la raison qu'en rend Mr le Prêtre, est qu'il ne
seroit ny raisonnable, ny décent qu'un Juge inferieur en puissance, connut de l'honneur &
de la vie de son Superieur, & de celuy auquel il est luy même tenu de rendre compte de
ses actions ; aussi on ne doit pas regarder cette Prérogative comme fondée sur un simple
Usage, mais sur toutes les Ordonnances tant anciennes que modernes, & sur la Jurisprudence
des Arrêts. Nous en rapporterons icy un du Parlement de Bretagne qui suffira, inseré au
I. Livre noir, Fol. 133.*

EXTRAIT DES REGISTRES DU PARLEMENT.
Du 23. Juin 1632.

ENTRE Nicolas de Rolée, Ecuyer Sieur de Rigny, Conseiller du
Roy, Maître de ses Comptes en Bretagne, & Julien Rouger, Appellans comme de Juge incompetant, suspect & recusé, Sçavoir, ledit Rolée
de decret d'Ajournement personel, & ledit Rouger de decret de prise de
Corps contr'eux ordonné le 24. d'Avril dernier, par Me. Jean Degain,
Senéchal de la Jurisdiction de Saint Melaine d'une part : & Julienne Rou-
liere, & Julienne Deschamps & ledit Degain, aussi Intimé, & pris à Partie
d'autre, vû par la Cour l'Arrêt d'icelle du 19. Juin present mois & an ;
par lequel aprés avoir oüi les Avocats des Parties en ladite appellation, &
le Procureur General du Roy en ses Conclusions, ladite Cour auroit ordonné que les charges seroient vûës au Conseil, pour être fait droit aux Parties, ainsi qu'il appartiendroit : ledit Ajournement personel & prise de
Corps dont est appel, charges & informations faites en ladite Jurisdiction
de Saint Melaine, sur lesquels ledit decret auroit été ordonné, interrogatoire, & reponses desdits appellants faites devant un Conseiller & Commissaire d'icelle le 7. dudit mois de Juin. Conclusions sur lesdits Inter-
rogatoires, portant Ordonnance ausdites Parties de venir au premier jour

pour être fait droit, & cependant élargy sous leur caution juratoire ; & tout consideré, la Cour dit qu'il a été mal, nullement & incompetemment décreté, procedé & ordonné par ledit Senéchal de saint Melaine, a le tout cassé, rejetté, & annullé, & condamné les Intimez aux dépens de la cause d'appel, a declaré & declare ledit Senéchal bien pris à-partie, & l'a condamné aux dépens de la prise à-partie, moderés à la somme de 20. livres. Fait en Parlement le 23. de jour de Juin 1632. Signé, HENRY.

CHAPITRE II.

QVI CONTIENT LES PRIVILEGES PARTICULIERS
à la Chambre des Comptes de Bretagne.

§. I.

POUVOIR, JURISDICTION, ET AUTORITÉ, attribuées de toute ancienneté aux Gens de la Chambre des Comptes de Bretagne, & au General des Finances, sur toutes les Finances ordinaires & extraordinaires, du Pays & Duché de Bretagne.

Du 16. Septembre 1513.

LETTRES
DE LA REINE ANNE,
DUCHESSE DE BRETAGNE,

PORTANT POUVOIR AUX GENS DE LA CHAMBRE des Comptes de Bretagne, de regler les Gages & Taxations des Comptables du Ressort de ladite Chambre ; de réunir au Domaine Ducal les Havres & Ports d'entre les Rivieres de Coasnon & Arguenon, engagés au Prince d'Orange, & d'en faire faire les Baillées ainsi que des autres Fermes Generales dudit Pays.

Du 16. Septembre 1513.

ANNE, par la grace de Dieu, Reine de France, Duchesse de Bretagne, à nos amez & feaux Conseillers, les Gens de la Chambre de nos Comptes en nôtre Pays & Duché, & Jean-François, Chevalier, General, ayant la Charge & Administration de toutes nos Finances, tant ordinaires qu'extraordinaires en icelui Pays, Salut & dilection. Comme le bon plaisir de Monseigneur, ait été nous consentir & accorder la totale disposition des affaires de nôtredit Pays & Duché, & soit ainsi que de toute ancienneté eussent par nos predecesseurs Ducs & Princes de nôtredit Pays & Duché, été ordonnés Gages, Taxations & Salaires competans à tous nos Tresoriers, Receveurs, Commis & autres Officiers comptables en ladite Chambre, pour l'exercice de leursdits Offices & Commissions, selon qu'à un chacun appartenoit raisonnablement; ce néanmoins aucuns desdits Receveurs & Officiers en faisant leurs Ordonnances, se sont depuis retirez devers nous, & sous couleur de leur donner à entendre, leurs avons & à aucuns d'eux, ordonné douze deniers par livre, pour Gages, Taxations & Salaires de leursdits Offices & Commissions, qui est trop plus grande & excessive Taxation & Salaire, que d'ancienneté ceux qui servoient lesdites Recettes & Commissions, n'avoient accoûtumé d'avoir & prendre, & qui bien s'en contentoient : aussi comme avons été avertis que partie de nos Receveurs ordinaires, prennent & exigent outre leursdits Gages anciens, les uns douze deniers par livre; les autres huit deniers du revenu des deniers des Fermes particulieres, que lesdits Receveurs & chacun baillent en leur Recette respectivement, qui est semblablement salaire trop excessif, & non accoûtumé, & qu'au moyen de ce nosdites Fermes sont baillées à beaucoup moindre prix qu'elles ne seroient, si lesdits Receveurs ne prenoient pour Gages & Salaires que ce qu'ils ont anciennement accoûtumé, qui cede à la grande diminution de nos Deniers, Revenus, & Finances, pareillement qu'au moyen du don & transport par nous fait à feu nôtre très-cher & amé cousin le Prince d'Orange, du revenu de nos Ports & Havres d'entre Coesnon & Arguenon, la plûpart de nos autres Havres des environs, sont depuis & par raison dudit don, beaucoup moins affermez & de moindre revenu qu'ils n'avoient auparavant accoûtumé : obstant les abus qui se font & commettent journellement ès-dits Havres & en la Riviere dudit Coesnon, à quoy nous est requis pourvoir : pourquoy nous lesdites choses considerées, voulans & desirans réunir & remettre nôtre Domaine en nos mains, pour en avoir la joüissance du revenu d'icelui, ainsi qu'anciennement souloient avoir nos predecesseurs, à ce que les Charges & Impositions que sommes contraints mettre & prendre sur nos sujets, pour l'entretennement de nôtre état, soient de tant moindres, vous mandons, commandons & enjoignons par ces Presentes, que doresnavant vous ne passez ne alloüez à nosdits Receveurs ou Commis & autres nos Officiers comptables, aux Comptes qu'ils rendront de leursdites Charges & Offices pardevant vous, des Gages, Taxations ou Salaires en plus large, que ceux qui d'ancienneté souloient être & appartenir à chacun, pour raison de leursdites Charges & Offices respectivement, quelques Lettres ou Mandements qu'ils en ayent ou pourroient avoir obtenu ou obtenir de Monseigneur & de Nous, qu'elles ne voulons avoir lieu, ne sortir à effet contre la teneur de cette, & par autant que les aucuns d'eux n'en auroient d'ancienneté & que ce seroit Charge & Commission nouvelle, ne leur en passez & alloüez pour icelle, que ce que de raison verrez leur devoir appartenir. Et outre vous mandons & commandons, que

vous

vous informez de ce que nos Receveurs ordinaires souloient prendre le tems
passé pour faire lesdites Baillées, outre les Gages ordinaires, & leur faites
prohibition & deffense de non à l'avenir prendre ne exiger à celle cause, en
plus large que ce que trouverez leur appartenir d'ancienneté, ou ce que par Nous
ou vous, leur sera ordonné, à peine de privation, perdition & amission de
leursdits Offices de Recette, & de l'amende, ainsi que vous reconnoîtrez,
& reünissez à nôtre Domaine, nosdits Havres d'entre Coësnon & Arguenon;
& lesquels Nous y voulons être réünis par cesdites Presentes, & que vous
faites faire la baillée d'iceux avec nos autres Fermes & generales de nôtred.
Pays & Duché, parce que Nous voulons & entendons que les Heritiers de
nôtredit Cousin soient, par autant que se montera le Revenu desdits Havres
par chacun an, recompensez sur nos Deniers & Finances par état & desd-
charges que pour ce en feront lever & expedier, de quoy faire & les choses
pertinentes & requises, vous avons & à chacun de vous en droit soy donné mandement, pouvoir & commission, & commandé y obéïr, vacquer
& entendre, nonnobstant quelconques choses faites ou a faire à ce contraires, ou dérogatoires : Si supplions mondit Seigneur, qu'il luy plaise avoir
pour agreable le contenu en cesdites Presentes, & en icelles confirmant,
commander & faire expedier ces Lettres en tel cas requis & necessaire.
Donné à Blois le 16. jour de Septembre, l'an de grace 1513. Signé, ANNE,
& plus bas, Par la Reine & Duchesse, Marchand.

Ar. De Turnus Brutus. 6. Liasse. Cotte 135.

LETTRES
DU ROY LOUIS XII
CONFIRMATIVES DES PRECEDENTES.

Du dernier Septembre 1513.

LOUIS par la grace de Dieu, Roy de France : A nos amez & feaux
Conseillers les Gens de la Chambre de nos Comptes en nôtre Pays
& Duché de Bretagne, & Jean-François Chevalier, General ayant la charge
& administration de toutes nos Finances, tant ordinaires que extraordi-
naires en iceluy Pays. Salut & dilection, sçavoir faisons qu'en ayant par
Nous agreables lesdites Lettres patentes de nôtre très-chere & très-amée
Compagne la Reine, signées de sa main, attachées à ces Presentes, sous le
Contre-Scel de nôtre Chancellerie, contenans Mandement & Deffense de
non passer ne alloüer par vous doresnavant à nos Tresoriers, Receveurs,
Commis & autres Officiers comptables en ladite Chambre des Comptes,
qu'ils rendront pardevant Vous, du fait & exercice de leurs Offices, Com-

X

miſſions de gages , Taxations , ou Salaires en plus large que ceux qui
d'ancienneté ſouloient être & appartenir, chacun pour raiſon de leurſdites
Charges & Offices reſpectivement, quelques Lettres ou Mandement qu'ils
en ayent, ou pourroient avoir obtenu & obtenir de Nous ou de nôtredite
Compagne, auſſi contiennent leſdites Lettres , Commiſſion pour informer
de ce que leſdits Receveurs ordinaires ſouloient prendre le tems paſſé pour
faire les baillées des Fermes particulieres de leurs Recettes, outre leurs gages
ordinaires & deffenſe de n'en prendre plus larges, que ce que en trouverez leur
appartenir d'ancienneté, & avec ce contiennent icelles Lettres réünion à nôtre
Domaine Ducal du Revenu des Havres d'entre Coëſnon & Arguenon , & Ordonnance pour être doreſnavant baillés avec nos autres Fermes generales
de nôtredit Pays & Duché de Bretagne , moyennant que les Heritiers dé-
feu nôtre Couſin le Prince d'Orange, ſeront recompenſez chacun an dudit
Revenu qu'ils ont en don ſur nos Deniers & Finances par état & décharge;
leſdites Lettres cy-attachées pour les mêmes cauſes contenuës en icelles, &
pour autres conſiderations à ce nous mouvans, avons confirmé & confirmons par ceſdites Preſentes , ſignées de nôtre main , & voulons qu'elles
ſortent leur plein & entier effet, & ſoient par vous executées & entretenuës ſelon leur forme & teneur, & ſous les conditions y contenuës : Car
tel eſt nôtre plaiſir, nonobſtant quelconques choſes faites ou a faire à ce
contraires & dérogatoires. Donné à Amiens ce dernier jour de Septembre,
l'an de grace mil cinq cens treize , & de nôtre Regne le ſeiziéme. Signé,
LOUIS, & plus bas, Par le Roy, Robertet, & ſcellé.

Turnus Brutus, 6. Liaſſe , Cotte 136.

LETTRES
DU ROY
FRANÇOIS PREMIER,
AU MESME SUJET.
Du dernier Novembre 1517.

FRANÇOIS par la grace de Dieu, Roy de France : A nos amez &
feaux Conſeillers Gens de nos Comptes en nos Pays & Duché de
Bretagne & general ayant la charge & adminiſtration de nos Finances, tant
ordinaires qu'extraordinaires en noſdits Pays & Duché; Salut & dilection,
comme par feu nôtre très-cher Seigneur & Beau-Pere le Roy Loüis, & par
feuë nôtre très chere Dame & Belle-Mere la Reine Anne derniere trépaſ-
ſée, que Dieu abſove, & prévoyans aux affaires de nos Pays & Duché de
Bretagne ; conſiderans que par nos Predeceſſeurs Ducs de Bretagne ont été

ordonnez Gages, Taxations & Salaires competants à tous nos Tresoriers, Receveurs, Commis, & autres Officiers comptables en ladite Chambre, pour l'exercice de leurfdits Offices, Charges & Commissions, selon qu'à un chacun appartenoit raisonnablement, & que neanmoins aucuns desdits Receveurs & Officiers en taifant à ladite Chambre, avoir fous leur Scel qu'elle donne à entendre, obtenu de nosdits Seigneur & Dame permission d'avoir & prendre douze deniers pour liv. pour Gages, Taxations & Salaires de leurfdites Charges, Offices & Commissions, qui étoient Salaires plus grands que leurs Predecesseurs esdites Charges & Estats, n'avoient accoûtumé prendre ne exiger, & avec ce, qu'aucuns desdits Receveurs prenoient ou exigeoient outre leurs Gages anciens, les uns douze deniers ou plus, les autres huit deniers pour livre des Fermes particulieres, que lefdits Receveurs & chacun d'eux baillent en leurs Recettes respectivement, qui étoit chose excessive, non accoûtumée; & au moyen de quoy lesdites Fermes étoient baillées à moindre prix, que si lesdits Receveurs n'euffent pris que les Gages qu'ils avoient accoûtumé de prendre : Iceux nosdits feux Seigneur & Dame, par leur Lettres patentes vous euffent mandé & ordonné ne passer ne allouer ausdits Receveveurs, Commis & autres Officiers comptables, aux Comptes qu'ils rendront de leurfdites Charges & Offices pardevant vous, de Gages, Taxations ou Salaires, plus avant que ceux qui d'ancienneté souloient être & appartenir, pour raison desdites Charges & Offices, à chacun respectivement, quelconques Lettres ou Mandement qu'ils en euffent obtenu, ou peuffent obtenir de nosdits feux Seigneur & Dame qu'ils ne vouloient avoir lieu ne fortir effet, ainfi qu'il eft plus à plain contenu & & declaré esdites Lettres cy-attachées fous le Contre-Scel de nôtre Chancellerie ; sçavoir vous faifons que nous ayans icelles agréables, vous mandons, commandons & enjoignons que vous les faites tenir, entretenir, garder & obferver de point en point felon leur forme & teneur, en faifant ou faifant faire inhibition & deffenfe de par Nous à nofdits Tresoriers, Receveurs, Commis & autres nos Officiers comptables, fur les peines contenuës esdites Lettres, de ne faire aucune chose au contraire ; & lefquelles, en tant que befoin feroit, Nous avons loüées, confirmées, ratifiées & approuvées, loüons, confirmons, ratifions & approuvons par cefdites Prefentes ; Car ainfi Nous plaît-il être fait. Donné au Pleffix-lez-Tours le dernier jour de Novembre, l'an de grace 1517, & de nôtre Regne le troisiéme, Signé, Par le Roy, de Neuville, & fcellée.

Art. *De Turnus Brutus*, 62. *Liaffe*, *Cotte* 138.

OBSERVATION.

LEs *Lettres cy-deffus rapportées, marquent affez l'attention que les Ducs & Princes fouveraine de Bretagne, & les Rois leurs Succepeurs audit Duché ont eu pour la confervation de leur Domaine, ils ont eu foin de temps en temps d'y reünir ce qui en avoit été alicné ou engagé.* L'Ordonnance de Blois, Art. 332. potte, & afin "
de remettre & réünir nôtre Domaine en fon ancien état, fuivant la re- "

" quisition, qui Nous en a été faite par nosdits Estats, avons revoqué &
" revoquons les Ventes, Cessions, Transports imaginaires & Simules, &
" dont les Deniers ne sont tournez à nôtre profit, ni de nos Predecesseurs
" Rois, semblablement les Dons faits par Nous & nosdits Predecesseurs des
" Membres du Domaine de nôtre Couronne, soit que lesdits Dons ayent
" été faits pour recompense, remuneration des Services, Assignations de
" Pensions ou Gages, Faveur, Grace, Bienfaits, ou autrement en quelque ma-
" niere, pour quelque temps, & à quelque personne que ce soit; & icelles
" parts & portions avons réünis & incorporées au principal Corps de nô-
" tre Domaine ; nonobstant toutes Verifications en nos Cours de Par let-
" ments & Chambres des Comptes ; n'entendons neanmoins comprendre
" en la presente Revocation les Concessions & Delaissements faits, tant à
" titre d'Appanage que des Doüaires & Assignation de deniers Dotaux de
" la Reine, &c. & aux Fils de France, &c. Voulons qu'à l'avenir l'Or-
" donnance faite par le feu Roy Charles nôtre très-cher Seigneur & Frere
sur le fait du Domaine soit gardée & observée. *L'Article* 334 *de la même Ordon-*
" *nance porte,* Et quant aux Terres de nôtre Domaine, qui ont été enga-
" gées ou alienées pour sûreté de Deniers prétendus à nous avoir été prê-
" tez & fournis ou à nos Predecesseurs Rois, seront saisies en nos mains
" & baillées à ferme, sauf à pourvoir aux Detempteurs de leur rembourse-
" ment, ou rentes, &c.

Ces Articles sont conformes & paroissent avoir été copiés sur l'Article VII. de l'Or-
donnance du Roy François II. de l'an 1559.

L'Ordonnance du Roy Charles IX. de l'année 1566. Art. I. marque que le Domaine
de la Couronne ne peut être aliené qu'en deux cas seulement par Appanage, & pour la
necessité de la guerre.

" Le Domaine de nôtre Couronne ne peut être aliené qu'en deux cas
" seulement, l'un pour l'Appanage des puisnés mâles de la Maison de
" France, auquel cas y a retour à nôtre Couronne par leur decés sans mâ-
" les en pareil état & condition qu'étoit le Domaine lors de lad. Concession,
" nonobstant toute disposition, possession, acte exprès ou taisible fait &
" intervenu, pendant l'Appanage, l'autre pour la levée de Deniers com-
" ptants pour la necessité de la guerre, après Lettres pour ce decernées &
" publiées, & en ce cas y a faculté de rachat perpetuel.

L'Article II. de la même Ordonnance, donne la definition du Domaine de
la Couronne. " Le Domaine de nôtre Couronne est entendu celuy qui est
" expressement consacré, uny, & incorporé à nôtre Couronne, ou qui a
" été tenu & administré par nos Receveurs & Officiers par l'espace de dix
" ans, & est entré en ligne de compte.

L'Article V. deffend aux Officiers des Cours d'enregistrer les Lettres portant Alienation du Domaine, hors les cas cy-dessus exprimez. " Deffendons
" à nos Cours de Parlements & Chambres des Comptes d'avoir égard aux
" Lettres patentes contenans l'Alienation d'iceluy & Fruits, hors les cas
" susdits, pour quelque cause & tems que ce soit, encore que ce fût pour
" un an, leur inhibons de proceder à la Verification d'icelles, & ne seront
" celles du passé tenuës pour valablement verifiées ; si elles ne le sont tant

en

en nos Cours de Parlement que Chambre des Comptes ; & ne ſera par "
vertu d'icelles aucune choſe alloüée aux comptes des Officiers compta- "
bles du Domaine. *Quenois L. X. T. I du Domaine de la Couronne. F. 468. & 69.* "

Le Roy François I. par ſon Ordonnance de l'année 1539. declare qle le
Domaine de la Couronne eſt inalienable, ſelon les Loix civiles & canoniques, & par le ſerment que les Rois font à leur Sacre, attendu que le Domaine & Patrimoine de la Couronne eſt reputé, Sacre.

Nous conſiderans nôtre Domaine & patrimoine de la Couronne de France, tant par loy de nôtre Royaume & conſtitution de nos predeceſſeurs Rois,
comme de diſpoſition de droit Civil & Canonique quittement & par le ſerment
que nous & nos predeceſſeurs Rois avons fait & ont accoûmé de faire les Rois
de France à leur Sacre, être inalienable, par quelque eſpace ou maniere
que ce ſoit, directement ou indirectement, par joüiſſance, poſſeſſion, uſur-
pation, detention ou autre façon & maniere de le vouloir acquerir : attendu
que ledit Domaine & patrimoine de nôtre Couronne eſt reputé Sacré,
& ne peut tomber au commerce des hommes. Ce que nul de nos ſujets ne
peut & ne doit ignorer : & où il en voudroit pretendre cauſe d'ignorance,
ſeroit intollerable, attendu que telle eſt la Loy de nôtre Royaume, en maniere qu'icelle joüiſſance, qui ne peut être fondée en titre valable, ne pourroit proceder ſans mâle-foy & charge de conſcience, tant envers Dieu que
Nous ; meſmement elle ſeroit & eſt contre le bien public. Conſiderant auſſi
que telles joüiſſances, poſſeſſions & preſcriptions procedent plus ſouvent
de la connivence & negligence de nos Officiers, qui quelquefois, pour le
credit & faveur qu'ont eu les Detempteurs & Poſſeſſeurs de nôtre Domaine,
à l'entour des perſonnes de nos Predeceſſeurs ou de Nous, ou pour la grandeur deſdits Perſonnages ou autrement, ont paſſé ou paſſent ſous diſſimu-
lation leſd. Alienations, Poſſeſſions & Preſcriptions, qui ſeroit plus imputable à
noſdits Officiers, qu'à Nous & à nos predeceſſeurs Rois, qui ſommes em-
pêhez à la tuition & deffenſe de nôtre Royaume, adminiſtration d'iceluy,
& au fait de nos guerres, pour ſouldoyer toutes leſquelles choſes, eſt le
Domaine de nôtre Couronne introduit, & doit être conſervé : & qui n'a-
vons, & ne pouvons avoir particuliere connoiſſance par le menu de toutes
Terres, Seigneuries, Droits & Heritages de nôtredit Domaine, ni des Alienations & uſurpations d'icelui, ſinon par noſdits Officiers : la negligence
deſquels, ſi elle venoit en conſideration au jugement des procès intentez
ou à intenter ſur la reünion & revocation d'icelui nôtre Domaine, ce nous
ſeroit choſe griéve, d'importance & grandement prejudiciable au bien de la
choſe publique. Auſſi pour montrer manifeſtement que n'aurions entendu
ſouffrir leſdites preſcriptions, ains les interrompre par tous moyens à nous
connûs, aurions à l'avenement de nôtre Couronne, comme auſſi auroient fait
nos predeceſſeurs Rois, chacun en ſon tems, fait revocation generales deſdites alienations, & icelles fait publier & enregiſtrer en la Cour ſouveraine,
afin qu'on n'en pût prendre cauſe d'ignorance. Pour ces cauſes & autres
grandes & bonnes conſiderations à ce nous mouvans, avons ſtatué & Ordonné, ſtatuons & Ordonnons, ſuivant l'Edit par nous fait ſur la reünion
de nôtre Domaine, que toutes Alienations ou entrepriſes, ou uſurpations

Y

faites sur icelui par quelque laps de tems que ce soit ou puisse être, seront sujets à reünion & incorporation de nôtredit Domaine. Voulons qu'ès procès meus & à mouvoir sur ladite reünion & incorporation de nôtre Domaine, pendans & indecis, nos Juges & Officiers n'ayent aucun égard à quelque possession, joüissance, & prescription que ce soit, & par quelque laps de tems qu'elle ait duré, ores qu'elle excedât cent ans, ains sans soy arrêter à icelle, qu'ils ayent à passer outre, & proceder au jugement des procès, en faisant droit sur les causes, moyens, & deffenses des parties collitigantes avec nous ou nôtre Procureur General si aucuns ils en ont ou ont allegué ausdits procez. Donné à Paris le 30. de Juin 1539. & de nôtre regne le 25. Quenois. *Ibit P. 463.*

LETTRES
DU ROY HENRY II,

PORTANT COMMISSION AU GENERAL DE BRETAGNE de faire faire le recouvrement des Deniers des Decimes, Emprunts & Dons-Gratuits accordés au Roy, pour en être compté à la Chambre, à laquelle seule la connoissance en appartient

Du 18. Novembre 1552.

HENRY par la grace de Dieu, Roy de France, à nos amez & feaux les Gens de nos Comptes en Bretagne & Tresorier General de nos Finances, tant ordinaires qu'extraordinaires audit Pays; Salut & dilection. Pour ce que nous avons été avertis que contre & au préjudice de ce qui a été ordonné par nôtre Edit n'agueres fait, pour l'administration de nosdites Finances, par lequel nous avons expressément voulu que toutes Charges & Commissions qui concerneront le fait d'icelles, fussent dès-lors en avant respectivement faites & executées par les Tresoriers Generaux de nosdites Finances, & chacun d'eux en sa Charge & administration: un nommé Defargues auroit obtenu certaines nos Lettres de Commission, pour faire le recouvrement des Deniers des Decimes & Dons Gratuits à nous cy-devant octroyez par le Clergé de nôtre Pays de Bretagne, & autres deniers empruntez dont se pourroit ensuivre confusion en ladite administration de nosdites Finances. A ces causes & que c'est chose dont par nôtre Edit la connoissance vous est attribuée, avons de nôtre certaine science, pleine puissance & autorité Royale, toutes ces Commissions expediées audit Defargues, & autres depuis nôtred Edit, concernant nosdites Finances, revoquées & annulées, ravoquons & annulons, voulons & ordonnons à vous Tresorier General, iceux Deniers procedans desdites Decimes, Dons-Gratuits, Emprunts, faire lever, payer & venir sus; selon & en suivant nôtredit Edit, en faisant ou faisant faire expresses inhibitions & deffenses de par nous, & sur certaines & grandes peines, audit Defargues

& autres, ne plus s'immiſſer à l'execution deſdites Commiſſions par luy obtenües, en aucune maniere; en mandant à chacun de vous en droit ſoy, & ſi comme à lui appartiendra, que nos preſente revocation, enſemble tout le contenu cy-deſſus, vous entretenez, gardez & obſervez, faites entretenir, garder & obſerver, lire, publier & enregiſtrer, ceſſant & faiſant ceſſer tous troubles & empêchements au contraire. Car tel eſt nôtre plaiſir, nonobſtant oppoſitions ou empêchements quelconques, pour leſquels ne voulons être differé & quelconques Reſtrictions, Mandements & Deffenſes à ce contraire. Donné à Villiers-Coteres le 27. jour d'Août l'an de grace 1552. & de nôtre regne le 6. ainſi ſigné, par le Roy en ſon Conſeil. Burgenſis. Et Scellé à ſimple Queuë de Cire jaune : & ſur le dos deſdites Lettres eſt écrit ce qui enſuit.

Le Mandement contenu, de l'autre part, ce jour preſenté en la Chambre, des Comptes de Bretagne, le Subſtitué pour le Procureur du Roy en icelle preſent, a été lû, publié & enregiſtré en ladite Chambre, & commandé y obéir : ledit Mandement preſenté par Maître Guy Arbaleſtre, Sieur de la Borde, General des Finances dudit Pays, le 18. jour de Novembre l'an 1552. Ainſi ſigné, DE CARHEIL.

Premier Livre noir, Folio 18.

✻✻

§. II.

DROIT DE NOMINATION

AUX CHARGES DE PAYEUR DES GAGES, GARDE des Livres & Huiſſiers, attribué de toute ancienneté à la Chambre des Comptes de Bretagne.

LETTRES
EN FORME D'EDIT,

PORTANT CONFIRMATION DU DROIT DE NOMMER aux Offices de Garde des Livres, Payeur des Gages & Huiſſiers de la Chambre, en faveur des Officiers de la Chambre des Comptes de Bretagne.

Du mois d'Août 1721.

LOUIS par la grace de Dieu, Roy de France & de Navarre, à tous preſents & à venir : Salut. Nos amez & feaux Conſeillers, les Gens tenants nôtre Chambre des Comptes en Bretagne, nous ont fait remontrer que la Reine Anne par ſes Lettres Patentes, donné à Amboiſe le 17. Avril mil quatre cens quatre-vingt-dix-huit : leur auroit accordé entr'autres choses , le droit de nommer aux Offices , d'Argentier ou Payeur de leur Gages , de Garde des Livres & d'Huissiers en ladite Chambre , que depuis ils ont toûjours joüy de ce Droit , & en joüissent encore actuellement , qu'ils y ont été confirmez par les Lettres patentes des Rois Loüis XII , & François premier , des mois de Decembre mil cinq cens treize , & Novembre mil cinq cens dix-sept , que le Roy Henry III , ayant par son Edit du mois d'Août mil cinq cens quatre-vingt-un créé , entr'autres Offices , deux Huissiers en ladite Chambre ; lesquels Offices ayant été levez , il fut ordonné par une Declaration expresse du trente - un Octobre mil cinq cens quatre-vingt - deux , & par un Arrêt du Conseil du treize Decembre mil cinq cens quatre-vingt-trois , que vacation arrivant desdits deux Offices d'Huissiers , il y seroit pourvû par les Exposants , ainsi qu'ils auroient accoûtumé de faire des autres Huissiers de la Chambre ; ce qui a encore été confirmé sous le Regne de Henry IV , par Arrêt de son Conseil du dix Octobre mil six cens neuf , contre Benigne Saulnier , qui auroit traité des Revenus des Parties casueles ; & sous le feu Roy nôtre très-honoré Seigneur & Bisayeul , par Arrêt de son Conseil du douze Septembre mil six cens quatre-vingt-dix , & par les Lettres patentes données en consequence au mois d'Octobre suivant , & bien qu'ils n'ayent pas lieu de craindre d'être troublez dans la joüissance d'un Droit aussi ancien , dont Nous les avons fait même joüir depuis nôtre avenement à la Couronne , ils Nous ont neanmoins très-humblement fait supplier de vouloir bien leur accorder , en tant que besoin , nos Lettres de Confirmation. A CES CAUSES , de l'avis de nôtre trèscher amé Oncle le Duc d'Orleans , petit Fils de France Regent , de nôtretrès-cher & amé Oncle le Duc de Chartres , premier Prince de nôtre Sang , de nôtre très-cher & amé Cousin le Duc de Bourbon , de nôtre très-cher & amé Cousin le Comte de Charollois , de très-cher & amé Cousin le Prince de Conty , Princes de nôtre Sang ; de nôtre très - cher & amé Oncle le Comte de Toulouse , Prince legitimé , & autres Pairs , grands & notables Personnages de nôtre Royaume , voulans à l'imitation des Rois nos predecesseurs , doner des marques aux Exposants de l'entiere satisfaction que Nous avons de leurs Services ; Nous avons de nôtre Grace speciale , pleine Puissance & autorité Royale continué , approuvé & confirmé , continuons , approuvons & confirmons aux Exposants le Droit de nommer aux Offices de Concierge , Garde des Livres , d'Huissiers en ladite Chambre , & de Payeur des Gages des Officiers d'icelle , ainsi qu'il est porté par lesdites Lettres patentes de ladite Reine Anne du dix-sept Avril mil quatre cens quatre-vingt-dix-huit , & autres cy-attachées sous le Contre-Scel de nôtre Chancellerie ; & ainsi que les Exposants en ont bien & düement joüi ou dû joüir par le passé. SI DONNONS EN MANDEMENT à nosdits amez & feaux Conseillers les Gens tenants nôtredite Chambre des Comptes en Bretagne , que ces Presentes nos Lettres de Confirmation ils fassent enregistrer pour en joüir par Eux & leurs Successeurs en leurs Offices pleinement , paisiblement & perpetuellement , cessant & faisant cesser tous troubles & empêchements contraires ; CAR tel est nôtre plaisir , Et afin

que

que ce soit chose ferme & stable à toûjours, Nous avons fait mettre nôtre
Seel à cesdites Presentes, sauf en autres choses nôtre droit, & l'autruy en
toutes. DONNÉ à Paris au mois d'Août, l'an de grace mil sept cens un,
Et de nôtre Regne le sixiéme. *Enregistré à Fol. 101 du Mandement Cotté 50.*

ARREST
DU CONSEIL.
QUI CONFIRME LES OFFICIERS DE LA CHAMBRE
au Droit de nommer aux Offices d'Huissiers de ladite Chambre.

Du 12. Septembre 1690.

Extrait des Regîstres du Conseil d'Etat.

SUR la Requête presentée au Roy en son Conseil par les Officiers de
la Chambre des Comptes de Bretagne: contenante que par les Lettres
en forme de Chartres, données à Amboise le septiéme Avril mil quatre
cens quatre vingt-dix-huit: Anne Reine de France, Duchesse de Bretagne,
leur auroit concedé, entr'autres choses, le Droit de nommer aux Offices
d'Huissiers en ladite Chambre; lesquelles Lettres auroient été confirmées
par celles des Rois Loüis XII. du mois de Decembre mil cinq cens treize,
& François Iᵉ. du mois de Novembre mil cinq cens dix-sept, & depuis
le Roy Henry III. ayant par son Edit du mois d'Août mil cinq cens quatre-
vingt-un, créé entr'autres Offices, deux Huissiers en ladite Chambre des
Comptes de Bretagne, outre ceux cy-devant établis par ses Lettres patentes du mois d'Octobre mil cinq cens quatre-vingt-deux, il auroit accordé
aux Officiers de ladite Chambre ledit Droit de nommer ausdits deux Offices d'Huissiers nouvellement créés, ainsi qu'ils l'avoient déja pour ceux
d'ancienne création, & même par Arrêt contradictoire du Conseil privé
du Roy, du dixiéme Octobre mil six cens neuf, il auroit été ordonné que
les nommez Temple & Vallet joüiroient des Estats d'Huissiers en lad. Chambre,
après que sur les nominations & presentations des Officiers d'icelle, ils en auroient obtenu des Provisions de Sa Majesté, qui leur seroient expediées sans
payer Finances, conformement auquel Arrêt le feu Roy Loüis XIII, & Sa Majesté auroient accordé leurs Provisions sur les Nominations des Suppliants, depuis l'année mil cinq cens quatre ving-un, jusqu'au mois de Decembre mil six
cens quatre-vingt, depuis lequel temps ne s'étant presenté personne pour
remplir lesdits Offices, que Simon Vannier au mois de Janvier dernier & d'autant que, suivant les Titres cy-dessus, il n'est dû aucune Finance à Sa Majesté pour lesdits Offices, & qu'on pourroit faire difficulté de les presenter
au Sceau, faute de Quittance de Finance; requeroient qu'il plût à Sa Ma-

Z

jefté les maintenir & garder au droit de nommer ausd. Offices d'Huissiers en ladite Chambre des Comptes de Bretagne , pour être en consequence de leur nomination , les Provisions scellées sans payer aucune Finance. Vû ladite Requête , les Titres justificatifs du Droit qu'ont les Suppliants de nommer ausdits Offices, y attachez, Copie des Provisions desdites Offices expediées en conséquence sans payer aucune Finance depuis l'année mil cinq cens quatre-vingt-un , jusqu'au mois de Decembre mil six cens quatre-vingt. Et oüy le rapport du sieur Phelyppeaux de Ponchartrain Conseiller ordinaire au Conseil Royal , Contrôleur general des Finances. Le Roy en son Conseil ayant égard à ladite Requête a maintenu & confirmé , en tant que besoin seroit , les Officiers de la Chambre des Comptes de Bretagne au Droit de nommer ausdits Offices d'Huissiers de ladite Chambre, Ordonne en consequence Sa Majesté que Vacation d'iceux arrivant par mort, resignation ou autrement , les Provisions seront scellées au profit de qui il appartiendra, sur la nomination desd. Officiers, sans payer aucune Finance, & pour l'execution du present Arrêt toutes Lettres necessaires seront expediées. Fait au Conseil d'Etat du Roy tenu à Versailles le douziéme jour de Septembre mil six cens quatre-vingt-dix. Collationné , signé, RANCHIN. *Au Mandement Coité* 38. *Fol.* 277.

LOUIS par la grace de Dieu , Roy de France & de Navarre : A tous presents & à venir ; Salut, nos amez & feaux les Officiers de nôtre Chambre des Comptes de Bretagne Nous auroient representé en nôtre Conseil que par Lettres en forme de Chartres données à Amboise le 17 Avril 1498 , Anne Reine de France , Ducesse de Bretagne leur auroit concedé entr'autres choses le Droit de nommer aux Offices d'Huissiers en ladite Chambre ; lesquelles Lettres auroient été confirmées par celles des Rois Loüis XII. du mois de Decembre mil cinq cens treize, & de François premier du mois de Novembre mil cinq cens dix-sept ; & depuis le Roy Henry troisiéme ayant par son Edit du mois d'Août mil cinq cens quatre-vingt-deux , créé entr'autres Offices deux Huissiers en ladite Chambre des Comptes de Bretagne , outre ceux-cy devant établis par les Lettres patentes du mois d'Octobre mil cinq cens quatre-vingt-un , il auroit accordé aux Officiers de ladite Chambre ledit Droit de nommer ausd. deux Offices d'Huissiers nouvellement créés , ainsi qu'ils l'avoient déja pour ceux d'ancienne creation ; & même par Arrêt contradictoire de nôtre Conseil du dixiéme Octobre mil six cens neuf, il auroit été ordonné que les nommez Temple & Vallet joüiroient des Estats d'Huissiers en ladite Chambre, aprés que sur les nominations & presentations des Officiers d'icelle , ils en auroient obtenus des Provisions de Nous , qui leur seroient expediées sans payer Finance, conformément auquel Arrêt les Rois Loüis XIII, nôtre très-honoré Seigneur & Pere, & Nous, aurions accordé nos Provisions sur les nominations des Exposans depuis l'année 1581, jusqu'au mois de Decembre 1680. depuis lequel temps il ne se seroit presenté personne pour remplir lesdits Offices, que Simon Vannier au mois de Janvier dernier ; sur laquelle Remontrance Nous aurions par Arrêt de nôtre Conseil du douziéme Septembre de la preſente année 1690, aprés avoir vû les Titres juſtificatifs de ce que deſſus, maintenu, & confirmé, en tant que beſoin ſeroit, leſdits Officiers de la Chambre des Comptes de Bretagne au Droit de nommer auſdits Offices d'Huiſſiers de ladite Chambre : & en conſequence ordonné que vacation d'iceux arrivant par mort, reſignation ou autrement, les Proviſions en ſeront ſcellées au profit de qui il appartiendra ſur la nomination deſdits Officiers ſans payer aucune Finance ; & d'autant que pour l'execution dudit Arrêt il eſt neceſſaire qu'il Nous plaiſe l'autoriſer de nos Lettres, ils Nous ont très-humblement fait ſupplier de les leur vouloir octroyer : A CES CAUSES, deſirant gratifier, & favorablement traiter leſdits Expoſants, en conſideration de leurs Services, & pour leur donner moyen de nous les continuer ; de l'avis de nôtre Conſeil, & conformément audit Arreſt du Conſeil dud. jour 12 Septembre preſent mois & an, cy-attaché ſous le Contre-Scel de nôtre Chancellerie, avec les autres Pieces de ce que deſſus. Nous avons maintenu & gardé par ces Preſentes ſignées de nôtre main, maintenons & gardons leſdits Officiers de nôtre Chambre des Comptes de Bretagne & ceux qui leur ſuccedront en leur Charges, au Droit de nommer aux Offices d'Huiſſiers en ladite Chambre des Comptes de Bretagne ; & en conſequence ordonnons que vacation d'iceux arrivant par mort, reſignation ou autrement, les Proviſions en ſeront ſcellées au profit de qui il appartiendra, ſur la nomination deſdits Officiers, ſans Nous payer aucune Finance. SI DONNONS EN MANDEMENT à nôtre très-cher & féal le Sieur Boucherat Chevalier, Chancelier de France que ces Preſentes il ait à faire lire & publier le Sceau tenant, & du contenu en icelles il faſſe joüir & uſer leſd. Suppliants & leurs Succeſſeurs pleinement, paiſiblement & perpetuellement, ceſſant & faiſant ceſſer tous troubles & empêchements au contraire, CAR tel eſt nôtre plaiſir ; & afin que ce ſoit choſe ferme & ſtable à toûjours, Nous avons fait mettre nôtre Scel à ceſd. Preſentes. DONNE' à Verſailles au mois d'Octobre, l'an de grace mil ſix cens quatre-vingt dix, & de nôtre Regne le quarante-huitiéme. Signé, LOUIS, & ſur le Reply, Par le Roy, Colbert, & à côté, *Viſa*, Boucherat, & ſcellé du grand Sceau de Cire verte.

ARREST

CONTRADICTOIRE DU CONSEIL,

RENDU ENTRE LE SIEUR SAULNIER RECEVEUR GENERAL des Parties Caſuelles, & les Officiers de la Chambre des Comptes de Bretagne, qui les maintient dans le droit de nommer aux Offices d'Huiſſiers de ladite Chambre.

Du 10. Octobre 1609.

Extrait des Regiſtres du Conſeil d'Etat.

ENTRE Maitre Benigne Saulnier, Receveur General des Finances à Lyon, ayant contracté du Revenu des Parties Caſuelles du Roy, &

dispensé des quarante jours, Demandeur aux fins d'une Commission par lui obtenuë le neuviéme May mil six cens huit, à ce que Pierre du Temple & Pierre Vallet, exerçant & faisant la Charge d'Huissiers en la Chambre des Comptes de Bretagne, soient tenus de rapporter les Lettres de Provision en vertu desquelles ils exercent lesdits états, autrement & à faute de ce faire, que deffenses leur soient faites d'iceux exercer, & permis audit Saulnier d'y en faire pourvoir en leur places, d'une part. Et Pierre du Temple Huissier en ladite Chambre des Comptes de Bretagne, Deffendeur d'autre. Et entre les Officiers de ladite Chambre des Comptes, Demandeurs en intervention selon la Requête par eux presentée au Conseil, le dix-septiéme Mars mil six cens neuf, pour être reçûs à prendre le & fait cause pour lesdits du Temple & Pierre Vallet Huissiers en icelle, & soûtenir que ladite Chambre est fondée en droit de Nomination desdits Offices d'Huissiers & Garde des Livres de ladite Chambre pour, vacation avenant, y être pourvû à la Nomination de ladite Chambre, sans pour ce, par lesdits Huissiers & Garde des Livres, payer aucune finance, selon qu'ils en ont joüi d'ancienneté, & que lesdits droits, leurs ont été confirmés par les predecesseurs Rois, Ducs, & Duchesses de Bretagne d'une part. Et ledit Saulnier Deffendeur d'autre. Vû par le Roy en son Conseil, lesdites Lettres du neuviéme May, assignation donnée en vertu d'icelles audit du Temple du neuviéme Juin ensuivant, ladite Requête d'intervention du dix-septiéme Mars, sur laquelle les Suppliants sont reçûs Parties au procès mentionné en ladite Requête, & ordonné qu'ils bailleront leurs moyens d'intervention dans trois jours, sans retardation du Jugement dudit Procez, signification d'icelles du dixneuviéme dudit mois, appointement en droit du treizième Novembre mil six cens huit, entre ledit Saulnier demandeur, d'une part : & ledit du Temple deffendeur, d'autre ; Acte de declaration faite par Maître Jean Charon Avocat au Conseil, desdits Vallet & du Temple, pour lequel toutes Productions & Ecritures, il employe ce qui seroit écrit & produit de la part desdits Officiers, reçûs parties audit Procez, signifié audit Demandeur le vingtiéme Mars mil six cens neuf, Copie des Lettres en forme de Chartres du Roy François premier, du troisiéme May mil cinq cens dix neuf, signées, Millon, & pour Copie, David, scellées du Scel de ladite Chambre; par lesquelles Sa Majesté confirme & accorde à la Chambre le Privilege de nommer à Sa Majesté Personnes capables & instruits aux affaires desdits Comptes, pour être pourvûs des Offices de Gardes - Livres & Huissiers d'icelle à Eux auparavant accordés par les Ducs & Ducesses de Bretagne; & en ce faisant cassé & revoque les Lettres de Provision, qu'un nommé Jean Parageau avoit obtenües de l'Office de Concierge & Garde de ladite Chambre, sans la nomination d'icelle, & confirme les Lettres de Provision du cinquiéme Avril mil cinq cens soixante-seize, obtenües par Hervé Berthaud de l'Office d'Huissier en ladite Chambre, au pied desquelles est leur Nommination du douziéme Mars audit an, signées par Extrait des Registres de ladite Chambre, Guiboutt, par lesquelles Sadite Majesté declare que lesdits Gens des Comptes ont droit & permission de ses Prédecesseurs Roys, Ducs & Duchesses dudit Pais, de nommer ausdits Offices d'Huissiers &

Gardes

Gardes, quand vacation par mort, forfaiture ou resignation advient : autres Lettres de provision du même Office de Garde & Concierge de lad. Chambre, du seiziéme May audit an mil cinq cens soixante seize, obtenuës par Maurice Granjon, par la resignation de Pierre Granjon son Pere, avec l'Acte de Nomination & Presentation de ladite Chambre dudit Maurice Granjon du douziéme Mars audit an, signées par Extrait des Registres, Guibourt : Autre Copie de Lettres du defunt Roy en forme d'Edit du mois d'Aoust 1581 ; par lesquelles Sa Majesté supprimant plusieurs Offices en lad. Chambre, qui auroient été créés & érigés de nouveau, Elle declare que deux Offices d'Huissiers créés en ladite Chambre par ledit Edit demeureront, & qu'il y sera pourvû à la Nommination d'icelle Chambre, tout ainsi qu'il est accoûtumé faire pour les autres états d'Huissiers, signée par Extrait de ladite Chambre, Guibourt. Autre Copie de Lettres en forme de Declaration du dernier Octobre 1582, confirmatives du contenu au precedent Edit pour le regard desdits Huissiers, signée par Extrait, Guibourt : Autre Copie de Lettres de Provision du vingt-quatriéme Decembre mil six cens un, obtenuës par Germain Boüin de l'Office de Garde & Concierge de ladite Chambre sur la Nommination & Presentation des Officiers d'icelle, au pied desquelles est ledit Acte de nommination & presentation du deuxiéme jour dudit mois de Decembre, & reception dudit Boüin audit Office du quinziéme Mars ensuivant, signée par Extrait, Guibourt : Autre Copie de Lettres de Provision du 20 Juillet 1602, obtenuës par Hervé Chesneau d'un Office d'Huissier en ladite Chambre sur la nommination d'icelle, au pied desquelles est l'Acte de ladite nommination du cinquiéme Juin audit an & reception audit Office, signé par Extrait, Guibourt, Productions desdites Parties, & tout ce que par icelles a été écrit & produit, & tout consideré. LE ROY EN SON CONSEIL faisant droit, tant sur l'Instance principale que Intervention des Officiers de la Chambre des Comptes de Bretagne, a ordonné & ordonne que lesdits du Temple & Vallet Huissiers jouïront desdits Estats après que sur les Nomminations & Presentations de ladite Chambre, ils auront obtenu Lettres de Provisions de Sa Majesté qui leur seront expediées sans payer Finance, ausquels & à tous autres Huissiers sont faites très-expresses inhibitions & deffenses de s'immiscer à l'avenir en l'exercice desdits Estats, en vertu des Nomminations de ladite Chambre sans Lettres de Provisions, à peine de faux, & à icelle Chambre les y recevoir ni admettre, sur peine de déchoir dudit droit de Nommination & Presentation & sans dépens de l'Instance. FAIT au Conseil privé du Roy, tenu à Paris le dixiéme jour d'Octobre mil six cens neuf. Ainsi signé, Le Teneur, & plus bas, Collationné.

HENRY par la grace de Dieu, Roy de France & de Navarre : A nôtre Huissier ou Sergent premier requis, SALUT, Nous te mandons & commandons que l'Arrêt de nôtre Conseil attaché sous le Contre-Scel, Ce-jourd'huy, donné entre Maître Benigne Saulnier Receveur general des Finances à Lyon, ayant contracté du revenu de nos Parties casuelles, & dispense des quarante jours, Demandeur d'une part ; & Pierre du Temple Huissier en lad. Chambre des Comptes de Bretagne, Demandeurs & Intervenants, d'une part ; & ledit Saulnier Deffendeur, d'autre ; tu signifie à iceluy Saulnier, & à tous autres qu'il appartiendra, à ce qu'ils n'en pretendent cause d'ignorance, & ayent à y obéïr, leur faisant de par Nous expresses inhibitions & deffenses d'y contrevenir, ni attenter aucune chose au préjudice d'iceluy, sur les peines y contenuës de le faire, & tous autres actes & exploits requis & necessaires pour l'execution de nôtredit Arrêt : Te donnons pouvoir, sans que tu sois tenu demander aucun congé ne pareatis ; CAR tel est nôtre plaisir. DONNE' à Paris le dixiéme jour d'Octobre l'an de grace mil six cens neuf, & de nôtre Regne le vingt-uniéme. Ainsi signé, Par le Roy en son Conseil, LE TENEUR, & scellé de Cire jaune du grand Seel à simple Queuë.

L'An mil six cens neuf, le vingtième jour d'Octobre ; certain Arrest donné par Nosseigneurs du Conseil privé du Roy, en date du dixiéme jour du present mois & an, signé, Le Teneur, & de certaine Commission décernée de Nosseigneurs dud. Conseil privé, daté dudit jour dixiéme du present mois ; & à la requête de Pierre du Temple Huissier en ladite Chambre des Comptes de Bretagne, & des Officiers de ladite Chambre, a été par moy Jean Maurice Sergent à Verge au Châtelet de Paris, signifié & fait sçavoir suffisamment à Maître Benigne Saulnier Receveur general des Finances à Lyon, ayant contracté du revenu des Parties casuelles & dispense des quarante jours, en parlant à Maître Jean Soreau Commis dudit sieur Saulnier, & ayant charge desdites Affaires, en son domicile, à ce qu'il n'en prétende cause d'ignorance, & luy fait les inhibitions & deffenses portées par lesdites Lettres, desquelles, ensemble du present Exploit luy ay laissé Copie, en presence de François le Nain & Jacques Neaurin & autres Témoins. Ainsi signé, Maurice.

❊ ❊

LETTRES
DU ROY HENRY III,
SUR L'ARREST DU CONSEIL CY-APRES,

Portant confirmation de l'institution de deux Offices d'Huissiers nouvellement créés ; ensemble du droit de Nommination ausdits Offices vacation arrivant, en faveur de la Chambre des Comptes.

Du 13. Decembre 1583.

HENRY, par la grace de Dieu, Roy de France & de Pologne : à tous ceux qui ces Presentes Lettres verront ; Salut : par nôtre Edit du mois d'Août mil cinq cens quatre-vingt un, & pour plusieurs bonnes causes & considerations, regardant specialement la conservation & augmentation de nôtre Domaine au Pays & Duché de Bretagne, Nous aurions avisé d'attribuer aux Gens de nos Comptes dudit Pays, la connoissance &

Souveraineté de tout ce qui dépend de nôtredit Domaine d'autant qu'en «
ladite Chambre sont tous les anciens comptes, minus, dénombrements «
& autres enseignements, concernants nôtredit Domaine, & partant doivent «
avoir plus de certitude de ce, en quoy consiste nôtredit Domaine, que «
nuls autres Juges dudit Pays; mais parce que la plûpart des Offices d'icelle
sont composez d'Officiers de Robe courte non experimentés au fait de Judicature, Nous aurions par ledit Edit crée & érigé en ladite Chambre, dix Maîtres
de Robe longue, pour y être pourvû de personnes de Judicature, Litterature
& experience au fait de Judicature, & deux Huissiers pour servir à ce qui
étoit necessaire, suivant lequel Edit, Nous aurions pourvû ausdits Huissiers, & voulant faire, de même desdits Maîtres de Robe longue, les Gens
des Etats ayant estimé que ladite Création de Maîtres leur seroit préjudiciable, ils auroient par leurs Deputez envoyez devant Nous, fait supplier &
requerir leur vouloir octroyer la suppression & abolition desdits Maîtres,
en payant & remboursant la finance de la valeur d'iceux, comme plus particulierement contiennent les articles de leursdites Remontrances, ce que
nous leur avons liberalement accordé, & parce que lesdits Députez n'ont
requis la suppression desdits Offices d'Huissiers, ni offert les rembourser de
la finance qu'ils en ont pour ce fournie & payée en nos parties Casuelles,
dès le tems dudit Edit, & qu'il ne seroit raisonnable qu'ils demeurassent
sans exercer leursdits Offices, attendu aussi que pour se faire pourvoir desdits
Offices, ils se sont constituez en frais & depens. Sçavoir faisons, que nous
desirans lesdits deux Offices d'Huissiers, être maintenus en leursdites Provisions, & icelles sortir leur plain & entier effet, & icelles confirmans, avons
déclaré, voulu & ordonné, & par ces Presentes déclarons, voulons & nous
plaît, que ceux qui ont été pourvûs desdits deux Offices d'Huissiers soient
reçûs, & instituez pour les exercer pleinement & paisiblement, tout ainsi
que font les autres Huissiers de nôtredite Chambre, & qu'il est porté par
nôtredit Edit & leurs Lettres de Provisions, à la charge qu'avenant vacation d'iceux par mort, forfaiture ou autrement, il soit pourvû par les Gens
de nosdits Comptes, ainsi qu'ils ont accoûtumé faire des autres Offices
d'Huissiers de ladite Chambre. Si donnons en Mandement ausdits Gens des
Comptes, que nôtre presente Déclaration, vouloir & intention, ils fassent
lire, publier & enregistrer ès Registres d'icelle, & du contenu, joüir
& user les pourvûs desdits Offices d'Huissiers, tout ainsi que si ledit Edit
eut été entierement executé, & est porté par lesdites Lettres de Provisions.
Car tel est nôtre plaisir, nonobstant les empêchements, oppositions & appellations que pourroient & voudroient faire former, ou interjetter les anciens Huissiers de ladite Chambre, & sans préjudice d'icelles, dont nous
avons retenu & reservé la connoissance à nous & à nôtre Conseil d'Etat, &
icelle interdite, & deffenduë, interdisons & deffendons aux Gens tenants
nôtre Cour de Parlement dudit Pays & autres Juges quelconques, par cesd.
Presentes, ausquelles afin que ce soit chose ferme & stable à toûjours, Nous
avons fait mettre nôtre Scel. Donné à Paris le dernier jour d'Octobre, l'an
de grace 1582. & de nôtre Regne le neuf. Signé sur le repli, par le Roy en
son Conseil. De Neufville. Et Scellé de Cire jaune à double Queuë.

ARREST
DU CONSEIL AU MESME SUJET.

Dudit jour 13. Decembre 1583.

Extrait des Registres du Conseil d'Etat.

ENTRE Etienne le Franc, porteur des Déclarations du Roy, du dernier jour d'Octobre 1582. requerant que suivant icelles, ceux qui ont été pourvûs des Offices d'Huissiers en la Chambre des Comptes de Bretagne, Créés par Edit du mois d'Août 1581. portant erection de dix Maîtres des Comptes de Robe longue en ladite Chambre, soient reçûs & installez en iceux Offices d'Huissiers d'une part : & Maître Artur le Fourbeur Procureur Syndic des Etats dudit Pays de Bretagne : Hervé Bertaud, Maurice Graudion, Michel Baril, & Jacques Compradec Huissiers en ladite Chambre des Comptes, Deffendeurs & opposans à la publication & verification desdites Lettres, d'autre. Vû par le Roy en son Conseil lesdites Lettres, ausquelles Sa Majesté a déclaré, voulu & ordonné, que les pourvûs ausdits Offices d'Huissiers, seront reçûs & installez en iceux, & les exerceront pleinement & paisiblement tout ainsi que les autres Huissiers de ladite Chambre, à la charge qu'avenant vacation par mort, resignation ou autrement, il y sera pourvû par ladite Chambre, ledit Edit de Création, Acte de la presentation faite par ledit le Franc desdites Lettres de Déclaration d'Edit, & déclaration en ladite Chambre, causes d'oppositions desdits Deffendeurs, autres causes de recusation par eux proposées, contre aucuns Presidents & Maîtres de ladite Chambre des Comptes : Arrêt de ladite Chambre du quatriéme May dernier, par lequel elle a ordonné que lesdites Parties se retireront par devers Sa Majesté, pour leur être pourvû. Exploit de l'assignation baillée ausdits Deffendeurs & opposans à la Requête dudit le Franc, à comparoir audit Conseil, pour y proceder sur ladite cause d'appel, appointement donné entre icelles parties le dixiéme jour d'Octobre dernier, par lequel elles ont été appointées à écrire & produire, cahier des remontrances présentées au Roy, par les Etats de Bretagne en la presente année : Contrat fait & passé par Sa Majesté avec lesdits Etats, du mois de Fevrier dernier : Pancarte des deniers qui se levent audit Pays, pour le payement de ce qui a été accordé à Sadite Majesté par ledit Contrat, & tout ce qui a été par lesdites parties respectivement mis & produit, par devers le Commissaire à ce Député Oüi son rapport, le Roy en sondit Conseil, faisant droit sur ladite opposition, a ordonné que lesdites Lettres de Déclaration, sortiront en plein & entier effet, & que suivant icelles ceux qui ont été & seront pourvûs desdits deux Offices d'Huissiers en ladite Chambre, y seront reçûs & installez, & en joüiront pleinement & paisiblement ; à la charge que vacation d'iceux advenant il y sera pourvû par ladite Chambre des Comptes, si mieux n'ayment iceux Deffendeurs rembourser ceux qui

seront

seront pourvûs defdits Offices de la Finance qu'ils en ont payée ès parties
cafuelles de Sa Majefté , enfemble de la fomme de deux cens cinquante
écus, qui fera pour chacun, cent vingt-cinq écus fol pour les frais loyaux ,
coûts , depens , dommages & interefts qu'ils pourroient pretendre ayant
égard à la Finance par eux payée pour la compofition defdits Offices , &
aux frais par eux faits de leur établiffement , ce qu'iceux Deffendeurs feront
tenus d'opter , & faire ce que bon leur femble, dedans deux mois pour toute
prefixtion & delay après la fignification , qui leur fera faite du prefent Arrêt, autrement, & à faute de ce faire dans ledit temps, ils n'y feront plus
reçûs ; & feront lefdites Lettres de Declaration du tout effectuées. Fait
audit Confeil d'Etat tenu à Saint Germain en Laye le treizième jour de
Decembre mil cinq cens quatre-vingt trois. Signé, Dolu.

LETTRES
EN FORME D'EDIT,
DU ROY FRANÇOIS PREMIER,

*PORTANT CONFIRMATION DE CELLES DE LA REYNE
ANNE, du Roy LOUIS XII. Au fujet des Droits de la Chambre, fur
les Offices de Concierge , Garde des Livres , Payeur des Gages & Huiffiers , dont
elle a la Nomination.*

Du mois de Novembre 1517.

Imprimées à Fol. 31. de la premiere Partie de ce Recueil.

LETTRES DU ROY LOUIS XII,
DONNÉES EN FORME D'EDIT,

*Portant confirmation des Lettres de la Reyne ANNE fon Epoufe, DUCHESSE
de BRETAGNE, du 17 Avril 1498 & de tous les Droits & Jurifdictions
attribuez aux Gens des Comptes tant par lefdites Lettres, que par fes Predeceffeurs
audit Duché.*

Du mois de Decembre 1513.

LOUIS par la grace de Dieu, Roy de France : A tous prefens & à
venir, fçavoir faifons, que Nous ayans agreable les Lettres de nôtre
très chere & trés-amée Compagne la Reyne, cy-attachées fous le Contre-
Scel de nôtre Chancellerie, par lefquelles Elle dûëment informée & certai-
née que par cy-devant ont été faits & établis en nôtre Chambre des Comptes en Bretagne plufieurs bons & loüables Statuts & Ordonnances , fur le
fait, ordre & gouvernement de nôtredite Chambre, concernants l'Etat,

Affaire & Sauveté de nos Officiers d'icelle, des Officiers Comptables, distribution & Jurisdiction de nôtre Domaine & Finances, lesquels Statuts
ont été long temps gardez & observez sans enfraindre, jusqu'à puis n'a-
gueres de tems, que par quelque discontinuation, à cause des guerres qui ont
eu cours en nôtre Païs & Duché, lesdits Statuts & Ordonnances n'ont été
gardez de point en point, ainsi que par raison se devoit faire : par quoy
nôtredite Compagne desirant iceux Statuts, Constitutions & Ordonnances
être observez & gardez inviolablement les a confirmez ; & de nouvel pour
perpetuelle memoire, & à ce que doresnavant nul n'en puisse pretendre
cause d'ignorance, les a au long declarez & inserez en sesdites Lettres Patentes, pour les mêmes causes & considerations contenuës en icelles : avons
voulu, dit & declaré; & par ces mêmes Presentes de nôtre certaine science, propre mouvement, grace speciale, pleine puissance & autorité Royale, voulons, disons, & declarons que doresnavant lesdits Statuts, Edits &
Ordonnances soient entretenus, observez & gardez inviolablement sans les
enfraindre; & à ce que toûjours & perpetuellement il y soit gardé état,
tout ainsi & par la forme & maniere qu'il est contenu & au long declaré
esdites Lettres d'icelle nôtre Compagne, lesquelles Nous avons loüé, autorisé, ratifié, confirmé & approuvé, loüons, ratifions, confirmons & approuvons par ces Presentes, par lesquelles donnons en Mandement à nos
amez & féaux Conseillers les Gens de nôtredite Chambre des Comptes,
& à tous nos autres Justiciers & Officiers & à chacun d'eux en droit soy
& comme à luy appartiendra, que lesdits Statuts, Edits & Ordonnances ils gardent & observent & entretiennent, fassent garder, entretenir &
observer perpetuellement, sans souffrir ne permettre aucune chose être faite
à ce contraire, en quelque maniere ne pour quelque cause que ce soit :
CAR ainsi Nous plaît il être fait; & afin que ce soit chose ferme & stable à
toûjours, Nous avons fait mettre nôtre Scel à cesdites Presentes, sauf en autres
choses nôtre droit & l'autruy en toutes. Données à Bloys au mois de Decembre l'an de Grace mil cinq cens treize, & de nôtre Regne le seize. Ainsi
signé, LOUIS, & sur le reply, Par le Roy, ROBERTET. Et scellé.

LETTRES EN FORME D'EDIT,

D'ANNE REYNE DE FRANCE ET DUCHESSE DE BRETAGNE,

*Par lesquelles il conste que les Provisions des Offices de Payeur des Gages, Concierge, Garde-
Livres, & des Huissiers, étoient données sur la Nommination des Gens des Comptes.*

Du 17. Avril 1498.

ANNE par la grace de Dieu, Reyne de France, & Duchesse de Bretagne, Comtesse de Montfort, de Richemont, d'Estampes & de
Vertuz. Sçavoir faisons à tous presents & à venir : Comme aprés le decez
avenu de feu Monseigneur le Roy, en son vivant nôtre Mari & Epoux,
que Dieu absolve, &c. *Le reste à Fol. 2. de la premiere Partie.*

§. III.

PRIVILEGE

DE NOBLESSE.

OBSERVATION.

PLusieurs se sont imaginez que le Roy par son Edit du mois de Juillet 1669, portant Reglement general pour les Offices de Judicature, (cy-devant inseré à Fol. 274 de la III. Partie) avoit revoqué le Privilege de Noblesse, dont les Officiers de ses Cours joüissoient auparavant ; mais ils se trompent, Sa Majesté n'a point entendu revocquer les anciens Privileges attachez à leurs Offices ; mais seulement ceux qui leur avoient été accordés pendant & depuis l'année 1644, & specialement par l'Edit du mois d'Avril 1659, au nombre desquels la Noblesse au premier degré étoit comprise telle que celle dont joüissent les Secretaires du Roy des Chancelleries ; mais comme cette espece de Noblesse n'est ni conforme aux maximes generales du Royaume, ni a la disposition de la Coûtume de cette Province. Les Officiers des Cours superieures, & sur tout, ceux de Bretagne, n'ont jamais regardé cette revocation comme une diminution de leur Privileges, ils l'ont regardée au contraire comme un avantage pour eux, en ce que par le même Edit de 1669, le Roy Maintient & garde les Officiers de ses Cours dans leurs anciens Privileges, Honneurs, Prérogatives & Immunitez attribués à leurs-dites Charges, sans toute-fois qu'eux ni leurs descendants puissent joüir des Privileges de Noblesse, & autres Droits, Franchisses, Exemptions & Immunités à eux accordés par Edits & Declarations pendant & depuis l'année 1644, que Sa Majesté a revoqué & annulé : C'est donc à ces anciens Privileges de Noblesse que les Officiers des Cours ont interest de s'attacher, Je veux dire, la Noblesse graduelle, qui s'acquiert par le service du Pere & de l'Ayeul ; Maxime reçüe en France & née avec l'Estat, auquel elle n'importe pas moins pour animer les bons Sujets à la Vertu (qui est le plus solide fondement de toute Noblesse) qu'elle est avantageuse aux Particuliers, qui trouvent par cette Porte l'entrée aux Honneurs ; car il faut convenir, que la Noblesse etant le plus ferme appuy de la Couronne, comme nos Rois l'ont souvent declaré : Le bien de l'Estat demande que le Corps de la Noblesse soit toûjours nombreux, & comme les anciennes Maisons s'eteignent par la suite des temps, si elles ne sont remplacées par celles qui s'elevent par le merite & les employs ; la source en sera bien-tôt tarie, ou du moins considerablement diminuée : Or le Roy n'a que deux moyens d'annoblir ses Sujets ; l'un par Lettres expresses, l'autre par les Offices. Le premier est la juste recompense du merite de ceux, qui ont rendu à l'Estat des services considerables, soit dans les emplois militaires, soit dans le maniement des affaires politiques, soit dans quelqu'autre Profession utile à l'Estat; car à juger des choses selon leur veritable prix, la Noblesse destituée de Vertu n'est qu'illusion, & la Vertu est la seule & veritable Noblesse.

> Plance tumes alto drusorum sanguine, tanquam,
> Feceris ipse aliquid propter quod nobilis esses …
> Tota licet veteres exornent undique ceræ,
> Atria, nobilitas sola est atque unica virtus.
>
> { Juven.
> { Sat. 8.

L'autre Source de Noblesse, ce sont les Offices ausquels cette Prérogative a été attachée de toute ancienneté; & celle-cy n'est pas moins legitime que l'autre, puis-qu'elle ne s'acquiert que par de longs Services & par beaucoup de dépences.

> Longis illuc amba-gibus itur.

Les premiers Gentilshommes ne sont pas tombés des nuës, comme dit un Romain, dans Tite-Live : Il n'y en a point, qui, s'ils remontoient jusqu'à la Source de leur Noblesse, ne la trouvassent moins ancienne que leur Famille. Omnia quæ nunc vetustissima creduntur, nova fuere. Qui doute que les Patriciens, cette Noblesse si pure & si respectée chez les Romains, n'ait eu un commencement ? il n'y a qu'à voir ce qu'en dit Juvenal dans sa 8. Satire.

> Majorem primus, quisquis fuit ille tuorum,
> Aut Pastor fuit, aut illud quod dicere nolo.

Nous avons dit dans la III. Partie de cet Ouvrage, Chapitre IV. N° XXX. qu'il y avoit deux sortes de Noblesses chez les Romains, l'une qui tiroit sa Source des cent premiers Senateurs, que Romulus créa à Rome, pour en former cet auguste Senat, qui donna dans la suite de si grands Hommes à la Republique; & dont les Descendans furent appellés Patriciens : L'autre moins ancienne, qui étoit celle de ceux qui pouvoient justifier que leur Pere & Ayeul avoient possedé successivement une Magistrature considerable pendant le temps marqué par les Loix, pour en acquerir les Droits & les Privileges; & c'est de Ceux-là particulierement dont parle Tite Live, quand il dit, que les Patrices nouveaux qu'on appella, Patres additi, Pere ajoûtés; c'est-à-dire, les Annoblis, sont ceux qui peuvent marquer que leur Pere & leur Ayeul ont possedé quelque Magistrature, An unquam fando, audistis Patricios primo esse factos, non de cœlo demissos, sed qui Patrem ciere avumque possint. Il y avoit, comme on l'a dit ailleurs, une si grande difference chez les Romains, sur tout dans les temps que la Republique étoit dans son plus grand éclat, entre les Patriciens & les Plebeiiens, que Ceux-cy par leur naissance étoient entierement exclus de toute Dignité civile ou militaire; mais per la suite le Senat s'étant relaché en faveur de ces derniers pour le bien de la paix, & consenti enfin qu'ils pûssent avoir part aux Magistratures, & passer par ce moyen dans l'ordre des Patriciens; il failloit au moins que leur naissance fut épurée par deux Generations consecutives, afin que le petit Fils fut capable de recevoir l'impression & le caractere de Noblesse commencé par l'Ayeul & continué par le Pere, d'où est venuë cette decision si fameuse du Senat Romain, Patre & Avo consulibus, à laquelle un Plebeiien donna occasion, car étant parvenu à la dignité de Consul, il pretendit faire participer ses Enfans au même honneur & prérogatives, qui étoient attribuez aux Enfans des Senateurs; mais le Senat s'y opposa, &

declara

declara que la Noblesse n'étoit consommée que dans le petit Fils, après que le Pere &
l'Ayeul avoient successivement exercé pendant 20. ans une Magistrature du nombre de
celles ausquelles le Privilege de Noblesse étoit attaché : Et voilà selon tous les Auteurs, qui
ont traité des Droits & Prerogatives des Offices de Judicature, sur quoy est fondée la Noblesse graduele des Officiers des Cours souveraines & de leur posterité ; c'est ainsi qu'en parle
Loyseau dans son Traité des Offices en general, L. 1. Chap. 19. & au Titre des Privileges. Bartole in L. 1. cod. de Dignitatibus. Lib. 12. & Bacquet en son Traité
des Droits d'Annoblissement. Chap. 19. où il rapporte plusieurs Arrêts du Parlement de
Paris, qui ont jugé que les Enfans des Conseillers du Parlement, comme aussi ceux des Presidents, Maîtres des Comptes & autres Officiers du Corps, & ceux des Cours des Aydes sont Nobles, & en cette qualité ont partagé noblement la succession de leur Pere, même au premier Degré; mais en Bretagne & en beaucoup d'autres Provinces, le partage
ne commence qu'en la personne du petit Fils, suivant l'Article 570. de la Coûtume de
cette Province.

Papon dans son Recüeil d'Arrêts notables des Cours souveraines de France, Livre V.
Titre IV. dit, que pour être Noble & joüir des Privileges de Noblesse, il faut que
l'Ayeul, le Pere & le petit Fils ayent vécus noblement, & que l'Ayeul ait eu sa Noblesse, ou de ses Predecesseurs par ancienne extraction, par Lettres de Sa Majesté, pour
recompense de son merite & de sa vertu, ou par un Office de Cour souveraine, à laquelle
le Fils auroit succedé, & qu'il auroit exercé pendant vingt ans ; car on ne réconnoît
point en France d'autre Source de Noblesse, & il dit que cela a été ainsi jugé par Arrêt de
la Cour des Aydes, du mois d'Avril 1593, rapporté par M. le Bret en son pledoye VII.

La Roque dans son Traité de la Noblesse & de ses differentes especes. Chap. 31. &
50. dit qu'anciennement ceux qui exerçoient les hautes Charges de Judicature se contentoient de joüir des Honneurs qui y étoient attachés, sans penser qu'elles deussent annoblir
leur posterité; mais c'est qu'en ces temps-là on ne choisissoit que des Nobles pour remplir les
hautes Magistratures, du moins, est-il certain que chez les Romains, comme nous venons
de le dire, elles étoient reservées aux seuls Patriciens, & les Plebeiens n'y entrerent qu'à
la faveur des troubles qu'ils exciterent dans la Republique, par la jalousie du Gouvernement : Nous apprenons des Commentaires de Cezar, que du tems des premiers Gaulois, toute
l'autorité civile & militaire étoit entre les mains des Druides " & des Gentilshommes ; les
" premiers étoient Prêtres & Magistrats ; les seconds servoient à la Guerre, le Peuple n'y
avoit aucune part ; mais comme dit M. le Bret au lieu cité, la maxime a été introduite
en ce Royaume que les Rois conferent la Noblesse, non-seulement par Lettres, qui est le
moyen ordinaire & exprés, mais aussi par un moyen tacite, c'est-à-dire, par les hauts
Offices de Justice & de Magistrature ; en effet la vertu Militaire n'est pas la seule Profession noble de la Societé civile, la Paix a ses Illustres aussi bien que la Guerre, & la
science qui fait regner la Justice, ne merite pas moins du Public que la force qui conserve
l'Etat : L'écriture même en plusieurs endroits attache l'idée de Noblesse à la Magistrature, Nobilis in portis vir ejus, quando sederit cum Senatoribus terræ.
Proverb. 31. Le terme, in portis, signifie le lieu destiné à rendre la Justice; & nous
lisons dans le Chap. I. du Deuteronome, que Moyse ne pouvant seul suffire à rendre la
Justice au Peuple de Dieu, choisit dans toutes les Tribus des hommes sages & nobles,
pour luy servir d'Assesseurs, Tulique de Tribubus vestris viros sapientes & no-
biles & constitui eos Principes, Decuriones, &c. præcepique eis dicens au-
dite eos, & quod justum est judicate.

C c

Les Empereurs regardoient le Sénat, comme faisant partie de leur propre Corps, Se- natorum etiam, nam & ipsi pars corporis nostri sunt, *les Sénateurs étant donc Membres de l'Empereur, & l'Empereur du nombre des Sénateurs comme Chef, ceux qui étoient révétus de ces Dignités ne devoient-ils pas participer à la Noblesse du Chef ? Un Corps animé d'un Chef si illustre, pouvoit-il avoir des Membres qui ne fussent pas nobles ? Aussi les Empereurs se croyoient en quelque façon obligez de maintenir & de deffendre les Droits & les Prérogatives de ceux qu'ils avoient honoré de la dignité de Séna-teur,* Jus Senatorii & authoritatem ejus ordinis in quo nos quoque ipsos numeramus, necesse est ab omni injuria deffendere.

Comme les Parlements, Chambres des Comptes, Cours des Aydes, & autres Cours supérieures, que nos Rois ont créés, avec l'autorité de Cours souveraines pour juger en dernier Ressort les Affaires de leur competence, ils tiennent en France auprès d'eux, le même Rang que le Sénat tenoit auprès des Empereurs; ils doivoient par consequent participer aux mêmes Honneurs & Prérogatives, dont la Noblesse étant la principale, il ne conviendroit pas à la Dignité du Prince que les Officiers de ses Cours, ausquels il communique une partie de son Autorité souveraine, & qui en cette qualité, ont l'honneur d'être ses Assesseurs & ses Membres pour rendre la Justice en son nom, ne reçussent pas les écoulements de la Noblesse du Chef qui les anime : Et ainsi la Noblesse étant un attribut essentiel & inséparable de la personne du Roy, il seroit contre l'ordre de la nature, si les Membres n'y participoient pas.

Cette maxime n'a pas besoin de preuve, elle a paru si juste à nos Rois, qu'ils l'ont approuvée & confirmée par plusieurs Reglemens; celuy qui fut fait pour les Tailles au mois de Mars 1600. merite consideration : L'Article 25. porte,

" La licence & la corruption du temps a été cause que plusieurs, sous
" pretexte de ce qu'ils ont porté les Armes durant les troubles, ont usurpé le
" nom de Gentilshommes, pour s'exempter indûément de la Contribution
" aux Tailles : pour à quoy remedier, deffendons à toutes personnes de
" prendre le titre d'Ecuyer, & de s'inserer au Corps de la Noblesse, s'ils ne
" sont issus d'un ayeul & pere qui ayent fait profession des Armes, ou servis
" au Public en quelques Charges honorables, de celles qui par les Loix &
" Mœurs du Royaume, peuvent donner commencement de Noblesse à la
" posterité, sans avoir jamais fait aucun acte vil & dérogeant à ladite Qualité :
" & qu'eux aussi se rendant imitateurs de leur vertu, les ayent suivis en
" cette loüable façon de vivre, à peine d'être dégradés avec deshonneur, du
" Titre qu'ils auroient osé usurper. *Neron, p. 1084, Edition de 1643.*

En l'année 1602. il se rendit au Conseil un autre Reglement très-autentique, rapporté par M. Claude Expilly, lors Avocat General au Parlement de Grenoble dans son Recüeil des Pledoyers notables : il s'agissoit en cette cause de sçavoir, si les Nobles de Robe longue & de Robe courte, c'est-à-dire, les Officiers des Cours de Parlement & Chambre des Comptes de la Province de Dauphiné, & les autres Gentilshommes, devoient être imposez aux Tailles & autres Charges publiques comme les Roturiers, à proportion des Fonds qu'ils possedoient dans la Province, ainsi que le pretendoit le Tiers-Estat, ou s'ils en devoient être exempts en vertu de leurs Privileges de Noblesse. On verra par l'Arrêt qui sera cy-après rapporté, quelle fut la decision du Conseil sur cette importante matiere.

En 1633, s'étant mû Question sur le partage des Biens de la Succession de Michel le Lou Fils & petit Fils de Maîtres des Comptes en Bretagne, il fut jugé par Arrêt contradictoire rendu au Parlement de Paris le 22. May 1660, que la Succession dudit Michel le Lou seroit partagée noblement, attendu que la Noblesse étoit acquise par le service du Pere & de l'Ayeul.

Le Roy Louis XIV. voulant gratifier les Officiers de ses Cours donna son Edit, du mois d'Avril 1659, par lequel il leur accorda le privilege de Noblesse au premier degré, à l'effet de la pouvoir transmettre à leur posterité par le Service du Pere seulement, dont on voit un Arrest de l'année 1675, au 3. Tome du Journal des Audiences du Parlement de Paris. L. XI. Chap. 3. pag. 691, qui a jugé que la Succession d'un Auditeur Honoraire en cette Compagnie, demeurant à Angers, devoit estre partagée noblement, quoique le Sr le Feuvre, de la Succession duquel il s'agissoit, fut lors le premier de sa Famille qui eût possedé ladite Charge d'Auditeur, & par consequent qu'il n'eut encore, suivant nos maximes, qu'une Noblesse commencée; mais comme ce Privilege n'estoit fondé que sur l'Edit du mois d'Avril 1659, il fut revoqué dix ans après par l'Edit du mois de Juillet 1669, comme il a esté dit, & par ce même Edit, les Officiers des Cours furent remis & confirmez dans leurs anciens Privileges de Noblesse & autres, dont ils avoient jouy de toute ancienneté.

Ce fut en conformité de cet Edit & de l'ancien Usage du Royaume, que la Chambre ne jugea pas à propos d'accepter l'Offre qui luy fut faite, ainsi qu'aux autres Cours superieures (à l'exception de celles de Paris) en execution de l'Edit du mois d'Octobre 1704, d'acquerir, en prenant pour vingt-quatre mille livres de nouveaux Gages, quatre dispenses d'un degré de Service, pour pouvoir par un seul degré de Service, transmettre la Noblesse à la posterité, jugeant très-sagement qu'il luy convenoit mieux de demeurer dans l'usage & la possession de la Noblesse ancienne & graduele, autorisée par les maximes du Royaume, & conforme à la Coûtume de la Province, que d'en acquerir une nouvelle à Titre de Finance, qui seroit sujette à Revocation : Sa Majesté ayant égard aux Remontrances de la Chambre, donna la Declaration du 29. Mars 1707, qui rappelle & confirme tous les anciens Privileges de la Chambre, & specialement celuy de la Noblesse graduele; ces Privileges furent de nouveau confirmez l'année suivante, par l'Edit du mois d'Octobre 1708, inseré dans la III. Partie de cet Ouvrage.

L'Auteur de la nouvelle Histoire de Bretagne nous fournit icy une Reflexion, qui servira à appliquer à la Noblesse de Bretagne, ce que nous avons dit en general de l'origine de la Noblesse parmi les Romains; il remarque, L. 1 p. 70, que les premiers Bretons, ne se sont point rendus Maîtres de la Bretagne par droit de conquête, & qu'ils s'y établirent tranquillement, du consentement des Armoriquains, qui leur cedèrent de bon gré une grande partie de leur pays, soit qu'ils ne fussent pas en assez grand nombre pour le cultiver, ou que les Romains, qui avoient encore à la fin du quatriéme siécle, & vers le milieu du cinquiéme, quelque reste d'autorité dans les Gaules, favorisassent la retraite de leurs anciens Sujets, chassez d'Angleterre par les Saxons; d'où nôtre Auteur conclut, qu'il faut chercher l'origine de la Noblesse Bretonne ailleurs que dans le droit des Armes : Si l'Armorique avoit esté un pays conquis, la Source de la Noblesse ne se trouveroit que dans la personne des Generaux, des Commandans, des Colonels, des Centeniers, & autres Officiers de Guerre, & leurs Descendants seroient les seuls en possession du Titre de Noblesse; mais la Noblesse des premiers Bretons, semblable à celle des premiers Romains, n'estoit pas attachée à la seule profession des Armes, la Magistrature n'y estoit pas moins en honneur, qu'elle a esté dans cette fameuse Republique, où elle a esté, comme nous l'avons dit, la plus pure Source de la Noblesse, selon le temoignage des Auteurs de ce temps-là, entre *lesquels on ne doit pas omettre : Ciceron dans son Oraison, Pro murena, le Corps de la Noblesse chez les premiers Bretons, estoit donc composé de personnes qui partageoient entr'eux les Employs civils & militaires; ceux qui y tenoient les premiers Rangs estoient les Princes, dont plusieurs avoient passé avec Ritual dans nôtre Armorique : Les Macternes, qui estoient Fils de Princes, les Comtes & Vicomtes qui commandoient dans l'étenduë d'un certain Canton, & qui depuis s'érigerent en petits Souverains, dont apparemment sont venus les anciens Barons de Bretagne; car BARON, ne veut dire autre chose, que, Seigneur & Pair, Pares dignitato, relativement entre eux, & non par rapport au Souverain, dont ils estoient les Assesseurs ou Conseillers d'Estat, ainsi que le remarque Hevin dans son Annotation sur l'origine des Fiefs; & enfin tous ceux qui eurent quelque part au Gouvernement, se firent des établissements; les uns plus considerables, les autres moindres; & transmirent à leurs Descendans la Noblesse avec leurs Héritages : Nous avons crû qu'il ne seroit pas inutile de faire ces Observations avant de rapporter les Arrêts, dont nous avons parlé.*

ARREST
DE REGLEMENT.
EXTRAIT DES REGISTRES DU CONSEIL D'ESTAT.

Du 15. Avril 1601.

ENTRE les Députez du Tiers Etat de Dauphiné, Demandeurs en Requêtes des 21 Juillet 1595, & 14 May 1597 d'une part : Et les Députez du Clergé & de la Noblesse dudit pays ; ensemble les Officiers de la Cour de Parlement, Chambre des Comptes, des Finances, Tresoriers Generaux de France, Avocats consistoriaux, Monnoyeurs de la Ville de Grenoble, Docteurs, Regens, & Officiers de l'Université de Valence, Deffendeurs d'autre. VEU PAR LE ROY EN SON CONSEIL lesdites Requêtes tendantes afin que pour les causes y contenuës, il plût à Sa Majesté renvoyer le different d'entre les Parties en tel Parlement qu'il lui plaittoit, pour y proceder, tant sur la cassation de la prétenduë Transaction du 16 jour de Fevrier 1554, que de ce qui a été fait en consequence d'icelle, & néanmoins sans préjudice dudit renvoy, attendu que par ladite Transaction, les Enfans desdits Officiers & leurs Successeurs, ensemble les Batards desdits Nobles & Officiers, n'ont aucun droit pour se maintenir au titre de Noblesse, auquel le Parlement dudit Pays les auroit maintenus jusqu'à present : il plût aussi à Sadite Majesté ordonner qu'ils seroient par cy-après imposez en toutes Tailles & autres levées de Deniers qui seroient faites au d. Pays, & contraints au payement d'icelles, comme pour Deniers Royaux : Arrêt donné par les Maîstres des Requeltes Ordinaires de l'Hôtel, entre lesdits Deputez de la Noblesse, Officiers de la Cour de Parlement, Chambre des Comptes, & autres Officiers

dudit

dudit Pays, appellants de l'Appointement donné par le feu Sieur de Riz, Conseiller audit Conseil, le dix neuviéme jour de Juillet mil cinq cens quatre-vingt-dix sept, d'une part : Et les Deputez dudit Tiers-Estat, Intimez d'autre ; par lequel est ordonné, que les Parties communiqueroient respectivement leurs Pieces dans trois jours, écriroient à toutes fins, & produiroient à la huitaine ensuivant tout ce que bon leur sembleroit, pour leur être fait droit, ainsi que de raison : écritures desdites Parties, suivant ledit Arrêt : Affranchissement fait par Messire Humbert Dauphin de Viennois de ses Sujets dud. Dauphiné, du premier jour de Septembre mil trois cens quarante-un : Transport fait par ledit Humbert dudit Pays de Dauphiné, le vingt-quatriéme Avril mil trois cens quarante-trois, à Philippes Fils du Roy Philippes, lors regnant : Lettres patentes dudit Roy, du mois d'Août mil trois cens quarante-trois, par lesquelles il promet observer & faire observer les conditions dudit Transport par celuy de ses Enfans, qui viendra à la Succession dudit Pays : les Libertez accordées par les Dauphins aux Sujets dudit Dauphiné, appellez les Statuts Delphinaux, Lettres patentes de Charles Roy de France, & Dauphin de Viennois des années mil trois cens cinquante-six, mil trois cens quatre-vingt-un, & mil trois cens quatre-vingt-quatre. Autres Lettres de Loüis, Fils aîné du Roy de France, Dauphin de Viennois, des vingt & uniéme Octobre mil quatre cens quarante-sept, & vingt & uniéme Novembre mil quatre cens cinquante-un : Revocation de tous Affranchissemens accordez audit Pays, faite par Charles Dauphin de Viennois, du onziéme Juillet mil quatre cens cinquante-sept, portant exemption des Nobles noblement, & des Clercs clericalement vivans, & des Officiers ordinaires Delphinaux, n'ayant accoûtumé de contribuer : Plusieurs Registres contenants les Declarations & Estimations des Biens assis ès Citez & Mandements de Valence, du Crest, Monthelimard, l'Etoille, Ambrum, Gap, & autres Villes dudit Pays. Edit du feu Roy François, donné à Hesdin l'an mil cinq cens trente sept : Arrêt du Consel du Roy du dernier Septembre 1588 : plusieurs conclusions prises, tant ès Etats Generaux dudit pays, qu'aux assemblées particulieres des Villes & Communautez : les Transactions faites entre les trois Estats de Dauphiné & leurs Procureurs, les 22. Mars 1553, & 16 Fevrier 1554. Arrêt en forme d'Edit, donné au mois de Juin 1556. sur les productions & offres desdites Parties, Reglement fait par la Reine mere du feu Roy, d'heureuse memoire, sur les plaintes & doleances du tiers Estats dudit Pays, le 11. Août 1579. ratifié par le feu Roy le 17. Août ensuivant : la Transaction appellée, la Convention de Romans du 24. Octobre 1585. sur le differend d'entre les Villes & Villages du Pays de Dauphiné, pour raison du payement des Tailles, & Contributions, sur le procès pendant à la Cour des Aydes à Paris : desaveu du tiers Etat des 30. Octobre 1593. &   Août 1594. de la Transaction de l'an 1554. & de tout ce qui s'en est ensuivi : Conclusions des Etats Generaux dudit Pays des 24 & 28 May 1591. Autre Conclusion du premier Octobre 1592, prise en l'assemblée particuliere de la Noblesse dudit pays, par laquelle elle auroit consenti de cottiser & comprendre aux Tailles les biens ruraux qu'ils acquerteroient par cy-après : Acte du 15 Juin ensuivant, contenant le desaveu fait par lad. Noblesse

D d

defd. offres & confentement: reduction des feux de Grenoble faite ès années 1440. 1447. 1474. & 1475. Etats de recepte & dépenfe, des deniers, vivres, & munitions levés & impofés fur le tiers Etat, pendant les guerres dernieres : Arrêt du Grand Confeil du 24. Octobre 1576. Autre Arrêt du Confeil du Roy du 9. Octobre 1591. Productions de toutes lefdites Parties : Contredits & falvations refpectivement fournies par lefd. de la Nobleffe, Cour de Parlement, Chambre des Comptes, & Députez dudit tiers Etat : Requête prefentée par lefdits de la Nobleffe, & Officiers, à ce qu'il plaife à Sa Majefté ordonner que tout ce qui auroit été produit de nouveau par lefdits du tiers Etat, dont ils n'auroient eu communication, même ladite prétenduë Conclufion du premier Fevrier 1592. leur fut communiqué pour bailler contredits : Autre Requête prefentée par les Députez du tiers Etat, par laquelle pour éviter à la longueur du procès, ils auroient confenti ladite nouvelle production être rejettée, & que fans avoir égard à icelle, il fut procedé au jugement dudit procès : Arrêt dudit Confeil du 9. Novembre dernier paffé, par lequel eft ordonné que les Parties feroient fommairement oüyes pardevant le Commiffaire à ce commis, pour à fon rapport leur être pourvû ainfi que de raifon : Autre Arrêt dudit Confeil du 23. defdits mois & an, par lequel eft ordonné que fans avoir égard aufdites Requêtes de ladite Nobleffe, & Officiers, & fans s'arrêter au confentement prêté par lefdits du tiers Etat, pour le regard de ladite production nouvelle, que ladite production feroit Communiquée aufdits de la Nobleffe & Officiers, pour contre icelle bailler contredits fi bon leur fembloit dans quinzaine pour toutes prefixions & delais, & que cependant les Députez dudit tiers Etat, bailleroient à Me. du Laurens leur Avocat, Acte en bonne forme d'approbation & ratification de tout ce que par ledit du Laurens auroit été fait & geré au procès d'entre les Parties, & de tout ce qui fe feroit par cy-après, ladite production nouvelle, contredits defdits de la Nobleffe & Officiers : Salvations dudit tiers Etat : Procuration paffée fuivant ledit Arrêt, par lefdits du tiers Etat audit du Laurens, le 24. Novembre dernier paffé : Pouvoirs & Procurations des 11. Avril Octobre 1601. paffez pardevant le Lieutenant Particulier en la Senéchauffée du Creft, reçûs par Me. Bertrand Aubert Notaire & Secretaire de ladite Ville, donnez par les dix Villes de Dauphiné, affemblées audit Creft, à Me. Antoine Rambaud, Jean Vincent, Achilles Faure, Antoine Martin, Aymar Peliffon, Claude Broffe & autres y dénommez pour la pourfuite & expedition dudit procès : Mémoires & Remontrances baillées audit Confeil par le Syndic des Villes dudit Pays, & tout ce que par lefdites Parties a été mis & produit pardevers Meffire André Hurault, Sieur de Maiffe, Confeiller audit Confeil · oüi fon Rapport, & tout confideré. Le ROY ESTANT EN SON CONSEIL, a retenu & retient à foy & à fondit Confeil, la connoiffance des differends defdites Parties, & y faifant droit fans avoir égard à ladite Requête du 14. May, en ce qui concerne les biens ruraux poffedez à prefent par lefdits Nobles & exempts, & qui feront par eux cy-après acquis, voulant Sa Majefté maintenir & garder l'ordre obfervé de tout tems audit Pays en la levée des Tailles, Impofitions & Contributions : & défirant pourvoir au bien & repos de fes Sujets dudit Pays, &

y apporter un Reglement affûré pour l'avenir, a ordonné & ordonne, fuivant lefdites Tranfactions, Actes & Reglemens fur ce intervenus, que les Nobles dudit Pays, vivans noblement, tant de longue que de Robe courte, foit Ecclefiaftiques, ou autres, demeureront exempts de toutes Impofitions & Contributions pour tous leurs biens, tant Nobles que ruraux, qu'ils ont ou pourront avoir par cy-après, excepté toutesfois pour les reparations & entretennement des Murailles, Chemins, Ponts & Paffages, Fours communs & autres cas de droit, aufquels lefdits Nobles font tenus contribuer. Et pour le regard des Fermiers & Métayers defdits Nobles, tant Ecclefiaftiques qu'autres, Sa Majefté ordonne qu'il en fera ufé comme il a été fait par cy-devant : voulant néanmoins que lefdits Fermiers & Métayers foient impofez, tant pour les biens meubles & beftiaux à eux appartenans efdites Fermes, & Métairies, que pour le Trafic de Marchandifes qu'ils pourront faire, tant dedans que dehors icelles. Et quant aux Ecclefiaftiques non Nobles, ils contribueront pour le regard de leurs biens propres feulement, au cas & à la forme portée par lefdites Tranfactions des 22. Mars 1553. & 16. Fevrier 1554. Arrêts & Reglements fur ce intervenus. Et ayant aucunement égard à ladite Requête dudit 14. May, entant que touche les Prefidens, Confeillers, Avocats & Procureurs du Roy qui font à prefent en Charge en ladite Cour de Parlement, Sa Majefté a ordonné & ordonne qu'ils feront & demeureront exempts des Tailles & Impofitions, tant qu'ils tiendront lefdits Offices, & encore après qu'ils les auront refignez, pourvû qu'ils ayent fervi en lad. Cour l'efpace de 20. ans demeurants tous les autres Officiers de ladite Cour, Greffiers, Huiffiers & autres : enfemble les Officiers de Chancellerie dudit Parlement, les Avocats confiftoriaux & autres Avocats; comme auffi tous les Châtelains, Juges inferieurs, Avocats & Procureurs du Roy des Siéges particuliers du Reffort dudit Parlement, fujets aufdites Contributions comme les autres dudit tiers Etat, refervé toutesfois les Vibaillif de Geifivodan, lequel joüira de fon exemption accoûtumée pendant qu'il demeurera audit Office. Et quant aux Enfans defdits Prefidents, Confeillers, Avocats & Procureur du Roy, qui font à prefent pourvûs & reçûs aufdits Offices, qui auront fervi, ou ferviront 20. ans en ladite Cour, ou mourront en l'exercice d'iceux, feront tenus & reputez Nobles, en vivant noblement. Et pour le regard des Enfans de ceux qui feront reçûs par cy après efdites Offices, ne feront tenus & déclarez Nobles, fi leurs peres & grands peres, n'ont exercé pareils Offices ou autres Charges qui par les Loix & Mœurs de ce Royaume, peuvent donner commencement de Nobleffe. Et quant aux Prefidens, Maîtres, Auditeurs des Comptes & Procureur du Roy, qui font à prefent & qui feront cy-après reçûs en ladite Chambre, ils joüiront tant pour eux que pour leurs Enfans, de pareils Privileges & Exemptions que ceux de ladite Cour cy-deffus fpecifiez, demeurans tous les autres Officiers de ladite Chambre, contribuables comme les autres : enfemble tous les Officiers des Finances & Gabelles dudit Pays, excepté le plus ancien Treforier de France, lequel pendant qu'il fera audit Office, demeurera exempt defdites Tailles, & encore qu'il ait refigné, pourvû qu'il ait fervi 20. ans. Et afin qu'il foit pourvû à la foule & defordre, que la multitude des Officiers apporté en ladite Province, Sa Majesté suivant ledit Reglement de l'an 1579. a ordonné & ordonne, que déclaration sera envoyée tant à ladite Cour de Parlement que Chambre des Comptes, portant suppression desdits Offices, jusques à ce qu'ils soient reduits au nombre porté par ladite Déclaration. Et quant aux Commissaires des Guerres, Maîtres des Eaux & Forêts & Prevôts des Maréchaux, s'ils ne sont Nobles, ils seront imposez comme les autres. Et pour le regard des Domestiques de la Maison de Sa Majesté & de la Reine, Monseigneur le Dauphin & autres Princes, desquels les Officiers sont exempts, ensemble pour les Archers des Gardes du Roy, Archers dudit Prévôt, Chevaucheurs d'Escurie & Officiers de l'Artillerie, & de la Monnoye, & autres de semblables qualitez, ils seront reglez, suivant qu'il est porté par ledit Edit, fait en l'an 1598. sur l'Exemption & Affranchissement des Tailles. Et à ces fins ordonne Sa Majesté & enjoint à ladite Cour de Parlement de Grenoble, iceluy verifier & publier & faire garder selon sa forme & teneur, sinon en ce qu'il y seroit derogé par le present Arrêt. Et d'autant que Sa Majesté desire remettre sa Noblesse en son ancienne Dignité & Splendeur, a ordonné & ordonne que recherche sera faite depuis quarante ans de ceux qui se sont glissez sans Titre au rang de ladite Noblesse, de quelque qualité qu'ils soient, pour être mis & impolez à la Taille, enjoignant Sa Majesté à ses Officiers faire ladite recherche, à la diligence de ceux dudit Tiers-Estat, pour être lesdits Usurpateurs de Noblesse condamnez au payement des Tailles & Arrerages d'icelles, depuis ledit Edit de l'an 1598, pour être les Deniers qui en proviendront employez en l'acquit des dettes des Communautez, où les dessusdits sont demeurants. Et en outre Sa Majesté a revoqué tous les Annoblissements faits 20. ans auparavant ledit Edit & depuis, sauf à Sa Majesté sur les Remontrances qui luy en seront faites, de bailler Lettres de Déclaration, si faire se doit, ausdits Annoblis, selon leurs qualitez & merites, dont Elle s'est reservée & reserve la connoissance. Ordonne neanmoins qu'aucun d'iceux ne joüira desdits Annoblissements, qu'il n'ait réellement & de fait payé l'indemnité aux Communautez qui y auront interêt, si fait n'a été, selon la Taxe qui en sera faite par les Officiers. Ne seront aussi les Bâtards tant des Nobles que des Officiers, ni leurs Descendans, tenus pour Nobles, ains imposez comme Roturiers. Les deux Docteurs Regens de l'Université de Valence entretenus aux dépens du Roy, & lisants actuellement, ensemble deux autres que les Consuls & Habitans de ladite Ville pourront stipendier pour lire ordinairement en ladite Université, seront exempts & déchargez desdites Impositions, & ceux qui sont à present en ladite Ville avec leurs Bedeaux & Secretaires imposez, ensemble les Medecins & toutes autres Personnes, desquelles l'Exemption n'est comprise au present Arrest. Ordonne neanmoins Sa Majesté que tous les dessusdits tant Officiers qu'autres, qui étoient cy-devant exempts, & qui en vertu du present Arrêt seront de nouveau imposez, demeureront deschargez pour le passé de tous les arrerages desdites Tailles, à la charge de suivre, pour l'avenir, la condition de ceux du Tiers-Estat, & d'être imposez aux Contributions selon leurs facultez. Et afin de pourvoir aux differends qui pourroient survenir par cy-

aprés,

après , pour raison des frais des Assemblées desdits Estats , Sa Majesté ,
a ordonné & ordonne, suivant ladite Transaction de l'an 1554 , que les frais
des affaires communes dudit Pays seront supportez par ceux du tiers Estat,
Enjoint aux deux autres Ordres d'y proceder le plus moderement que
faire se pourra, & de ne rejetter sur ledit tiers Estats, ce qui sera de leurs
affaires particulieres : Et afin de pourvoir de plus en plus au soulagement
de ladite Province , Sa Majestè leur a accordé & accorde, au cas que la
somme de quatre cens cinquante mille écus , qui doit être prise sur l'Imposition du Sel, pour l'acquittement des dettes en corps dudit Pays, ne puisse
suffire à l'entier payement d'icelles , que pour faire le fond de ce qui en reste-
ra, il soit mis une Imposition de deux & demy pour cent, sur les Marchandises étrangeres qui entreront & se consommeront en ladite Province , ou telle
autre qu'il sera avisé sur les autres Denrées & Marchandises qui s'y consommeront, pour être ladite Imposition mise & levée seulement, pour autant qu'il
en faudra pour le parfournissement desdites dettes, demeurans pour le surplus
les Transactions faites entre lesdites Parties lesdits 22. Mars 1553 , & 26. Fevrier 1554 , ensemble ledit Arrest du 2. Septembre , 1548. l'Edit du mois de
Juin 1556, ledit Reglement de l'an 1579, & l'Arrest du 15 Octobre 1595. en
leur force & vertu , pour ce qui n'a été reglé ni disposé par le present Arrêt. Et sur les Remontrances faites à Sadite Majesté par le Syndic des Villages de ladite Province, qu'il n'est raisonnable que ceux dudit tiers Estat ,
qui ont plusieurs dettes & obligations sur les Particuliers & Communautez
dudit Pays , ne contribuent pour ce regard comme les autres ; Sadite Majesté desirant le soulagement de ses Sujets , a ordonné & ordonne que les
Habitans des Villes & Villages seront par cy-après cotisez pour les obligations & rentes à prix d'argent qu'ils ont , ou qu'ils auront aux lieux où lesdites obligations & rentes leur seront dûës dans ladite Province. Et où il
se trouveroit leur estre dû quelques sommes de deniers ou rentes hors icelles , seront imposez aux lieux où ils seront demeurants. Comme aussi les
Marchands & Habitans des Villes pour le Trafic , Negoce & Marchandise
qu'ils y exerceront dorésnavant, Seront aussi les Nobles des Provinces de
Languedoc & Provence imposez pour les Biens ruraux par eux acquis depuis vingt ans, & qu'ils acquereront cy-après ; pourvû toutefois qu'ils n'ayent
leur domicile en ladite Province. Et quant aux Alienations faites , tant par
les Communautez dudit Pays que par les Particuliers d'iceluy , non-seulement pour cause desdites Tailles , mais aussi pour quelque autre occasion
que ce soit, depuis l'an 1580, Sa Majesté leur a accordé & accorde de pouvoir retirer & racheter les Fonds, Rentes & Heritages ainsi par eux alienez,
dans quatre ans pour le regard des Particuliers , & dans six ans pour le regard
desd. Communautez, en remboursant par eux aux Acquereurs le sort principal
& loyaux coûts. Et au cas que les Biens ruraux acquis & possedez cy-devant par
Nobles ou Exempts, retournent ès mains de ceux dud. tiers Etat quelque façon
que ce soit, seront lesd. biens de nouveau imposez au lieu de la situation, quelque
laps de tems qu'il y ait, ou quelque possession qui se puisse alleguer. Et sur la Requête faite par led. Syndic des Villages, à ce qu'ils fussent déchargez des arrerages des Rentes assises sur les Fonds & Heritages échûës depuis l'an 1588, jusqu'en

E e

l'année 1597, icelle comprise, pour n'avoir pû faire valoir lesdits Fonds à cause des Guerres pendant ledit temps; Sa Majesté a déchargé & décharge lesdits Habitans du tiers des Arrerages desdites Rentes assises sur lesd. Fonds, en ce qui reste à payer pour lesdites années, sans qu'ils puissent être recherchez ne poursuivis pour ledit tiers à l'avenir, nonobstant les obligations qu'ils en auroient pour ce passées: Et afin de pourvoir au desordre, qui est à present parmy ceux dudit tiers Estat; & à ce que par cy-après les Tailles & Contributions soient également portées par ceux qui y doivent contribuer: Sa Majesté a ordonné & ordonne, que suivant le present Arrest, il sera procedé dans six mois à nouvelle Revision & Esgalation des Feux, au lieu le plus commode de la Province, & aux moindres frais que faire se pourra, & ce par les Commissaires qui seront commis par Sa Majesté pour cet effet. Et pour rendre la Justice plus prompte & plus commode à ceux dudit tiers Estat, Sa Majesté a ordonné & ordonne que par cy - après les Juges Royaux ressortissans immediatement en ladite Cour de Parlement, prendront connoissance du fait desdites Tailles, en ce qui concerne l'execution, payement & surtaux d'icelles seulement; à la charge de l'appel en la Cour, à laquelle Sa Majesté a enjoint faire garder & observer le present Arrest, & sans dépens de part & d'autre, & pour cause. Fait au Conseil du Roy, tenu à Fontainebleau le quinziéme jour d'Avril mil six cens deux.

Signé, DE-NEUVILLE.

LES JUGES CHOISIS ONT ESTE' CEUX QUI ENSUIVENT.

MONSIEUR le Duc de Mommorancy, Pair & Connétable de France.
Monsieur de Believre, Chevalier, Chancelier de France.
Messieurs les Maréchaux de France, de Brissac & Bois-dauphin.
Monseigneur de Rosny, Grand Maitre de l'Artillerie, & Surintendant general des Finances de Sa Majesté.
Monseigneur l'Archevêque de Bourges, Grand Aumônier de France.
Monseigneur de Chasteauneuf, Chancelier de la feuë Reyne Louise.
Monsieur de Rambouïllet.
Monsieur de Maisses, Rapporteur du Procès.
Monsieur de la Guesle, Procureur General du Roy au Parlement de Paris.
Monsieur de Soncy.
Monsieur de Commartin, President au Grand Conseil.
Monsieur de Sevo, premier President en la Cour des Aydes à Paris.
Monsieur de Chaux, Evêque de Bayonne.
Monsieur de Merle, Sieur de Vesigny, Maitre des Requêtes de l'Hôtel du Roy.
Monsieur Durand, Sieur de Villegagnon, Maitre des Requêtes de l'Hôtel du Roy.

EDIT
DU ROY LOUIS XIV,

PORTANT CONFIRMATION DES DROITS, FONCTIONS & Privileges, attribuez par les Ducs de Bretagne, aux Officiers de la Chambre des Comptes de Bretagne.

Du mois d'Avril 1659.

LOUIS par la grace de Dieu, Roy de France & de Navarre : à tous prefens & à venir, Salut. Les emplois dans les Etats les plus confiderables, étant toûjours recompenfés par les Princes, en marque d'honneur, tant pour témoigner leur affection envers ceux qui les appellent aufdits emplois, que pour les rendre plus recommandables à leur Sujets, & étant certain que les plus confiderables font ceux pour la fonction defquels les Rois dépofent une partie de leur autorité Souveraine, nous pouvons à bon droit tenir en cet eftime nos Officiers de nôtre Chambre des Comptes de Bretagne, lefquels tiennent un des premiers rangs entre les Compagnies " Souveraines de ce Royaume, foit que lon regarde l'antiquité de leur éta- " bliffement, foit que l'on regarde les prerogatives de leur dignité & fon- " ctions, ayant été créés avec beaucoup d'attributs & privileges par les Ducs, " pour juger & decider fouverainement de toutes matieres de Finances, & " avoir un foin particulier de la confervation du Domaine, droits & revenus " en dépendans dans le Reffort & étenduë de ladite Province, à quoy ils " fe font comportez avec tant de finecrité & de Juftice, qu'ils ont fait " connoître qu'ils n'ont recherché autres fruits de leur foins & labeurs, que " la feule gloire de les avoir rapportés au bien & à la grandeur de cet Etat " & repos de nos fujets : ils nous ont même donné de fi fortes & entieres preuves de leurs inclinations à nôtre fervice depuis nôtre avenement à la Couronne, dont rien n'a jamais été capable de les détourner dans les derniers troubles & mouvements de cet Etat, que nous avons fujet de nous loüer de leur obéiffance & fidelité ; & comme nous ne doutons point qu'ils ne continüent & fe fortifient toûjours dans les mêmes deffeins durant tout le cours de nôtre Regne, auffi les y voulons nous exhorter par toutes les faveurs & gratifications qu'ils peuvent defirer de nous, & qu'ils fe doivent promettre de nôtre bonté & reconnoiffance. A ces Caufes & autres bonnes confiderations à ce nous mouvans, de l'avis de nôtre Confeil, où étoit nôtre très honorée Dame & Mere, nôtre très cher Frere le Duc d'Anjou, & plufieurs Princes & notables Seigneurs de nôtre Royaume, & de nôtre certaine Science, pleine Puiffance, & Autorité Royale, Nous avons dit & declaré, difons & declarons par ces Prefentes, fignées de nôtre main que nos Prefidents, Maîtres ordinaires, Correcteurs, Auditeurs, Avocats, & Procureur Generaux, & Greffier en chef de nôtredite Chambre des Comptes

de Bretagne , préfentement pourvûs defdits Offices , & qui le feront cy-
après , foient Nobles , & les tenons pour tels , voulons & nous plaît , qu'ils
joüiffent , eux , leur Venves demeurantes en viduité , leur pofterité & lignée
tant mâles qne femelles , nées & à naître , des mêmes droits , Privileges , Immunitez , rang , feances & préeminances que les autres Nobles de race de
Gentilshommes & Barons de nôtredit Pays , qu'ils foient capables de parvenir à tous honneurs , charges & dignités , pourvû que lefdits Officiers
ayent fervi vingt années , ou qu'ils decedent revêtus defdits Offices , nonobftant qu'ils ne fuffent iffus de Noble & ancienne race. Et d'autant que la
plûfpart des Officiers de nôtredite Chambre font Nobles d'extraction & par
leur naiffance , Nous voulons que ces Prefentes leurs fervent d'accroiffement
d'honneur & de generofité. Déclarons en outre & ordonnons , que lefdits
Officiers foient quittes & exemps envers nous tnat des droits de Lods &Ventes,
même en cas de Retrait, que des Rachapts , Reliefs , Quints &Requints ,
& generalement de tous droits Seigneuriaux & Feodeaux , quoy qu'ils ne
foient cy-exprimez , dont les avons relevé & relevons , qui pourroient nous
être dûs , à caufe des acquifitions qu'ils pourroient faire des maifons, terres
& heritages , ou qui leur échoiront , foit de ligne directe ou collateralle ,
mouvans du Domaine que nous poffedons à prefent , ou que nous poffe-
derons à l'avenir par confifcation , reünion , ou autrement en quelque maniere que ce foit: Voulons & nous plaît , que, hors la correction & difci-
pline qui leur eft attribuée fur les Officiers délinquans en l'exercice & fonction de leurs charges , la connoiffance des crimes dont lefdits Officiers
pourront être accufez , appartienne aux Grand'Chambres des Cours de
Parlement privativement à tous autres Juges , aufquels en interdifons toute
connoiffance de nôtre même Grace , Puiffance & Autorité Royale : outre
lefdits Honneurs , Privileges & Exemptions cy-deffus mentionnés , dont ils
font en poffeffion , & à l'exemple des Rois nos Predeceffeurs , nous les avons
maintenus & confirmez dans tous ceux à eux cy-devant accordez , fuivant
les Edits & Déclarations des années 1570. 1588. & 1598. accordez à tous
nos Officiers & Juges des Compagnies Souveraines , entr'autres à nôtre
Chambre des Comptes de Paris , à l'inftar de laquelle elle eft reglée : Et à
nos amez & feaux les Notaires & Secretaires de nôtre Maifon & Couronne
de France & de nos Finances , voulons & nous plaît , qu'ils en joüiffent
pleinement , paifiblement , generalement , & entierement fans refervation
ni reftriction quelconque , fans préjudice toutesfois des droits de la Reyne
nôtre très-honorée Dame & Mere, tant & fi longuement qu'Elle joüira de
nôtre Domaine deBretagne, aufquels droits nous n'entendons déroger en façon
quelconque par nôtre prefent Edit. Si donnons en Mandement à nos amez &
feaux Confeillers les Gens tenans nôtre Cour de Parlement & Chambre des
Comptes en Bretagne , que les Prefentes ils ayent à faire regiftrer , & du
contenu en icelles faire joüir & ufer lefdits Officiers pleinement , paifiblement & perpetuellement faifant ceffer tous troubles & empêchemens à ce
contraires. Car tel eft nôtre plaifir , & afin que ce foit chofe ferme & ftable à toûjours , nous avons fait mettre nôtre Scel à cefdites Prefentes , fauf en
autres chofes nôtre droit, & l'autrui en toutes. Donné à Paris au mois d'Avril

l'an

l'an de grace mil six cens cinquante-neuf, & de nôtre Regne le seiziéme.
Ainsi signé, LOUIS, & sur le repli, par le Roy, De Lomenie. Et à côté
Visa, Seguier, & scellées & contrescellées de Cire verte à Lacs de soye
rouge & verte.

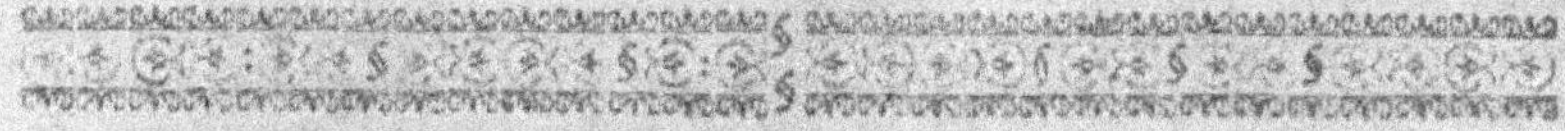

EXTRAIT
DES REGISTRES
DE LA CHAMBRE DES COMPTES
DE BRETAGNE.

VEU par la Chambre les Lettres Patentes en forme de Declaration,
données à Paris au mois d'Avril dernier, signées, Louis, & sur le reply par le Roy, de Lomenie, scellées du grand Sceau de cire verte à lacs
de soye rouge & verte, & contre-scellées, par lesquelles & pour les considerations y contenuës, ledit Seigneur Roy de l'avis de son Conseil, où
étoient sa trés-honorée Dame & Mere, son trés-cher Frere le Duc d'Anjou,
& plusieurs Princes & notables Seigneurs de ce Royaume, dit & declaré,
que les Présidens, Maîtres ordinaires, Correcteurs, Auditeurs, Avocats &
Procureur Generaux & Greffier en Chef de ladite Chambre des Comptes
de Bretagne, presentement pourvûs desdits Offices & qui le seront cy-aprés,
soient Nobles & les tient pour tels: Veut & luy plaît qu'ils joüissent eux & leurs
Veuves demeurant en viduité, leur Posterité & Lignée, tant mâles que
femeles, nez & à naître, des mêmes Droits, Priviléges, Immunitez, Rang,
Séances que les autres Nobles de race de Gentilshommes & Barons dudit
Païs : qu'ils soient capables de parvenir à tous Honneurs, Charges & Dignitez, pourvû que lesdits Officiers ayent servi vingt années, ou qu'ils decedent revêtus desdits Offices, nonobstant qu'ils ne fussent issus de Noble
& ancienne race. Et d'autant que la plûpart desdits Officiers de ladite
Chambre sont Nobles d'extraction & par leur naissance, Sa Majesté veut
que lesdites Lettres leur servent d'accroissement, d'honneur & de generosité : declare en outre Sadite Majesté, que lesdits Officiers sont quittes &
exempts envers Elle, tant de tous Droits de Lods & Ventes, même en
cas de rettait, que de Rachapts, Reliefs, Quints & Requints, & generalement de tous Droits Seigneuriaux & Feodaux qui pourroient être dûs à
cause des acquisitions qu'ils pourroient faire des Maisons, Terres & Heritages, ou qui leur échoiront, soit en ligne directe ou collateralle, mouvans
du Domaine que possede à present Sadite Majesté, ou qu'Elle possedera à
l'avenir par confiscation, réunion ou autrement, en quelque maniere que
ce soit, encore que lesdits Droits ne soient specifiquement exprimez auf-

dites Lettres, dont Sa Majesté releve lesdits Officiers en tant que besoin. Veut encore Sadite Majesté & luy plaît, que hors la correction & discipline qui est attribuée à ladite Chambre sur les Officiers d'icelle, delinquans en l'exercice & fonction de leurs Charges, la connoissance des crimes dont lesdits Officiers pourront être accusez, appartienne aux Grand'Chambres des Cours de Parlement, privativement à tous autres Juges, ausquels par sa puissance & autorité Royale, ledit Seigneur Roy en interdit la connoissance; outre lesquels Honneurs, Priviléges & Exemptions mentionnez & entendus compris ausdites Lettres, & dont lesdits Officiers sont en droit & possession de joüir, Sa Majesté à l'exemple des Roys ses Prédecesseurs les a maintenus & confirmez dans tous ceux à eux cy-devant accordez, suivant les Edits & Declarations des années 1572, 1588 & 1598, & accordés à tous les Juges des Compagnies Souveraines, entr'autres de la Chambre des Comptes de Paris à l'instar de laquelle celle de Bretagne est reglée, & aux Notaires & Secretaires de la Maison & Couronne de France & des Finances de Sadite Majesté, pour en joüir lesdits Officiers de ladite Chambre des Comptes de Bretagne, Veuves demeurant en viduité, & leur posterité & lignée, plainement, paisiblement, generalement & entierement, sans reservation ni restriction quelconque : Lettres Patentes des 14 Juin 1327, 21 Fevrier 1351, 19 Juillet 1385, 2 Mars 1425, 14 May 1469, Mars 1519, 2 Octobre 1555, Septembre 1570 : Autres Lettres en forme d'Edit : Arrêts de verification desdites Lettres de Priviléges, au Parlement & Chambre des Comptes à Paris, des 8 & 24 Janvier 1571 : Autres Lettres des 5 May 1580 & 29 Avril 1686 : Arrêt de Verification au Parlement, séant à Tours, le 29 Juillet 1591 : Autre Arrêt de Verification en la Cour des Aydes du 15 jour de Septembre 1582 : Autres Lettres des années 1605, 1606, 1610 & 1613 : Autres Lettres Patentes du 6 Avril 1626, portant que les Officiers de la Chambre des Comptes de Bretagne, joüiront des mêmes Droits & Privileges dont joüissent les Officiers de la Chambre des Comptes de Paris, à l'instar de laquelle celle de Bretagne est reglée: Lesdites Lettres verifiées au Parlement de ladite Province, par Arrêt du 17. Septembre de ladite année 1626, auquel Arrêt sont mentionnées lesdites Lettres de Privileges, & les Extraits de ceux dont joüissent les Officiers de la Chambre des Comptes de Paris : Arrêt du Parlement de Bretagne du 28 May 1631, par lequel le Sieur de Longlée de Renoüard, Conseiller & Maître ordinaire en la Chambre des Comptes dudit Pays, est en consequence desdits Privileges déclaré quitte & exems de payer les Lots & Ventes qui lui étoient demandés: Autres Lettres de confirmation desdits Privileges, du mois de Novembre 1638, adressantes à la Cour des Aydes à Paris: Arrêt de verification de lad. Cour, du 20 Decembre ensuivant: Arrêt du Conseil d'Estat du Roy, du 30 jour d'Août 1641, par lequel sans avoir égard à l'Arrêt du Parlement de Rennes, du 22 Decembre 1637: Est ordonné que le Sieur Ferron President en ladite Chambre, joüira de l'exemption de Lods & Ventes de la Terre du Ronceray par lui acquise: Déclaration de la Reyne Mere du Roy, de l'an 1643, par laquelle sur les Remontrances des Officiers de ladite Chambre repondües en son Conseil, Elle declare n'empécher que les Presidens Maitres ordinaires, & Gens du Roy, joüissent de l'exemption desdits droits casuels & profits de Fief: Autres Lettres Patentes du Roy à present regnant, portant don à ladite Dame Reyne, de ce qui excede les 500 livres de chaque casuel dudit Domaine, verifiées par Arrêt de ladite Chambre du 25 jour d'Avril 1650, à la charge que les Officiers d'icelle, demeureront conformement à leurs Privileges, exempts desdits droits casuels. Le tout consideré: La Chambre, Seances assemblées, oüi & requerant le Procureur General du Roy, a ordonné & ordonne, que lesdites Lettres seront enregistrées au Greffe d'icelle, pour lesdits Officiers, honoraires, & leurs Veuves vivantes en viduité, joüir de l'effet d'icelles bien & düëment, suivant la volonté du Roy, sans que la clause employée dans lesdites Lettres concernant les droits de la Reyne Mere du Roy, sur les Domaines de Bretagne, puisse nuire n'y préjudicier aux Privileges desdits Officiers. Fait en la Chambre des Comptes à Nantes, le vingt-neuviéme jour d'Avril mil six cens cinquante-neuf. Signé, FORCHETEAU.

Enregistrées au Mandement, Cotté 32. Fol. 238. D.

LETTRES
DE SURANNATION.

LOUIS par la Grace de Dieu Roy de France & de Navarre: A nos Amez & Feaux Conseillers, les Gens tenans nos Cours de Parlement & des Aydes à Paris, SALUT: Pour ce que vous pouvez faire difficulté de registrer les Lettres Patentes de Nous obtenuës, par nos Amez & Feaux Conseillers, les Officiers de nôtre Chambre des Comptes de Bretagne, au mois d'Avril 1659, cy attachées sous le Contre-Scel de nôtre Chancellerie; sous pretexte qu'elles ne vous ont été presentées dans l'an de l'octroy d'icelles, & qu'elles sont à present surannées, s'il ne leur étoit par Nous pourveu d'autres nos Lettres sur ce necessaires, qu'ils nous ont requis, & supplié de leur vouloir octroyer. A CES CAUSES, Nous vous mandons, ordonnons, & expressement enjoignons par ces Presentes, que nosdites Lettres Patentes vous étans presentées par lesdits Exposans, vous ayez chacun en droit soy, à proceder à l'enregistrement d'icelles, & de l'effet y contenu, les faire joüir & user, & leurs Successeurs Officiers de ladite Chambre, pleinement, paisiblement & perpetuellement, ainsi qu'il vous est mandé par lesdites Lettres, tout ainsi que vous eussiez fait & pû faire, si elles vous eussent été presentées: AVONS sur la Surannation d'icelles, laquelle nous ne voulons leur nuir ni prejudicier, & dont en tant que besoin seroit, Nous les avons à cette fin relevé & relevons, de Grace speciale par cesdites Presentes. CAR TEL EST NÔTRE PLAISIR. DONNE' à Fontainebleau, le 14 jour

d'Août, l'an de grace mil six cens soixante-un, & de nôtre Regne le dix-neu-
viéme. Signé, Par le Roy en son Conseil, DUMOLEY, & scellé du grand
Sceau de Cire jaune, sur simple Queuë.

Registrées, ouy le Procureur General du Roy, pour être executées selon leur forme &
teneur. A Paris en Parlement, le vingt-sixiéme Août mil six cens soixante un.
Signé, DUTILLET.

EXTRAIT
DES REGISTRES
DU PARLEMENT DE PARIS.

VEU par la Cour les Lettres patentes données à Paris au mois d'Avril
mil six cens cinquante-neuf, signées, LOUIS, & sur le Reply, Par
le Roy, DE LOMENIE, & scellées sur Lacs de soye du grand Sceau de
Cire verte, obtenuës par les Officiers de la Chambre des Comptes de Bretagne ; par lesquelles, & pour les causes y contenuës, ledit Seigneur auroit
dit & declaré que les Presidens, Maîstres ordinaires, Correcteurs, Auditeurs, Avocats, & Procureur Generaux & Greffier en chef de ladite Chambre des Comptes de Bretagne, presentement pourvûs desdits Offices, & qui
le seront cy-après, soient Nobles, les tient pour tels : Veut & luy plaist,
qu'ils joüissent, Eux, leurs Veuves demeurantes en viduité, leurs posterité
& lignée, tant mâles que femelles, nés & à naistre, des mêmes Droits,
Privileges, Immunitez, Rang, Seance & Prééminence que les autres Nobles de race de Gentilshommes & Barons dudit Pays, qu'ils soient capables
de parvenir à tous Honneurs, Charges & Dignitez, pourvû que lesd. Officiers ayent servi vingt années, ou qu'ils décedent revêtus desdits Offices,
ainsi qu'il est plus au long porté par lesdites Lettres à la Cour adressantes,
Lettres de Surannation sur icelles, du 14. Août 1661. Signées & scellées du
grand Sceau, & autres Pieces attachées sous le Contre-Scel. Requête presentée à la Cour par lesdits Officiers de la Chambre des Comptes de Bretagne, afin d'enregistrement desdites Lettres. Conclusions du Procureur
General du Roy : Ouy le Rapport de Maître Michel Ferrand, Conseiller
du Roy en ladite Cour : Et tout consideré, ladite Cour a ordonné & ordonne que lesd. Lettres seront registrées au Greffe d'icelle, pour être executées, & joüir par les Impetrans de l'effet & contenu en icelles, selon leur
forme & teneur. FAIT en Parlement le vingt-sixiéme jour d'Août mil six
cens soixante un. Collationné, Signé, DUTILLET.

ARREST

ARREST
D'ENREGISTREMENT
AU GRAND CONSEIL
DES PRIVILEGES DES OFFICIERS DE LA CHAMBRE
des Comptes de Bretagne.

Du treiziéme Novembre 1662.

LOUIS par la Grace de Dieu, Roy de France & de Navarre : A tous ceux qui ces presentes Lettres verront, SALUT ; sçavoir faisons, comme par Arrêt ce jourd'huy donné en nôtre Grand Conseil sur la Requête presentée en iceluy par nos Amez & Feaux les Officiers de nôtre Chambre des Comptes de Bretagne, tendant afin que nos Lettres Patentes du mois d'Avril 1659. par lesquelles les Presidents, Maîtres ordinaires, Correcteurs, Auditeurs, Avocats & Procureur Generaux, Greffier en chef de ladite Chambre, qui sont pourvûs desdits Offices, & qui le seront cy-aprés, soient declarés Nobles, tenus pour tels, & qu'ils joüissent Eux & leurs Veuves demeurant en viduité, & leur posterité & lignée, tant mâles que femelles nés & à naître, des mêmes Droits & Privileges, Immunitez, Rang, Seances, & Préeminences que les autres Nobles de Race, & declarés capables de parvenir à tous Honneurs, Charges & Dignitez ; pourvû que lesdits Officiers ayent servy vingt années, ou qu'ils décedent revêtus desdits Offices : qu'ils soient quittes & exempts de tous Droits de Lods & Ventes, tant en cas de Retrait, que de Rachats, Reliefs, Quints & Requints, & generalement de tous Droits Seigneuriaux & Feodaux, qui Nous pourront être dûs, à cause des Acquisitions par eux faites, & qu'ils pourront faire des Maisons, Terres & Heritages, ou qui leur sont échûës & échoiront en Ligne directe ou collaterale, mouvants de nôtre Domaine, & des Terres & Seigneuries qui seront reünies à iceluy par Confiscation, Réünion, Acquisition en quelque maniere que ce soit, avec attribution de la connoissance des crimes, dont lesdits Officiers pourroient être accusez, aux Grand'Chambres des Parlemens, privativement, avec interdiction à tous autres Juges d'en prendre aucune connoissance, & confirmation des Honneurs, Privileges & Exemptions à eux cy-devant accordez, suivant les Edits & Declarations des années 1572, 1588 & 1598, & concedez aux Officiers & Juges des Compagnies souveraines, Chambres des Comptes de Paris, Notaires & Secretaires de la Maison & Couronne de France, pour en joüir pleinement & entierement, sans reservation ni restriction quelconque, sans toutefois préjudicier aux

G g

Droits de la Reine nôtre très-honorée Dame & Mere , tant & si long-tems qu'Elle joüira du Domaine de Bretagne : Et que les Lettres de Reliefs d'Addresse & de Surannation desdites Lettres du 23. Octobre 1662. soient registrées ès Registres de nôtredit Conseil, pour joüir par lesdits Officiers de l'effet du contenu en icelles, selon leur forme & teneur. VEU PAR NÔTRE GRAND CONSEIL ladite Requête, lesdites Lettres, Arrêt de nôtre Conseil d'Etat du 5. Août 1662. par lequel Nous avons évoqué à Nous & à nôtre Conseil tous & chacuns les Procez civils & criminels, que lesdits Officiers de ladite Chambre des Comptes de Bretagne , leurs Veuves , Femmes & Enfans, Freres, Sœurs, Cousins germains & Domestiques , ont ou auront cy-après en nôtre Parlement de Rennes, tant en demandant que deffendant & , les renvoyant avec leurs circonstances & dependances en nôtre Conseil , avec interdiction à nôtredit Parlement d'en connoître , & deffenses aux Parties d'y faire aucunes poursuites , à peine de nullité , & cassation des Procedures, & de dix mille liv. d'amende : Arrêt de nôtre Conseil d'Etat , par lequel est ordonné que ledit Arrêt de nôtre Conseil d'Etat sera registré ès Registres de nôtredit Conseil pour être gardé & observé selon sa forme & teneur, du dix-septiéme desdits mois & an : Conclusions de nôtre Procureur General : iceluy nôtredit Grand Conseil, ayant égard à la Requête , a ordonné & ordonne que lesdites Lettres patentes du mois d'Avril 1659 , & Lettres de Relief d'Addresse, & de Surannation d'icelles en nôtre Grand Conseil du 23. Octobre 1662. seront registrées ès Registres de nôtredit Conseil , pour joüir par les Suppliants de l'effet du contenu en icelles , selon leur forme & teneur, & aux clauses & conditions contenuës en icelles , sans préjudice de la Jurisdiction y attribuée à nôtredit Conseil par l'Arrêt de nôtredite Conseil d'Etat, du 5. Août 1662. SI DONNONS EN MANDEMENT au premier des Huissiers de nôtredit Grand Conseil , ou autre nôtre Huissier , ou Sergent sur ce requis, qu'à la Requeste des Suppliants , le present Arrêt il mette à düe & entiere execution , selon sa forme & teneur , nonostant oppositions ou appellations quelconques ; & à cette fin faire tous Actes & Exploits de Justice requis & necessaires : de ce faire te donnons pouvoir , sans pour ce demander , Placet, *Visa* ne *Pareatis*, en témoin dequoy Nous avons fait mettre nôtre Scel à cesdites Presentes. DONNÉ en nôtre Grand Conseil , montré à nôtredit Procureur General, & prononcé à Paris le treiziéme jour de Novembre l'an de grace 1662. & de nôtre Regne le vingtiéme. Collationné, & Signé sur le dos, Par le Roy à la Relation des Gens de son Grand Conseil. HERBIN. *Au Mandement. Cotté* XXXIII. *Fol.* 151 *V°.*

SUR la Requête presentée au Conseil par les Gens tenants la Chambre des Comptes de Bretagne , tendant à ce que l'Arrest du Conseil privé du Roy, rendu entr'eux, d'une part ; & les Gens tenants la Cour de Parlement de Rennes, & Commission expediée sur led. Arrêt , soient enregistrés au Greffe du Conseil, pour être gardés & executés selon leur forme & teneur. Vû par le Conseil lad. Requête, led. Arrêt du Conseil & Commission , par lesquels Sa Majesté entre autres choses , a évocqué à soy & à son Conseil tous & chacuns les Procés civils & criminels que lesdits Officiers de la Chambre des Comptes de Bretagne, leurs Veuves, Femmes, Enfans, Freres, Sœurs, Cousins germains, & Domestiques ; ont ou auront audit Parlement de Rennes, tant en demandant que deffendant iceux avec leurs circonstances & dépendances renvoiés au Conseil, pour être jugés & terminés, ainsi qu'il appartiendra par raison ; Sadite Majesté luy attribuant à cette fin toute Cour, Jurisdiction & Connoissance, & icelle interdite au Parlement de Rennes, & tous autres Juges ; avec deffenses aux Parties d'y faire aucune poursuite, à peine de nullité, cassation, dix mille liv. d'amende, dépens, dommages & interêts, du 5. Août 1662. Conclusions du Procureur General du Roy. LE CONSEIL ayant égard à ladite Requête a ordonné & ordonne que lesdits Arrêt du Conseil & Commission seront enregistrés ès Registres du Conseil, pour être gardés & observés selon leur forme & teneur. Le present Arrêt a été mis au Greffe du Conseil, montré au Procureur General du Roy, & prononcé à Paris le 17. jour d'Août 1662. Signé, HERBIN. *Au Mand. Cotté 33. Fol. 151.*

Depuis l'Enregistrement au Grand Conseil, de l'Edit du mois d'Avril 1659. donné en faveur des Officiers de la Chambre des Comptes de Bretagne, le Parlement de Bretagne, qui avoit fait difficulté de l'enregistrer en 1659. l'enregistra en 1666. par son Arrêt du 2. Juin, avec quelques modifications ainsi qu'il ensuit.

La Cour a ordonné & ordonne que lesdites Lettres seront enregistrées au Greffe d'icelle, pour jouir les Présidents, Maîtres ordinaires & Gens du Roy de ladite Chambre, de l'esset y contenu, suivant la Volonté du Roy ; & au regard de la Noblesse en jouir, tout ainsi qu'ont droit d'en jouir & jouiront les Présidents, Conseillers & Gens du Roy de ladite Cour ; & même les deux Correcteurs de present en Charge, & ceux qui posséderont lesdites deux Charges seulement ; & pour les Procez criminels, où lesdits Officiers seront Parties accusées, être les Plaintes reçües, & les Informations faites par les Juges Royaux seulement, sans qu'ils puissent passer outre au decret, instruction & jugement desdits Procès ; mais enverront au Greffe de ladite Cour les Charges & Informations pour l'Instruction en être continuée en la Chambre de la Tournelle & procedé au Jugement deffinitif ; Grand'Chambre & Tournelle assemblées. Fait en Parlement à Rennes, Chambres assemblées, le 2. Juin 1666. Signé, MALESCOT.

Au Mandement, Cotté 34. Fol. 30.

A R R E S T
DU PARLEMENT DE PARIS.

QUI JUGE QUE LA SUCCESSION DE Mᵉ. MICHEL le Loup Fils, & petit-Fils de Maîtres des Comptes sera partagée noblement.

ENTRE Dame Suzanne de Crocelay, Veuve de defunt Me. Michel le Loup, vivant Escuyer, Seigneur du Breüil, Conseiller du Roy, Maître ordinaire en sa Chambre des Comptes de Bretagne, cy devant heritier principal & noble de defunt Me. Yves le Loup, son pere, Appellant tant comme de Juge incompetant qu'autrement, de certain Jugement rendu en la Jurisdiction du Chapitre de Nantes le 4 Septembre 1653, par lequel après que l'Appellant a soûtenu le partage desdites successions (dont est question, devoit être fait avantageux; pour y faire droit les Parties ont été appointées à écrire & produire; & cependant sans préjudice de leurs droits touchant lesdits Partages, & autres leurs droits, ordonne qu'ils conviendront de Cordeurs & Priseurs pour l'execution dudit Partage; & en Requête presentée à la Cour, le 21 Mars 1659, tendant afin qu'en consequence des Arrêts du Conseil Privé du Roy, rendus sur la poursuite & à la diligence de l'Appellante à l'encontre des Intimez, cy-après nommez, portant evocation du differend des Parties, & renvoy d'icelui en la Cour, circonstances & dépendances, il plût à ladite Cour, en tant que besoin est, évoquer ledit principal, & y faisant droit, ordonné que lesdites successions seront partagées noblément, comme étant ledit Sieur le Lou, Fils & petit Fils de trois Maîtres des Comptes Ce faisant, que suivant & conformément à la donation portée par le Contrat de Mariage d'entre l'Appellante & ledit defunt son mari, elle sera maintenuë & gardée en la possession & joüissance du tiers aux deux de tous & un chacun les Biens dudit deffunt Me. Yves le Loup, ensemble du tiers de tous les Biens que possedoit au jour de son decés led. deffunt sieur du Breüil, avec restitution des Fruits, du jour dudit decés, suivant le Partage, qui en sera fait par gens à ce connoissans, dont les Parties conviendront, sinon pris & nommez d'Office, & les Deffendeurs condamnez aux dépens, même en ceux reservez par lesdits Arrêts du Conseil, d'une part; & Bonaventure le Lou, Escuyer Sieur de la Babinaye, Fils unique & seul heritier par benefice d'inventaire dudit defunt Sieur du Breüil, qui l'étoit dudit Yves le Lou & sa femme, Défendeur; & Claude le Lou, Escuyer Sieur du Bourbriant, Oudard Hux, Escuyer Sieur du Bois, Sebastien le Meneust, Sieur du Baudrier, Dame Elisabeth Hux son Epouse, Me. Jean du Hallay, Chevalier Seigneur dudit lieu, & Dame Marguerite Hux son épouse, Emanuel Bastelard, Sieur de la Salle, & Catherine Hux son épouse, heritiers en partie desdits defunts Yves le Lou & Jalier sa femme, Intimez & Défendeurs. Et encore entre ledit Bonaventure le Lou, Escuyer Sieur de la Babinaye, Appellant comme de Juge incompetant de la même Sentence dudit jour 4. Septembre 1653, & Demandeur en Requête par lui presentée à la Cour le 12 May 1659, à ce qu'en venant plaider sur icelui appel, les Parties seront tenuës de venir plaider sur le principal, lequel en tant que besoin est, seroit évoqué, & y faisant droit, que les Successions desdits defunts Yves le Lou, & Dame Catherine Jalier sa femme, seront partagées noblement entre les Parties, & declarées avantageuses audit Demandeur; & pour avoir par les Intimez cy-après nommez insisté au contraire, condamnez en tous dommages, interêts & dépens, tant du principal & cause d'appel, que ceux reservez par lesdits Arrêts du Conseil, d'une autre part; & lesdits Claude le Lou, Hux, le Meneust, du Hallay, Bastelard & leurs femmes esdits noms, Intimez & Défendeurs, d'autre part. Après que Langlois pour l'Appellante a dit que le 8 jour du mois de May 1644, elle a passé Contrat de Mariage avec ledit defunt le Lou, par lequel entr'autres choses, il lui a fait don du tiers de tous ses heritages & choses representées immeubles en proprieté à jamais,

par

par heritage, ou de l'ufufruit de tous fes heritages & immeubles, au choix
de l'Appellante ; laquelle en confequence a voulu fe mettre en poffeffion,
non feulement du tiers des biens que ledit defunt fon mari poffedoit indivis,
mais encore de ceux qui lui étoient échûs de la fucceffion du Sieur Yves
le Lou fon pere, les biens duquel n'avoient point encore été partagez. A
l'effet de quoy l'Appellante ayant fait affigner pardevant le Senechal du
Chapitre de Nantes les Intimez, qui étoient coheritiers dudit feu Sieur
Michel le Lou en la fucceffion dudit Yves le Lou, elle a demandé qu'il lui
fût donné le tiers aux deux tiers, qui appartenoient audit defunt fon mari
en ladite fucceffion dudit Sieur fon pere, comme la fucceffion dudit Yves
le Lou devant être partagée noblement par les deux parts & le tiers. A quoy
lefdits heritiers ont fourni des défenfes, par lefquelles ils ont foûtenu que
ladite fucceffion dudit Yves le Lou, devoit être partagée communément &
également, parce qu'encore que ledit Yves le Lou eût été Maître des Comptes
de Nantes, cette qualité n'avoit pû rendre le partage de fa fucceffion noble.
Surquoy ledit Senechal a rendu fa Sentence, par laquelle il a appointé les
Parties en droit à écrire & produire, & ordonné que cependant ils convien-
droient de Prifeurs & Cordeurs, de laquelle Sentence étoit l'appel, auquel
l'Appellante étoit bien fondée, d'autant qu'il étoit préalable de juger fi ladite fucceffion feroit partagée avantageufement ou non, à caufe que ladite
fucceffion étoit échûë en la Coûtume de Bretagne, en laquelle il y a l'art.
244, qui veut, qu'au cas que la fucceffion dont le partage eft fait foit noble, les Appreciateurs foient nobles ; & quant au principal, c'étoit une honte
aux Intimez de vouloir revoquer en doute la nobleffe de la perfonne & de
la fucceffion dudit Yves leur ayeul, d'autant que l'Appellante avoit juftifié
que dès le 4 May 1572, le Sieur Michel le Lou, ayeul dudit Michel le Lou
fon mari, avoit été pourvû d'un Office de Maître des Comptes à Nantes,
auquel il avoit été reçû le 22 Octobre enfuivant ; lequel Office il avoit exercé
jufqu'en l'an 1586, qu'étant decedé revêtu dudit Office, ledit Yves le Lou
fon fils en avoit été pourvû le 1. Juillet 1586, auquel il avoit été reçû le 17
Novembre audit an ; & enfuite ledit Michel le Lou, mari de l'Appellante,
avoit été pourvû dudit Office le 10. Juin de l'an 1615, & reçû le 27 enfuivant,
au moyen de quoy on ne pouvoit douter que la fucceffion dudit Yves le
Lou, ne dût être partagée noblement, d'autant qu'on ne pouvoit revoquer
en doute, que ceux qui ont l'honneur d'être pourvûs & reçûs efdits Offices
de Maîtres des Comptes de ladite Chambre de Nantes ne foient nobles, attendu que ladite Chambre des Comptes eft une Compagnie fouveraine du
Royaume, ancienne, & laquelle a droit de joüir de tous les Privileges &
Dignitez de la Chambre des Comptes de Paris, fuivant les Lettres de confirmation qui lui en ont été données le 6 Avril 1626, qui portoit que ladite Chambre eft reglée à l'inftar de celle de Paris, & qui ont été regiftrées
au Parlement de Rennes le 3 Septembre audit an, étant certain par l'Hiftoire de France, que les Officiers tant d'Epée que de Judicature, que de
Chambre des Comptes, qui étoient poffedées anciennement par les mêmes
perfonnes, & defquels les Cours de Parlements & Chambres des Comptes
ont été compofées, ont rendu non feulement les Titulaires qui les ont pof-

H h

sedés, nobles, mais encore ont transmis un principe & une suite de noblesse à leur posterité : de sorte que pour rendre le partage d'une succession noble, il suffit que celui du partage des biens duquel il s'agit, ait été pourvû d'un Office de cette qualité, qu'il y ait été reçû, qu'il soit decedé en possession d'icelui ou avec des Lettres de veterance. Ce qui doit recevoir moins de difficulté en l'espece de la cause, en laquelle il s'agit de la succession d'un Maître des Comptes, qui étoit fils d'un autre Maître des Comptes, dautant que par l'art. 570. de la Coûtume de Bretagne, la succession des enfans annoblis se doit partager noblement & avantageusement ; C'est pourquoy il a conclu en son appel & au principal, que la succession dudit Yves le Lou soit parragée noblement, & qu'il lui soit delaissé le tiers aux deux tiers des biens dudit Yves le Lou, avec le tiers des biens dudit Michel le Lou son mari, avec dépens. REGUENEAU pour ledit Bonaventure le Lou, Sieur de la Babinaye, a dit, que l'appel est d'une Sentence renduë par le Senechal du Chapitre de Nantes, qui a appointé les Parties à mettre ; mais que le principal different des Parties, dont l'évocation est respectivement consentie, consiste à sçavoir si le partage de la succession d'Yves le Lou se fera noblement. Ce qui ne peut recevoir de contestation, vû que ledit Michel le Lou son pere est aussi decedé Doyen des Maîtres des Comptes de la même Ville, & que les Enfans des Conseillers d'une Cour souveraine étoient nobles, puisqu'ils ne seroit pas raisonnable que ceux qui exercent la plus noble partie de la puissance Royale, qui est la distribution de la Justice, ne laissassent pas la Noblesse à leurs Enfans ; que les Senateurs dans tout le Droit sont appellez, *Viri clarissimi*, & que dans la Loy *quisquis ad legem Juliam Majestatis*, il est dit que *faciunt partem corporis Imperialis*, Que cette maxime est appuyée de l'opinion de tous les Docteurs, & de la decision des Arrêts de la Cour, & même par un Arrêt celebre servant de Reglement, rendu en l'année 1602, rapporté par Mathieu dans le V. Livre de son Histoire : lequel Arrêt ne met point de distinction entre les Officiers des Chambres des Comptes & des Parlemens ; & que même la Chambre des Comptes de Bretagne est plus ancienne que le Parlement de ladite Province, d'autant que son érection fut faite pendant les Ducs de Bretagne, & avant que ladite Province fût reünie à la Couronne. Qu'il ne sert rien d'objecter l'art. 541. de la Coûtume de Bretagne, d'autant qu'il ne peut être appliqué que pour les hommes qui pretendent appuyer leur Noblesse sur la seule antiquité de leur Maison, & sur la presomption ; mais que ledit article ne concerne point ceux qui sont annoblis par la valeur & par le merite de leur pere ou ayeul. Et en effet, par l'art. 570. de ladite Coûtume de Bretagne, il est porté que la succession des annoblis par leur valeur ou merite, & autrement que par argent, se partagera noblement pour la seconde fois. Ledit article a rejetté la Noblesse acquise par argent, & n'a pas voulu que ce metail que la vertu méprise, pût servir pour acquerir une prompte Noblesse, qui est la veritable recompense de la vertu. Ce sont ces gens-là qui sont annoblis par argent, qui doivent avoir une possession de Noblesse pendant cent ans, pour que leur succession puisse être partagée noblement : car il faut du tems pour épurer le vice de leur naissance & de leur sang ; mais à l'égard de

ceux qui ont acquis la Noblesse par leur valeur dans les Armées , ou par leur
merite dans la distribution de la Justice ; il faut que leurs Successions soient
partagées noblement pour la seconde fois, suivant ledit Article 570. Après
quoy il ne peut pas y avoir de difficulté en sa cause , puisque Michel le
Lou a été Maître des Comptes , & qu'Yves le Lou son Fils , qui a recüeilly sa
Succession, a été semblablement Maître des Comptes:la Succession duquel Yves
le Lou il s'agit maintenant de partager. Renaud pour ledit Claude le Lou a
acquiescé ; & Billard pour Emanuel de Bastelard & Consors, a dit, que la
noblesse des Charges n'est à proprement parler , qu'une Noblesse person-
nelle , laquelle finit avec la vie de ceux qui les exercent ; & qu'en France la
veritable Noblesse qui passe à la posterité , est celle qui s'acquiert dans les
fonctions & dans les exercices Militaires ; qu'au reste les Officiers des Chambres des Comptes ne doivent pas être considerez comme ceux des Parlements , puisque lesdites Chambres des Comptes n'ont point de Jurisdiction
contentieuse , & qu'elles ne vacquent pas à des emplois qui ayent tant d'é-
clat & tant de Majesté comme ceux des Parlements , que même la Chambre des Comptes de Nantes ne doit pas être considerée comme celle de Paris ; & que dans le particulier de la cause qui est à juger, les Appellants ne
peuvent legitimement esperer que la Succession d'Yves le Lou , Maître des
Comptes à Nantes , puisse être partagée noblement , d'autant que par le 541.
Article de la Coûtume de Bretagne , il faut cent ans de possession de Noblesse ; ce qui ne se trouvoit pas dans la Famille dudit Yves le Lou au tems
de son decez ; & que dans ladite Coûtume de Bretagne , comme il se voit
par l'Article 570. il ne peut y avoir que deux sortes de Noblesse , l'une par
Lettres du Prince , & l'autre par l'Epée, ce qui ne se trouvoit point dans la
personne dudit Yves le Lou , ny dans celle de ses Ancestres ; que cela étoit
si veritable , que quantité de particuliers Maîtres des Comptes de la Ville
de Nantes avoient obtenu du Roy des Lettres de Noblesse , comme aussi la
Chambre des Comptes de ladite Ville avoit obtenu des Declarations , pour
tâcher que les Charges de ladite Chambre fissent passer la Noblesse dans les
Familles de ceux qui en étoient pourvûs : Lesquelles Declarations ils n'a-
voient pû faire registrer au Parlement. B I G N O N , pour le Procureur general du Roy , a dit , qu'en la Question qui se presente on doit d'abord
établir un Principe, qui ne peut être contesté, que la qualité de Noble acquise par un Officier de Cour souveraine est transmissible à ses Enfans , à
l'effet de les faire partager noblement , quoyque quelques-uns ayent crû le
contraire , prétendans qu'elle n'est qu'accidentelle à l'Officier , externe ,
accessoire & indirecte, n'etant pas attribuée à sa personne interieurement ,
& principalement à cause d'elle-même ; mais par un moyen hors de luy-
même , qui est son Office ; mais les anciens Arrêts & les nouveaux ont jugé
le contraire en plusieurs Coûtumes ; premierement en celle de Poitou, puis
en celles du Maine & d'Anjou , où il y avoit plus de difficulté , parce qu'en
ces deux dernieres , la Femme de condition Roturiere est annoblie par son
Mary noble : & neanmoins par une autre Article la Succession se partage pour
la premiere fois roturierement , ce qui obligea de faire enquête par turbe ,
sur laquelle intervint Arrêt le 14. Août 1635 , par lequel on jugea le partage

noble en la succession de Monsieur le Gras. Conseiller au Grand Conseil, quoy qu'il s'agit d'un partage de la Succession d'un homme nouvellement annobly par sa dignité : Cet Annoblissement étant aussi fort & aussi puissant pour le transmettre, que celuy qui vient par les Lettres expresses du Prince, puis qu'on doit presumer qu'il ne fait choix que de Personnes de vertu & de merite, qui sont & doivent être les solides fondemens, & les veritables causes ou proches, ou éloignées de toute sorte de Noblesse, soit de Race, de Dignité, ou de Lettres, & que les Compagnies ne reçoivent & ne doivent recevoir que ceux qui sont de cette qualité, outre la participation de l'Autorité Royale, que les Officiers exercent au nom & sous le nom du Roy, en jugeant souverainement, & l'exercice continuel de la Justice, la premiere & la plus excellente de toutes les Vertus, qui conserve les Estats autant & plus que la vertu Militaire ; Qu'il est vray que l'on a donné plus d'avantage à la profession des Armes dans les premiers temps de l'établissement de la Monarchie Françoise ; parce que nos premiers Rois étoient des Conquerans, & que les François pouvoient encore tenir de la barbarie de leur origine ; c'est-à-dire, des Peuples Septentriennaux de ce temps-là, qui ne connoissoient presque autre Loy que celle des Armes ; mais enfin nos mœurs ont heureusement changé, & se sont adoucies par l'application aux Sciences, & sont autant & plus civilisées que celles d'aucunes Nations de la Terre. Donc tous les Officiers de Compagnies souveraines étants annoblis, mais d'une Noblesse transmissible, ceux de la Chambre des Comptes de Nantes doivent avoir le même avantage : Une Compagnie souveraine consideree dans cette qualité, n'étant ni plus ni moins souveraine qu'une autre, tout de même que les substances comme substances, ne sont pas plus substances les unes que les autres ; & l'on ne pourroit pas donner atteinte à ce Privilege que l'on n'en donnât par consequent à toutes les autres, qui ont la qualité de Souveraine. Elle a même cela de particulier, que son Establissement est fort ancien, puis qu'il est certain qu'il est du temps même des Ducs de Bretagne, & que nos Rois leur ont confirmé leurs Privileges, & qu'ils ont dit dans leurs Lettres patentes qui sont rapportées, qu'ils joüiront des mêmes Privileges & Prérogatives que la Chambre des Comptes de Paris, à laquelle on ne pourroit pas contester les avantages nobles, cela luy ayant été donné, même particulierement par la Concession des mêmes Droits, dont joüissent les Secretaires du Roy, comme il paroit par les Registres du Parlement de l'an 1579. Dans l'espece s'agissant de la Succession d'Yves le Lou Maître des Comptes, & Fils de Michel le Lou, aussi Maître des Comptes, par consequent on est au terme de l'Article 570. de la Coûtume de Bretagne, dont la disposition est, que la Succession des Enfans d'un Annobly soit partagée noblement en ligne directe, pouvû qu'ils ayent vécu noblement : De sorte qu'il estime qu'il y a lieu de mettre l'appellation, & ce dont a été appellé au néant, émandant & évoquant le principal, ordonner que la Succession d'Yves le Lou sera partagée noblement. La Cour a mis & met l'appellation, & ce dont a été appellé au neant, émendant, évoquant le principal different des Parties, & y faisant droit, ordonne que la Succession, dont est question, sera partagée noblement, & que le tiers des deux tiers appar-

tenant

tenant à la partie de Ragueneau fera adjugé à la partie de Langlois, conformément à fon Contrat de Mariage, fans dépens. F a i t en Parlement
le vingt-deuxiéme May mil fix cens foixante; Signé, R O B E R T.
Enreg. à la Chambre au Mandement, Cotté 32. Fol. 354.

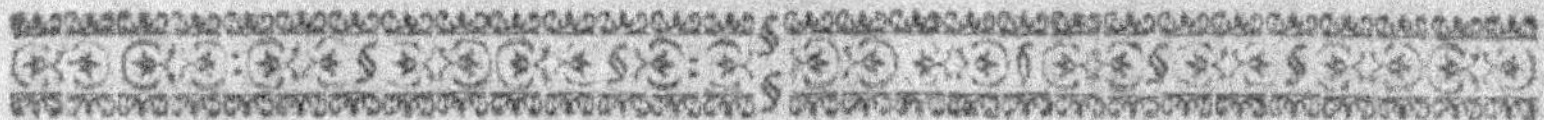

DECLARATION
DU ROY.

Q U I difpenfe les Officiers de la Chambre des Comptes de Bretagne d'acquerir les Dif-
penfes d'un degré de fervice en prenant par eux volontairement pour la fomme de vingt
quatre mille livres d'augmentation de Gages, avec Confirmation de leurs anciens
Privileges & Conceffion de nouveaux.

Du 29. Mars 1707.

L OUIS par la grace de Dieu, Roy de France & de Navarre : A tous
ceux qui ces prefentes Lettres verront, S a l u t. Par nôtre Edit du mois
d'Octobre mil fept cens quatre, Nous aurions accordé aux Officiers de chacune de nos Cours de Parlements, Chambre des Comptes, Cours des Aydes, Confeils Superieurs & Bureaux des Finances de nôtre Royaume, à
l'exception de nôtre Cour de Parlement, Chambre des Comptes & Cour
des Aydes de nôtre bonne Ville de Paris, quatre Difpenfes d'un degré de
fervice pour pouvoir acquerir la Nobleffe au premier degré & la tranfmet-
tre à leur pofterité, à la charge de prendre par lefdites Compagnies des
augmentations de Gages au denier vingt, pour la fomme de vingt-quatre
mille livres. Et comme les Officiers de la Chambre des Comptes de Bretagne Nous ont fait reprefenter que la difpofition de la Coûtume de nôtredite Province ne leur permet pas de profiter de la grace & de l'avantage
que Nous avons bien voulu accorder par nôtredit Edit, & que neanmoins
ils ont voulu nous donner une marque de leur zele en nous offrant de
prendre pour ladite fomme de vingt quatre mille livres des augmentations
de Gages au denier vingt. A c e s C a u s e s, & autres à ce Nous mouvans de l'avis de nôtre Confeil, & de nôtre grace fpeciale, pleine puiffance
& autorité Royale, Nous avons dit, declaré & ordonné, & par ces Prefentes, fignées de nôtre main, difons, declarons & ordonnons, Voulons
& Nous plaît que les Officiers de nôtredite Chambre des Comptes de Bretagne demeurent difpenfez de lever lefdites Difpenfes d'un degré de fervice
accordées par nôtre Edit du mois d'Octobre 1 7 0 4, & en acceptant leurs
offres de payer ladite fomme de vingt-quatre mille livres & les deux fols
pour livre en un feul payement, qui fe fera dans le prefent mois ès mains
de Me. Loüis Cloüet, chargé de l'execution de nôtredit Edit : Sçavoir, le

I i

principal sur les Quittances du Garde de nôtre Trésor Royal, ou sur les Recepissez dudit Cloüet, ou de ses Procureurs ou Commis, portant promesse de les rapporter aprés ledit payement, & les deux sols pour livre sur celles dudit Cloüet. Voulons qu'ils joüissent de douze cens livres d'augmentations de Gages à eux attribuez par nostredit Edit, dont il sera fait fond annuellement dans les Etats de nos Finances de ladite Province au Chapitre de leurs autres Gages, à commencer la joüissance au premier Janvier de la presente année ; lesquelles augmentations de Gages seront payées à celuy qu'ils commettront à cet effet. Permettons ausdits Officiers de disposer desd. augmentations de Gages ou de partie d'icelles au profit de toutes personnes, sous les Noms desquelles, en cas de vente, l'employ en sera fait dans nos Etats pour être payez aux Acquereurs sur leurs simples Quittances, sans qu'ils soient tenus de prendre aucunes Lettres de Nous. Permettons ausdits Officiers d'emprunter en Corps ladite somme de vingt-quatre mille livres & les deux sols pour livre ; & pour leur donner une marque de la satisfaction que nous avons de l'empressement avec lequel ils se portent à nous secourir dans nos besoins. Voulons que lesdits Officiers soient à l'avenir exempts de nommer à Tutelle & Curatelle, dont Nous les avons dispensé & dispensons ; dérogeant pour cet effet à toutes Coustumes, Usages & Loix qui pourront y être contraires. Et comme ils ont été maintenus par Let- "
tres du Roy Charles IX. de mil cinq cens soixante-dix, confirmées par au- "
tres du feu Roy Loüis XIII. nôtre très-honoré Seigneur & Pere, de "
glorieuse memoire, du six Avril mil six cens vingt-six, par Arrest de "
nostre Conseil, du trois Aoust mil six cens quarante-un, & par "
autres Lettres que Nous leur avons accordées du mois d'Avril mil six "
cens cinquante-neuf, dans les mesmes Privileges, dont joüissent les Of- "
ficiers de nostre Chambre des Comptes de Paris & nos Conseillers "
Notaires - Secretaires, à l'exception de la Noblesse au premier degré, "
Voulons qu'ils joüissent des mesmes Avantages, & de ceux accordez aux autres Compagnies Superieures, & en consequence Nous les avons confirmé & confirmons dans tous lesdits Privileges dont ils ont joüi ou dû joüir, que nous leur accordons de nouveau en tant que besoin seroit par ces Presentes, & nommément l'Exemption de toutes Taxes mises & à mettre par Nous & par les Villes & Communautez particulieres sur leurs Maisons & biens, en quelques lieux de nôtre Royaume qu'ils soient situez, des Tailles, Taillons, Subventions, Ponts & Chaussées, Soldes & autres Cruës, Etapes, Subsistances, Ustanciles, Logemens de Gens de guerre, & autres Levées & Impositions, de tous Droits d'Aides, équivalens, Peages, Barrages, Landes, Travers, Passages, Foüages, Moneages, & de tous autres Deniers Communs, Patrimoniaux & d'Octrois, Tarifs de Ville, Emprunts, Capitations, Reparations de Portes, Murailles & Forteresses, Dons gratuits, Taxes de Confirmations, de Franc aleu & Francs-bourgages, Remboursemens de Debets d'Offices & Droits suprimez desdites Villes & Communautez, & autres generalement quelconques, sous quelque titre & pour quelque cause, pretexte & raison que ce puisse être, exprimez & non exprimez, quand même il seroit dit qu'elles seroient levées sur les Privilegiez comme sur les autres ;

Joüiront aussi du Droit de *committimus* aux Requêtes du Palais de nos Parlements dans le Ressort desquels ils sont établis, même aux Requêtes de nôtre Hôtel & de nôtre Parlement de Paris; pour ceux qui seront domiciliez sous le Ressort de nôtre Parlement de Paris, seront pareillement exempts de tous Droits, de Lods & Ventes, Quints, Requints, Reliefs, Treiziémes, Rachats, Sous-rachats, & autres Droits Seigneuriaux & Feaudaux à cause des Terres & Fiefs Nobles ou Roturiers qu'ils possedent, ou possederont dans nôtre Royaume, tenuës & mouvantes de Nous, tant en achetant, vendant, qu'autrement, même dans le cas des Echanges portez par nos Edits des mois de May 1645, Mars 1673, & Fevrier 1674, que Nous leur avons en tant que besoin attribué & attribuons dans les lieux & coûtumes où lesdits Droits n'avoient point lieu auparavant lesdits Edits, le tout ainsi & de la maniere qu'en joüissent & ont droit d'en joüir les Officiers de nôtre Grande Chancellerie; Et au surplus avons confirmé & confirmons nosdits Officiers de nôtre Chambre des Comptes de Bretagne, dans tous les Droits, Privileges, Exemptions & Immunitez dont ils ont joüi ou du joüir, quoyque non exprimez dans ces Presentes. Si donnons en Mandement à nos amez & feaux les Gens tenans nôtre Chambre des Comptes de Bretagne à Nantes, que ces Presentes ils ayent à faire lire, publier & registrer, & le contenu en icelles suivre, garder & observer selon leur forme & teneur, nonobstant tous Edits, Declarations, Reglemens, Arrêts & autres choses à ce contraires, ausquelles Nous avons dérogé & derogeons par ces Presentes; aux copies desquelles, collationnées par l'un de nos amez & feaux Conseillers-Secretaires, voulons que foy soit ajoûtée comme à l'original. Car tel est nôtre plaisir: en témoin de quoy Nous avons fait mettre nôtre Scel à cesdites Presentes, Donné à Versailles le 29 jour de Mars, l'an de grace 1707. & de nôtre Regne le 64. Signé, LOUIS, & plus bas, par le Roy, COLBERT. Vû au Conseil, CHAMILLART, & scellé du grand Sceau de cire jaune.

LA CHAMBRE, oüi, & le requerant le Procureur General du Roy, a ordonné & ordonne que lad. Déclaration sera registrée au Greffe d'icelle pour avoir effet bien & düement suivant la volonté du Roy, & que copies en seront envoyées aux Sieges Présidiaux & Barres Royales de la Province pour y être lûë & publiée, Audience tenant, à la Requête des Substituts dudit Procureur General, lesquels en certifieront la Chambre dans le mois. Fait en ladite Chambre des Comptes à Nantes, Semestres assemblez le 5. May 1707. Au Mandement, Cotté 44. Fol. 175.

Enregistré au parlement de Paris le 26 Novembre 1707. Signé, Dongeois.

Enregistré à la Chambre des Comptes de Paris le 15 Decembre 1707. Signé, Richer.

Enregistré à la Cour des Aydes ledit jour 15. Decembre 1707. Signé, Olivier.

EDIT
DU ROY LOUIS XIV,

PORTANT CONFIRMATION DES PRIVILEGES DES Officiers de Chambre des Comptes de Bretagne.

Du mois d'Octobre 1708.

LOUIS par la grace de Dieu, &c. A Fol. 250 de la III. Partie, & au Mandement, Cotté 45. Fol. 240.

ARREST DU CONSEIL
ET LETTRES PATENTES,

JUSTIFIANT LA NOBLESSE DES CONSEILLERS DU ROY, Secretaires & Auditeurs de la Chambre des Comptes de Bretagne.

Du mois d'Août 1693.

EXTRAIT DES REGISTRES DU CONSEIL D'ETAT.

SUR la Requête presentée au Roy en son Conseil par ses Conseillers, Secretaires & Auditeurs de la Chambre des Comptes de Bretagne: CONTENANT que Sa Majesté ayant par son Edit du mois de Decembre dernier voulu expliquer, en tant que besoin, son Edit du mois d'Aoust 1669. au sujet des Suppliants, & faire cesser les Contestations, qui ont été faites contre leurs Privileges, même par le Procureur General des Etats de la Province de Bretagne en son Conseil d'Etat, où pour raison d'iceux seroit intervenu Arrêt le 9 Janvier audit an 1669, & empêcher celles qui leur pourroient être faites à l'avenir, Sa Majesté les auroit maintenus & confirmez & leurs Descendants dans les mêmes Privileges de Noblesse & autres Droits, Franchisses & Immunitez accordées aux Presidens, Maîtres & Correcteurs de ladite Chambre des Comptes, conformément à sond. Edit du mois d'Août 1669, comme étants & faisants partie du Corps d'icelle, nonobstant & sans avoir égard à toutes Remontrances faites ou à faire, en prenant par lesdits Auditeurs les Gages qui leur seront attribuez par les Rôles qui seront arrêtez au Conseil, sans qu'à l'avenir ils puissent être troublez, recherchez ny inquiétez pour raison de ce. En consequence de cet Edit il a été arrêté un Rôle au Conseil le 30 Decembre dernier, dans lequel

quel ils ont été employez chacun pour la somme de 3000 livres, & les deux
sols pour liv. pour joüir de 120 liv. d'augmentation de Gages, à commencer
du premier Janvier audit an 1692. & être maintenus & confirmez & leurs
Descendants dans les mêmes Privileges de Noblesse & autres Droits, Franchises & Immunitez accordés aux Presidents, Maîtres & Correcteurs de
ladite Chambre, conformément audit Edit ; en vertu duquel Rôl Me Jean
Lepinasse, qui a traité de la Finance desdites augmentations de Gages, a
fait saisir les Meubles, Gages & Epices de plusieurs d'entr'eux dont il poursuit la vente, même établi des Garnisons en leurs Maisons ; ce qui les obli-
geoit d'avoir recours à Sa Majesté, & de luy representer très-humblement
que sa Religion avoit été surprise par ceux qui ont donné les Memoires
contr'eux, sur lesquels son Edit a été fait, & sur des faits entierement supposez ; en ce qu'il étoit certain que ladite Chambre des Comptes a été établie
par les anciens Ducs de Bretagne, & que depuis que cette Province a été reünie
à la France, les Rois ont accordé aux Officiers d'icelle les mêmes Privileges, Exemptions, Prééminences, Prérogatives & autres Immunitez, qu'aux
Officiers de la Chambre des Comptes de Paris, à l'instar de laquelle elle a
été reglée sans aucune difference. Pour prouver cette verité, ils rapportoient
deux Lettres Patentes du Roy Loüis XIII. des 15. Juin 1610 & 6 Avril 1626.
registrées au Parlement de Bretagne le 17 Septembre audit an, & ces Lettres
en appellent d'autres des années 1572 1588 & 1598. qui portent la même chose ; dans ces Lettres les Auditeurs sont nommez dans leur rang avec les Presidens, Maîtres, Correcteurs, Avocat & Procureur Generaux, comme étans
du Corps, & faisans un des Ordres de ladite Chambre, ainsi que font les
Auditeurs dans toutes les Chambres des Comptes du Royaume sans exception : Or les Officiers de ladite Chambre n'ont jamais prétendu que ces
Privileges leur attribuassent une pleine Noblesse, & ne le pretendent pas,
mais bien que, suivant les maximes du Royaume, leurs Offices servent de
degré pour y parvenir, & l'acquerir à leurs enfans & posterité, quand l'ayeul
& le pere successivement en avoient été revêtus, & qu'ils les ont exercez
pendant 20 années, ou jusqu'à leur decés : ce qui étoit commun à tous les
Officiers des Cours Superieures, & a été confirmé par tant d'Edits, Déclarations & d'Arrêts, que c'est une Loy reçüe generalement, qui n'est
point revoquée en doute : Qu'il étoit vrai que Sa Majesté ayant depuis l'année 1644. accordé aux Officiers de toutes ses Cours Superieures, une pleine
Noblesse & à leurs enfans & posterité par plusieurs de ses Edits, ceux de
ladite Chambre des Comptes de Bretagne furent honorez de la même grace
par un Edit du mois d'Avril 1659, dans lequel les Auditeurs furent nommez dans leur rang, comme faisant un des Ordres d'icelle, inseparable de son
Corps ; mais cet Edit ayant été depuis revoqué par celui du mois de Juillet
1669, cette pleine Noblesse a été ôtée, non seulement aux Officiers de ladite
Chambre, mais aussi aux Officiers du Parlement de Bretagne, comme à tous
les Officiers des autres Cours Superieures du Royaume sans exception, &
on ne la peut plus regarder que comme une chose non avenuë. Qu'on a
énoncé dans cet Edit du mois de Decembre dernier, pour servir de pretexte, un Arrêt du Conseil du 9. Janvier 1669, contradictoirement rendu en-

K k

tre les Auditeurs & le Procureur Syndic des Estats de Bretagne, sur la contestation que le Procureur Syndic avoit formée contre cette pleine Nobleſſe accordée aux Auditeurs par cet Edit de 1659, par lequel l'execution en eſt ordonnée, & les Auditeurs permis de prendre la qualité d'Ecuyer dans tous les Actes, défenſes de les y troubler, & qui condamne le Syndic aux depens, & encore un autre Arrêt rendu par les Commiſſaires du Parlement de Bretagne, députez pour la reformation de la Nobleſſe de ladite Province du 17 Juillet audit an 1669, par lequel ils ordonnerent aux Députez des Etats de repreſenter au Conſeil la conſequence de cet Arrêt du 9 Janvier 1669. Mais comme les Officiers du Parlement de Bretagne ont dans tous les tems été oppoſez à ceux de la Chambre des Comptes, il ne faut pas s'étonner qu'en cette occaſion ils ayent marqué leur paſſion, & voulu les chagriner: cependant ces deux Arrêts ont été mal à propos rapportés dans cet Edit de 1692, puiſque par celui de 1669 de revocation de pleine Nobleſſe, ils ont été rendus inutiles & ſans objet, n'étant pas préſumable que l'intetion de Sa Majeſté ſoit de rétablir particulierement aux Auditeurs cette pleine Nobleſſe, qu'elle n'a encore rétablie à aucuns Officiers des Cours de ſon Royaume: que cet Edit de 1669 de revocation, a remis tous les Officiers des Cours Superieures au même état qu'ils étoient auparavant les Edits qui leur avoient accordé la pleine Nobleſſe, c'eſt-à-dire, dans le droit commun qu'ils avoient auparavant de pouvoir acquerir la Nobleſſe à leurs enfans par les degrez & par leurs ſervices: & ç'a été ſur ce fondement que les mêmes Commiſſaires du Parlement de Bretagne, députez pour la réformation de la Nobleſſe de ladite Province, par un Arrêt du 7. Septembre de la même année 1669, poſterieur à l'Edit de revocation, y ont maintenus des enfans qui avoient eu leur Pere Préſident, & leur ayeul Auditeur en ladite Chambre des Comptes de Bretagne; le Conſeil y a pareillement maintenu les enfans d'un pere & d'un ayeul ſucceſſivement Auditeurs en la Chambre des Comptes de Normandie, par un Arrêt contradictoire du 16 Novembre 1672. Qu'enfin les Suppliants ne prétendoient rien d'avantage, & comme ils n'avoient pas d'autre titre que le droit commun & general à tous les Officiers de leur Chambre, & à tous les Officiers des Cours ſuperieures du Royaume, qui n'y ſont point troublez, ils ſoûtenoient que, comme il n'y avoit rien qu'on leur pût oppoſer pour les faire déchoir de ce droit commun, il n'y avoit point auſſi de moyen legitime qui les en puiſſe faire perdre l'avantage. A CES CAUSES, requeroient leſdits Suppliants, qu'il plût à Sa Majeſté ſur ce leur pourvoir; ce faiſant, les recevoir oppoſants à l'execution dud. Edit du mois de Decembre dernier, du Rôlle arrêté au Conſeil le 30. dudit mois; & de l'Arrêt du Conſeil du 10. Janvier dernier; faiſant droit ſur leur Oppoſition, revoquer & annuller leſdits Edit, Rôlle & Arreſt, comme non avenus; en conſequence les décharger du payement des ſommes portées par iceux: ledit Lepinaſſe & ſes Cautions condamnez à leur reſtituer les ſommes qu'ils ont exigé d'eux, à ce faire contraints par toutes voyes dûës & raiſonnables, même par corps. VEU ladite Requête, ledit Edit du mois de Decembre dernier, le Rôlle arrêté au Conſeil en conſequence ledit jour 30 dudit mois, l'Arreſt du Conſeil du 10 Janvier dernier, Copie de Lettres Patentes d'Anne Reine de France, Ducheſſe de Bretagne, du 17 Avril 1498, de confirmation de la Chambre des Comptes établie en ladite Province, & des Officiers d'icelle, imprimé desdites Lettres Patentes du Roy Loüis XIII. des 15 Juin 1610, & 6 Avril 1626, portant confirmation de l'établissement de ladite Chambre des Comptes & des Présidents, Maîtres, Correcteurs, Auditeurs, Avocat & Procureur Generaux, & autres Officiers d'icelle, y compris les deux Tresoriers de France, pour joüir des Dignitez, Autoritez, Prééminences, Prerogatives, Privileges & Exemptions, Gages, Epices & autres Droits attribuez à leurs Offices, pleinement & paisiblement, tout ainsi qu'en joüissent les Officiers de la Chambre des Comptes de Paris à l'instar de laquelle ils ont été reglez. L'Arrest d'enregistrement desd. Lettres du Parlement de Bretagne du 17. Septembre audit an 1626. Imprimé de l'Edit du mois de Juillet 1644, portant attribution aux Présidents, Conseillers, Avocat & Procureur Generaux, Greffier en chef, Notaires & Secretaires de la Cour du Parlement de Paris, eux, leurs Veuves, posterité & lignée, du titre & qualité de Nobles. Autre Edit du mois d'Avril 1659, portant pareil annoblissement des Présidents, Maîtres, Correcteurs, Auditeurs, Avocat & Procureur Generaux, & Greffier en chef de ladite Chambre des Comptes de Bretagne, avec les Arrests d'enregistrement dud. Edit, de ladite Chambre, du Parlement de Paris, du Grand Conseil, & de la Cour des Aydes. Arrêt rendu en consequence, le 20 Octobre 1668. Autre Arrêt dudit Conseil contradictoirement rendu le 9 Janvier 1669, entre René de Ses-maisons, chargé du Recouvrement de la Taxe faite sur les Usurpateurs du Titre de Noblesse, les Auditeurs de la Chambre des Comptes, & Maître Jean Fourché, Procureur Syndic des Estats du Pays & Duché de Bretagne, par lequel Sa Majesté faisant droit, auroit ordonné que ledit Edit du mois d'Avril 1659 & Arrêt de verification d'iceluy, seroient executez selon leur forme & teneur; ce faisant, permis ausdits Auditeurs de prendre la qualité d'Ecuyer dans tous les Actes & Contrats, défenses de les y troubler; lesdits Fourché & de Ses-maisons condamnez aux dépens. Arrest de la Chambre établie pour la Reformation de la Noblesse de Bretagne, du 17 Juillet 1669, qui ordonne que Copie de l'Arrêt du Conseil du 9 Janvier 1669, sera representé, lors de la tenuë des Etats de ladite Province, & autre Copie envoyée en Cour à leurs Deputez pour en representer la consequence à Sa Majesté. Edit du mois de Juillet 1669, par lequel les Officiers des Cours superieures ont été maintenus & gardez dans leurs anciens Privileges, Honneurs, Prérogatives & Immunitez attribués à leurs Charges, sans toutefois qu'eux ni leurs Descendans puissent joüir des Privileges de Noblesse, & autres droits, franchises, exemptions & immunitez à eux accordez par Edits & Declarations pendant & depuis l'année 1644, que Sa Majesté auroit revoquez & annullez, ensemble toutes autres concessions de Noblesse, Privileges, Exemptions & Droits, de quelque nature & qualité qu'ils puissent être, accordez en consequence aux Officiers servants dans lesd. Compagnies, que Sa Majesté auroit pareillement déclarez nuls & de nul effet; Voulant Sa Majesté que tous les Officiers de quelque ordre & qualité qu'ils puissent être, soient remis & rétablis en même & semblable état qu'ils étoient auparavant lesd. Edits, Déclarations, Arrests & Reglemens intervenus pour raison de ce,

" pendant & depuis ladite année 1644. Lettres Patentes du Roy Loüis XII. du
" mois de Juin 1499 , portant exemption aux Officiers de la Chambre des
" Comptes de Paris, du Ban & Arriere-Ban. Arrest de la Chambre souveraine
" rendu par les Commissaires d'icelle, établie sur le fait des Franc-Fiefs, du
" 12 Mars 1659, qui décharge les Sieurs Droüin, petits fils de Maître Hie-
" rosme Droüin, Auditeur en la Chambre des Comptes de Paris , des taxes
" sur eux faites pour le droit de FrancFiefs, des Terres Nobles par eux posse-
" dées. Arrêt du Parlement de Paris du 22 May 1660 qui ordonne que les
" biens de la succession de feu Me. Michel le Lou , Maître en ladite Cham-
" bre des Comptes de Nantes , fils de Michel le Lou , aussi Maître des Comptes
" en ladite Chambre , seroient partagez noblement entre ses heritiers. Ordon-
" nance du Sieur Barentin, Intendant en la Generalité de Poitiers, du 12 Août
" 1669 , par laquelle Maître Jacques Jaudonnet , Ecuyer Conseiller de Sa
" Majesté , Auditeur en ladite Chambre des Comptes de Bretagne , est main-
" tenu en ladite qualité d'Ecuyer & de Noble, & qu'il sera inscrit dans le
" Catalogue des Nobles de ladité Generalité de Poitiers. Arrêt de la Cham-
" bre établie par Sa Majesté pour la reformation de la Noblesse du Pays
" de Bretagne du 7 Septembre 1669. par lequel les enfans du Sieur
" Christophle Juchault, President en la Chambre des Comptes de Bretagne,
" qui étoit fils de Michel Juchault, Auditeur en la même Chambre , ont
" été maintenus dans tous les Privileges de Noblesse comme Nobles, & qu'ils
" seroient employez dans le Catalogue des Nobles de la Senéchaussée de
" Nantes. Arrêt du Parlement de Bretagne du 21 Janvier 1670 , par lequel
" le Sieur Guyton, Auditeur en ladite Chambre des Comptes de Bretagne,
" a été déchargé de l'imposition du Foüage, à la quelle il avoit été com-
" pris par les Collecteurs & Habitans de la Paroisse du Pont Saint Martin.
" Arrêt du Conseil du 16. Novembre 1672 , par lequel les Sieurs Frontin
" enfans & petits enfans d'Auditeurs en la Chambre des Comptes de Nor-
" mandie , ont été maintenus en la qualité de Nobles & d'Ecuyers , & qu'ils
" seroient inscrits dans le Catalogue des Gentilshommes. Oüi le Rapport
du Sieur Phelypeaux de Ponchartrain, Conseiller ordinaire au Conseil Royal,
Controlleur General des Finances. Le Roy en son Conseil, ayant égard
à ladite Requête , a reçû , & reçoit les Supplians opposans à l'execution de son Edit du mois de Decembre dernier , du Rôlle arrêté au Conseil en consequence le 30 dudit mois, & de l'Arrêt du Conseil du 10 Janvier aussi dernier, & à tout ce qui s'en est ensuivi; faisant droit sur ladite
opposition, Sa Majesté a revoqué & annulé lesdits Edits , Rôlle & Arrêt
comme non avenus; en consequence a déchargé & decharge les Supplians
du payement des sommes pour lesquelles ils ont été employez audit Rôlle,
ensemble des deux sols pour livre d'icelles. Ordonne Sa Majesté que ce qui
en a été fait payer par Me. Jean Lepinasse leur sera rendu & restitué; à ce
faire lui & ses cautions contrains par toutes voyes düés & raisonnables; & pour
l'execution du present Arrêt toutes Lettres necessaires seront expediées. Fait
au Conseil d'Etat du Roy , tenu à Versailles le septiéme jour de Juillet mil
six cens quatre-vingt-treize. Collationné. Signé, Ranchin.

LOUIS

LETTRES
SUR LE PRECEDENT ARREST.
Du mois d'Août 1693.

LOUIS par la grace de Dieu, Roy de France & de Navarre: A tous presens & à venir, Salut. Nôtre intention ayant été d'expliquer, en tant que besoin, par nôtre Edit du mois de Decembre dernier, celui du mois d'Août 1669, au sujet de nos amez & feaux Conseillers, Secretaires & Auditeurs en nôtre Chambre des Comptes de Bretagne, & de faire cesser les contestations qui ont été faites en nôtre Conseil contre leurs Privileges, même par nôtre Procureur General des Etats de la Province de Bretagne, où pour raison d'iceux seroit intervenu Arrêt le 9 Janvier audit an 1669, & pour empêcher celles qui leur pourroient être faites à l'avenir, Nous les avons maintenus & cofirmez & leurs descendans dans les mêmes Privileges de Noblesse & autres Droits, Frachanchises & Immunitez accordés aux Presidents, Maîtres & Correcteurs de ladite Chambre, conformément à nôtredit Edit du mois d'Août 1669, comme étant & faisant partie du Corps d'icelle, nonobstant, & sans avoir égard à toutes remontrances faites, ou à faire, en prenant par nosdits Secretaires-Auditeurs, les gages qui leur seroient accordez & attribuez par les Rôlles qui seroient arrêtez en nôtre Conseil, sans qu'à l'avenir ils pûssent être troublez, recherchez, ni inquiétez pour raison de ce; en consequence duquel Edit du mois de Decembre dernier, Nous aurions fait arrêter un Rôlle en nôtre Conseil le 30 dudit mois, dans lequel Nous les aurions fait employer chacun pour la somme de 3000 liv. & les deux sols pour livre, pour joüir de 120. livres d'augmentation de gages, à commencer du premier Janvier audit an 1692, & pour être maintenus & confirmez & leurs descendans dans les mêmes Privileges de Noblesse & autres droits, franchises & immunitez accordés aux Presidens, Maîtres, & Correcteurs de ladite Chambre des Comptes, ainsi qu'il est porté en nôtredit Edit, en vertu duquel Rôlle Me Jean Lepinasse, que Nous aurions chargé de la recette & finance desdites augmentations de gages, auroit fait saisir les Meubles, Gages & Epices de plusieurs d'entr'eux, dont il poursuit la vente, même établi des Garnisons en leurs Maisons; ce qui les auroit obligez à Nous representer très-humblement que nôtre Religion avoit été surprise par ceux qui ont donné les Mémoires contr'eux, sur lesquels nôtre Edit a été donné sur des faits entiérement supposez; en ce qu'il étoit certain que ladite Chambre des Comptes a été établie par les anciens Ducs de Bretagne, & que depuis que cette Province a été unie à la France, les Rois nos Predecesseurs ont accordé aux Officiers d'icelle les mêmes Privileges, Exemptions, Prééminences, Prérogatives & autres Immunitez, qu'aux Officiers de nôtre Chambre des Comptes de Paris, à l'instar de laquelle elle a été reglée sans aucune difference. Pour prouver cette verité, ils rappor-

L l

cent deux Lettres Patentes du Roy Louis XIII. nôtre très-honoré Seigneur & Pere, des 15 Juin 1610, & 6 Avril 1626, regiſtrées en nôtre Parlement de Bretagne le 17 Septembre audit an, leſquelles en appellent d'autres des années 1571, 1588, & 1592. Dans ces Lettres nos Auditeurs ſont nommez dans leur rang avec les Préſidens, Maîtres & Correcteur, Avocat & Procureur Generaux, comme étant du Corps & faiſant un des Ordres de ladite Chambre, ainſi que font les Auditeurs dans toutes les Chambres des Comptes de nôtre Royaume, ſans exception. Or les Officiers de ladite Chambre des Comptes n'ont jamais prétendu que ces Privileges leur attribuaſſent une pleine Nobleſſe, & ne le prétendent pas ; mais bien que ſuivant les maximes leurs Offices ſervent de dégré pour y parvenir, & l'acquerir à leurs enfans & poſterité, quand le Pere & l'Ayeul en avoient été ſucceſſivement revêtus, & qu'ils les ont exercez pendant 20 années, ou juſqu'à leur décés : ce qui étoit commun à toutes les Cours Superieures, & a été confirmé par pluſieurs Edits, Déclarations & Arrêts, que c'eſt une Loy reçûë generalement, & qui n'eſt point revoquée en doute. Que depuis l'année 1644, Nous avons accordé à tous les Officiers de nos Cours Superieures, une pleine Nobleſſe, & à leurs enfans & poſterité, par pluſieurs autres nos Edits, dont ceux de lad. Chambre des Comptes de Bretagne furent honorez, & notamment par celui du mois d'Avril 1659, dans lequel noſdits Auditeurs furent nommez dans leur rang, comme faiſant un des Ordres d'icelle inſeparable de ſon Corps. Mais ayant depuis revoqué cet Edit par celui du mois de Juillet 1669, Nous aurions ôté la pleine Nobleſſe non ſeulement à ladite Chambre, mais auſſi à nos Officiers du Parlement, comme à tous nos Officiers de nos autres Cours Superieures, ſans exception : ainſi on ne la peut regarder que comme une choſe non avenuë. Que pour ſervir de pretexte à nôtre Edit du mois de Decembre dernier, on y a énoncé un Arrêt de nôtre Conſeil du 9 Janvier 1669, rendu contradictoirement entre noſdits Auditeurs & le Procureur Syndic des Etats de Bretagne, ſur la conteſtation que ce Syndic avoit formé contre cette pleine Nobleſſe à eux accordée par l'Edit de 1659, par lequel l'execution en eſt ordonnée, & nos Auditeurs permis de prendre la qualité d'Ecuyers dans tous les Actes, deffenſes de les y troubler ; & encore d'un autre Arrêt rendu par nos Commiſſaires du Parlement de Bretagne, députez pour la reformation de la Nobleſſe de ladite Province du 17 Juillet audit an, par lequel ils ordonnerent aux Députez des Etats de repreſenter en nôtre Conſeil la conſequence de cet Arrêt du 9 Janvier 1669. Cependant ces deux Arrêts ont été mal à propos rapportez dans cet Edit de 1692, puiſque par celui de revocation de la pleine Nobleſſe, ils ont été rendus inutiles & ſans objet, n'étant pas préſumable que nôtre intention fût de rétablir par cet Edit particulierement aux Auditeurs, cette pleine Nobleſſe, que nous n'avons encore rétablie à aucuns Officiers de nôtre Royaume ; & comme cet Edit de revocation a remis tous les Officiers des Cours Superieures au même état qu'ils étoient auparavant les Edits qui leur avoient accordé la pleine Nobleſſe, c'eſt à dire, dans le droit commun qu'ils avoient auparavant de la pouvoir acquerir à leurs enfans par ces degrez & par leurs ſervices, ç'a été ſur ce fondement que les Commiſſaires par Nous deputez de nôtredit Parlement de Bretagne pour la réformation de ladite Nobleſſe, y ont par leur Arrêt du 7 Septembre de la même année, poſterieur audit Edit de revocation, maintenu & conſervé des enfans qui avoient eu leur Pere Preſident, & leur Ayeul Auditeur en ladite Chambre des Comptes, Nous y aurions auſſi maintenu les enfans d'un Pere & d'un Ayeul ſucceſſivement Auditeurs en nôtre Chambre des Comptes de Normandie par Arrêt de nôtre Conſeil du 16 Novembre 1672. Qu'enfin leſdits Auditeurs ne prétendoient rien davantage ; & comme ils n'ont pas d'autre titre que le droit commun & general à tous les Officiers de leur même Chambre, & à tous les Officiers des Cours Superieures de nôtre Royaume qui ne ſont point troublez : ils Nous ont très humblement fait remontrer que, comme il n'y avoit rien qu'on leur pût oppoſer, pour les faire d'écheoir de ce droit commun, il n'y avoit point nonplus de moyens legitimes qui leur en puiſſent faire perdre l'avantage, il Nous plût les recevoir oppoſans à l'execution dudit Edit du mois de Decembre 1692, du Rôlle arrêté en nôtre Conſeil le 30 dudit mois, & de l'Arrêt du 10 Janvier dernier, faiſant droit ſur leur oppoſition, revoquer & annuller leſdits Edit, Rôlle & Arrêt comme non avenus, & en conſequence les décharger du payement des ſommes portées par iceux, ledit Lepinaſſe & ſes cautions condamnez à leur reſtituer les ſommes qu'ils ont exigées d'eux, à ce faire contrains par toutes voyes dûes & raiſonnables. Nous, après avoir fait examiner la Requête, Pieces & Titres par eux repreſentez, avons par Arrêt rendu en nôtredit Conſeil le 7 du preſent mois de Juillet, reçû noſdits Secretaires-Auditeurs de nôtredite Chambre des Comptes de Bretagne, oppoſans à l'execution de nôtredit Edit du mois de Decembre 1692, du Rôlle arrêté en nôtre Conſeil le 30 dudit mois, & de nôtre Arrêt du 10 Janvier dernier, & tout ce qui s'en eſt enſuivi ; faiſant droit ſur leur oppoſition, Nous avons revoqué & annulé leſdits Edit, Rôlle & Arrêt comme non avenus, & en conſequence déchargé leſdits Auditeurs du payement des ſommes pour leſquelles ils ont été employez audit Rôlle, enſemble des deux ſols pour liv. d'icelles, & ordonné que ce qui en a été fait payer par ledit Lepinaſſe leur ſeroit rendu & reſtitué, à ce faire lui & ſes cautions contrains par toutes voyes dûes & raiſonnables, & qu'à cet effet toutes Lettres neceſſaires leur ſeroient expediées. A ces cauſes, après Nous être fait repreſenter en nôtre Conſeil ledit Arrêt rendu en icelui ledit jour 7 du preſent mois, cy-attaché ſous nôtre contreſcel ; & voulant favorablement traiter noſdits Secretaires & Auditeurs de nôtredite Chambre des Comptes de Bretagne, de l'avis de nôtredit Conſeil, & de nôtre grace ſpeciale, pleine puiſſance & autorité Royale, Nous avons dit, déclaré, ſtatué & ordonné, & par ces Preſentes ſignées de nôtre main, diſons, déclarons, ſtatuons & ordonnons, voulons & nous plaît, que ledit Arrêt du 7 du preſent mois de Juillet, ſoit entierement & pleinement execute de point en point ſelon ſa forme & teneur, ce faiſant conformément à icelui, reçû & recevons noſdits anciens Secretaires & Auditeurs de nôtredite Chambre des Comptes de Bretagne, oppoſans à l'execution de nôtredit Edit du mois de Decembre 1692, du Rôlle arrêté en nôtre Conſeil le 30 dudit mois, & de nôtre Arrêt du 10 Janvier dernier, & à tout ce qui s'en eſt enſuivi, faiſant droit ſur leur oppoſition ;

revoqué & annullé, revoquons & annullons lefdits Edit, Rôlle & Arrêt comme non avenus, & en conféquence les avons déchargé & déchargeons du payement des fommes pour lefquelles ils ont été employez audit Rôlle, enfemble des deux fols pour livre d'icelles; Ordonnons que ce qui en a été fait payer par ledit Lepinaffe leur fera rendu & reftitué, à ce faire lui & fes cautions contrains par toutes voyes dûës & raifonnables. Si donnons en Mandement à nos amez & feaux Confeillers les Gens tenans nôtre Cour de Parlement à Rennes, Chambre des Comptes à Nantes, que ces Prefentes ils ayent à faire enregiftrer, & du contenu en icelles faire joüir & ufer lefdits Secretraires-Auditeurs pleinement & paifiblement, ceffant & faifant ceffer tous troubles & empêchemens au contraire, nonobftant ledit Edit du mois de Decembre dernier, & tous autres Edits, Déclarations & Arrêts quelconques, aufquels Nous avons dérogé & dérogeons par cefdites Prefentes, & afin que ce foit chofe ferme & ftable à toûjours, Nous y avons fait mettre nôtre Seel : Car tel eft nôtre plaifir. Donné à Marly au mois d'Août l'an de grace 1693, & de nôtre Regne le 51. Signées, LOUIS. Sur le reply : Par le Roy, COLBERT. Et Scellées du grand Sceau de Cire verte.

EXTRAIT DES REGISTRES DE LA CHAMBRE
des Comptes de Bretagne.

VEU par la Chambre les Lettres Patentes du Roy, données à Marly le prefent mois d'Août 1693, fignées LOUIS, & fur le reply : par le Roy, COLBERT, au bout, *Vifa*, BOUCHART, & fcellées du grand Sceau de Cire verte, obtenuës par les Confeillers, Secretaires-Auditeurs en la Chambre des Comptes de Bretagne, par lefquelles, & pour les canfes y contenuës, S. M. en execution de l'Arrêt de fon Confeil d'Etat du 7 Juillet dernier auffi par eux obtenu, attaché aufdites Lettres fous le contrefcel de la Chancellerie, veut qu'ils foit entierement & pleinement executé de point en point, felon fa forme & teneur ; ce faifant conformément à icelui, a reçû lefdits Confeillers-Secretaires-Auditeurs, oppofans à l'execution de fon Edit du mois de Decembre 1692, donné en explication d'autre Edit du mois d'Août 1669, au fujet defdits Confeillers-Secretaires-Auditeurs, du Rôlle arrêté en fon Confeil le 30 dudit mois de Decembre, & d'Arrêt du 10 Janvier auffi dernier, & à tout ce qui s'en eft enfuivi ; faifant doit fur leur oppofition, a revoqué & annullé lefdits Edit, Rôlle & Arrêt fufdits comme non avenus ; en confequence Sad. M. a déchargé lefdits Confeillers-Secretaires-Auditeurs du payement des fommes pour lefquelles ils ont été employez audit Rôlle, enfemble des deux fols pour liv. d'icelles. Ordonne que ce qui en a été fait payer par Me. Jean Lepinaffe leur fera rendu & reftitué, à ce faire lui & fes cautions contraints par toutes voyes dûës & raifonnables, ainfi que plus au long lefdites Lettres & Arrêt le contiennent. Requête prefentée en ladite Chambre par lefdits Confeillers du Roy, Secretaires-Auditeurs en icelle, afin d'enregiftrement defdites Lettres & Arrêt du Confeil,

seil, pour avoir effet, & être executez suivant la volonté du Roy : Conclusions du Procureur General, & tout consideré : La Chambre a ordonné
& ordonne que lesdites Lettres & Arrêt du Conseil d'Etat seront registrées
pour avoir effet suivant la volonté du Roy. Fait en la Chambre des Comptes
à Nantes le dix-huitième Août mil six cens quatre-vingt-treize. Signé,
FLEURY. Et Scellé.

EXTRAIT DES REGISTRES DE PARLEMENT
de Bretagne.

VEU par la Cour les Lettres Patentes du Roy, signées Loüis, & sur
le reply : par le Roy, Colbert, & à côté, *Visa*, Bouchart, scellées du
grand Sceau de Cire verte à lacs de soye rouge & verte, & contrescellées
du même Sceau, données à Marly au mois d'Août 1693, obtenuës par les
Conseillers-Secretaires-Auditeurs de la Chambre des Comptes de Bretagne, par lesquelles, & pour les causes y contenuës, ledit Seigneur Roy
ayant été informé par son Conseil, qu'ils étoient en égalité de Noblesse &
Privileges avec les Présidens & Maîtres des Comptes de ladite Chambre,
& de tous les Officiers des Cours Souveraines du Royaume, auroit reçû lesd.
Conseillers-Secretaires-Auditeurs de ladite Chambre des Comptes, opposans à l'execution de l'Edit du mois de Decembre 1692, au Rôlle arrêté
en son Conseil le 30 dudit mois, & de l'Arrêt du 10 Janvier ; & faisant droit
sur leur opposition, auroit revoqué & annulé lesdits Edit, Rôlle & Arrêt,
comme non avenus ; & en consequence les a déchargé du payement des sommes portées par iceux pour prétenduë confirmation de Noblesse, & condamné Me. Jean Lepinasse chargé de la recette des augmentations de Gages
que devoient prendre lesdits Auditeurs pour ladite confirmation, de rendre
& restituer les sommes que lui & ses Commis ont exigées d'eux. Ledit Seigneur
Roy, aprés avoir fait examiner la Requête, Pieces & Titres par eux presentez, par lesquels lesdits Auditeurs ont justifié de l'égalité de Noblesse &
Privileges avec tous les Officiers des Cours Souveraines, il seroit intervenu
Arrêt en son Conseil le 7 Juillet dernier, par lequel il les recevoit opposans,
comme est dit cy-dessus, & ordonne, pour l'execution dudit Arrêt, que toutes
Lettres leur seroient expediées, & comme il est plus au long contenu ausdites Lettres Patentes. Requête desdits Conseillers-Secretaires-Auditeurs
de ladite Chambre des Comptes, tendante à ce qu'il plût à la Cour ordonner l'enregistrement desdites Lettres au Greffe d'icelle, pour joüir du contenu en icelles, suivant la volonté du Roy. Lad Requête signée P. PERRAULT,
& GODEAU Procureur. Conclusions du Procureur General du Roy au bas
de ladite Requête ; & tout vû & consideré, la Cour a ordonné & ordonne
que lesdites Lettres seront enregistrées au Greffe de ladite Cour, pour avoir
effet & en joüir les Impetrans du contenu en icelles, suivant la volonté
du Roy. Fait en Parlement à Rennes, le seiziéme Septembre mil six cens
quatre-vingt-treize. Signé, HELLOURY. *Fol. 255. du Mandement cotte 40.*

M m

EDIT
DU ROY LOUIS XIV,

PORTANT CONFIRMATION DE NOBLESSE ET AUTRES Droits, aux Auditeurs de la Chambre des Comptes de Bretagne.

Du mois de Decembre 1692.

LOUIS par la grace de Dieu, Roy de France & de Navarre, à tous presens & à venir, SALUT. Par nôtre Déclaration du mois de Janvier 1645, ayant accordé les Privileges de Noblesse au premier degré, aux Officiers & leurs descendans de nôtre Chambre des Comptes de Paris, Nous y aurions compris les Auditeurs de ladite Chambre, en consequence de laquelle Déclaration, & de nôtre Edit de 1644, pour lequel Nous aurions pareillement accordé lesdits Privileges de Noblesse au premier degré, à tous les Officiers des Cours Souveraines de nôtre Royaume; les Auditeurs de nôtre Chambre des Comptes de Nantes, ont aussi prétendu lesdits Privileges de Noblesse, & y ayans été maintenus par des Arrêts rendus par les Sieurs Commissaires députez pour la reformation de la Noblesse de Bretagne, il fut ordonné par l'un des Arrêts desdits Sieurs Commissaires du 28 Juillet 1669, que remontrances nous seroient faites par les Députez des Etats de ladite Province, pour nous representer les consequences des Privileges de Noblesse, accordez ausdits Auditeurs & leurs descendans ; mais depuis ayant fait par nôtre Edit du mois d'Août 1669, un Reglement general, pour les Offices de Judicature de nôtre Royaume, Nous aurions par ledit Edit, revoqué & annulé toutes Concessions & Privileges de Noblesse, & autres Droits, Franchises, Exemptions & Immunitez accordez aux Officiers de nosdites Cours, par Edit & Déclaration, pendant & depuis l'année 1644, avec la clause toutefois, (qu'en consequence de la revocation desdits Privileges de Noblesse, tous nosdits Officiers seroient remis & rétablis en même & semblable état qu'ils étoient (auparavant les Edit, Déclaration, Arrêt & Reglemens intervenus) sans qu'eux ni leurs descendans puissent directement, ni indirectement, user ni se prévaloir du Benefice d'iceux ; & d'autant que par nôtre Edit du mois d'Août 1669, portant revocation desdits Privileges de Noblesse, accordez par nos Edit & Déclaration des années 1644, & 1645 au premier degré, aux Officiers de nosdites Cours, Nous les avons remis & rétablis en même & semblable état qu'ils étoient auparavant lesd. Edit & Déclaration : & voulant expliquer, en tant que besoin seroit, nôtredit Edit du mois d'Août 1669, au sujet des Auditeurs de la Chambre des Comptes de Nantes, & faire cesser les contestations qui ont été faites contre les Privileges, même par le Procureur General des Etats de la Province de Bretagne, en nôtre Conseil d'Etat, où pour raison d'iceux, seroit in-

tervenu Arrêt le 9 Janvier 1669, & empêcher les contestations qui pourroient encore être faites à l'avenir. A CES CAUSES, de nôtre certaine
science, pleine puissance, & autorité Royale, Nous avons par le present
Edit perpetuel & irrevocable, maintenu & confirmé les Auditeurs de nôtre
Chambre des Comptes de Nantes & leurs descendans, dans les mêmes Privileges de Noblesse, & autres Droits, Franchises & Immunitez, accordez aux
Présidens, Maîtres, & Correcteurs de ladite Chambre, conformément à
nôtre Edit du mois d'Août 1669, comme étant & faisant partie du Corps
d'icelle, nonobstant & sans avoir égard à toutes Remontrances, faites ou à
faire pour raison desdits Privileges & jouissances d'iceux, en prenant par
lesd. Auditeurs, des gages qui leur seront attribuez par les Rôlles qui seront
arrêtez en nôtre Conseil, sans qu'à l'avenir ils puissent être troublez, recherchez, ni inquiétez, pour raison de ce. Si donnons en Mandement à
nos Amez & feaux Conseillers les Gens tenans nôtre Chambre des Comptes de Nantes, que nôtre Present Edit ils ayent à faire lire, publier & registrer, & le contenu en icelui garder & observer selon sa forme & teneur;
cessant & faisant cesser, tous troubles & empêchemens qui pourroient être
mis ou donnez, nonobstant tous Edits, Déclarations, Reglemens, & autres choses à ce contraires, ausquelles nous avons dérogé & dérogeons
par cesd. Presentes: Car tel est nôtre plaisir. Et afin que ce soit chose ferme
& stable à toûjours, Nous y avons fait mettre nôtre scel. Donné à Versailles
au mois de Decembre l'an de grace 1692: & de nôtre Regne le 50. Signé,
LOUIS. *Plus bas*, par le Roy, COLBERT. Et à côté, *Visa*, BOUCHART, &
au dessous, vû au Conseil, PHELYPEAUX. Et scellé du grand Sceau de
Cire verte.

LE Procureur General du Roy entré au Bureau, a presenté un Edit de
S. M. donné à Versailles, le present mois de Decembre, Signé, LOUIS,
& plus bas, par le Roy, Colbert, à côté, *Visa*, Bouchart, & au dessous,
vû au Conseil, Phelypeaux, par lequel S. M. a maintenu & confirmé les
Sieurs Auditeurs de cette Chambre, & leurs descendans, dans les mêmes
Privileges de Noblesse & autres Droits, Francises & Immunitez accordez
à Messieurs les Présidens, Maîtres, & Correcteurs de ladite Chambre, conformément à l'Edit du mois d'Août 1669, en prenant par lesdits Sieurs Auditeurs, les Gages qui leur seront attribuez par les Rôlles qui seront arrêtez
au Conseil du Roy, requerant qu'il soit presentement procedé à l'enregistrement dudit Edit, pour être executé & avoir effet suivant la volonté du
Roy. Sur quoy la CHAMBRE, Semestres assemblez, oüi & le requerant
ledit procureur General, a ordonné & ordonne, que ledit Edit sera enregistré au Greffe, pour être executé & avoir effet suivant la volonté du
Roy. Fait à la Chambre des Comptes à Nantes, le   1693.

Au Mandement cotté 40. *Fol.* 206.

§. IV.

DU RANG ET DE LA PRÉSEANCE
DES OFFICIERS DE LA CHAMBRE.

OBSERVAION.

LE Rang & la Préséance étant comme une partie de l'Office, ou du moins une de ses principales appartenances, suivant la remarque de Loyseau dans son Traité des Offices, il semble qu'on ne peut mieux placer qu'en cet endroit, ce que nous avons à en dire, aussi-bien que les Reglemens qui ont été rendus à ce sujet.

Il y a, dit le même Auteur, un certain honneur annexé aux Charges, qui consiste en trois choses : le Salut, le Rang, & la Qualité. Le Salut est dû, mais il ne s'exige pas. La loy de bien-séance, dit un Sçavant Prélat, qui sans donner aucune contrainte, ne laisse pas d'imposer une espece de necessité, & qui souvent a plus de force que les veritables Loix, prescrit aux personnes bien nées, les regles qu'elles doivent suivre dans les diverses circonstances où elles se trouvent, mais la Loy du Christianisme, qui est superieure à toutes les autres, va plus loin : car elle ne nous oblige pas seulement à rendre à nos superieurs ce qui leur est dû. Reddite omnibus debita, cui honorem, honorem, cui tributum tributum. Rom. 13. Mais même à prevenir nos egaux, par des témoignages d'honneur & de déference. Charitate fraternitatis invicem diligentes, honore invicem prævenientes. Rom. 12. Cette Loy de l'Apôtre étant fondée sur la Charité, c'est pecher contre la Charité d'y contrevenir à l'egard de ses egaux, & contre l'ordre public à l'egard des superieurs.

Comme l'honneur du Rang & de la Presseance est ce qui flate plus la vanité, il est souvent la matiere des contestations, sur-tout lorsque les reglemens n'y ont pas pourvû, la meilleure maxime est d'éviter autant qu'on peut, les occasions qui les font n'aitre, la prudence & la modestie, doivent nous servir de regle ; il faut que la gravité de nos mœurs, & la sagesse de nôtre conduite, nous attirent l'estime & la consideration du public, afin qu'on défere sans peine à la personne du Magistrat, le Rang qui est dû à la Magistrature. On dit ordinairement, que l'honneur est comme le Crocodile, qui fuit ceux qui le fuyent, & qui fuit ceux qui le suivent : Ce n'est pas que le Magistrat ne doive en certaines occasions remarquables, soûtenir avec bien-seance, l'honneur de son caractere & la dignité dont il est depositaire : s'il y est troublé, les Loix lui accordent le pouvoir d'intenter action contre celui qui le trouble : ce qui est, dit Chenu, une espece de sacrilege, parce que c'est troubler l'ordre divin, & violer un honneur que Dieu même a attaché à la qualité de Juge. Ego dixi dii estis, & filii excelsi omnes. Psal. 81. Je vous ay etabli Dieux sur la terre, par la communication de ma puissance, vous estes tous les fils du Tres-Haut, par la ressemblance que vous donne avec lui l'autorité qu'il vous a communiquée. (Car c'est c'est le sens que les Interprétes de l'Ecriture donnent ordinairement à ces paroles du Prophete Roy) or le Prince étant à nôtre égard, la plus vive immage de la Divinité, en ce qu'il est le Pere & le Juge de ses Peuples, la source de toute Justice, & la plenitude des honneurs & des dignités, pour les dispenser a qui il lui plaît, & selon la mesure qu'il lui plaît; c'est entreprendre sur ses droits que de vouloir se les approprier de son autorité privée; c'est renverser l'ordre & la subordination legitime d'où depend la tranquilité de l'Etat, qui demande que celui qui a reçû du Prince une plus petite mesure d'autorité & d'honneur, cede à celui qui en a reçû une plus grande; & que celui qui n'en a reçû aucune, defere a celui qui en a reçû telle qu'elle soit. Voila ce qui doit décider des Rangs & des Préséances; c'est sur quoy sont fondez les Arrêts qu'on rapportera cy-après, & ce qui servira toûjours de regle dans les contestations de cette nature.

Maréchal dans son Traité des Droits Honorifiques, p. 201 de l'édition de 1714, dit que les Gentilshommes qui ne sont ni Patrons, ni Hauts Justiciers, doivent ceder aux Officiers Royaux, non seulement dans le lieu de leur residence, mais aussi dans l'étenduë de leur Jurisdiction, tant à cause du ressort ou superiorité, que de la prévention qu'ils ont sur eux; que néanmoins les Arrêts n'y ont maintenus que les Chefs, hors le lieu où est leur Siege; la raison qu'il en rend, est que le premier Juge represente le Souverain, au nom duquel il exerce la Justice & Puissance publique, dans l'étenduë de son district, & il en est à plus forte raison, ajoûte-t-il, des Conseillers des Cours Souveraines, qui selon la remarque de Boece, precedent tous les Seigneurs de Fief qui sont situez sous leur ressort, & sur lesquels ils ont Jurisdiction, à l'exception néanmoins des Paroisses de la Campagne, où ils n'ont pas droit de preceder le Patron, ni le Haut Justicier : l'Arrêt celebre du Parlement de Paris du 10 Juin 1716, a jugé qu'en l'absence du Seigneur de Paroisse, le Bailli ou Lieutenant de la Jurisdiction, comme premier Officier de Justice, a le Pain Benî & les autres honneurs de l'Eglise.

Ce que nous venons de dire des Officiers de Judicature en general, & particulierement de ceux des Cours Souveraines, s'entend naturellement de ceux de la Chambre des Comptes de Bretagne, qui ont cela de particulier, qu'outre qu'ils sont Juges naturels des Gentilshommes, en ce qui concerne leurs qualitez personnelles & les droits de leurs Terres, dans une grande Province où le Roy a plus de Domaine qu'en aucune autre du Royaume, & qu'ils reçoivent leurs Hommages & leurs Aveux au nom de S. M. c'est que cette compagnie a été créé par les Ducs de Bretagne, avec beaucoup d'attribution & de Privileges qui la rendent recommandable entre les autres Chambres des Comptes, comme il se justifie par l'Edit cy-dessus rapporté dans le Paragraphe precedent, du mois d'Avril 1659, qui porte, que S. M. étant informée qu'entre les Compagnies Souveraines de son Royaume, la Chambre des Comptes de Bretagne tient un des premiers rangs, soit que l'on considere l'antiquité de son établissement, soit qu'on regarde les prérogatives de sa dignité & fonctions, ayant été créé avec beaucoup d'attributs & Privileges, par les Ducs de Bretagne, pour juger souverainement de toutes les matieres de Finance & de Domaine, dans l'étenduë de la Province, pour ces causes, & pour reconnoître la fidelité & affection au bien de l'Etat, dont les Officiers de cette Compagnie ont donné des marques publiques dans des tems de trouble; S. M. en les confirmant dans tous leurs anciens Privileges, veut & entend qu'ils soient Nobles, & tenus pour Nobles, qu'ils joüissent eux & leur posterité, née & à naître, des mêmes prééminences que les autres Nobles de race de Gentilshommes & Barons dud. Pays, nonobstant qu'ils ne fussent issus de Noble & ancienne race ; & d'autant que la plûpart desd. Officiers sont Nobles d'extraction, veut Sad. M. que leur Charges soient pour eux un accroissement d'honneur & de generosité.

Il s'ensuit de la disposition de cet Edit, que l'intention de S. M. est que les Officiers de la Chambre des Comptes de Bretagne, soit qu'ils soient issus de noble extraction ou non, soient non seulement reputez Nobles, mais distinguez entre les Nobles, puisque l'Edit les met au rang des Barons, c'est-à-dire, au dessus du simple Gentilhomme : qu'ils ont droit de le preceder, & de prendre comme le Baron, la qualité de Messire & Chevalier, & par une même consequence, que l'Officier qui est né Gentilhomme, doit avoir sur le Gentilhomme titré, la même préseance que le premier en a sur le simple Gentilhomme.

Ceci suffit pour faire voir combien est vaine & mal fondée la pretention de certains Gentilshommes, lesquels n'ayant ni Employ ni Service dans la guerre, ni Charge dans la Maison du Roy, ni Terres titrées, affectent néanmoins de prendre le pas sur des Officiers de Cours Souveraines, s'imaginant que l'épée qu'ils portent, sans l'avoir jamais employée au service de l'Etat, doive les élever au dessus de ceux qui sacrifient leurs vies, leurs peines, & souvent leur fortune pour servir le Roy & le Public dans l'exercice de Charges de Compagnies superieures, que la Roche Flavin appelle une Noble servitude, & qu'on pourroit aussi nommer une honorable pauvreté ; ceux qui voudront connoître plus à fond les prerogatives des Officiers des Cours Souveraines, peuvent voir Loyseau dans son Traité des Offices, la Roche Flavin dans ses parlemens, Chassanée dans son Catalogue de la Gloire du Monde, la Roque dans son Traité de la Noblesse, & Maréchal des Droits honorifiques. Nous nous contentrons de mettre ici les Reglemens rendus pour la Préseance de la Chambre en Corps, sur les Présidiaux, & ceux rendus en faveur de quelques Officiers en particulier sur les Juges Royaux, ne s'en étant point trouvez d'autres.

ARREST
DU CONSEIL D'ESTAT,

QUI ordonne que la Chambre des Comptes en toutes Assemblées generales & particulieres, & les Présidents & Maîtres des Comptes d'icelle, tant en corps qu'en particulier, auront Rang & Seance avant les Juges Présidiaux de Nantes.

Du 28 Avril 1588.

VEU par le Roy en son Conseil, la Requête presentée par les Gens tenans la Chambre des Comptes de Bretagne, tendante à ce que pour les causes y contenuës, il lui plût ordonner qu'en toutes Assemblées, tant publiques que privées, soit que la Chambre marche en Corps ou en particulier, les Officiers d'icelle precederoient les Juges Présidiaux de Nantes, & faire défenses ausdits Juges Présidiaux, d'entreprendre sur leur Préseance & Rang, à peine de radiation & privation de leurs Gages, & d'amende arbitraire : Procès-verbal de Bertaud & Granjon Huissiers de ladite Chambre,

& tout confideré. Le Roy en fon Confeil, a ordonné ordonne, que ladite Chambre en toutes Affemblées, tant publiques que privées, & les Préfidens & Maîtres des Comptes d'icelle, tant en Corps qu'en particulier, auront Rang & Séance avant les Juges Préfidiaux de Nantes, aufquels Sad. M. fait défenfes de troubler les Officiers de ladite Chambre audit Rang & Pré-feance, à peine de fufpention pour la premiere fois, & pour la feconde, de privation de leurs Gages & d'amende arbitraire. FAIT au Confeil d'Etat tenu à Paris le 28 jour d'Avril l'an de grace mil cinq cens quatre-vingt-huit. Ainfi figné, FORGET. *Au premier Liv. noir, Fol.* 108.

ARREST
DU CONSEIL D'ESTAT,

QVI ajuge la Préfeance aux Officiers de la Chambre, fur ceux du Préfidial de Nantes, tant de Corps à Corps, que de particulier à particulier, fors & excepté que le Préfident Préfidial & le Senéchal, ne pourront être precedez dans les occafions particulieres, par les Correcteurs & Auditeurs de ladite Chambre.

Du 17 Août 1601.

Extrait des Regiftres du Confeil d'Etat.

ENTRE les Officiers de la Chambre des Comptes de Bretagne, De-mandeurs en Requête du 30 Mars dernier, d'une part : Et les Offi-ciers du Siége Préfidial de Nantes, Défendeurs, d'autre. VEU par le Roy en fon Confeil ladite Requête, tendant à ce que pour les caufes y conte-nuës, & fuivant un Arrêt du Confeil du 28 Avril 1588, la Préfeance foit ajugée à ladite Chambre, tant en corps que à tous les Officiers d'icelle, en particulier fur les Officiers dudit Siege Préfidial ; même en la Proceffion du Sacre, qui fe fait chacun an en ladite Ville de Nantes ; & que deffenfes & inhibitions leurs foient faites de les y troubler & molefter, à peine de pri-vation de leurs Gages, fufpenfion de leurs Offices, & autres amendes arbi-traires : Ledit Arrêt du 28 Avril, par lequel le Confeil auroit ordonné que ladite Chambre en toutes Affemblées, tant publiques que privées, & les Préfidents & Maîtres d'icelle, tant en corps qu'en particulier auroient, Rang & Séance avant lefdits Préfidiaux de Nantes, aufquels Sadite Majefté auroit fait deffenfes de les troubler audit Rang & Préfeance, à peine de fufpenfion pour la premiere fois, & pour la feconde de privation de leurs Gages, & d'amende arbitraire : Deux Arrefts de Reglements pour l'Ordre & Rang qui doit être gardé ès affemblées particulieres & publiques entre la Cour de Parlement & la Chambre des Comptes dudit Pays, en date du 5. Aouft 1587, & 18. d'Aouft 82 : Procès-verybal de ladite Chambre des Comptes, touchant

le tumulte advenu à ladite Procession : les Informations faites de leur part
à même effet : Les Interrogats & Réponses de Pierre Coüillaud Sergent &
Pierre Tamnel mis & constituez Prisonniers au Château de Nantes : Autre
Procez verbal des Officiers dudit Siege Presidial de Nantes avec lesdites In-
formations faites aussi à même fin, tant par eux que par Maître Gabriel de
Blanou & Gilles de Sevigné Conseillers du Parlement de Bretagne, Deputez
& Commissaires par Arrêt dudit Parlement, du 27 Juin dernier, ensemble
toutes les Pieces que lesdites Parties ont respectivement produit par Inven-
taire, suivant l'appointement en droit à écrire & produire entr'elles, le 21
Juillet dernier.

LE ROY EN SON CONSEIL, a ordonné & ordonne, que les Officiers
de ladite Chambre précederont en Corps, ceux du Siége Presidial de Nantes
en toutes Assemblées Generales, même en la Procession du Sacre, en laquelle
les Officiers dudit Siége Presidial, prendront leur Rang & place aprés eux :
auront aussi les Officiers de lad. Chambre la même Préseance en particulier sur
les Officiers dudit Siége, fors & excepté que le Président Presidial & Senéchal,
ne pourront être précedez par lesdits Correcteurs & Auditeurs; & leur sera
pareillement conservé l'autorité qu'ils ont de présider és Assemblées de
Villes, esquelles néanmoins les Officiers de ladite Chambre des Comptes
auront Rang & Lieu honorable, quand ils y viendront, tout ainsi que les
Officiers du Parlement dudit Pays. Enjoint S. M. tant ausdits Officiers de
ladite Chambre, que Siége Presidial, de garder inviolablement à l'avenir,
l'Ordre, Rang & Séance déclarez par le present Arrêt, à peine d'amende
arbitraire. Veut & ordonne en outre, que le Sieur Duc de Monbazon,
Lieutenant General en la Senéchaussée & Evéché de Nantes, s'informe
soigneusement des auteurs du port d'armes, émotion & tumulte avenus en
la derniere Procession du Sacre, pour lui en donner avis, & aprés y être
pourvû par elle, ainsi que l'affaire le requerera ; & cependant que ceux
qui sont prisonniers & détenus à cause de ladite émotion, soient élargis.
FAIT au Conseil d'Etat du Roy, tenu à Paris le 17 jour d'Août mil six cens
un, Signé, PAYET.

HENRY par la grace de Dieu, Roy de France & de Navarre : Au
premier nôtre Huissier ou Sergent sur ce requis, SALUT. Par l'Arrêt
dont l'Extrait est cy-attaché sous nôtre contrescel, ce jourd'huy donné en nôtre
Conseil entre nos Officiers de la Chambre des Comptes de Bretagne, & les
Officiers du Siége Presidial de Nantes, Nous avons ordonné le Reglement,
que voulons être observé entre nosdits Officiers de la Chambre des Comptes
& Siége Presidial, pour l'Ordre & Séance qu'ils doivent avoir en Corps &
en particulier en toutes Assemblées, ainsi qu'il est à plein contenu audit
Arrêt, lequel te mandons & enjoignons signifier ausdits Officiers des Comptes & Siége Presidial, à ce qu'ils n'en prétendent cause d'ignorance, &
ayent à observer, garder & entretenir icelui sur les peines y mentionnées. Mandons en outre à nôtre amé & feal le Duc de Monbazon, Gouverneur & nôtre Lieutenant General en la Senéchaussée & Evéché dud.
Nantes & ses Lieutenans, de tenir la main à l'execution dudit Arrêt, & aud.

sieur

Sieur de Monbazon, s'informer soigneusement des auteurs du port d'armes, émotions & tumultes avenu en la derniere Procession du Sacre, pour nous en donner avis, & après y être par nous pourvû ainsi que l'affaire le requerera ; & cependant faire élargir ceux qui sont prisonniers & détenus à cause de ladite émotion : CAR tel est nôtre plaisir. Donné à Paris le 17 jour d'Août l'an de grace 1601, & de nôtre Regne le treiziéme, Signé, par le Roy en son Conseil. FAYET. Et Scellées, *& plus bas* est écrit ce qui en suit.

LE Mercredy douziéme jour de Septembre 1601, à la requête de Mr. le Procureur General du Roy en la Chambre des Comptes de Bretagne, le present Arrêt & Commission cy-attachée sous le contrescel de la Grande Chancellerie de France, ont été montrez, signifiez à Me. René Charette, Senéchal de Nantes, tant pour lui que Messieurs tenans le Siége Présidial dudit lieu, parlant à sa personne en son Logis, sis ruë de S. Vincent, auquel parlant j'ay baillé & laissé copie, tant d'icelui que Commission, & du present Exploit à ce qu'ils n'en prétendent cause d'ignorance, & qu'ils ayent à entretenir, garder & observer le contenu au present Reglement, sur les peines y contenuës. FAIT par moy Huissier ordinaire du Roy & de son Grand Conseil, soussigné avant midi, signé, POUESSAYS. Plus est écrit au dos dudit Arrêt.

LEDIT jour & an de l'autre part, par vertu & à la Requête que dit est, lesdits Arrêt & Commission ont été signifiés à Me. Olivier de la Bouessiere, Procureur du Roy audit Siége Présidial, aux fins y contenuës, & qu'il n'en prétende cause d'ignorance, & qu'il ait à entretenir, garder & observer le contenu en icelui Arrêt de Reglement, sur les peines y contenuës, en parlant à une Demoiselle & deux Servantes Domestiques dud. Sieur de la Bouessiere, qui n'ont voulu dire leurs noms, néanmoins j'ay baillé & laissé copie, tant dudit Arrêt que Commission & du present Exploit, à ce qu'ils n'en prétendent cause d'ignorance. FAIT par moy dit Huissier soussigné, Signé POUESSAYS. Plus est écrit nôtre Signification cy-après.

LEDIT jour lesdits Arrêt & Commission ont été montrez & signifiez à Me. René de Marsolles, Conseiller audit Siége, pour l'absence de Me. François Gareau second Conseiller en icelui, & ay laissé copie & du susd. Exploit à ce qu'il n'en pretende cause d'ignorance, parlant à sa personne à son Logis, sis ruë S. Guedas en la Ville de Nantes. FAIT par moy Huissier, soussigné René POUESSAYS.

LA CHAMBRE, ce requerant le Procureur General, a ordonné & ordonne, que l'Arrêt du Conseil du Roy du 17 jour d'Août 1601, signé Fayet pour la Préséance des Officiers de ladite Chambre sur ceux du Siége Présidial de Nantes, ensemble les Lettres de Commission pour l'execution d'icelui, seront enregistrez pour être gardez & observez selon leur forme & teneur ; seront aussi enregistrées les Intimations sur ce faites à Me. René Charette Senéchal, René de Marsolles Conseiller, & Olivier de la Bouesfiere Procureur du Roy audit Siége, par Pouessays Huissier au Grand Conseil, le douziéme jour de Septembre audit an mil six cens un. FAIT en la Chambre des Comptes à Nantes le seiziéme Janvier mil six cens deux.

Au Mandement, cotté 17. Fol. 324.

ARREST
DU CONSEIL D'ESTAT,

DONNE' entre les Officiers de la Chambre des Comptes de Normandie & ceux de la Cour des Aydes dudit Pays.

Du 8 Novembre 1596.

EXTRAIT DES REGISTRES DU CONSEIL D'ESTAT.

ENTRE les Officiers de la Chambre des Comptes de Normandie, Demandeurs en retraction d'Arrêt du 29 jour de Janvier 1583, & requerans l'observation des Edits de leur création & institution : Arrêts & Reglemens par eux obtenus pour leur Préséance, d'une part : Et ceux de la Cour des Aydes de ladite Province, Deffendeurs d'autre. Vu lesdits Edits de création & institution, tant du premier que second Semestre de ladite Chambre à l'instar de celle de Paris, des mois de Juillet 1580 & Novembre 1581, vérification d'iceux : Extrait d'Arrêt du Conseil du 16 Mars audit an 1581, portant que les Reglements d'entre la Chambre des Comptes & Cour des Aydes à Paris seront observés entre ceux de Normandie : plusieurs Procedures & Ordonnances du Conseil, faites entre lesd. Parties les 25 & dernier jour de Juin, 22 Novembre 1588 & 5 Janvier 1589, pour mettre leurs Pieces vers les Conseillers Commissaires : Lettres Patentes du 8 Février dernier, pour faire de rechef oüir & comparoître les Parties : Arrêt dudit Conseil donné à Gaillon le 12 jour d'Octobre dernier, par lequel aprés avoir oüi les Députez des Parties, auroit été ordonné par provision, que les Officiers de ladite Chambre précederoient ceux des Aydes, & que toutes contestations seroient surcises jusqu'à decision difinitive, qui seroit jugée sur les Pieces & Ecritures par eux mises és mains du Sieur de Sillery Conseiller audit Conseil : Inventaire & Production produit par lesdits Gens des Comptes. VEU aussi ledit Arret du 28 Janvier 1583, par lequel auroit été ordonné que lesd. Gens des Aydes, précederoient ceux des Comptes. Arrêt de la Cour du Parlement de Roüen, du   le   donné sur la vérification dud. Edit du mois de Juillet 1580 : Arrêt du Conseil du 16 de Juillet, donné au profit des Gens des Aydes de Montpellier, contre ceux des Comptes dudit Pays : Inventaire & Avertissement produit avec lesdites Pieces par lesdits

Gens des Aydes sur la difinitive : Extrait des Remontrances des Etats Provinciaux de Normandie de l'année 1581 Article XLIII. sur le préjudice que led. differand apportoit aux Parties ayans affaire ausdites Cours. Et aprés que lesdits Gens des Comptes & des Aydes ont été de rechef oüis respectivement par leurs Députez ce jourd'huy, en tout ce qu'ils ont voulu de nouveau dire & alleguer sur ladite difinitive, & sur ce entendu le rappot dud. Sieur de Sillery : LE ROY EN SON CONSEIL, sans avoir égard audit Arrêt du 20 Janvier 1583, a ordonné & ordonne, que les Officiers de ladite Chambre des Comptes de Normandie, suivant leur Edit de création & institution à l'instar de la Chambre des Comptes à Paris, precederont tant en Corps qu'en particulier, ceux de la Cour des Aydes, en toutes Assemblées, Processions, Ceremonies & Actes publics & particuliers, même en l'adresse & ordre des verifications de tous Arrêts, Lettres Patentes & autres Expeditions, ainsi qu'il est observé entre la Chambre des Comptes & Cour des Aydes à Paris, lequel Reglement S. M. veut être gardé perpetuellement, suivi & observé à l'avenir, sans y être contrevenu, sans depens de part ni d'autre. FAIT au Conseil d'Estat, tenu à Roüen le huitiéme jour de Novembre mil cinq cens quatre-vingt-seize. Signé, par Collationné, MELIAUD.

LA CHAMBRE a ordonné & ordonne, que le present Arrêt sera enregistré au Greffe d'icelle, pour servir de Mémoire en cas semblable. FAIT en la Chambre des Comptes à Nantes le seiziéme jour de Janvier mil six cens deux. *Au Mandement cotté* 17 *Fol.* 326.

ARREST
DU GRAND CONSEIL,

QUI ajuge la Préseance à Maître René Heliaud, Conseiller-Auditeur, sur le Lieutenant Particulier de Châteaugontier, en toutes Assemblées Generales & Particulieres, fors & excepté en celles de Justice, Police & Maison de Ville.

Du dernier Janvier 1622.

LOUIS par la grace de Dieu, Roy de France & de Navarre : A tous ceux qui ces presentes Lettres verront, SALUT. Sçavoir faisons, que comparans en Jugement en nôtre Grand Conseil nos bien amez René Heliand, Ecuyer Sieur de la Touche, nôtre Conseiller & Auditeur en nôtre Chambre des Comptes de Bretagne établie à Nantes, Demandeur en Requête par luy à Nous presentée le 12 Janvier 1620, & renvoyée à nôtredit Conseil par Arrêt de nôtre Privé Conseil du 7 Octobre audit an, aux fins d'être maintenu & gardé au Rang & en la Préséance ajugée aux Officiers de nôtredite Chambre des Comptes de Nantes, contre les Lieutenans Generaux & Particuliers, Civils & Criminels, & Conseillers de la Senéchaussée & Siége Présidial dudit Nantes, par Arrêt de nôtredit Conseil du 17 Aout 1601 : Ce faisant, qu'il soit dit qu'il precedera en toutes Assemblées, tant generales que particulieres, Maître René Quentin nôtre Conseiller & Lieutenant Particulier au Siége Royal de Châteaugontier, sis en Anjou ; avec défenses audit Quentin de le troubler en ladite Préséance, d'une part : Et ledit Quentin Défendeur, d'autre : Et encore ledit Heliand, Demandeur & requerant l'enterinement des Lettres Patentes par luy obtenuës le 27e jour d'Août 1621, pour être restitué & remis en tel état qu'il étoit auparavant l'accord & soussigné fait entre luy & ledit Quentin sur ladite Instance le 6 Mars audit an, par lequel la Préséance auroit été accordée audit Quentin contre ledit Heliand, és Processions Generales, Assemblées en la Maison de Ville, Entrée de Ville, Feux de joye & Solemnitez Publiques, Offrandes, Procession de l'Eglise de ladite Ville de Châteaugontier, & faisant droit au principal, que sans avoir égard audit Soussigné, il soit dit que ledit Heliand precedera ledit Quentin en toutes Assemblées Generales & Particulieres, d'une part : Et ledit Quentin Défendeur esdites Lettres, d'autre : Et encore nôtre Procureur General en nôtre Chambre des Comptes de Bretagne, Demandeur en deux Requêtes par luy presentées en nôtredit Conseil le   Fevrier 1621, & 20 du present mois de Janvier, aux fins en tant que besoin seroit, d'être reçû à intervenir esdites Instances de Préséance & de Lettres, pour soûtenir avec ledit Heliand que la Préséance doit être ajugée aux Auditeurs de nôtred. Chambre des Comptes, tant en Assemblées Generales que Particulieres, contre ledit Quentin, d'autre part. Oüy les Avocats & Procureurs des Parties, aprés que Poncet pour ledit Heliand iceluy present, Baudry pour ledit Quentin aussi present, & Moussignot pour nôtredit Procureur General en nôtredite Chambre des Comptes de Bretagne ont été oüys, iceluy nôtre Grand Conseil par Arrêt, ayant égard à nosdites Lettres, a remis & remet les Parties en tel état qu'elles étoient auparavant l'Accord & Soussigné passé entre elles : & faisant droit sur ladite Instance, a ordonné & ordonne que ledit Heliand precedera ledit Quentin en toutes Assemblées Generales & Particulieres, fors & excepté és Assemblées de Justice, Police & Maison de Ville, sans dépens. Si donnons en Mandement & commettons par ces Presentes au premier des Huissiers de nôtre Grand Conseil, ou autre nôtre Huissier ou Sergent sur ce requis, que la Requête dudit Heliand, Demandeur, le present Arrêt il mette à dûë & entiere execution, de point en point selon sa forme & teneur, en ce que execution y est & sera requise : & pour icelle faire toutes Significations, Assignations, & autres Exploits requis & necessaires. De ce faire avons à nôtredit Huissier ou Sergent, donné & donnons Pouvoir, Commandons à tous nos Justiciers, Officiers & Sujets qu'à luy : Ce faisant sans pour ce demander Placet, *Visa* ne *Pareatis*, soit obéi : en témoin de quoy Nous avons fait mettre nôtre Scel à cesdites Presentes. Donné & prononcé en l'Audience de nôtredit Grand Conseil à Paris, le dernier jour

de

de Janvier l'an de Grace mil six cens vingt-deux, & de nôtre Regne le douziéme. Ainsi signé sur le reply : Par le Roy, à la relation des Gens de son Grand Conseil, MARTINEAU. *Au premier Liv. noir, Fol. 126. Et au Mandement cotté 23, Fol. 18.*

ARREST
DU GRAND CONSEIL,

OBTENU par Maitre Jean Martin, Conseiller-Secretaire-Auditeur, pour la Préséance sur le Senéchal & autres Juges de Saint Malo.

Du 31 Mars 1623.

LOUIS par la grace de Dieu, Roy de France & de Navarre : A tous ceux qui ces Presentes Lettres verront, SALUT. Sçavoir faisons, que par Arrêt de nôtre Grand Conseil, donné entre nôtre amé & feal Conseiller & Auditeur en nôtre Chambre des Comptes de Bretagne, Maître Jean Martin, Sieur de Hautchemin, Demandeur en excès, crime & delits commis en sa personne ; & requerant que pour le refus fait par Germain Lheveillé Notaire Royal à Saint Malo, de délivrer audit Martin, Acte desdites violences, il soit condamné en cinq cens livres d'amende, dépens, dommages & interêts ; & requerant le profit du défaut , nôtre Procureur General joint d'une part, & Maître André Pepin Senéchal, Pierre Pepin Alloüé & ledit Lheveillé Defendeurs ; & ledit Fauvet défaillant d'autre : Et entre lesdits Pepin & Lheveillé, Appellans comme d'abus du Monitoire de l'Official dudit S. Malo du 12 Mars 1622 ; & requerant l'enterinement d'une Requête presentée au Roy du 6 Septembre audit an, tendant afin que l'Arrêt du onziéme Avril audit an, donné au préjudice de leur opposition soit rapporté, d'une part : Et ledit Martin Intimé & Défendeur , d'autre : Et entre ledit Martin, Demandeur, & requerant qu'il soit dit & ordonné qu'en toutes Assemblées generales & particulieres, il precedera lesdits Pepin, Maître René Rousseau nôtre Procureur General en nôtre Chambre des Comptes de Bretagne reçû Partie audit Procez, d'une part : Et lesdits Pepin Défendents, d'autre. VEU par nôtredit Conseil les Ecritures desdites Parties : lesdites Requêtres : ledit Défaut : ledit Monitoire : Acte de publication d'iceluy en sadite Eglise du 12 Mars 1622 : Information faite à la Requête dudit Martin, sur lesdits excès & violences du 30 Juillet 1622 : Procez verbaux desdits excès, contenans le refus dudit Lheveillé d'en délivrer acte audit Martin des 26 & 29 Decembre 1621 : Requête dud. Pepin,

Senéchal, audit Official de Saint Malo, pour empêcher la publication dudit Monitoire du 18 Mars 1622 : led. Arrêt de nôtre Conseil Privé du 12 Avril audit an, par lequel est ordonné que nonobstant ladite opposition, il sera passé outre à la Publication dudit Monitoire : Requeste dudit Pepin Alloüé presentée en nôtre Conseil, par laquelle luy a été donné Acte de sa Declaration, qu'il n'entend preceder ledit Martin : Arrêt de nôtre Conseil privé du 8 Novembre 1596, par lequel est ordonné que les Officiers de nos Comptes de Normandie, tant aux Assemblées publiques que particulieres, précederont les Officiers des Aydes : Autre Arrêt de nôtre privé Conseil du 7 Août 1601, par lequel est ordonné que les Gens de nos Comptes de Bretagne, prendront leur Rang & Place, pardevant ceux du Siége Présidial de Nantes, fors & excepté les Président & Senéchal, qui ne seront précedez par les Correcteurs & Auditeurs: Arrêt de nôtre Conseil du dernier Janvier 1622, par lequel est ordonné que les Auditeurs de la Chambre de nos Comptes de Nantes, précederont le Lieutenant Particulier du Siége Royal de Châteaugontier en toutes Assemblées generales & particulieres, fors & excepté aux Assemblées de Justice, Police, & Maison de Ville : Arrêt de reception dud. Martin en ladite Charge d'Auditeur du 15 May 1581 : Procuration aud. de Vimont par ledit Pepin Alloüé, du 21 Fevrier 1623, & 28 dud. mois & an : Contredits desd. Parties : Conclusions de nôtre Procureur General, & tout ce que par lesd. Parties a été mis & produit par devers nôtred. Conseil. Icelui nôtred. Grand Conseil par sond. Arrêt a dit, que led. Défaut est bien & dûëment obtenu ; pour le profit duquel & faisant droit sur la Préseance requise par led. Martin, a ordonné & ordonne, qu'en toutes Assemblées generales, particuliers & publiques, led. Martin précedera lesd. Pepin, Senéchal & Alloüé, fors & excepté aux Assemblées de Justice, Police & Ville : a fait & fait inhibitions & défenses ausd. Parties, de contrevenir au present Arrêt ; & sur le surplus desd. instances, a mis & met les Parties hors de cour & de procès sans dépens : a condamné & condamne led. Fauvel aux dépens dud. défaut ; la taxation d'iceux aud. Conseil reservée. Si DONNONS EN MANDEMENT & commandons par ces Presentes au premier des Huissiers de nôtre Grand Conseil, ou autre nôtre Huissier ou Sergent sur ce requis, qu'à la Requête dudit Martin le present Arrêt il mette incontinent & sans delay, à dûë & entiere execution, de point en point selon sa forme & teneur ; ce faisant le Signifier ausd. Pepin, Senéchal & Alloüé, & aud. Fauvel, à ce que du contenu en icelui, ils n'en prétendent cause d'ignorance, leur faisant à chacun d'eux, expresses inhibitions & défenses d'y contrevenir : & en outre faire pour l'entiere execution du susd. Arrêt, tous autres Exploits requis & necessaires. De ce faire avons à nôtredit Huissier ou Sergent, donné & donnons Pouvoir, Mandons & Commandons à tous nos Justiciers, Officiers & Sujets qu'à luy : en ce faisant sans pour ce demander Congé, Placet, *Visa* ne *Pareatis*, soit obéi : en témoin de quoy Nous avons fait mettre nôtre Scel à cesdites Presentes. DONNÉ en nôtredit Grand Conseil à Paris, le dernier Mars l'an de grace mil six cens vingt-trois : montré à nôtre Procureur General, & prononcé aux Procureurs desd. Parties le huitiéme jour d'Avril aud. an, & de nôtre Regne le treiziéme. Signé par le Roy, à la relation des Gens de son Grand Conseil, MARTINEAU. Et Scellées du grand Sceau de Cire jaune à double Queuë. *Au Mandement costé* 23. *Fol.* 268.

ARREST
DU CONSEIL D'ESTAT,

Portant que les Arrêts qui ont reglé la Préseance en faveur des Officiers de la Chambre seront executez : défenses au Sieur du Vergier, Senéchal de Hennebond & à tous autres de les y troubler ; & cependant permis d'informer contre lui du contenu en la Requête du Sieur de Beaujoüan, Conseiller & Maître des Comptes.

Du 17 Janvier 1662.

Extrait des Registres du Conseil Privé du Roy.

SUR la Requête presentée au Roy en son Conseil, par Vincent Beaujoüan, Sieur de Kmadio, Conseiller de S. M. Maître ordinaire en sa Chambre des Comptes de Bretagne, & le Procureur General de la Chambre intervenant & prenant le fait & cause pour led. Beaujoüan, contenant que par deux Arrêts du Conseil des 28 Avril 1588, & 17 Août 1601, le dernier rendu contradictoirement entre les Officiers de lad. Chambre, ceux du Présidial de Nantes, les Officiers de ladite Chambre comme Juges de Cour Souveraine, ont été maintenus en la Préseance qui leur appartient de droit, tant és Assemblées generales que particulieres, à l'encontre des Officiers dud. Présidial, tout ainsi que les Conseillers des Parlements ; avec ordre de garder ladite Préseance, laquelle auroit été confirmée par un Arrêt rendu contradictoirement au Grand Conseil, au profit des Auditeurs de ladite Chambre, du dernier Janvier 1622, & de laquelle Préseance les Officiers de lad. Chambre ont toûjours joüi paisiblement, sans y avoir jamais été troublez ; au préjudice de quoy néanmoins & desd. Arrêts du Conseil, Paul du Vegier, Senéchal du Siége de Hennebond, qui n'est qu'un Siége Royal, a entrepris le 12 Juin dernier, de faire une insulte extraordinaire aud. Beaujoüan, à l'ouverture du Jubilé, étant à sa Paroisse pour y assister à la Procession Generale & Service divin ; car la Procession étant commencée, les Religieux, le Clergé passé, ledit Sieur Beaujoüan ayant pris son Rang au desir desd. Arrêts du Conseil & dignité de sa Charge, icelui du Vergier après plusieurs emportements & parolles de mépris, auroit avec violence en la presence de toute l'Assemblée, pris & déchiré les Habits Decents dud. Beaujoüan, & icelui traité d'insolent & d'audacieux, le ménaçant de le constituer prisonnier; même auroit mandé des Sergens pour ce faire, l'un desquels obéïssant au commandement dud. du Vergier, auroit été si hardi que de saisir led. Beaujoüan par ses Habits pour le mener en Prison; & quelque remontrance que led. Beaujoüan & autres Particuliers de l'Assemblée lui ayent pû faire, il auroit continué ses violences & voye de fait, au grand scandale de tout le Clergé & de l'Assemblée asistants à ladite Procession: & ledit du Vergier non contant de toutes ses violences, auroit encore à la fin de lad. Procession, achevé de déchirer les Habits Decents dud. Beaujoüan, & fait venir des Sergens pour l'emprisonner; ce qui l'auroit contraint pour éviter le scandale & la fureur dud. du Vergier, de demeurer dans ladite Eglise, d'où l'un des Religieux le fit entrer dans le Convent; de toutes lesquelles insultes, violences & voyes de fait, ledit Beaujoüan ayant dressé procès verbal ledit jour 12 Juin, & porté sa plainte à la Chambre, elle l'auroit par son Arrêt du 18 dud. mois, renvoyé au Conseil pour en avoir justice & reparation, & ordonné que le Procureur General d'icelle interviendroit & prendroit le fait & cause dud. Beaujoüan, c'est pourquoy les Suplians requeroient permission d'informer du contenu aud. Procès verbal pardevant le premier Juge, hors de la Province; même d'obtenir & faire publier Monitoire en forme de droit pour ce fait, & rapporté au Conseil: être fait au Supliant telle reparation que de raison, avec amende, depens dommages & interêts; & cependant lesd. Arrêts des 28 Avril 1588, & 17 Août 1601 executez; avec défenses aud. du Vergier & tous autres d'y contrevenir, & de troubler les Officiers de lad. Chambre en leur Rang & Préseance, à peine d'interdiction & de dix mille livres d'amende; & l'Arrêt qui interviendra, executé nonobstant opposition ou appellations quelconques. VEU lad. Requête Signée du Fresne, lesd. Arrêts du Conseil des 28 Avril 1588, & 17 Août 1601, celui du Grand Conseil du dernier Janvier 1622, le Procès-verbal dud. Sieur Beaujoüan du 12 Juin dernier, la Plainte par lui faite à la Chambre, & l'Arrêt de renvoy d'icelle au Conseil du 18 Juin ensuivant. Oüi le Rapport du Sieur Poncet Commissaire à ce député, & tout consideré, LE ROY EN SON CONSEIL, a ordonné & ordonne, que lesd. Arrêts seront executez selon leur forme & teneur, avec défenses aud. du Vergier Senéchal & à tous autres d'y contrevenir, à peine de trois mille livres d'amende; & que du contenu aud. Procès-verbal, il sera informé par l'un des Sieurs Maîtres des Requêtes de son Hôtel, ou Conseiller du Grand Conseil sur ce requis; même obtenu Monitoire en forme de droit, pour l'information faite & rapportée au Conseil par led. Sieur Commissaire, être fait droit ainsi qu'il appartiendra par raison. FAIT au Conseil Privé, tenu à Paris le dix-septiéme jour de Janvier 1662. Signé, MOYSSAC. *Au 2 Liv. noir, Fol.* 14.

ARREST

ARREST
DU GRAND CONSEIL,

QUI ordonne que Me. Paul du Vergier, Senéchal de Hennebond, sera assigné au Conseil pour être oüi sur les Chefs d'accusation formée contre lui par Vincent de Beaujoüan, Maître des Comptes.

Du 11 Decembre 1661.

Extrait des Registres du Conseil Privé du Roy.

SUR la Requête presentée au Roy en Conseil, par Vincent Beaujoüan, Sieur de Kmadio, Conseiller & Maître ordinaire de la Chambre des Comptes de Bretagne, & le Procureur General de ladite Chambre intervenant & prenant le fait & cause pour led. de Beaujoüan, contenant qu'au préjudice des Arrêts & Reglemens du Conseil, des 28 Avril 1588, & 17 Août 1601, qui ont maintenu les Officiers de lad. Chambre, comme Juges de Cour Souveraine en leur Préséance, à l'encontre des Officiers du Présidial de Nantes, Paul du Vergier, Senéchal du Siége de Hennebond, qui n'est qu'un Juge Subalterne, ressortissant au Présidial de Vannes, a entrepris par une audace extraordinaire, de faire la derniere insulte aud. Sieur de Beaujoüan, à l'ouverture du Jubilé, fait en lad. Ville de Hennebond sa demeure, le 12 Juin 1661: car ledit Sieur de Beaujoüan étant en sa Paroisse pour assister au Service divin, & à la Procession Generale, aprés que les Religieux & Clergé furent passés, ledit Sieur de Beaujoüan prit son Rang, suivant & conformément aux Arrêts du Conseil & à la dignité de sa Charge; mais ledit du Vergier aprés plusieurs emportemens & paroles de mépris, auroit avec violence & voye de fait, en la presence de toute l'Assemblée, tiré ledit Sieur Beaujoüan & déchiré ses Habits de Ceremonie, le traitant d'insolent & d'audacieux, avec menace de le mettre prisonnier, ayant à cette fin mandé des Sergens au nombre de six, l'un desquels auroit été si hardi que de se saisir de sa personne, par ordre dudit du Vergier, & faire ses éforts pour le constituer Prisonnier, nonobstant sa remontrance & de l'Assemblée: & non contant de ce, auroit encore à la fin de ladite Procession, achevé de déchirer lesd. Habits dudit Sieur de Beaujoüan, lequel pour éviter la fureur dud. du Vergier & le scandale public, se seroit sauvé dans le Convent des Carmes; de toutes lesquelles insultes, violences & voye de fait, ayant dressé son Procès-verbal ledit jour 12 Juin, & icelui porté avec sa Plainte à la Chambre des Comptes, seroit intervenu Arrêt le 18 dudit mois, qui auroit renvoyé ladite Plainte au Conseil, pour en avoir justice & reparation: & comme la Compagnie prenoit part en cette insulte, elle

Qq

a ordonné que ledit Sieur Procureur General interviendroit , & prendroit le fait & cause pour ledit Sieur de Beaujoüan ; en execution duquel Arrêt de ladite Chambre , les Supplians ayans rendu leur Plainte au Conseil, ils y ont obtenu Arrêt le 17 Janvier 1662, par lequel il est ordonné , que lesd. Arrêt du Conseil seront executés ; avec défenses audit du Vergier & tous autres d'y contrevenir , à peine de trois mille livres d'amende , & que du contenu audit Procès verbal & Requête presentée au Conseil en forme de Placet par les Supplians, il seroit informé par l'un des Sieurs Maîtres des Requêtes ou Conseillers au Grand Conseil, trouvé sur les lieux ; même obtenu Monitoire en forme de droit, pour l'information être vûë & rapportée au Conseil, y être fait droit ainsi que de raison ; en execution duquel Arrêt les Supplians ont fait faire leur information pardevant le Sieur d'Argentré, Conseiller au Grand Conseil, par laquelle ils esperent qu'il y a charge entiere des violences & voyes de fait dudit du Vergier, lequel s'est opposé à la Publication du Monitoire. Requeroient lesdits Supplians , attendu ce que dessus de l'insolence extraordinaire dudit du Vergier Juge subalterne , lequel par des voyes de fait , sans exemple , non seulement a voulu disputer la préseance audit sieur de Beaujoüan Maître des Comptes en la Province de Bretagne, mais même luy a déchiré ses Habits Decents, & iceux traîné dans la boüe, sans respect de sa Dignité souveraine & de la Ceremonie ; il plût à Sa Majesté décreter ledit Procez verbal & Information. VEU ladite Requeste, signée du Fresne, lesdits Arrêts de préseance donnez au Conseil en faveur de la Chambre , contre les Presidiaux de Bretagne, les 28 Avril 1588 , 17 Août 1601, & dernier Janvier . . . . . led. Procez verbal du 12 Juin, Arrêt de la Chambre du 18 dudil mois, Copie d'Arrest du Conseil du 17 Janvier , obtenu par le sieur de Beaujoüan , & ledit sieur Procureur General , portant Permission d'informer , Monitoire obtenu en consequence : Quatre Oppositions formées à la Publication dud. Monitoire, du premier Avril ; lesdites Charges & Informations faites par ledit sieur d'Argentré : Ouy le Rapport du sieur Roüillé , Commissaire à ce deputé ; & tout consideré. LE ROY EN SON CONSEIL, ayant égard à lad. Requête a ordonné & ordonne que ledit du Vergier sera assigné pour être oüy pardevant le Rapporteur du present Arrest , pour ce fait & le tout rapporté au Conseil au Rapport dud. sieur Commissaire être par Sa Majesté ordonné ce que de raison. FAIT au Conseil privé du Roy tenu à Paris le 12 jour de Decembre 1662. Signé au collationné , FORCOAL.
Au Livre noir, Fol. 24.

LOUIS par la Grace de Dieu , Roy de France & de Navarre : Au premier nôtre Huissier ou Sergent sur ce requis, Nous te mandons & commandons , &c

ARREST DU CONSEIL,

QUI Ordonne que ledit du Vergier Senéchal de Hennebond, satisfera à l'Arrêt portant qu'il sera assigné au Conseil, pour rendre en personne raison de sa conduite, au sujet de l'insulte par luy faite au Sieur de Beaujoüan de Kmadio Maître des Comptes.

Du 6 Mars 1663.

Extrait des Registres du Privé Conseil du Roy.

SUR les Requêtes respectivement presentées au Roy en son Conseil, l'une par Paul du Vergier, Ecuyer Sieur du Meneguen, Conseiller de Sa Majesté, Senéchal au Siége Royal de Hennebond en Bretagne : Et l'autre par le Sieur Procureur General de la Chambre des Comptes de Bretagne : & Vincent Beaujoüan, Ecuyer Sieur de Kmadio, Conseiller du Roy, Maître ordinaire en ladite Chambre : Celle du Sieur de Meneguen, contenant qu'il a intenté audit Conseil de Sa Majesté, à l'encontre dudit Sieur de Kmadio, en vertu des Lettres par luy obtenuës au Grand Conseil le 20 Octobre 1661, par Exploit du 10 Août dernier, pour y proceder sur la Préseance des Charges des Parties, lorsque le Suppliant marche en Corps des Officiers dudit Siége ou les represente ; & que ledit Beaujoüan se rencontre seul & comme personne privée en telle marche : Et encore au préjudice de la Requête de *Committitur* du Sieur de Garibal pour Rapporteur de lad. Instance de la poursuite de l'instruction d'icelle, faite par devant luy avec l'Avocat dudit Beaujoüan, & d'un Arrêt rendu au Rapport dudit Sieur de Garibal le 21 Octobre dernier, par lequel il a été permis au Suppliant d'informer par Lettres Monitoriales & autrement, des injustes violences & voyes de fait commises à l'encontre de luy par ledit de Beaujoüan lors du trouble par luy apporté en la Marche & rang dû au Suppliant en l'occasion y mentionnée : iceluy de Beaujoüan prétendant avoir, avant lad. Instance formée & par surprise, obtenu Arret sur Requête audit Conseil, portant permission d'informer de sa part, de ce qui s'étoit passé en la même occasion ; & le 22 Decembre dernier, presenté Requête audit Conseil, qu'il a mise és mains du Sieur Roüillé, aulieu de s'adresser au Sieur de Garibal Rapporteur de l'Instance, sur laquelle taisant icelle, & les poursuites qui se faisoient par devant luy avec son Avocat, & sur ce qu'il a rapporté les informations faites à sa Requête, il a obtenu Arrêt ledit jour 22 Decembre dernier, portant que le Suppliant seroit assigné au Conseil, pour être oüy par devant le Rapporteur dudit Arrêt, qui est ledit Sieur Roüillé ; en vertu duquel Arrêt & bien que le Suppliant eût Avocat constitué en ladite Instance, ledit Beaujoüan n'a laissé de le faire assigner en vertu d'iceluy en son domicile en basse Bretagne le 13 du mois de Janvier dernier à comparoir au mois : & bien plus, soit que le nommé Perrier, Huisfier en la Chambre des Comptes de Bretagne, qui a signé ledit Exploit, soit ignorant dans sa Charge, ou qu'il ait voulu reposer la fonction, pour faire plaisir audit Beaujoüan, il a donné cette Assignation au Suppliant à comparoir en personne par devant le Sieur Roüillé, quoyque l'Arrêt qu'il executoit ne le porte pas; ce qui oblige le Suppliant de recourir à Sadite Majesté, pour luy être pourvû, tant sur cette entreprise, que pour être prononcé sur les Informations qu'il rapporte de sa part, faites en vertu de l'Arrêt du Conseil du 22 Octobre dernier : A CES CAUSES, requeroit ledit Suppliant, qu'il plût à Sadite Majesté décharger ledit Suppliant de l'Assignation qui luy a été donnée audit Conseil à la Requête dudit Beaujoüan, par ledit Exploit du 13 dudit mois de Janvier, comme nule, frustratoire & donnée sans pouvoir : ordonner que nonobstant icelle, les Parties procederont à ladite Instance, par devant celuy qui sera subrogé au lieu & place desdits Sieurs de Garibal & Roüillé, suivant les derniers erremens; ainsi qu'elles eussent pû faire avant ledit Arrêt sur Requête du 22 Decembre dernier, & où Sa Majesté jugerois à propos d'oüyr les Parties lors du Jugement de ladite Instance, sur les informations qui ont été faites respectivement à leur Requête, en vertu desdits Arrêts du Conseil : ordonner que ledit de Beaujoüan sera tenu de comparoir par devant celuy des Sieurs du Conseil qui sera lors Rapporteur d'icelle, pour être oüy par sa bouche sur le contenu aux Informations faites à l'encontre de luy; offrant iceluy Suppliant de comparoir au même temps, pour répondre sur celles qui ont été faites contre luy à la Requête dudit Beaujoüan, de laquelle comparution il sera néanmoins dispensé, en cas que ledit Beaujoüan n'y comparut de sa part : celles desdits Sieurs Procureur General de la Chambre des Comptes de Bretagne, & de Kmadio, conenant que ledit du Vergier qui n'est qu'un simple Juge Subalterne, non content d'avoir entrepris de marcher devant le Suppliant dans une Procession Generale, aupréjudice de plusieurs Reglemens & Arrêts du Conseil qui le luy deffendent, & donnent la Préseance aux Officiers de la Chambre en toutes Assemblées generales & particulieres, non seulement contre les Juges subalternes, mais aussi contre les Presidiaux : Ledit du Vergier s'est emporté jusqu'à cet excez, que sans respect de la Ceremonie, ni de la qualité du sieur de Kmadio, il l'a arraché de sa Place avec violence, luy a déchiré sa Robe, l'a trainé par terre, après avoir commis les derniers excez en son endroit; & pour comble d'insolence l'a fait prendre par les Satellites & Valets pour le mener Prisonnier; & avec un scandale public, a réïterépar trois diverses fois, les voyes de fait extraordinaires, & contraint ledit Sieur de Beaujoüan de trouver son salut dans le Convent des Carmes, dont ayant dressé son Procés verbal, & porté sa plainte à ladite Chambre, elle n'a pas voulu se faire justice elle même, ains a renvoyé la plainte au Conseil, pour y être pourvû & pour témoigner la part qu'elle prend à l'injure faite audit Sieur de Beou oüan, elle a ordonné par son Arrêt, que ledit Sieur Procureur General interviendroit & se joindroit avec luy dans le Conseil, où sur leur Requête ils ont obtenu Arrêt avec connoissance de cause, le 17 Janvier 1662, portant que les Arrêts de Préseance donnez en faveur des Officiers

de

la Chambre seroient executez ; avec défenses audit du Vergier & tous autres d'y contrevenir, & cependant permis d'informer à l'encontre de lui, du contenu en la Plainte & Procez verbal dud. Sieur de Beaujoüan, pardevant le premier des Sieurs Maîtres des Requêtes ou Conseiller au Grand Conseil trouvé sur les lieux, en execution duquel Arrêt le Sieur d'Argentré a informé, & par l'information s'étant trouvé charge toute entiere contre ledit du Vergier, le Conseil par son Arrêt du 22 Decembre ensuivant, a ordonné qu'il y seroit assigné pour y être oüi pardevant le Sieur Roüillé Rapporteur ; Mais aulieu d'obéïr par ledit du Vergier audit Arrêt, il a présenté sa Requête au Conseil pour être déchargé de ladite assignation, & cependant qu'il seroit procedé à l'instruction de l'instance comme auparavant ledit Arrêt du 22 Decembre, ce que les Supplians ont notable interêt d'empêcher, & faire voir l'incivilité de lad. Requête Premierement, d'autant que cet Arrêt est très-juridique, & rendu avec connoissance de cause sur les charges & informations qui ont été vûës chez Messieurs les Commissaires, au rapport dudit Sieur Roüillé. 2 Ledit du Vergier aprés une insulte de cette qualité, un attentat & une entreprise manifeste contre les Arrêts du Conseil, ne pouvoit attendre un plus favorable traitement de la justice du Conseil, que ce lui porté par ledit Arrêt, qui ordonne simplement qu'il sera assigné au Conseil pour être oüi. Il est de l'ordre qu'il réponde pardevant ledit Sieur Roüillé sans qu'il s'en puisse dispenser, d'autant qu'il ne seroit pas raisonnable qu'ayant donné lieu à cette Plainte par son entreprise, il eût obligé ledit Sieur Beaujoüan, de quitter sa Charge pour venir à Paris à la suite du Conseil, demander la reparation de l'injure, pendant qu'il seroit à Hennebond pour triompher de son crime & faire paisiblement sa Charge : il est bien plus juste qu'en obéïssant par ledit du Vergier audit Arrêt, il vienne en personne rendre compte au Conseil de ses actions, afin qu'aprés avoir été oüi, & convaincu en la personne par ledit Beaujoüan, il soit fait droit sur le tout : c'est ce que les Supplians esperent de la justice du Conseil, & qu'il mettra en consideration l'injure faite à une Compagnie Souveraine en la personne de son Officier, par un petit Juge subalterne, qui est justiciable de la Chambre, soit à cause de ses Aveux qu'il y doit rendre, soit à cause de ses Gages attribuez à la Charge, lequel se trouve, d'ailleurs abandonné par les deux autres Officiers de Hennebond, qui n'ont point voulu intervenir avec lui dans la cause, bien qu'il les en ait sollicitez, parce qu'ils en sçavent l'injustice ; & la permission d'informer qu'il a surpris au Conseil le 21 Novembre 1662, long tems aprés l'Arrêt des Supplians dudit jour 17 Janvier 1662. ne devant être considerée que comme une pure récrimination, ne peut empêcher la representation dudit du Vergier pour être oüi par sa bouche, nonplus que la prétenduë information faite à sa requête par un Conseiller de Quimper son confident, & par consequent suspect à la Chambre, dans laquelle information il ne fait oüir que des Avocats, Procureurs & Officiers de son Siége, entierement à sa dévotion & dépendance, à la déposition desquels l'on ne peut ajoûter foy, & qui ne peut prévaloir contre celle faite à la requête des Supplians, long tems auparavant, composée de témoins de condition & dignes de foy, dont le cours

R r

ne pourra être retardé, sous prétexte du *Committitur* du Sieur de Garibal, & de la poursuite civile faite pardevant lui, à la requête dud. du Vergier, d'autant que depuis, led. Sieur Roüillé a été commis, & que suivant la disposition expresse de l'Ordonnance, une procedure criminelle ne doit être arrêtée par une civile; ce qui a été tacitement reconnu par ledit du Vergier, qui s'offre d'être ouï, pourvû que ledit de Beaujoüan le soit pareillement; ce qui ne seroit pas juste pour les considerations cy-dessus, ni de traiter ledit du Vergier d'égal à un Officier de Compagnie Souveraine, qui a reçû une insulte mal à propos; requeroient les Supplians qu'il plût à S. M. sans avoir égard à la Requête dudit du Vergier, qu'il sera tenu de satisfaire aud. Arrêt dud. jour 22 Decembre. VEU lesd. Requêtes, celle dud. du Vergier signée du Moley, & celles desd. Procureur General & Kmadio, signées du Fresne Avocat au Conseil: Lettres du Grand Sceau obtenûës par led. du Vergier du 20 Octobre 1661. à l'encontre dudit de Beaujoüan: Exploit d'assignation donnée audit Conseil en consequence d'icelles du 20 Août 1662: Arrêt du Conseil obtenu par ledit du Vergier le 21 Decembre 1662, portant permission d'informer des faits y contenus: Requête de *Committitur* du Sieur de Garibal, pour l'instruction & jugement de l'instance d'entre Parties du 22 Novembre 1662, signifiée à l'Avocat dud. Beaujoüan le 14 Decembre ensuivant: Appointement de reglement offert de la part dudit du Vergier ledit jour 14 Decembre, signé par ledit Sieur de Garibal le 2 Janvier dernier: Copie d'Appointement rendu corrigé de la part dudit de Beaujoüan le 30 desd. mois & an: Ordonnance du Sieur de Garibal obtenuë aux fins de la signature dudit Appointement & autres fins, mentionnée en icelui le 13 dudit mois de Decembre: Copie d'Arrêt du Conseil obtenu sur Requête par ledit Sieur de Beaujoüan le 22 du mois de Decembre: lesdites Charges & informations faites à la requête dud. du Vergier, contre ledit de Beaujoüan des faits y mentionnez: l'Arrêt de la Chambre des Comptes de Bretagne du 18 Juin 1661: ceux du Conseil des 17 Janvier, 21 Octobre, & 22 Decembre 1662: la Requête de *committitur* dudit Sieur Roüillé du 15 dudit mois de Decembre signifiée le 30 Août: Informations faites à la requête dudit Sieur de Kmadio à l'encontre dudit du Vergier, & autres pieces justificatives desd. Requêtes: OUI le Rapport des Sieurs Garibal & Roüillé Commissaires à ce députez, & tout consideré, LE ROY EN SON CONSEIL, a ordonné & ordonne, que led. du Vergier satisfera audit Arrêt du Conseil du 22 Decembre dernier, un mois après la signification du present Arrêt faite à sa personne ou à son domicile sur les lieux, & a joint & joint lad. Requête dudit du Vergier & les Informations faites à sa requête à l'instance civile pendante audit Conseil entre les Parties, pour au rapport desdits Commissaires, leur être fait droit sur le tout ainsi que de raison. FAIT au Conseil Privé du Roy, tenu à Paris le sixiéme jour de Mars 1663. Signé par collationné, MAYSSAT. *Au 2 Livre noir, Fol. 35.*

Nous ne mettrons point ici l'Arrêt definitif qui a décidé la question, parce qu'il ne s'est pas trouvé sur les Registres de la Chambre; mais comme il est important que les Officiers soient instruits du Rang qu'ils doivent tenir pour ne pas commettre legerement l'hon-

neur de la Compagnie, & leur propre dignité, nous avons crû devoir mettre en cet endroit, le dispositif de l'Arrêt intervenu entre les Parties, tel que nous l'avons trouvé dans
des Copies imprimées.

LE ROY EN SON CONSEIL, faisant droit sur l'instance, sans
s'arrêter à l'intervention de son Procureur General en sa Chambre des
Comptes de Bretagne, ni à l'Arrêt de son Conseil du 22 Decembre 1662,
ayant égard à l'intervention desdits le Flo & Govion, Senéchal de Quimperlé & Auray, & en consequence de la déclaration dudit du Vergier, Senéchal de Hennebond, portée par le Procez verbal du 24 Mars dernier, a
ordonné & ordonne qu'en toutes Assemblées de Police, de Ville, Ceremonies publiques & Processions Generales, esquelles les corps du Clergé, de
la Justice, Echevins, Syndics & Communautez des Villes assistent & ont
accoûtumé d'assister, lesdits Senéchaux, & autres Officiers de leur Siége, les
representants, ne pourront être précedez ni leur marche interrompuë (étant
en corps) par ledit de Beaujoüan & autres Officiers de ladite Chambre des
Comptes qui voudront comme personnes privées assister & se trouver ausd.
Assemblées & Processions. Faisant S. M. trés expresses défenses audit de
Beaujoüan & autres Officiers de lad. Chambre de donner aucun trouble
ausdits Senéchaux à cet égard, à peine de tous dépens, dommages & interêts : & sera le present Arrêt lû, publié & registré és Siéges Royaux de
Hennebond, Quimperlé & Auray, & autres de la Province de Bretagne,
pour y être gardé, observé & executé selon sa forme & teneur, nonobstant oppositions ou empêchemens quelconques, pour lequels ne sera differé,
sans dépens de l'instance entre les Parties. FAIT au Conseil Privé du Roy,
tenu à Paris le 26 jour de Juin mil six cens soixante trois. Signé MAYSSAT.
Monsieur de NESMOND Maître des Requêtes, Rapporteur.

✿ ✿ ✿ ✿ ✿ ✿ ✿ ✿ ✿ ✿ ✿ ✿ ✿ ✿ ✿ ✿

ARREST
DU GRAND CONSEIL,

*PORTANT homologation des Actes & Déliberations Capitulaires des 2 & 4 Juin
1632, du Chapitre de l'Eglise de Saint Pierre de Nantes, au sujet des Places que la
Chambre doit occuper dans le Chœur de ladite Eglise, lorsqu'elle assistera en Corps
aux Ceremonies Publiques.*

Du 30 Septembre 1670.

Extrait des Registres du Conseil Privé du Roy.

SUR la Requête presentée au Roy en son Conseil par le Procureur General de la Chambre des Comptes de Bretagne, contenant que pour
ôter tout sujet de contestations qui arrivent aux Processions Generales &

Cerémonies publiques, le Sieur Evêque de Nantes, & les Doyen, Chanoines & Chapitre de l'Eglise Cathedrale de Saint Pierre de ladite Ville, conjointement avec les Officiers de ladite Chambre des Comptes, seront reglez pour les Places que les uns & les autres doivent tenir & occuper dans le Chœur de ladite Eglise Cathedrale de Saint Pierre, lorsque ladite Chambre des Comptes marche & assiste en Corps ausd. Cerémonies publiques; il en a été arrêté deux Actes de déliberations capitulaires en plain Chapitre, lesquels ont toûjours été gardez & observez jusques à présent: & pour y donner plus d'autorité, le Suppliant en requeroit l'homologation au Conseil de S. M. afin de les faire plus religieusement observer. VEU ladite Requête signée du Fresne, lesd. Actes capitulaires des 2 & 4 Juin 1632, & autres Pieces attachées à lad. Requête: Oüi le Rapport du Sieur le Jay, Conseiller du Roy en ses Conseils, Maître des Requêtes ordinaire de son Hôtel, Commissaire à ce député, tout considéré LE ROY EN SON CONSEIL, ayant égard à ladite Requête, a homologué & homologue lesd. deux Actes de déliberations capitulaires, ordonné qu'ils seront gardez & observez ainsi qu'il a toûjours été fait; avec défense d'y contrevenir. FAIT au Conseil Privé du Roy, tenu à Saint Germain en Laye, le trentiéme jour de Septembre mil six cens soixante-dix. Signé par collationné, la GUILLAUMIE. *Au 2 Liv. noir, Fol.* 72.

OBSERVATION.

IL semble que les Actes Capitulaires mentionnez en cet Arrêt, auroient dû être attachez sous le contrescel de cet Arrêt & enregistrez à la Chambre, mais ne l'ayant point été, nous n'avons pû les inserer en cet endroit; ainsi nous dirons seulement que la Chambre est en usage depuis l'année 1632, d'occuper toutes les Stales ou Chaires du Chœur de la Cathedrale, tant hautes que basses le jour de la Fêt-Dieu, lorsqu'elle se rend en l'Eglise de Saint Pierre pour marcher à la Procession, à l'exception de trois, Sçavoir, celle du Doyen du Chapitre, & des deux Archidiacres, tant d'un côté que de l'autre.

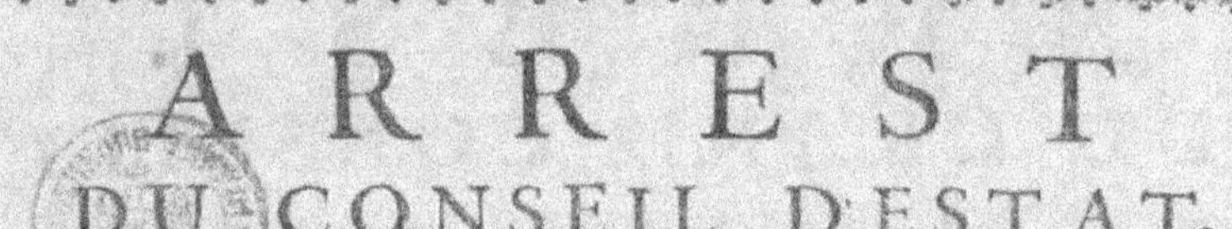

ARREST
DU CONSEIL D'ESTAT,

Qui condamne le Juge Criminel & autres Officiers du Siége Présidial de Vannes aux dépens, pour avoir arrêté & constitué Prisonnier un Huissier de la Chambre des Comptes.

Du 9 Avril 1619.

Extrait des Régistres du Conseil.

ENTRE Maître Pierre Bothrel Juge Criminel, & René Rolland Conseiller au Siége Présidial de Nantes, Demandeurs en Requête du 21 May 1618, & en Exploit du 20 Octobre audit an, d'une part: & Me Jean
Blanchard

Blanchard, Sieur de Lessongere, Conseiller & Procureur General de S. M.
en la Chambre des Comptes de Bretagne , Défendeur en ladite Requéte
audit nom & audit Exploit, comme pris à partie, d'autre. VEU par le Roy
en son Conseil ladite Requéte, aux fins de faire assigner en icelui, les Officiers de ladite Chambre des Comptes : Arrêt du Conseil sur ladite Requête du 21 May audit an , par lequel est ordonné que le Procureur General de S. M. en ladite Chambre des Comptes de Bretagne, sera assigné en
icelui, à six semaines , & cependant surseoiroit l'execution de l'Arrêt de
ladite Chambre des Comptes du 28 Avril 1616 : Exploit de signification
dud. Arrêt fait aud. Procureur General , & assignation à lui donnée & prise
à Partie du 20 Octobre dernier : Arrêt de la Chambre des Comptes de Bretagne sur requéte presentée par Me. Pierre du Temple Huissier en icelle,
par lequel est ordonné que commandement sera fait au Greffier Criminel
de Vannes , d'envoyer les charges & informations faites contre ledit du
Temple & Consorts, pour y être pourvû ainsi que de raison ; avec défenses
tant ausd. Juges, qu'à tous autres de passer outre , & de prendre aucune
connoissance du delit & malversations des Huissiers & Sergens executans les
Arrêts d'icelle, sur peine de radiation , de Gages & d'en demeurer responsable,
du 5 Decembre 1614 : autre Jugement rendu par le Juge Criminel de Vannes
du 20 Avril 1616, par lequel la prison dudit du Temple est commuée en
celle de la Ville & Faux-Bourgs de ladite Ville de Vannes, pour rétablir sa
Prison lorsque de Justice sera ordonné ; & de ce faire cautionner de la somme
de douze cens livres : Interrogatoire dudit du Temple du 16 Avril 1616 :
autre Jugement rendu par le Présidial de Vannes le 22 Avril 1616 , par lequel sans avoir égard aux Ordonnances de ladite Chambre des Comptes,
est ordonné, que les Gens du Roy tiendront averti le Procureur General
de lad. Cour de Parlement de Bretagne , & lui envoyeront dans huitaine,
les susdites Ordonnances de la Chambre des Comptes , & le susdit Arrêt
de la Cour pour y être pourvû du remede qu'elle jugera être de justice : &
cependant enjoint au Geolier de faire sûre garde de la personne dudit du
Temple, à peine de cinq cens livres d'amende ; & défense au Greffier d'envoyer en la Chambre des Comptes Copie des Charges & Informations
& Decret ordonné contre ledit du Temple , à peine de quinze cens livres
d'amende : Arrêt de lad. Chambre des Comptes sur Requéte dudit du Temple , du 18 Avril 1616 , par lequel est ordonné que les Prisons seront ouvertes
audit du Temple ; enjoint au Geolier de ce faire , sur peine de quinze cens
livres d'amende , & aux Juges ordinaires & Substitut du Procureur General audit Vannes d'y tenir la main, sur peine de radiation de leur Gages &
Pensions, & de demeurer responsables en leurs Privez noms, des préjudices
& dommages qu'apporte au Service du Roy, le défaut ou retardement des
Arrêts & Commissions dont led. du Temple est chargé : ordonne de rechef, que
suivant l'Arrêt du 5 Decembre 1614, le Greffier Criminel dud. Vannes envoyera
dans quinzaine, les Charges & Informations faites contre ledit du Temple,
au Greffe de lad. Chambre, pour y être par elle pourvû ainsi qu'il appartiendra, sur peine de cinq cens livres d'amende : Procez verbal de Hervé
Chesneau, & Pierre le Vallet Huissiers de ladite Chambre des Comptes,

fur l'execution du fufdit Arrêt du 25 Avril 1616 : autre Arrêt de lad. Chambre des Comptes du 28 Avril audit an, par lequel elle caffe, rejette & annule ladite Sentence du 22 Avril, ordonne que ledit du Temple fera mis hors des Prifons, & délivré entre les mains des Huiffiers executeurs de l'Arrêt, & que le Greffier fatisfera au fufdit Arrêt du 18 Avril, pour fur les Charges faites contre ledit du Temple, être par ladite Chambre procedé, ou autrement fait droit ainfi qu'il appartiendra. Condamne le Juge Criminel & Confeillers dudit Préfidial de Vannes qui ont figné ladite Sentence, en tous depens, dommages & interêts, que le Roy a reçû & recevra cy-aprés par le déperiffement, ou autrement des biens & facultez des Comptables & Fermiers, par défaut ou retardement de l'execution des Arrêts & Commiffions dont ledit du Temple étoit chargé : & pour les contraventions faites par lefdits Juges aux Ordonnances & Reglémens faits entre la Cour de Parlement & ladite Chambre, & Juges ordinaires du Reffort, Condamne, fçavoir, ledit Juge Criminel en la fomme de deux mille livres, le Tillon, le Gouz, Rolland & du Foffé Confeillers audit Siége de Vannes, en la fomme de quinze cens livres d'amende : ordonne que leurs Gages feront rayez. Enjoint audit Procureur General de ladite Chambre, de donner avis à S. M. des contraventions & défobéïffances defdits Juges, & fuivant icelles lui envoyer leurs noms & furnoms, pour pourvoir à leurs Offices fuivant les Ordonnances : Appointement en droit pris entre lefdites Parties le 16 Fevrier dernier : Forclufions de produire par les Demandeurs du 3 jour de Mars dernier : Certificat du Garde Sacs du 9 Avril dernier, contenant que les Demandeurs n'ont aucune chofe produite en l'inftance pendante au Confeil entre lefd Parties : Ecritures & Productions dudit Défendeur & tout ce que par lui a été mis & produit par devers le Sieur Seguier, Confeiller du Roy & Me. des Requêtes ordinaire de fon Hôtel, Commiffaire à ce député ; Oüi fon rapport, & tout confideré. LE ROY EN SON CONSEIL, a déchargé ledit Procureur General de l'Affignation à lui donné en icelui, & condamne lefdits Juges & Conforts, aux dépens. Fait au Confeil Privé du Roy, tenu à Paris le neuviéme Avril mil fix cens dix-neuf. Signé POTEL.

LOUIS par la Grace de Dieu, Roy de France & de Navarre : A nôtre Huiffier ou Sergent premier fur ce requis ; SALUT. Nous te mandons & commandons que l'Arrêt dont l'Extrait eft cy-attaché fous le Contrefcel de nôtre Chancellerie, cejourd'huy donné en nôtre Confeil entre Maître Pierre Botherel Juge Criminel, & René Rolland Confeiller au Siege Prefidial de Vannes Demandeurs, d'une part ; & nôtre amé & feal Confeiller & nôtre Procureur General en nôtre Chambre des Comptes de Bretagne, Maître Jean Blanchard fieur de Leffongere Deffendeur, d'autre ; tu fignifie aufdits Demandeurs, à ce qu'ils n'en prétendent caufe d'ignorance, en leur faifant de par Nous expreffe inhibition & deffenfe de faire aucunes pourfuites contre nôtredit Procureur General ; en confequence de l'Affignation à luy donnée en nôtre Confeil. à peine de tous dépens, dommages & interêts ; attendu que Nous l'avons déchargé d'icelle Affignation par nôtredit Arrêt : de ce faire, enfemble toutes Affignations, Commandements, Deffenses, & autres Actes & Exploits requis & necessaires, sans que tu sois tenu demander aucun Congé, ne Pareatis: CAR tel est nôtre plaisir. DONNE' à Paris le neuviéme Avril mil six cens dix-neuf, & de nôtre Regne le neuviéme. *Signé,* LOUIS; *Et plus bas,* Par le Roy en son Conseil, POTEL.

Au premier Livre noir, Fol. 124.

§. V.

EXEMPTION
DES DROITS SEIGNEURIAUX,
ACCORDEZ AUX OFFICIERS DE LA CHAMBRE DES COMPTES
DE BRETAGNE.

OBSERVATION

ON a vû par les *Titres rapportez cy-dessus dans la II. Section, Chapitre I. de cette Partie, que l'Exemption des Droits Seigneuriaux qui échéent sous le Fief du Roy, fut accordée* aux Présidens & Maîtres ordinaires tenant les premiers lieux en la Chambre des Comptes de Paris, par Edit du Roy François Premier, du mois d'Avril 1519, confirmé par autre Edit du Roy Charles IX. du mois de Septembre 1570. *en consideration des bons services qu'ils avoient rendu, & qu'ils continuoient de rendre à S. Majesté; sur tout en la direction & conservation de ses Domaines & Finances. On a vû aussi que par les Déclarations de 1610 & 1626, ces mêmes Privileges ont été déclarez communs aux Officiers de la Chambre des Comptes de Bretagne, pour en joüir en la même maniere que ceux de Paris en joüissent de toute anciennes, en sorte que le Sieur Feron de la Villandon, Président en cette Compagnie, ayant été condamné par Arrêt du Parlement de Bretagne du 22. Decembre 1637, à payer les Ventes au Roy, d'une Terre qu'il avoit acquise sous le Domaine de S. M. il en fut déclaré exempt par Arrêt du Conseil du 3 Août 1641, conformément ausdites Lettres Patentes du 15 Juin 1610, & 5 Avril 1626; & en consequence ordonné que ledit Sieur Feron Président à la Chambre, joüira de ladite Exemption,* sans que lui, les Présidents & Maîtres des Comptes de ladite Chambre, puissent être troublez en leurs Privileges, Franchises, Libertez & Exemptions mentionnez esd. Lettres, Edits, Déclarations & Arrêts de verification. *Le Roy Henry IV. ayant fait don à la Reine mere son Epouse par ses Lettres du dernier Fevrier 1605, enregistrées au Mandement, XVIII. Fol. 323. 1°. De tous les Droits Casuels du Domaine de Bretagne, pour 9 ans: la Chambre par son Arrêt d'enregistrement du 15 Mars 1606, mit quelques modifications, entr'autres que les Officiers de la Chambre demeureroient exempts des Droits*

& Devoirs Seigneuriaux comme au passé, le Roy par sa Déclaration du 2 Juin 1606, enregistrée au Livre des Mandemens, appellé le Livre de la Reine, Fol. 3, ordonna que lesd. modifications seroient levées, pour laisser lad. Dame Reine, jouïr de l'effet desd. Lettres de Don, purement & simplement. Sa Majesté accompagna cette Déclaration d'une Lettre de Cachet, adressée à la Chambre, datée du 9 dud. mois & an: ces Lettres de Déclaration & Jussion, lui furent envoyées par le Sieur des Malets, Aumonier ordinaire de la Reine, elle y joignit une Lettre, dont la teneur ensuit.

MESSIEURS,

" LES Modifications & Restrictions que vous avez apposées en vôtre
" Arrêt de vérification, du Don que le Roy Monseigneur m'a fait des
" deniers provenans des Rachapts, Sous-rachapts, Lods, Ventes, Aubeines,
" Confiscations & autres Droits Seigneuriaux, qui écheoiront en Bretagne,
" durant neuf années, m'ont donné occasion, voyant qu'avec lesd. Modifi-
" cations, cette grace me demeuroit inutile, d'avoir encore recours au Roy
" mondit Seigneur, lequel m'auroit fait expedier ses Lettres Patentes en
" forme de Jussion à vous adressantes, par lesquelles vous verez ce qui est de
" sa volonté, à laquelle (encore que je croye que ne manquerez d'obéïr)
" néanmoins j'ay bien voulu accompagner lesdites Lettres de la Presente,
" qui vous sera renduë par le Sieur Desmaletz mon Conseiller & Aumo-
" nier ordinaire; lequel j'envoye exprés par de-là pour vous prier de ma
" part de proceder incontinent, & le plus promptement que faire se pourra,
" à la Verification pure & simple d'icelles, levant & ôtant lesdites Re-
" strictions & Modifications contenuës en vôtredit Arrêt; & outre que
" vous ferez en cela ce qui est du Service & de la Volonté du Roy mon-
" dit Seigneur : Je sçauray bien reconnoître ceux qui y auront apporté
" l'affection & bien-veillance que je veux esperer de vôtre Compagnie, &
" leur faire paroître par effet le ressentiment que j'en auray, ainsi que ledit
" sieur des Malets le vous pourra plus particulierement representer; sur
" lequel me remettant : Je prie Dieu, Messieurs, qu'il vous tienne en sa
" sainte & digne garde. Ecrit à Paris le seiziéme jour de Juin mil six cens
" six. *Signé*, MARIE, *Et plus bas*, PHELYPEAUX, & en la Super-
" scription est écrit, A Messieurs tenants la Chambre des Comptes pour
" le Roy Monseigneur, à Nantes & cacheté.

LA Chambre ayant reçû ces Lettres, Elle en ordonna l'Enregistrement
par son Arrêt, du 28. Juin 1606 *Signé*, AUFFRAY DE LESCOÜET
& FOURCHE', avec quelques Restrictions & entr'autres, *parce que les Officiers de ladite Chambre, demeureront exempts desdits Droits & Devoirs Seigneuriaux, comme au passé.* Monsieur de la Guerande premier Président, fut député par la Chambre pour porter à la Reine & à son Conseil l'Arrêt d'Enregistrement desdites Lettres, & les raisons qui avoient obligé la Chambre à faire lesdites Restrictions & Modifications, qui consistoient en quatre Articles, le dernier desquels porte. *Et demeureront lesdits Officiers de ladite*

Chambre

Chambre exempts defdits Droits & Devoirs comme au passé. Ces Articles ayant été examinés dans le Conseil de la Reine, la Réponse fut, *L'intention de la Reine a toûjours été de les conserver & maintenir dans leurs Exemptions & Immunitez.* Ces Réponses furent remises entre les mains dudit sieur de la Guerande premier Président; *Desquelles Réponses & Résolutions cy-dessus inserées, ledit Conseil a prié ledit sieur de la Guerande de se charger, pour les representer au Corps de lad. Chambre & les faire enregistrer au Greffe d'icelle, pour être suivies & observees. Fait au Conseil de ladite Dame Reine, tenu à Paris le 19 jour d'Août 1616.* Signé, PHELYPEAUX.

Ces Articles & les Réponses furent enregistrées à la Chambre sur la Requête presentée à cet effet par le sieur des Malets Aumônier de la Reine & son Procureur General, par Arrêt du 2 Mars 1607, *A la charge que le Receveur General de ladite Dame Reine prêtera le serment en ladite Chambre auparavant entrer en exercice, baillera Caution & mettra chacun an ès mains du Payeur de ladite Chambre, le Fonds destiné pour les Pensions des Officiers d'icelle, & les six cens livres pour les Voyages mentionnés ausdits Articles.* Signé, Auffray de Lescoüet & le Lou. *Fol. VII. dudit Registre de la Reine.*

Ce détail ne doit pas paroître inutile, puisqu'il sert à faire connoître que si le Conseil de la Reine Marie reconnut en l'année 1606, que les Présidens, Maîtres ordinaires & Gens du Roy de ladite Chambre des Comptes de Bretagne, étoient en droit & possession de joüir de l'exemption des Droits Seigneuriaux & Feodaux sous le Fief du Roy; ce n'avoit pas été sans examen & discussion, & que ce Privilege avoit été très bien étably.

Il en arriva de même en l'année 1644, lorsque le feu Roy Loüis XIV. assigna le Doüaire à la Reine Anne sa Mere, lors Regente, sur les Domaines de Bretagne; la Chambre chargea ses Deputez de faire à ladite Dame Reine & à son Conseil les Remontrances qu'Elle jugea necessaires, tant pour la conservation du Domaine de Sa Majesté, que sur ce qui regarde les Droits, Fonctions & Privileges des Officiers de lad. Chambre; mais comme les choses ont toûjours plus de grace dans l'Original que dans l'Extrait qu'on en pourroit faire, nous mettrons icy les Lettres de la Reine, avec la Réponse de son Conseil aux Articles contenus ausdites Remontrances.

ARTICLES

ACCORDEZ PAR LA REINE, MERE DE LOUIS XIV.
aux Officiers de la Chambre des Comptes de Bretagne.

Du 4. May 1644.

ANNE par la grace de Dieu, Reine de France & de Navarre, Mere du Roy: A nos très-chers feaux & bien amez les Gens des Comptes du Roy nôtre très-honoré Sieur & Fils, à Nantes; SALUT, ayant fait voir en nôtre Conseil le Cahier de vos Supplications & Remontrances, que les sieurs Morin & du Treft, Conseillers du Roy nôtredit Sieur & Fils, en ses Conseils, Presidents en sa Chambre des Comptes de Bretagne, Salomon de Breafort & de Saint Pern du Lattay Conseillers Maîtres en icelle, vos Députez, nous ont presenté de vôtre part, & ayant mûrement deliberé sur tous les Articles y contenus, tant en ce qui regarde vos Interêts, Droits, Privileges & Fonctions, qu'en ce qui concerne la conservation du Revenu, tant muable qu'inmuable de nos Domaines, & reformation des abus qui se commettent en la perception des Droits casuels & Seigneuriaux; Nous avons resolu, par avis de nôtre Conseil, de vous faire les Réponses que vous trouverez écrites à côté de chacun Article de vosdites Supplications & Demandes, afin que vous connoissiez qu'elle est nôtre Volonté sur icelles; & bien que Nous ayons chargé vosdits Deputez de les vous presenter, pour être registrées en vôtre Greffe; toutes-fois nous avons estimé à propos de vous faire expedier ces presentes nos Lettres de Commission pour vous donner encore mieux à entendre ce que nous desirons de vous sur ce sujet. A CES CAUSES, Nous vous prions, & neanmoins mandons par ces Presentes, signées de nôtre main, que vous ayez à enregistrer purement & simplement nosdites Réponses & Resolutions, dont le Cahier est cy-attaché sous nôtre Contre-scel, pour y avoir recours quand besoin sera, & le contenu en icelles garder & observer de point en point, selon leur forme & teneur, sans permettre qu'il y soit contrevenu par qui, & sous quelque cause & pretexte que ce soit ou puisse être; prions aussi, & neanmoins mandons à nos amez & feaux Conseillers du Roy nôtredit sieur & Fils, les Avocat & Procureur Generaux en ladite Chambre de prêter tous consentements necessaires, pour l'enregistrement & execution de nosdites Presentes. CAR tel est nôtre plaisir. DONNE' à Paris le quatriéme jour de May l'an de grace mil six cens quarante-quatre. *Signé*, ANNE, *Et plus bas*, Par la Reine Regente, Mere du Roy, LEGRAS, & scellées de Cire rouge.

EXTRAIT

DES REGISTRES DU CONSEIL DE LA REINE, MERE DU ROY.

Du dernier Avril 1644.

LES sieurs Morin du Treft Conseiller du Roy en ses Conseils, & President en sa Chambre des Comptes de Nantes, Salomon de Breafort, & du Saint Pern de Lattay, Conseillers de Sa Majesté & Maîtres ordinaires en lad. Chambre, Deputez de la part d'icelle vers la Reine Regente, Mere du Roy, ayant representé à Sa Majesté la joye que ladite Chambre a ressenty, ainsi que tous les Ordres de la Province de Bretagne, du choix qu'il luy a plû faire des Domaines de la Province pour l'assignat de son Doüaire, avec les témoignages d'affection des Officiers de ladite Chambre pour le service de Sa Majesté, à laquelle ils ont presenté leurs très-humbles Supplications, tendentes à ce qu'il plût maintenir les Officiers de ladite Chambre en la Jurisdiction, Droits, Exemptions de Devoirs casuels, & autres Privileges, dont ils ont joüy du vivant des Reines Doüairieres precedentes, & agréer pour la conservation du revenu, tant muable qu'immuable de sesdits Domaines & Reformation des abus qui se commettent en la perception des Droits casuels & seigneuriaux, les Reglements proposez par lesdits Deputez & contenus au Cahier qu'ils ont presenté; Sa Majesté après avoir benignement & favorablement reçû les assûrances de la bonne volonté de ladite Chambre, à laquelle Elle prendra toûjours à plaisir de donner des preuves de celle qu'elle, luy porte, & ayant entendu en son Conseil les Remontrances qui luy ont été faites par lesdits sieurs Deputez, avec consideration des raisons par eux deduites, pour appuyer leurs demandes, a resolu par l'avis de son Conseil de faire les Réponses qui ensuivent à côté de chacun Article desdites Demandes & Supplications, lesquelles Elle veut & entend être suivies & observées par lesdits Sieurs des Comptes, sans que pour raison de ce il soit besoin d'autre plus expresse Declaration de Sa Majesté, que celle-cy exprimée.

RÉPONSES

AUX SUPPLICATIONS
de la Chambre des Comptes de Nantes.

SA Majesté entend joüir des Domaines qui luy ont été delaissez par le Roy, ainsi qu'Elle a droit d'en joüir, tant par les Lettres du premier Septembre mil six cens quarante trois, verifiées en ladite Chambre, par les Declarations & Arrêts qui en ont été & seront donnez en consequence, se reservant au surplus de gratifier autant qu'il sera possible les Officiers de lad. Chambre, selon les occasions qui s'offriront.

Au Mandement, Cotté 32. Fol. 255.

SUPPLICATIONS

très-humbles de la Chambre des Comptes de Bretagne à la Reine Regente, Mere du Roy, joüissant en Doüaire des Domaines de ladite Province.

LA Reine, Mere du Roy est très-humblement suppliée de vouloir joüir des Domaines de cette Province, conformement aux Lettres d'assignat, du premier de Septembre dernier; & tout ainsi que la feüe Reine Mere en a joüy pour son Dot & Doüaire, & conserver à ladite Chambre & aux Officiers d'icelle la Jurisdiction, Droits, Privileges qui leur ont été attribuez, & ausquels ils ont été toûjours conservez & maintenus.

L'Article VIII. des Demandes des Officiers de la Chambre porte, *Les Officiers de la Chambre demeureront exempts des Devoirs casuels, en la maniere accoûtumée;* & à côté est la Réponse du Conseil de la Reine, accordé pour " les Presidents, Maîtres & Gens du Roy de ladite Chambre, ainsi que " par le passé. " *Au Mandement cotté 32. Fol. 255 & 256.*

Il est à croire que si l'exemption des Droits seigneuriaux étoit demeurée particuliere aux seuls Présidents, Maîtres & Gens du Roy de la Chambre, comme elle étoit anciennement, Sa Majesté auroit eu la bonté de les y maintenir; mais voulant donner aux Officiers de ses Cours Souveraines des marques de sa bienveillance, Elle l'accorda aux Officiers du Parlement de Bretagne par son Edit du mois de Mars 1659, cy-dessus rapporté; & par celuy du mois d'Avril de la même année, donné en faveur des Officiers de la Chambre, Elle l'étendit aux Correcteurs, Auditeurs & Greffier en chef, qui n'en avoient point joüy avant ledit Edit, ensorte que les Fermiers du Domaine s'étant apperçûs du préjudice qu'il en souffroit, sur tout par rapport aux Officiers du Parlement de Bretagne, qui possedent beaucoup de Terres & Seigneuries sous la mouvance du Roy; ils en porterent leur Plaintes à Sa Majesté, qui fit rendre en son Conseil l'Arrêt du 13 Janvier 1667, qui revoque ladite Exemption, tant pour les Officiers de la Chambre, que pour ceux du Parlement de Bretagne.

Cet Arrêt qui ne paroit point sur les Registres de la Chambre, & qui ne devoit pas ce semble, regarder les Présidents, Maîtres & Gens du Roy de lad. Chambre, n'a pas laissé d'avoir son execution, ils se trouverent compris dans la revocation generale portée par ledit Arrêt de 1667, & peut-être par leur peu d'attention à défendre leurs Droits & Privileges : car il leur étoit facile de representer à Sa Majesté, que n'ayant revoqué que les Privileges accordez par les Edits de Mars & Avril 1659, ceux dont joüissoient les Présidents, Maîtres ordinaires & Gens du Roy de la Chambre, du nombre desquels est l'Exemption des Droits Seigneuriaux, n'y pouvoient être compris étant beaucoup anterieurs aux Edits de Mars & Avril 1659, & fondez sur les mêmes Titres que les Présidents, Maîtres & Gens du Roy de la Chambre des Comptes de Paris, qui ont été rendus communs à ceux de Bretagne par les Edits de 1610 & 1626; d'où il s'ensuivoit que la Revocation de l'Exemption des Droits Seigneuriaux, ne pouvoit tomber sur les Présidents, Maîtres & Gens du Roy de la Chambre, mais seulement sur les Officiers du Parlement de Bretagne, & sur les Correcteurs, Auditeurs & Greffier en chef de la Chambre, qui n'en joüissoient qu'en vertu des Edits des mois de Mars & Avril 1659.

La preuve en est claire par l'Edit du mois d'Avril 1669, rendu deux ans après l'Arrêt du Conseil de 1667; puisque par ce même Edit Sa Majesté *maintient & garde, remet & rétablit les Officiers de ses Cours dans leurs anciens Privileges, Prerogatives & Droits acquis, devant l'année 1644, supprime & revoque tous ceux accordez pendant & depuis ladite année 1644*; ainsi quand même cette Exemption auroit été revoquée à l'égard de la Chambre par un Edit deument registré, qui eut expressément dérogé à tous les Edits anterieurs (ce qui n'est pas) les Présidents, Maîtres & Gens du Roy ne seroient point compris dans la Revocation; puisque par l'Edit de 1669, ils sont remis & rétablis dans ladite Exemption, qui est du nombre de leurs anciens Privileges.

Le Roy Loüis XIV, donna depuis sa Déclaration du 29 Mars 1707, qui dispense les Officiers de la Chambre, d'accepter la dispense d'un degré de Service pour acquerir la Noblesse (*attendu que cette dispense est contraire à la disposition*

disposition de la Coûtume de Bretagne) en payant par eux la somme de vingt-quatre mille livres, & en même tems les maintient & confirme dans tous leurs anciens Droits, Immunitez & Privileges, specialement dans l'exemption de tous Droits de Lods & Ventes, Quints, Requints, Rachapts & autres droits Seigneuriaux & Feodeaux, conformément aux Lettres de Charles IX, de 1570 confirmées par celles du Roy Loüis XIII du 6 Avril 1626, & par l'Arrêt du Conseil du 3 Août 1641, tout ainsi que les Officiers de la Chambre des Comptes de Paris, & les Secretaires du Roy de la Grande Chancellerie, ce qui a été encore confirmé par les Edits des mois d'Avril 1704, & Octobre 1708 rapportez dans la III Partie.

Cette Déclaration eut le même sort qu'avoit eu l'Edit de 1659, elle fut revoquée; par les mêmes raisons, les Officiers du Parlement de Bretagne ayant demandé la même Exemption des Droits Seigneuriaux que celle qui avoit été accordée à ceux de la Chambre, en payant par eux la même somme, obtinrent la Déclaration du 8 May 1708; les Fermiers du Domaine qui n'avoient ressenti aucun préjudice, tant que cette Exemption étoit demeurée particuliere aux Présidens, Maîtres & Gens du Roy de la Chambre, s'apperçûrent bien-tôt, comme en l'année 1667 du préjudice que s'ouffroit le Domaine depuis qu'elle avoit été renduë commune à un si grand nombre d'Officiers, & particulierement à ceux du Parlement de Bretagne, ils en porterent leur plaintes au feu Roy Loüis XIV, & sur leur Requête fut rendu l'Arrêt du Conseil du premier Avril 1713, qui revoque l'exemption des Droits Seigneuriaux accordée aux Officiers, tant de la Chambre que du Parlement, par les Déclarations des 27 Mars 1707, & 8 May 1708.

Cet Arrêt qui n'a point été enregistré, fut signifié au Procureur General de la Chambre, il fit à l'endroit ses protestations pour la conservation des Droits des Sieurs Présidents, Maîtres & Gens du Roy de ladite Chambre, il répondit que la revocation portée par cet Arrêt, ne pouvoit regarder que ceux qui n'étoient fondez dans ladite Exemption, que par les Déclarations des 29 Mars 1707, & 8 May 1708 qui sont les Correcteurs, Auditeurs & Greffiers de la Chambre, & les Officiers du Parlement de Bretagne, & non pas les Présidents, Maîtres & Gens du Roy de la Chambre des Comptes, qui ne la tiennent, ni de la Déclaration de 1707, ni des Edits de 1704 & 1708, ni de celui de 1659; mais qui y sont fondez par des Titres anterieurs de plusieurs siecles, ausquels non seulement il n'a jamais été dérogé: mais qui ont été successivement confirmez dans tous les tems par les Rois prédecesseurs de S. M.

Mais ce qui acheve de faire connoître que la revocation des Droits Seigneuriaux, ne tombe que sur les Officiers du Parlement de Bretagne, & sur les Correcteurs, Auditeurs & Greffier de la Chambre, & que les Présidents, Maîtres ordinaires & Gens du Roy, n'y sont point compris; c'est que par le même Arrêt du 1 Avril 1713, il est porté qu'à l'avenir les Officiers du Parlement & de la Chambre des Comptes de Bretagne, seront tenus de payer les Droits Seigneuriaux & Feodeaux, *tout ainsi qu'ils faisoient auparavant lesdites Déclarations des 29 Mars 1707 (pour la Chambre) & 8 May 1708 (pour le Parlement)* or on a montré que long-tems avant ladite Décla-

V v

ration de 1707 , & même avant l'Edit de 1639, les Présidents, Maîtres &
Gens du Roy de la Chambre des Comptes de Bretagne, joüissoient de
l'Exemption des Droits Seigneuriaux; il est donc évident que ny l'Arrêt du
Conseil de 1667, ni celui de 1713, n'ont pû donner atteinte à cette Exemption qui ne leur avoit été anciennement accordée , qu'en qualité d'Officiers ordinaires Domestiques & Commenceaux des Ducs & des Rois leur
successeurs, & pour animer leur vigilence à la conservation du Domaine de
S. M. & Droits en dependans, en quoy ils ne se sont jamais relaché, & il
semble qu'il est bien juste que des Officiers particulierement établis pour la
direction & administration du Domaine & Droits Domaniaux en cette Province, joüissent de la même prérogative que ceux de la Chambre des Comptes de Paris : c'est ce que la Chambre pourra representer en tems & lieu,
peut-être avec plus de succès que quand elle le fit dans les Mémoires qu'Elle
présenta au Conseil par ses Députez en l'année 1716 , lesquels n'ont point
été repondus.

*Voyez cy-devant l'Edit du mois d'Avril 1519 , Article X. Page 64 de cette quatrième
Partie : l'Edit du mois de Septembre 1570 , Fol. 73 : l'Edit du mois d'Avril 1639 , Fol.
111 de cette Partie au §. III.*

La Declaration du 29 Mars 1707 , Fol. 125 de cette Partie.

Et l'Edit du mois d'Octobre 1708 , Fol. 250 de la troisième Partie.

A R R E S T
DU CONSEIL D'ESTAT,

QUI maintient le Sieur Feron Président en la Chambre , dans l'Exemption des Lods &
Ventes sous le Fief du Roy , sans que lui , les autres Présidents & Maîtres des
Comptes , puissent être troublez dans la joüissance de leur anciens Privileges.

Du 3 Août 1641.

Extrait des Registres du Conseild'Etat.

SUR la Requête presentée au Roy en son Conseil , par le Procureur General de Sa Majesté en la Chambre des Comptes de Bretagne , disant
que sans avoir égard à la possession des Présidents, Maîtres & autres Officiers de ladite Chambre , leurs Titres & Actes qui les fondent aux Exemptions & Privileges dont joüissent les Officiers de la Chambre des Comptes
de Paris , y ayant été confirmez par Lettres Patentes des 15 Juin 1610 , & 6
Avril 1626 , verifiées où besoin a été , & particulierement en la Cour de Parlement dudit Pays par Arrêt du 17 Septembre audit an 1626 : il a été donné
en ladite Cour un autre Arrêt , le 22 Décembre 1637 , par lequel le Sieur
Feron Président en ladite Chambre , à été condamné payer les Ventes de

son acquêt de la Terre du Ronferay, ce qui auroit un effet tout contraire, tant aufdites Lettres qu'autres Arrêts dudit Parlement, par lefquels d'autres Officiers de ladite Chambre y ont été maintenus, cette contrarieté d'Arrêt ne pouvant avoir d'autres mouvemens que la jaloufie d'aucuns des Officiers de ladite Cour, maris d'être empêchez par ladite Chambre, qu'ils ne continuent leurs entreprifes & ufurpations fur les Domaine & Finances de S. M. à quoy ledit Procureur General requeroit être pourvû. VEU les Arrêts, lefdites Lettres des 15 Juin 1610, & 6 Avril 1626 : autres des 14 Juin 1327, 26 Fevrier 1331, 19 Juillet 1383, 2 Mars 1425, 14 May 1479, Mars 1519, 2 Octobre 1555, Septembre 1560 : autre en forme d'Edit du mois de Décembre audit an 1570 : Arrêts des 8 & 23 Janvier 1571 : autres Lettres des 5 May 1580, & 29 Avril 1586 : Arrêt de verification en la Cour des Aydes du 15 Septembre 1582 : autre Arrêt du Parlement, féant à Tours du 30 Juillet 1591 ; ledit Arrêt donné au Parlement à Rennes le 17 Septembre 1626, par lequel vû le Cahier d'Extraits, tirez de ladite Chambre à Paris, eft ordonné que lefd Lettres & Privileges, feront regiftrez pour en joüir lefdits Officiers de la Chambre des Comptes de Bretagne, bien & duëment comme ils ont fait au paffé : autre Arrêt de ladite Cour du 27 May 1631, par lequel le Sieur de Longlée Renoüard, Confeiller & Maitre en ladite Chambre, eft en confequence defdits Privileges, déclaré quitte & exempt de payer les Lods & Ventes qui lui étoient demandez : autres Lettres de confirmation defdits Privileges, adreffantes à la Cour des Aydes à Paris, données à Saint Germain en Laye au mois de Novembre 1638 : Arrêt de Vérification du 20 Décembre audit an, donné en ladite Cour des Aydes : tout confideré. LE ROY EN SON CONSEIL, fans avoir égard à l'Arrêt dudit Parlement de Rennes du 22 Décembre 1637, & à ce qui s'en eft enfuivi, a ordonné & ordonne, que ledit Sieur Feron Préfident en ladite Chambre, joüira de lad. Exemption des Lods & Ventes de ladite Terre du Ronceray, fans que lui, les Préfidens & Maîtres des Comptes de ladite Chambre puiffent être troublez en leurs Privileges, Franchifes, Libertez & Exemptions mentionnez efdites Lettres, Déclarations, Edits & Arrêts de verification. FAIT au Confeil d'Etat du Roy, à Paris le 3 jour d'Août mil fix cens quarante-un. Signé GALLARD. Et Scellées du grand feel de Cire jaune à fimple Queuë.

LOUIS par la Grace de Dieu, Roy de France & de Navarre : Au premier des Huiffiers de nôtre Confeil, ou autre Huiffier ou Sergent fur ce requis, Nous te mandons & commandons que l'Arrêt, dont l'Extrait eft cy-attaché fous le Contrefcel de nôtre Chancellerie, cejourd'huy donné en nôtre Confeil d'Etat, fur la Requête de nôtre Procureur General en nôtre Chambre des Comptes de Bretagne, par lequel Nous avons ordonné que le Sieur Ferron Préfident en ladite Chambre joüira de l'Exemption des Lods & Ventes de la Terre du Ronceray ; fans que luy, les Préfidens & Maîtres des Comptes de ladite Chambre puiffent être troublez en leurs Privileges, Franchifes, Libertez & Exemptions mentionnez en nos Lettres Patentes, Declarations, Edits & Arrêts de Verification, tu fignifie à tous qu'il appartiendra, à ce qu'ils n'en pretendent caufe d'ignorance, & faite pour l'execution d'iceluy toutes deffenses & autres actes & oppositions necessaires, sans demander autre permission ; Car tel est nôtre plaisir. Donné à Paris le 3. jour d'Août l'an de grace 1641, & de nôtre Regne le trente-deuxiéme, signées par le Roy en son Conseil. GALLARD & scellé.

ARREST
DU CONSEIL D'ETAT,

QUI ordonne que la somme de 7200 livres par an pour Pensions de la Chambre, sera employée par chacun an sur l'état des Domaines, comme Charge ordinaire, ainsi que par le passé.

Du 3 Août 1641.

Extrait des Registres du Conseil d'Etat.

SUR ce qui a été remontré au Roy en son Conseil par le Procureur General de Sa Majesté en la Chambre des Comptes de Bretagne, qu'entre les Charges payables, & qui ont accoûtumé d'être payées par les Receveurs ou Fermiers des Domaines de Bretagne ; il a de tout tems été mis par ceux de Nantes, Rennes, Fougeres, Saint Aubin, Hedé, Jugon, Guerrande, Ploërmel, Vannes, Auray, Hennebond, Châteaulin, Dinan, Lannion, Khaix, Brest, & Morlaix 7200 livres pour satisfaire à partie, tant des menuës necessitez des affaires de ladite Chambre, qu'ès Pensions accordées aux Presidens, Doyens, Avocat & Procureur Generaux de Sa Majesté en icelle, Presidens Presidiaux de Nantes & Vannes, à tous lesquels lesdites Pensions ont été attribuées de tems en tems pour soûtenir leurs dépenses necessaires en leurs Charges, dont ils ne pourroient si dignement s'acquitter, s'ils n'en étoient payez comme au passé ; & conformément à l'Evaluation faite en Avril 1614, sur les Lettres Patentes de Sadite Majesté des 6 Janvier 1612, & 11 Février 1613, & en consequence de l'Edit, y mentionné, en date du mois d'Avril 1588, requerant led. Procureur General, que suivant même l'Arrêt du Conseil, en date du 8 Février 1640, Sad. Majesté eût agréable d'en rétablir les Fonds sur l'état desdites Charges, arrêté le 21 Mars dernier, ainsi que la clause dudit état, par laquelle est ordonné qu'ils en seront payez sur les Deniers qui proviendront des Augmentations & Deniers casuels, qui seront réünis ausdits Domaines, & par les Commissaires députez pour la reformation d'iceux, ce qui leur seroit inutile ; puisque les Fermiers en joüissent & ont droit d'en joüir par leur Bail : VEU ledit état dudit jour 21 Mars dernier : Les Etats precedents esquels ladite somme de 7200 livres est employée en divers articles pour satisfaire à partie du payement desdites Pensions & autres affaires de ladite Chambre : L'Extrait du Procez verbal de ladite Evaluation, faite en Avril 1614, par lequel est laissé un Fonds de la somme de 7200 livres, pour

l'acquit

l'acquit desdites Pensions , & pour lesdites menuës necessitez & affaires de lad. Chambre, conformément à l'Edit du mois d'Avril 1588 , & ainsi qu'il est accoûtumé. Ledit Edit donné à Paris en date dudit mois d'Avril 1588, par lequel le Fonds desdites menuës necessitez est reglé à la somme de 800. liv. payable sur les Deniers ordinaires & casuels, & auparavant toutes autres assignations : Le Bail dudit Domaine ajugé à Maître Pierre Prévôt, le 7 Novembre 1637 : Autre fait à Maître François Gallien, en l'an 1631, par lequel lesdits Fermiers doivent entr'autres choses joüir des Réünions & Arentemens, si aucuns avoient été faits, & de ceux qui se pourroient faire par les Commissaires députez , pour la Reformation desdits Domaines, & demeurent obligez faire sur le prix de leurs Baux le payement & acquit des Charges, selon le prix de ladite Evaluation : ledit Arrêt du 8 Février 1640 , tout consideré. LE ROY EN SON CONSEIL , a ordonné & ordonne, que le Fermier General dudit Domaine payera au Receveur Payeur desdites menuës necessitez & pensions , ladite somme de 7200 livres , qui luy sera diminuée du prix de son Bail, ainsi que par le passé , & à cette fin sera ladite somme employée dans l'état des Charges dudit Domaine, ainsi qu'elle étoit par le passé. FAIT au Conseil d'Etat du Roy, tenu à Paris le troisiéme jour d'Août 1641. *Signé*, GALLAND.

LOUIS par la Grace de Dieu , Roy de France & de Navarre : Au premier des Huissiers de nôtre Conseil, ou autre Huissier ou Sergent sur ce requis, Nous te mandons & commandons que l'Arrêt , dont l'Extrait est cy-attaché sous le Contrescel de nôtre Chancellerie, cejourd'huy donné en nôtre Conseil d'Etat, sur ce qui nous a été remontré en iceluy par nôtre Procureur General en nôtre Chambre des Comptes de Bretagne , tu signifie au Fermier General du Domaine dudit Pays & à tous autres qu'il appartiendra, à ce qu'ils n'en prétendent cause d'ignorance , & faire pour le payement de la somme de 7200 ymentionnée , & l'entiere execution d'iceluy, tous commandemens, sommations, deffenses & autres actes & exploits necessaires , sans demander autre permission : CAR tel est nôtre plaisir. DONNE' à Paris le 30 jour d'Août l'an de grace 1641, & de nôtre Regne le 32 *Signées*, Par le Roy en son Conseil. GALLAND. Et scellées à simple Queuë.

LA Chambre faisant droit sur les Conclusions du Procureur General du Roy , vû les Arrêts donnez au Conseil d'Etat de Sa Majesté , le 3 Août dernier, & à ce qu'il n'y soit contrevenu , & n'en puisse être prétendu cause d'ignorance, a ordonné & ordonne que lesdits Arrêts & Lettres Patentes de Sadite Majesté, données & scellées en consequence , seront regigistrées aux Regîtres d'icelle, mises & transcrites au Livre noir ; & que l'Arrêt concernant les Privileges des Officiers de ladite Chambre , les autres Lettres, Declarations, Edits & Arrêts de Verification y mentionnez, feront mis en un Cahier selon les dates ; & pour servir à chacun des particuliers , imprimez si besoin est. FAIT en la Chambre des Comptes de Nantes , Seances assemblées, le 3 Septembre 1641. *Ainsi signé*, BLANCHARD.

Au Mand. Coté 28. Fol. 225, & au premier Liv. noir Fol. 141.

ARREST DU CONSEIL,

PORTANT Revocation des Droits Seigneuriaux, cy-devant accordés aux Officiers du Parlement & de la Chambre des Comptes de Bretagne, par les Declarations des 29 Mars 1707, & 8 May 1708.

Du premier Janvier 1713.

LE ROY s'étant fait representer en son Conseil les Declarations des 29 Mars 1707, & 8 May 1708, par lesquelles les Officiers du Parlement & de la Chambre des Comptes de la Province de Bretagne, auroient été dechargez d'acquerir les dispenses de degré de service, portés par l'Edit du mois d'Octobre 1704, en payant par chacune desdites Cours vingt-quatre mille livres de Finance, avec les deux sols pour livre, pour joüir de douze cens livres d'augmentations de Gages : & Sa Majesté leur auroit en outre attribué l'Exemption de tous Droits de Lods & Ventes, Quints & Requints, Reliefs, Treiziéme, Rachapts, Sous-Rachapts, & autres Droits Seigneuriaux & Feodaux, à cause des Terres & Fiefs Nobles, ou Terres roturieres tenuës en mouvance du Domaine de Sa Majesté, qu'ils possedoient ou possederoient dans le Royaume, tant en achetant, vendant qu'autrement, même dans le cas des Echages : & Sa Majesté ayant été informée que les Exemptions cy-dessus font naître une infinité de contestations, qui donnent lieu aux Receveurs & Fermiers de ses Domaines de prétendre des indemnitez, Sa Majesté a crû que le moyen de faire cesser tous ces differends, & de remettre en valeur ses Domaines de ladite Province de Bretagne, qui souffrent une diminution considerable par lesd. Exemptions, étoit de rembourser les Finances payées par lesdites deux Cours, en rétablissant la perception des Droits sur le pied qu'ils étoient avant lesdites deux Declarations. Oüy le Rapport du Sieur Desmaretz, Conseiller Ordinaire au Conseil Royal, Controlleur General des Finances. SA MAJESTE' EN SON CONSEIL, a Ordonné & ordonne, que les Officiers du Parlement & de la Chambre des Comptes de Bretagne, seront tenus de remettre és mains du Sieur Controlleur General des Finances, les Quittances & autres Pieces justificatives, des Finances qu'ils ont payées en execution des Declarations des 29 Mars 1707, & 8 May 1708, pour sur sur les Pieces être procedé à la liquidation desdites Finances, & en suite pourvû au remboursement d'icelles avec les interêts, à compter du premier Janvier 1713 ; moyennant quoy les augmentations de Gage attribuées ausdits Officiers pour lesdites Finances, demeureront éteintes & supprimées, à commencer dudit jour premier Janvier. Ordonne Sa Majesté qu'à commencer du jour de la signification du present Arrêt, les Exemptions des Droits portés par lesdites Declarations, demeureront éteints & revoquez ; ce faisant, que lesd. Officiers du Parlement & de la Chambre des Comptes de Bretagne, seront tenus de payer les Droits de Lods & Ventes, Quints, Requints, Reliefs, Treiziéme, Rachapts, Sous-Rachapts, & autres Droits Seigneuriaux & Feodaux, sui-vant & ainsi qu'ils sont dûs par la Coûtume, *& comme ils faisoient auparavant* lesdites *Declarations*, pour joüir desdits Droits par le Fermier des Domaines, comme faisant partie du Bail qui luy en a été passé : Et seront lesdites Declarations au surplus executées selon leur forme & teneur. Enjoint Sa Majesté au Sieur Ferrand, Intendant de Justice, Police & Finance en ladite Province de Bretagne, de tenir la main à l'execution du present Arrêt, nonobstant toutes oppositions & autres empêchemens quelconques, pour lesquels ne sera differé, & dont si aucunes interviennent, Sa Majesté s'est reservé la connoissance & à son Conseil, & icelle interdite à toutes ses Cours & Juges. FAIT au Conseil d'Etat du Roy, tenu à Versailles le premier jour d'Avril mil sept cent treize. *Signé*, DU JARDIN.

Avec Lettres adressantes au Sieur Ferrand Intendant en Bretagne, & son Ordonnnance au bas.

Le tout signifié à M.re François Salomon de la Tullays, Chevalier Seigneur du Plessis Tizon, Procureur General du Roy en la Chambre des Comptes, & au Sr. de la Bazillays, Greffier, le treiziéme Avril mil sept cens treize.

§ VI.

EXEMPTION D'EMPRUNTS, SUBSIDES ET SUBVENTIONS.

DECLARATION DU ROY,

PORTANT Exemption de tous Subsides, Emprunts & Subventions, en faveur des Officiers de la Chambre des Comptes de Bretagne, tant originaires Bretons, que François non originaires, en quelque lieu du Royaume qu'ils demeurent ; & defenses à tous Maires, Echevins & Habitans des Villes, de les comprendre en aucun Rôle de Taxe de Cotisation.

Du 6 May 1580.

HENRY par la Grace de Dieu, Roy de France & de Pologne : A tous ceux qui ces presentes Lettres verront, SALUT. Nos amez & feaux les Présidens, Maîtres, Auditeurs & Officiers de nôtre Chambre des

Comptes, François non originaires de nôtre Païs de Bretagne, Nous ont
fait remontrer combien que par l'Edit fait par le feu Roy Charles nôtre
trés-cher Seigneur & Frere, que Dieu absolve, au mois d'Avril 1572, il ait
été créé & érigé un nouveau Semestre en ladite Chambre, composé de pareil nombre d'Officiers qu'il y avoit auparavant; duquel les deux Présidens,
ensemble la moitié des Maîtres & Auditeurs seroient François & non originaires, & l'autre moitié originaires dudit Païs de Bretagne; lesquels joüiroient de pareils Honneurs, Priviléges & Exemptions, que ceux dont joüissent les Officiers de l'ancienne Création de ladite Chambre, & que tous
les originaires tant de l'ancienne que nouvelle Création ont de tout temps
joüi & usé, comme encore ils joüissent de present, des Franchises, Immunitez & Exemptions de tous Subsides, Emprunts & Subventions qui se levent audit Païs de Bretagne, ainsi que font nos amez & feaux les Officiers
de nôtre Chambre des Comptes de Paris, à l'instar de laquelle nôtre Chambre de Bretagne a été reglée : néanmoins plusieurs des Habitans de nos
Villes, ausquelles les Exposaus font leur ordinaire demeurance, ignorans
les Priviléges desdits Exposans, les veulent taxer, imposer & comprendre
au payement desdits Subsides, Emprunts, Subventions, ainsi que les autres
Habitans de nosdites Villes qui ne sont Privilégiez, à raison de ce que l'Exercice de leursdits Offices, n'est établi aux lieux de leursdites demeurances &
dont ils sont originaires, ce qui tourneroit à leur grand préjudice, frais &
vexations d'iceux Exposans, attendu mêmement les grands frais qu'il leur
convient faire pour aller des lieux de leursdites demeurances, exercer leursdits Offices audit Païs de Bretagne, Nous suppliant trés-humblement de
leur vouloir sur ce pourvoir & octroyer nos Lettres de Declaration necessaires : Nous A CES CAUSES, inclinant liberalement à leursdites Supplications & Requête, & voulant les favorablement traiter, pour leur donner occasion de bien en mieux s'employer & continuer au fidele service
qu'ils Nous font ordinairement en leurs Charges, ne voulant aussi les rendre de moindre condition, que les originaires Bretons. Aprés avoir fait
voir ledit Edit de la Création de nosdits Officiers, contenant ce que dessus,
de l'avis de nôtre Conseil, avons declaré, statué, voulu & ordonné; & par
ces Presentes declarons, statuons, voulons, ordonnons & Nous plaît, que
nosdits Présidens, Maîtres, Auditeurs, & autres Officiers de nôtredite
Chambre des Comptes de Bretagne, François Exposans, & non originaires
dudit Bretagne, joüissent indifferemment, tant audit Païs de Bretagne, que
autres lieux de nôtre Royaume, Païs, Terres, & Seigneuries de nôtre obeïssance, où ils font à present & feront à l'avenir leur demeure & residence,
de pareils Honneurs, Priviléges, Exemptions de tous Subsides, Subventions
& Emprunts, que ceux dont ont cy-devant usé nosdits Officiers de l'ancienne
Création de nôtredite Chambre, & joüissent encore à present audit Bretagne lesdits Officiers originaires dudit Païs ; faisant inhibitions & défenses
à tous les Maires & Echevins, François, Manans & Habitans de nos Villes
& autres, qui auront la charge de faire les Rôles des Terres de Cotisations
desdits Emprunts & Subsides & Subventions, de ne les taxer, imposer ou
comprendre aucunement ausdites Taxes & Cotisations, encore que lesdits

Exposans

Exposans exercent leursd. Offices en nôtredit Pays de Bretagne où ils sont établis, & non aux lieux de leurs demeurances, ce que ne voulons aucunement leur nuire ne préjudicier, ains de nôtre certaine science, grace speciale, pleine puissance & autorité Royale, avons déclaré & déclarons par ces Presentes, quittes, exempts & déchargez desdites Subsides & Subventions, & voulons qu'ils en joüissent tout ainsi que font nosdits Officiers originaires de nôtredite Chambre des Comptes de Bretagne, à l'instar desquels les Exposans ont été créez. Si donnons en Mandement à nos amez & feaux les Gens tenans nôtre Cour des Aydes audit Paris, Tresoriers Generaux de France & de nos Finances, Présidents, Elûs & Contrôleurs sur le fait de nos Aydes & Tailles, & à tous nos autres Justiciers Officiers, & à chacun d'eux en droit soy, si comme il appartiendra que du contenu en cette nôtre presente Declaration, vouloir & intention, ils fassent entierement joüir & user nosdits Officiers non originaires de nôtredite Chambre des Comptes de Bretagne, Exposans, sans souffrir ou permettre qu'il leur soit fait, mis, ou donné aucun trouble, détourbier ou empéchement au contraire, nonobstant toutes oppositions ou appellations quelconques, & sans préjudice d'icelles : Car tel est nôtre plaisir; nonobstant aussi quelconques Ordonnances, Restrictions, Mandemens, Dessenses & Lettres à ce contraires, ausquelles & aux Dérogatoires des Dérogatoires y contenuës, Nous avons dérogé & dérogeons par cesdites Presentes; & pour ce que d'icelles l'on pourra avoir affaire en plusieurs & divers lieux, Nous voulons qu'au *Vidimus*, dûëment collationné par l'un de nos amez & feaux Conseillers-Notaires-Secretaires, ou fait sous nôtre Seel Royal, foy soit ajoûtée comme au present Original, auquel en témoin de quoy Nous avons fait mettre nôtre Seel. Donne' à Paris le sixiéme jour de May, l'an de grace mil cinq cens quatre-vingt, & de nôtre Regne le sixiéme. *Signé sur le Réply*, Par le Roy en son Conseil, Pinard, *Et scellé* sur double Queuë de Cire jaune, *Et sur le Réply*, regiftrées en la Cour des Aydes à Paris : Oüy sur ce le Procureur General du Roy, & ce aux Charges contenuës en l'Arrêt d'icelle. Donne' ce jourd'huy quinziéme jour de Septembre l'an mil cinq cens quatre-vingt-deux. *Signé* Roucet. Lües, publiées & enregiftrées, oüy le requerant & consentant le Procureur General du Roy. Fait en la Chambre des Comptes à Nantes le septiéme jour de Février mil cinq cens quatre-vingt-trois. *Signé*, Reveau.

EXTRAIT DES REGISTRES
DE LA COUR DES AYDES.

VEU par la Cour les Lettres Patentes du Roy, données à Paris le 6 jour de May l'an 1580, signées par le Roy en son Conseil, Pinard, & scellées du grand Seel de Cire jaune, obtenuës par les Officiers dudit Seigneur en sa Chambre des Comptes de Bretagne, François non originaires dudit Pays ; pour lesquelles & pour les causes y contenuës, ledit Seigneur auroit permis & octroyé aux Préſidens, Maîtres, Auditeurs & autres Officiers de ladite Chambre des Comptes de Bretagne Expoſans, François & non originaires dudit Bretagne, joüir indifferemment, tant audit Pays de Bretagne, qu'autres lieux de ce Royaume, Pays, Terres & Seigneuries de l'obéïſſance dudit Sieur, où ils ſont à preſent & feront à l'avenir leur demeure & réſidence, de tels & pareils Honneurs, Privileges, Exemptions de tous Subſides, Subventions & Emprunts, que ceux dont ont cy-devant joüi & uſé les Officiers de l'ancienne création de ladite Chambre, & joüiſſent encore à preſent aud. Bretagne leſdits Officiers originaires dudit Pays, faiſant inhibitions & deffenſes à tous les Maires, Eſchevins, & autres Manans & Habitans des Villes dudit Seigneur, & autres qui auront charge de faire les Rôles des Taxes & Cotiſation deſdits Emprunts, Subſides & Subventions, de ne taxer & impoſer, ou comprendre aucunement auſdites Taxes & Cotiſations, encore que leſdits Expoſans exercent leurſdits Offices audit pays de Bretagne où ils ſont établis, & non aux lieux de leurſdites demeurances, ce que ledit Seigneur ne veut aucunement leur nuire ou prejudicier, ains les en auroit exempté, quitté & déchargé : L'Extrait de la Chambre des Comptes, Cour des Aydes & Finances du Roy aud. Bretagne, du 7 jour de May 1582. *Signé*, Trecheu, la Requête preſentée à ladite Cour par leſdits Officiers le 11 Septembre 1582, les Concluſions du Procureur General du Roy ; & tout conſideré :

LA COUR a ordonné & ordonne, que leſdites Lettres ſeront enregiſtrées, pour joüir par les Impetrans du contenu en icelles ; à la charge qu'ils ne pourront prendre qualité de Cour des Aydes & Finances, & avoir aucune connoiſſance & juriſdiction contentieuſe deſdites Finances. Prononcé à la Cour le quinziéme jour de Septembre l'an mil cinq cens quatre-vingt-deux. *Signé*, ROUCET.

VEU les Lettres Patentes du Roy, données à Paris le 15 jour de May l'an 1580, ſignées par le Roy en ſon Conſeil, Pinard, & ſcellées du grand Scel de Cire jaune ; par leſquelles, & pour les cauſes y contenuës, Sa Majeſté a voulu & ordonné que les Preſidents, Maîtres, Auditeurs, & autres Officiers de ladite Chambre François & autres non originaires dud. Pays de Bretagne, joüiſſent indifferemment, tant audit pays de Bretagne, que autres Pays, Terres & Seigneuries de ſon obéïſſance, où ils ſont à preſent & feront à l'avenir leur demeure & reſidence, de tels & ſemblables Honneurs, Privileges, Exemptions de tous Subſides, Subventions & Emprunts, que ceux dont ont cy-devant joüi & joüiſſent encore à preſent les Officiers originaires dudit Pays, & de l'ancienne creation de ladite Chambre ; faiſant inhibitions & deffenſes à tous les Maires & Echevins, Manans & Habitans des Villes, & autres qui auront charge de faire les Rôles des Taxes & Cotiſations deſdits Emprunts, Subſides & Subventions, de les taxer & comprendre aucunement en iceux ; encore que leſdits Officiers non originaires exercent leurſdites Charges audit pays de Bretagne, où ils ſont établis, & non aux lieux de leurſdites demeurances : Arrêt de la Cour des Aydes à Paris du 15 jour de Septembre 1582. *Signé*, Roucet ; portant Verification & Enterinement defdites Lettres Patentes ; Conclufions du Procureur General ; & tout confideré. LA CHAMBRE a ordonné & ordonne que lefdites Lettres, enfemble l'Arrêt de ladite Cour des Aydes feront regiftrez , pour y garder état. FAIT en ladite Chambre des Comptes à Nantes, le feptiéme jour de Février mil cinq cens quatre-vingt-trois. *Signé,* VERGE' , MERCERON. *Au Mandement coté XIII. Fol. 125. V°.*

Voyés les Lettres du 2 May 1425. Sect. II. Chap. I. de cette Partie , " page 59. "
Voyés auffi les Lettres de 1519. Sect. II. Chap. I. de cette Partie page 64. " la Declaration du 29 Mars 1707, page 125 de cette quatriéme Partie, & " l'Edit du mois d'Octobre 1708 page 250 de la III. Partie. "

L E T T R E S.

PAR lefquelles Sa Majefté exempte les Officiers de la Chambre , de la Solde de cinquante mille Hommes.

Du 7.e Decembre 1587.

HENRY par la Grace de Dieu, Roy de France & de Pologne : A tous ceux qui ces prefentes Lettres verront, SALUT. Sçavoir faifons, combien que par les Priviléges par Nous cy-devant octroyez à nos amez & feaux Confeillers les Préfidens, Maîtres, Auditeurs, & autres nos Officiers de nôtre Chambre des Comptes de Bretagne, ils foient notoirement comme les Officiers de nos autres Cours Souveraines, exempts de toutes Tailles, Crûës & Impofitions ; même de la Solde de cinquante mille Hommes, & autres Subventions qui fe levent fur nos Sujets par forme de Taille : & que par nos Lettres Patentes du 12 Mars 1585 , données fur l'éclaircifement requis par aucunes Villes clofes, de nôtre intention & volonté fur la levée de ladite Solde & Subvention, & quelles perfonnes y doivent être cotifées : Nous euffions declaré icelles Solde & Subvention , devoir feulement être impofées fur les Habitans defdites Villes, étans de la qualité des Contribuables à nos Tailles : toutefois fous pretexte que par autres Lettres Nous aurions mandé qu'en procedant au département des Deniers de lad. Solde de cinquante mille Hommes de pied & Subvention, l'on eût à y comprendre & taxer indifferemment tous les Habitans des Villes, de quelque qualité qu'ils fuffent ; fans que néanmoins nôtre intention fût de préjudicier aux perfonnes exemptes, aucuns defdits Officiers de nôtredite Chambre des Comptes de Bretagne auroient été troublez en leurfdits Priviléges, fur quoy y auroit eu quelques Inftances pendantes en nôtre Confeil ; dont Nous ayant été faites Remontrances de la part de nôtredite Chambre, Nous aurions finalement avifé qu'il eft très raifonnable la conferver & les Officiers

d'icelle, en leurfdits Priviléges & Exemptions : Nous A CES CAUSES,
aprés avoir fait voir en nôtredit Confeil la conceffion defdits Priviléges,
enfemble les fufdites Lettres Patentes dudit 12 Mars 1585, contenant l'é-
clairciffement & declaration de nôtre volonté, fur la forme qui fe doit
garder pour la levée defdites Subventions & Solde de cinquante mille
Hommes, avons dit & declaré, difons & declarons icelle Solde de cinquante mille Hommes & Subvention, impofées & à impofer devoir, &
lefquelles Nous ordonnons être levées fur nos Sujets demeurans en nos
Villes clofes, de la qualité des Contribuables à nos Tailles feulement, &
fans y comprendre lefdits Préfidens, Maîtres, Auditeurs, & autres nos Officiers de nôtredite Chambre des Comptes de Bretagne, en quelques lieux
& Villes de nôtredit Royaume qu'ils faffent refidence ; lefquels en tant que
befoin eft ou befoin feroit, Nous en avons refervé & exempté, refervons
& exemptons par ces Prefentes. SI DONNONS EN MANDEMENT à
nos amez & feaux les Gens tenans nôtre Cour des Aydes à Paris, que du
contenu en nos prefentes Lettres de Declaration, ils faffent joüir nofdits
amez & feaux Confeillers les Préfidens, Maîtres, Auditeurs, & autres nos
Officiers de nôtredite Chambre des Comptes de Bretagne, felon leur forme & teneur, fans s'arrêter ni avoir égard à aucunes nos Lettres à ce
contraires ; l'effet defquelles en ce regard Nous avons revoqué & revoquons
par ces Prefentes ; enfemble les interdictions y contenuës, vous attribuant, fuivant nos Ordonnances, pleine jurifdiction & connoiffance, de tous
les Procez & Differends mûs & à mouvoir pour raifon des chofes fufdites,
leurs circonftances & dépendances : mandons en outre au premier nôtre
Huiffier ou Sergent, que ces Prefentes il fignifie à tous qu'il appartiendra,
à ce qu'ils n'en prétendent caufe d'ignorance, & faire tous Exploits requis
& néceffaires pour l'execution d'icelles : Car tel eft nôtre plaifir. En témoin
de quoy nous avons fait mettre nôtre Seel à ces Prefentes. Donné à Paris
le vingt neuviéme jour d'Août l'an de grace mil cinq cens quatre-vingt-fix,
& de nôtre Regne le treiziéme. Ainfi figné fur le repli, par le Roy en fon
Confeil, BRULART. Et fur ledit repli eft Ecrit, enregiftrées en la Cour des
Aydes à Paris. Oüi fur ce le Procureur General du Roy, aux charges contenuës en l'Arrêt donné en icelle, ce jourd'huy feptiéme jour de Décembre
mil cinq cens quatre-vingt-fept : ainfi figné ROUCET. *Au 2 Liv. des Edits. Fol. 1*

EXTRAIT DES REGISTRES
DE LA COUR DES AYDES.

Du 27 Septembre 1586.

VEU par la Cour les Lettres Patentes du Roy, données à Paris le 29
jour d'Août dernier, fignées par le Roy en fon Confeil, Bruffard, &
Scellées fur double Queuë du grand Sceau de Cire jaune, obtenuës par les
Préfidens,

Préfidents, Confeillers, Maîtres, Auditeurs & autres Officiers de la Chambre des Comptes de Bretagne, par lefquelles pour les caufes contenuës en icelles, ils auroient déclaré, voulu & ordonné, que fuivant les Lettres du 13 Novembre 1582, & 12 Mars 1585, les Impetrans demeureront exempts de la folde de cinquante mille Hommes, & autres Impofitions impofées ou à impofer fur les Habitans de la Ville d'Angers : La Requête préfentée à icelle Cour par lefdits Impetrans, par laquelle ils auroient fupplié ladite Cour vouloir enteriner icelles, felon leur forme & teneur; les Conclufions du Procureur General, auquel lefdites Lettres auroient été communiquées.

LA COUR a ordonné & ordonne, que lefdites Lettres feront enregiftrées au Greffe d'icelle, pour joüir les Impetrans du contenu en icelles, pour le regard des Tailles & autres Impofitions qui fe levent en forme de Tailles, excepté de la Solde des cinquante mille Hommes. Prononcé le vingt-feptiéme Septembre mil cinq cens quatre-vingt-fix. *Ainfi figné*, POUCET.

LETTRES
DE JUSSION
A LA COUR DES AYDES,

QUI verifient lefdites Lettres, du vingt-neuviéme Août mil cinq cens quatre-vingt-fix.

Du 24. Avril 1587.

HENRY par la grace de Dieu, Roy de France & de Pologne; A nos amez & feaux les Gens tenans nôtre Cour des Aydes, SALUT. Sur ce que cy-devant aucuns des Officiers de nôtre Chambre des Comptes de Bretagne auroient été troublez en leurs Exemptions & Immunitez, au préjudice des Privileges des Cours fouveraines, & particulierement de ceux par Nous concedez au Corps d'icelle Chambre, dès le 29 jour d'Août dernier, à la plainte des Préfidens, Maîtres, Auditeurs, & autres nos Officiers en ladite Chambre, Nous leur aurions fait dépêcher nos Lettres Patentes declaratives de nôtre Volonté à vous adreffantes, pour les faire joüir des Privileges, Franchifes & Exemptions portées par icelles ; & parce que procedant par vous à la Publication defdites Lettres, vous auriez dit par vôtre Arrêt du 27 de Septembre auffi dernier, que lefd. Officiers de lad. Chambre des Comptes de Bretagne joüiroient du contenu en icelles, fors pour le regard de la folde de cinquante mille hommes de pied, qui feroit contre nôtre intention, les fruftrer de l'effet principal defdits Privileges, ils en auroient fait nouvelle plainte à nôtre Confeil; de l'avis duquel Voulons, vous mandons, & trés-expreffement enjoignons par ces Prefentes, que vous

Z 2

prendrez pour finale Jussion, & Declaration de nôtre vouloir & intention, que vous ayez à verifier & enteriner purement & simplement nosd. Lettres Patentes dudit 29 Août dernier, & sans vous arrêter à vôtre modification sur icelle; laquelle Nous avons ôtée & levée, ôtons & levons par cesdites Presentes, faire joüir lesdits Presidents, Maîtres, Auditeurs, & autres Officiers de nôtredite Chambre des Comptes de Bretagne, pleinement, paisiblement & entierement du contenu en nosdites Lettres de Declaration du 29 Août dernier, nonobstant vôtredit Arrêt, & autres Arrêts, Edits, Ordonnances, Modifications, Restrictions, Deffenses & Lettres quelconques impetrées ou à impetrer à ce contraires, ausquelles Nous avons dérogé & dérogeons pour ce regard, & à la Dérogatoire de la Dérogatoire y contenuës; CAR tel est nôtre plaisir. DONNE' à Paris le vingt-quatriéme jour d'Avril l'an de grace mil cinq cens quatre-vingt-sept, & de nôtre Regne le treiziéme. Ainsi signé, HENRY, & au dessous, Par le Roy étant en son Conseil, PINARD, & scellées du Grand Sceau sur Cire jaune.

VERIFICATION
DE LA COUR DES AYDES,
AVEC MODIFICATION.

Du 7 Décembre 1587.

Extrait des Registres de la Cour des Aydes.

VEU par la Cour les Lettres Patentes du Roy, données à Paris le 29 jour d'Aout 1586 signées sur le repli, par le Roy en son Conseil, Brulart, & Scellées sur double Queuë sur Cire jaune du grand Seel, obtenuës par les Présidents, Conseillers, Maîtres, Auditeurs & autres Officiers de la Chambre des Comptes de Bretagne, par lesquelles pour les causes y contenuës, ledit Sieur déclare, veut & ordonne, que suivant ses autres Lettres Patentesdu 13 Novembre 1582, & 12 Mars 1585, que lesdits Impetrans seront & demeureront exempts de la solde de cinquante mille Hommes, & autres Impositions quelconques, mises & à mettre & imposer; & que les susdites Lettres du 13 Novembre 1582, & 12 Mars 1585, sortent leur plein & entier effet: l'Arrêt de ladite Cour donné sur lesdites Lettres du 26 jour de Septembre 1586, par lequel ladite Cour auroit ordonné lesdites Lettres être registrées au Greffe d'icelle, pour par iceux Impetrans joüir du contenu en icelles, pour le regard des Tailles & autres Impositions qui se levent en forme de Taille, excepté de la Solde de cinquante mille hommes: Autres Lettres Patentes dud. Sieur, données à Paris le 24 jour d'Avril 1587, signées, Par le Roy étant en son Conseil, Pinard, & scellées du Grand Seel sur simple Queuë;

par lesquelles ledit Sr. mande, & trés expressement enjoint à ladite Cour pour finale Jussion & Déclaration de ses vouloir & intention, de vérifier & enteriner lesdites Lettres Patentes dudit vingt neuviéme jour d'Août, sans s'arrêter à la modification portée par l'Arrêt donné sur icelles, laquelle il leve & ôte par les susdites Lettres, en faisant joüir iceux Impetrans pleinement & paisiblement du contenu esd Lettres de Declaration, nonobstant led. Arrêt & autres Arrêts, Edits, Ordonnances, Modifications, Restrictions & Défenses & Lettres quelconques impetrées & à impetrer à ce contraires: ausquelles iceluy Sieur a derogé & deroge par lesdites Lettres pour ce regard, & de la derogatoire y contenuë : La Requête presentée à ladite Cour par lesdits Présidens, Maîtres, Auditeurs, & autres Officiers de ladite Chambre des Comptes de Bretagne, requerants l'enterinement desdites Lettres selon leur forme & teneur : Les Conclusions du Procureur General du Roy au bas d'icelles, & tout consideré.

LA COUR a ordonné & ordonne, que lesdites Lettres seront enregistrées au Greffe d'icelle, pour joüir par les Impetrans du benefice d'icelles, pour le regard des Tailles & autres Subventions, & mêmement de la Solde de cinquante mille Hommes, fors & excepté des biens patrimoniaux qu'ils tiendront és Villes & Fauxbourgs où ils demeureront. Prononcé le septiéme jour de Decembre mil cinq cens quatre-vingt sept. *Ainsi signé,* POUCET.

LETTRES
DE FINALE JUSSION
ET DECLARATION
ADRESSÉES A LA COUR DES AYDES,

POUR LEVER ET OSTER LES MODIFICATIONS.

Du 26 Avril 1588.

HENRY par la grace de Dieu, Roy de France & de Pologne : A nos amez & feaux les Gens tenans nôtre Cour des Aydes. Sur la Representation qui vous auroit été faite de nos Lettres Patentes, du 29 jour d'Août 1586, par lesquelles Nous aurions déclaré nos amez & feaux les Gens tenans nôtre Chambre des Comptes en Bretagne, exempts de la Solde de cinquante mille hommes, & Subventions imposées & à imposer sur nos Sujets demeurants en nos Villes closes, en quelques Lieux & Villes de nôtre Royaume qu'ils soient, où aucun d'eux fissent leur demeurance, vous auriez par vôtre Arrêt du 17 Septembre audit an 1586, ordonné que lesdites Lettres seroient enregistrées en vôtre Greffe, pour joüir par les Impetrans du contenu en icelles, pour le regard des Tailles & autres Impo-

fitions qui fe levent en forme de Taille , excepté la Solde de cinquante
mille hommes, qui auroit été caufe que lefd. Gens des Comptes feroient de
rechef recourus à Nous , qui par nos autres Lettres de Juffion du 24 Avril
1587. fignées de nôtre main , vous aurions de rechef mandé verifier &
enteriner purement & fimplement les fufdites premieres Lettres Patentes
du 29 Août 1586, & fans vous arrêter à vôtre Modification fur icelles ; laquelle Nous aurions ôtée & levée, faire joüir lefdits Gens des Comptes de
Bretagne, pleinement, paifiblement & entierement du contenu efdites Lettres, nonobftant vôtredit Arrêt ; furquoy vous auriés de rechef par autre
vôtre Arrêt du 7 jour de Decembre 1587, moderé l'effet des fufdites Lettres,
pour joüir par lefdits Gens des Comptes de Bretagne du Benefice d'icelles,
pour le regard des Tailles & autres Subventions , & même de ladite Solde
de cinquante mille hommes, fors & excepté pour le regard des Biens patrimoniaux qu'ils tiennent ès Villes & Fauxbourgs de leur demeure ; mais
parce que nôtre intention a toûjours été & eft que lefdits Gens des Comptes
joüiffent de leurs Privileges contenus ès fufd. Lettres , dudit 29 Août 1586.
attendu même le fecours de la fomme de trente mille écus qui nous faut
prefentement pour fubvenir à nos affaires, vous mandons, & très-expreffement enjoignons par ces Prefentes fignées de nôtre main, qui vous ferviront de
finale Juffion & Declaration de nos vouloir & intention, que vous ayez à lever
& ôter vos Modifications, portées & employées en vos fufdits Arrêts ; &
lefquelles en tant que befoin étoit ou feroit, Nous levons & ôtons par ces
Prefentes, par lefquelles Nous vous enjoignons de rechef faire joüir nofdits
Gens des Comptes de Bretagne de l'effet entier de nofdites fufdites Lettres
Patentes, dud. 29 Août 1586, nonobftant vofd. Arrêts, Edits, Ordonnances,
Reftrictions , Modifications , Deffenfes & Lettres quelconques impetrées
ou à impetrer à ce contraires, lefquelles Nous avons levées & ôtées , & à
icelles dérogé & dérogeons pour ce regard , & à la Derogatoire de la De-
rogatoire y contenuë ; CAR tel eft nôtre plaifir. DONNE' à Paris le vingt-
fixiéme jour d'Avril l'an de grace mil cinq cens quatre-vingt-huit , & de nôtre
Regne le quatorziéme. *Ainfi figné* , HENRY , *Et plus bas* , Par le Roy en fon
Confeil, GUYBERT , & fcellées du Grand Sceau fur Cire jaune à fimple queuë.

LETTRES DE RELIEF

D'ADRESSE AU PARLEMENT DE PARIS TENANT A TOURS

Pour verifier lefdites Lettres de Privileges.

Du 24 Juin 1591.

HENRY par la grace de Dieu, Roy de France & de Navarre : A nos
amez & feaux Confeillers les Gens tenans nôtre Cour de Parlement
de Paris, à prefent transferé à Tours, SALUT. Parce que vous pourriez
faire difficulté de proceder à la Verification des Lettres de Privileges cy-attachées fous le Contrefcel de nôtre Chancellerie, obtenuës par nos amez &

feaux

feaux les Gens tenans nôtre Chambre des Comptes en Bretagne, tant à l'occasion de la Surannation d'icelles, qui seroit intervenuë ; tant parce qu'elles furent impetrées environ le tems des Barricades dudit Paris où elles furent égarées, que parce qu'elles ne sont émanées de Nous, ains de feu nôtre très-honoré Sieur & Frere le Roy dernier décedé, & qu'elles ne vous étoient adressantes ; A ces Causes, Nous vous mandons & commettons par ces Presentes, que nonobstant qu'il ait été obmis à vous en faire l'adresse, que icelles Lettres soient surannées, vous ayés à proceder à la Verification desdites Lettres, tout ainsi que vous eussiez fait ou pû faire, si elles eussent été à vous adressantes, & vous eussent été presentées dans l'an de l'impetration d'icelles, & qu'elles fussent de Nous émanées ; de l'effet & contenu desquelles Lettres voulons que lesdits Impetrans en joüissent & usent paisiblement, cessant & faisant cesser tous troubles & empêchemens au contraire, nonobstant lesdites omissions & surannations susdites, dont nous les avons relevé & relevons, en tant que besoin est, & leur avons confirmé & confirmons lesdits Privileges par ces Presentes ; Car tel est nôtre plaisir. Donne' à Chartres le vingt-quatriéme jour de Juin, l'an de grace mil cinq cens quatre-vingt-onze, & de nôtre Regne le deuziéme. *Ainsi signé*, Par le Roy en son Conseil, Devillontrais, & scellées du grand Sceau sur Cire jaune à simple Queuë.

ARREST DE VERIFICATION

DU PARLEMENT DE PARIS.

Du 30 Juillet 1591.

HENRY par la grace de Dieu, Roy de France & de Navarre : Au premier de nos amez & feaux Conseillers de nôtre Cour de Parlement trouvé sur les lieux, Baillys de Touraine, Senéchaux d'Anjou, Poitou & le Maine, ou leurs Lieutenans generaux ou particuliers, & à chacun d'eux le premier requis, Salut. Comme depuis le jour & date des Presentes, vû par nôtredit Conseil les Lettres Patentes du feu Roy nôtre très-honoré Seigneur & Frere, que Dieu absolve, données à Paris le 29 Août 1586, signées Par le Roy en son Conseil, Brulard, & scellées sur double queuë de cire jaune ; par lesquelles pour les causes y contenuës, ledit Seigneur auroit ordonné que les Presidents, Conseillers, Auditeurs, & autres Officiers de la Chambre des Comptes de Bretagne demeureroient exempts de la Solde de cinquante mille hommes, & autres Impositions quelconques, imposées ou à imposer sur ses Sujets demeurants en Villes closes : Arrêt de nôtre Cour des Aydes seroit intervenu sur icelles le 26 Septembre ensuivant, par lequel auroit été ordonné qu'elles seroient enregistrées, pour joüir par les Impetrans du contenu, pour le regard des Tailles & Impositions qui se levent en forme de Taille, excepté la Solde de cinquante mille hommes : Autres Lettres Patentes dudit feu Roy, données à Paris le vingt-quatriéme jour d'Avril 1587, signées par le Roy en son Conseil, Pinard, & scellées du grand Seel sur simple queuë, par lesquelles étoit mandé verifier lesdites Lettres Patentes du 29 Août, sans s'arrêter à la modification portée par l'Arrêt donné sur icelles: Arrêt intervenu sur lesdites Lettres le 7 Decembre 1587, par lequel ladite Cour des Aydes auroit ordonné qu'elles seroient enregistrées, pour joüir par les Impetrans du bénefice d'icelles, pour le regard des Tailles & autres Subventions, & mêmement de la solde de cinquante mille hommes, fors & excepté pour le regard des biens patrimoniaux qu'ils tiennent és Villes & Fauxbourgs où ils demeurent: autres Lettres Patentes duditfeu Seigneur Roy, données à Paris le 26 Avril 1588, signées Henry, & plus bas par le Roy en son Conseil, Guybert, par lesquelles attendu le secours de la somme de trente mille écus à lui fait par lesdits Gens tenans la Chambre des Comptes en Bretagne, & autres causes y mentionnées, ledit Seigneur auroit mandé à sadite Cour des Aydes, par forme de Jussion & Déclaration de ses vouloir & intention, lever & ôter les modifications portées par les susdits Arrêts intervenus sur lesd. modifications, lesquelles en tant que besoin seroit, il auroit levées & ôtées, & enjoint les faire joüir de l'effet entier des susdites Lettres du 29 Août: nos Lettres Patentes en forme d'Adresse & Surannation données à Chartres le 24 Juin dernier, signées par nous en nôtre Conseil, de Vilontrays, & scellées du grand Sceau à simple Queuë, par lesquelles est mandé à nôtred. Cour proceder à la verification desd. Letres: la Requête à cette fin présentée par lesd. Présidens, Maîtres & autres Officiers de lad. Chambre des Comptes de Bretagne: Conclusions de nôtre Procureur General; & tout consideré. NOSTREDITE COUR a ordonné & ordonne, que lesdites Lettres seront regîstrées en icelle, pour joüir par les Impetrans de l'effet & contenu en icelles, même de l'Exemption de la Solde de cinquante mille Hommes, & sans exception des Biens Patrimoniaux qu'ils tiennent és Villes & Fauxbourgs où ils demeurent. SI VOUS MANDONS, à la Requête des Impetrans, mettre le present Arrêt à execution selon sa forme & teneur; & au premier nôtre Huissier ou Sergent, faire tous Exploits requis & necessaires; de ce faire vous donnons pouvoir & commandement & à tous nos Sujets: ce faisant obeïr. DONNE' à Tours en nôtre Parlement, le trentiéme jour de Juillet, l'an de Grace mil cinq cens quatre-vingt-onze, & de nôtre Regne le deuxiéme. *Ainsi signé*, TARDIEU. Et scellées du Grand Sceau sur cire jaune à simple queuë.

VEU PAR LA CHAMBRE les Lettres Patentes du feu Roy dernier decedé, données à Paris le 29.e jour d'Août 1586, signées sur le reply par le Roy en son Conseil, Brulart, & scellées sur double queuë de cire jaune, par lesquelles & pour les causes y contenuës, ledit Seigneur auroit ordonné que les Présidens, Maîtres, Auditeurs, & autres Officiers de ladite Chambre, demeureroient exempts de la Solde de cinquante mille Hommes, & autres Impositions quelconques, imposées & à imposer sur les Sujets demeurans en ses Villes closes: Arrêt de la Cour des Aydes à Paris, intervenu sur icelles le 26 Septembre ensuivant, par lequel auroit été ordonné que lesdites Lettres seroient regîstrées, pour joüir par les Officiers de ladite Chambre, de l'Exemption des Tailles & Impositions qui se levent en forme de Tailles, excepté de la Solde de cinquante mille Hommes : autres Lettres Patentes dudit feu Sieur Roy, données à Paris le 24.ᵉ jour d'Avril 1587, signées par le Roy en son Conseil, Pinard, & scellées du grand Seel sur simple queuë, portant Jussion de verifier lesdites premieres Lettres sans aucune modification : autre Arrêt de la Cour des Aydes du 7 Decembre 1587, par lequel Elle auroit verifié la susdite Exemption ; même pour la Solde de cinquante mille Hommes, fors & excepté pour le regard des Biens Patrimoniaux que les Officiers de ladite Chambre tiennent és Villes & Fauxbourgs où ils demeurent : autres Lettres Patentes dudit feu Sieur Roy, données à Paris le 25 Avril 1588, signées Henry, & plus bas par le Roy en son Conseil, Guybert ; par lesquelles attendu le secours de la somme de trente mille écus à luy fait par les Officiers de ladite Chambre, & autes causes y contenuës, ledit Seigneur auroit mandé à ladite Cour des Aydes, pour finale Jussion & declaration de ses vouloir & intention, lever & ôter les Modifications portées par lesdits Arrêts ; lesquelles en tant que besoin étoit, il auroit levées & ôtées ; & enjoint faire joüir lesdits Officiers de ladite Chambre, de l'effet entier des susdites Lettres du 29 Août : les Lettres Patentes du Roy à present regnant, en forme de Relief d'adresse & Surannation, données à Chartres le 24 Juin 1591, signées par le Roy en son Conseil, de Vilontrais, & scellées du grand Sceau à simple queuë ; par lesquelles est mandé à la Cour de Parlement, séant à Tours, proceder à la Verification desdites Lettres de Priviléges : Arrêt de la Cour de Parlement du 30 Juillet audit an 1591, signé Tardieu, par lequel est ordonné que lesdites Lettres dudit 29 Août 1586 seroient registrées en icelle, pour joüir par les Impetrans de l'effet y contenu, même de la Solde de cinquante mille Hommes, & sans exception des Biens Patrimoniaux que lesdits Officiers de ladite Chambre tiennent és Villes & Fauxbourgs où ils demeurent : Conclusions du Procureur General du Roy ; & tout consideré.

LA CHAMBRE, ce requerant ledit Procureur General, a ordonné que lesdites Lettres & Arrêts seront lûs, publiez & registrez au Greffe d'icelle, pour y avoir recours quand besoin sera. Fait le quinziéme jour de Juin mil cinq cens quatre vingt-douze. *Au 2 Liv. des Edits, Fol. 1.*

ARREST DU CONSEIL,

RENDU EN CONFORMITE' DES PRIVILEGES DE LA CHAMBRE,

QUI décharge le Sieur Arthaud, Maître des Comptes en Bretagne, d'une Taxe imposée sur une Maison à lui appartenant où il demeure en la Ville d'Angers, par les Maire & Echevins de ladite Ville.

Du 29 Mars 1662.
Extrait des Registres du Conseil d'Etat.

SUR la Requête presentée au Roy en son Conseil par le Procureur General de S. M. en la Chambre des Comptes de Bretagne, contenant qu'encore que lad. Chambre ait été créé à l'instar de la Chambre des Comptes de Paris,

& reglée en pareilles fonctions de Jurisdiction, Droits & Priviléges, ensorte que les Rois Prédecesseurs de Sad. M. ont accordé les mêmes Priviléges, desquels joüissent les Officiers de ladite Chambre des Comptes de Paris par Lettres Patentes verifiées où besoin a été, & qui depuis auroient été confirmées par le feu Roy Loüis XIII. d'heureuse mémoire, par autres Lettres Patentes du 20 Decembre 1638 ; par lesquels Priviléges les Officiers de la Chambre sont declarez exempts de tous Emprunts, ensemble les Veuves, Conseillers honoraires, même de ceux faits par les Officiers particuliers des Villes ; lesquels Priviléges auroient été d'abondant confirmez par Lettres Patentes de Sa Majesté du mois d'Avril 1659, & ordonné que la Noblesse auparavant acquise à ladite Chambre, commenceroit dés la premiére personne possedant les Offices d'icelle, au préjudice desquels Priviléges bien & dûëment vérifiez, & dont lesdits Officiers de la Chambre ont toûjours joüi sans contredit. Par une contravention manifeste à l'intention de Sa Majesté, les Habitans de la Ville d'Angers ayant fait une levée sur leur Ville pour leurs affaires particuliéres, ont compris aux Rolles des taxes faites sur lesdits Habitans, le Sr. Arthaud, l'un des Maîtres de ladite Chambre des Comptes de Bretagne, & taxé à la somme de 13 livres 10 sols 8 deniers, pour les deux sols pour livre du prix des loyers de la Maison où il demeure ; & on lui auroit fait faire commandement de payer ladite somme, autrement à faute de ce faire, qu'il y seroit contraint par saisie, vente & transport de ses meubles & autres voyes, nonobstant oppositions ou appellations quelconques ; ce qui étant directement contraire aux Priviléges accordez aux Officiers de ladite Chambre, & d'une perilleuse consequence, ledit Suppliant est obligé en ce rencontre de recourir à l'autorité de S. M. pour y être pourvû. A CES CAUSES, requeroit ledit Suppliant qu'il plût à S. M. suivant & conformément aux Priviléges accordez aux Officiers de ladite Chambre par les Rois ses prédecesseurs, & confirmés de tems en tems ; même par les Lettres Patentes données par Sadite Majesté au mois d'Avril 1659, portant confirmation desdits Priviléges, décharger ledit Arthaud du Payement de ladite somme de 13 livres 8 sols 8 deniers, à laquelle somme il a été taxé par les Habitans de ladite Ville d'Angers, pour les deux sols huit deniers pour livre du loyer de ladite Maison où il demeure ; faire deffenses tant aux Collecteurs de ladite taxe qu'à tous autres, d'en faire aucunes ponrsuites contre lui, ni de le comprendre à l'avenir dans leurs Rolles, à peine de trois mille livres d'amende & de tous dépens, dommages & interêrs, nonplus que les veuves des Officiers & Honoraires de ladite Chambre : Veu par le Roy en son Conseil, ladite Requête, signée Laborie Avocat en Parlement : cinq Copies Collationnées, des Priviléges accordez à ladite Chambre des Comptes de Bretagne, par les Rois predecesseurs, & confirmés par Sa Majesté regnante, en date des années 1591, 1610, 1626, & 1667 : extrait de la Taxe faite de la personne du Sr. Arthaud, montant à la somme de 13 livres 8 sols 8 deniers, avec le commandement à luy fait de payer lad. somme, à peine d'être contraint par vente de ses meubles, & tout ce qui a été mis pardevant le Sr. Boulanger Conseiller du Roy en ses Conseils, Maître des Requêtes ordinaire de son Hôtel, Commissaire à ce députe.

LE

LE ROY EN SON CONSEIL, ayant égard à ladite Requête, a ordonné & ordonne, que les Lettres Patentes accordées auſdits Officiers de la Chambre des Comptes de Bretagne, concernant les Privileges & Exemptions accordés par Sad. M. auſdits Officiers Veterans & leurs Veuves, ſeront exécutés ſelon leur forme & teneur, avec deffenſes à tous Maires, Echevins, Aſſeſſeurs, Collecteurs & autres d'y contrevenir. Ce faiſant, a déchargé & décharge ledit Arthaud Maître des Comptes de Bretagne, de la Taxe de 13 livres 8 ſols 8 deniers, à quoy il a été taxé par les Habitans de la Ville d'Angers, pour les deux ſols huit deniers pour livre du loyer de la Maiſon où il demeure : fait défenſe aux Collecteurs deſdites Taxes, de faire aucunes pourſuites contre ledit Arthaud pour raiſon d'icelles, à peine de cinq cens livres d'amende, & de tous depens, dommages & interêts. FAIT au Conſeil d'Etat du Roy, tenu à Paris le vingt-neuf de Mars mil ſix cens ſoixante-deux. Collationné. *Signé*, BERYER.   *Au 2 Liv. noir Fol.* 16.

ARREST DE LA COUR DES AYDES,

QUI décharge le Sieur Jaudonnet Conſeiller - Secretaire - Auditeur en la Chambre des Comptes de Bretagne, d'une Taxe impoſée par les Habitans de la Paroiſſe de Geay, ſur une Métayrie appartenant audit Jaudonnet.

Du 14 Juillet 1661.

Extrait des Regiſtres de la Cour des Aydes.

VEU par la Cour le Procés par écrit, conclu & reçû pour juger en icelle le 31ᵉ Decembre dernier, d'entre les Procureur Syndic & Habitans de la Paroiſſe de Geay, appellants d'une Sentence renduë en l'Election de Thoüars le 11ᵉ Août dernier, d'une part : & Jacques de Jaudonnet ſieur de Langreviere Conſeiller & Secretaire du Roy, Auditeur en la Chambre des Comptes, Intimé, d'autre ; joint les Griefs hors le Procés : prétendus moyens de nullité : & Production nouvelle des Appellans : l'Arrêt de Concluſion dudit jour 31ᵉ Decembre dernier : ladite Sentence dont eſt appel, dudit jour 11ᵉ Août dernier, par laquelle ayant égard à l'Oppoſition dudit Jaudonnet, auroit été ordonné qu'il demeureroit & ſeroit déchargé des Impoſitions faites ſur les Métayries des grandes & petites Touches au noir, ſous la cote des Leveurs & Exploiteurs d'icelles ; & en ce faiſant les Habitans condamnez rendre & reſtituer audit Jaudonnet les ſommes auſquelles auroient été impoſés leſd. Exploiteurs, deſdites Métayries & ce que led. Jaudonnet auroit été contraint payer, ſi leſdits Habitans avoient deniers communs, ſi-non ordonner que le Regail en ſeroit fait ſur eux par les Aſſeſſeurs & Collecteurs en charge à la premiere aſſiete de Taille, qui ſeroit mandée être faite en ladite Paroiſſe, & ce au ſol la livre ſur le pied de la Taille ; ſauf auſdits Habitans à ſe pourvoir contre les Leveurs & Exploiteurs de la Métayrie de la petite Touche - au - noir de l'année 1662. ainſi qu'ils aviſeront bon être à faire : comme auſſi ordonner que la ſomme de cent quinze livres quinze fols, confignée par ledit Jaudonnet és mains du Curé de ladite Paroiffe, lui feroit renduë & reftituée, & lefdits Syndic & Habitans condamnez aux depens envers ledit Jaudonnet : Griefs & Reponfes des Parties : l'Inftance d'entre Loüis Garfault & Nicolas Chevalier Collecteurs des Tailles de ladite Paroiffe de Geay l'année derniere, Appellans de Sentence renduë par lefdits Eflûs de Thoüars ledit jour 11 Août dernier, d'une part : & ledit Jaudonnet Intimé d'autre : l'Arrêt de la Cour du vingt-troifiéme Janvier dernier, par lequel les Parties auroient été appointées au Confeil à bailler caufes d'appel : Reponfes à produire de 3 jours en 3 jours, & joint au Procez par écrit cy-deffus, pour être fur le tout fait droit, conjointement ou féparément comme de raifon : Requétes refpectives employées par les Parties pour caufes d'appel : Reponfes aux Productions par elles faites ; & tout confideré. LA COUR a mis & met les appellations au néant, a ordonné & ordonne, que la Sentence dont a été appellé, fortira fon Plein & entier effet : condamne les Appellans aux depens des Caufes d'appel, lefquels pour certaines confiderations, Elle a liquidé à quarante-huit livres, à l'égard des Habitans, & à vingt-quatre livres à l'égard defdits Collecteurs ; le tout *Parifis*, y compris les frais du prefent Arrêt, & premier commandement qui fera fait en vertu d'icelui. Prononcé le quatorziéme Juillet mil fix cens foixante huit. Ainfi figné, BOUCHER. *Au 2 Liv. noir Fol. 49.*

Voyez la Déclaration du 29 Mars 1707 à la page 125 de cette Partie.

§ VII.

EXEMPTION DU BAN
ET ARRIERE BAN
ET DE COMPARUTION AUX MONTRES
EN FAVEUR DES GENS DES COMPTES EN BRETAGNE,

conformément à leurs Privileges & anciennes Libertés.

Du 16 Avril 1488.

FRANÇOIS par la grace de Dieu, Duc de Bretagne, Comte de Montfort, de Richemont, d'Eftampes & de Vertuz : A tous ceux qui ces prefentes Lettres verront, SALUT : Comme puis peu de jours, Nous ayons fait fçavoir par Ban & Montres generales, que tous Nobles & Sujets aux Armes de nôtre Pays & Duché foient prêts & appareillés de veager, la part que entendons faire conduire nôtre Armée, lorfque leur ferons fçavoir, fur peine de confifcation de Corps & de Biens, fans qu'aucun s'en puiffe exempter à quelque caufe ou occafion que ce foit ; & Nous ayent remontré nos bien amez & feaux Confeillers les Gens de nos Comptes, que de tous tems pour l'occupation presque continuelle qu'ils ont à nôtre service, quelques mandés qu'ayent été par cy-devant les Nobles & Sujets aux Armes de nôtredit Pays & Duché, Nous les avons excusés de comparoir esdites Montres & Armées ; même que à la prochaine Ouverture de la Chambre de nosdits Comptes, qui commence le Lundy d'après *Cœna Dñi* prochain venant ; ils ont fait ajourner plusieurs nos Receveurs & Officiers de Finance à compter des Recettes & mises qu'ils ont euës de nos Finances, & sont deliberés nosdits Conseillers de Nous servir à ladite Chambre, ou à la Guerre la part qu'il Nous plaira, Nous supplians, sur ce leur déclarer nôtre intention ; sçavoir faisons, que Nous, ce que dessus consideré & que le service que nosdits Conseillers nous feront en nôtredite Chambre des Comptes Nous est autant ou plus necessaire que celuy qu'ils pourroient faire en nôtredite Armée, voulans les entretenir en leurs Privileges & anciennes Libertés ; avons aujourd'huy par avis & deliberation de nôtre Conseil, consenty, octroyé & ordonné que nosdits Conseillers soient excusés de comparoître & veniger esdites Montres & Armées, & pour le temps à venir, les en avons excusé & excusons par ces Presentes : Si MANDONS à nos Lieutenants Generaux, Capitaines & autres à qui de ce appartiendra de cette nôtre presente Excuse, faire souffrir & laisser joüir nosd. Conseillers, neanmoins quelconques Ordonnances ou Mandées faites ou à faire à ce contraires : CAR il Nous plaît. DONNE' en nôtre Ville de Nantes ce seiziéme jour d'Avril l'an mil quatre cens quatre-vingt-huit, après Pâques. *Signé,* FRANÇOIS, *Et plus bas,* Par le Duc, de son Commandement, LE LACEUR. Et scellé.   *T. B. 4. Liasse, Cote* 94.

Voyés les Lettres du 19 *May* 1479. *Sect.* II, *Chap.* I. *de cette Partie, page* 61.

Voyés aussi l'Edit du mois d'Avril 1519. *Art.* IX, *cy-devant, Sect.* II. *Chap.* I. *de cette Partie, page* 64.

§ VIII.

EXEMPTION
DE TUTELLE ET CURATELLE
ET NOMMINATION A ICELLE.

LETTRES DE ROY HENRY II.

PORTANT Exemption de Tutelle & Curatelle en faveur des Officiers de la Chambre des Comptes de Paris.

Du 11 Octobre 1556.

HENRY par la grace de Dieu, Roy de France : A tous ceux qui ces presentes Lettres verront, SALUT. Nôtre Procureur General en nôtre Chambre des Comptes à Paris Nous a fait dire & remontrer, que pour le continuel & affidu Service que Nous font tenus faire les Officiers de nôtre Chambre des Comptes, au fait & exercice de leurs Etats & Offices, tant pour l'examen, clofture & expedition des Comptes de nos Officiers comptables, que pour les autres grandes & urgeantes affaires, qui de jour en jour furviennent en nôtredite Chambre, & qui par Nous leur font renvoyées & commifes, ne doivent être nommez & élûs aux Tutelles & autres Charges perfonnelles qui pourroient détourner & divertir du Service qu'ils Nous doivent; neanmoins il eft averty que aucuns Particuliers fe font efforcés d'élire pardevant nôtre Prévôt de Paris, aucuns de nos amez & feaux Confeillers & Auditeurs de nofdits Comptes, pour être Tuteurs & Curateurs des Mineurs; ce qui eft un des plus grands moyens pour retarder nos affaires & donner occafion à nofdits Confeillers & Auditeurs de s'emparer & de laiffer nôtre Service, pour vacquer & entendre au fait de negoce des Particuliers, ce qui Nous a femblé être du tout aliené de droit & de raifon, fur quoy nôtredit Procureur General foigneux du bien, profit & utilité de Nous & expedition de nofdits Comptes & autres nos affaires, Nous a fupplié vouloir pourvoir de nos Lettres à ce neceffaires: Nous ces chofes confiderées, connoiffans quelle importance Nous feroit fi telles élections avoient lieu, ne voulans préferer les affaires des Particuliers aux nôtres & publiques, avons de nôtre Grace fpeciale, pleine Puiffance & autorité Royale dit, déclaré & ordonné, difons, déclarons & ordonnons & Nous plaît, que aucuns de nofdits Officiers, même de nofdits Confeillers & Auditeurs de nofd. Comptes, ne foient & ne puiffent être tenus, ne chargez de Tutelles & Curatelles des Mineurs quelque élection qui en foit ou pourroit être faite; & defquelles, tant pour le paffé que pour l'avenir, les avons exempté & déchargez, exemptons & déchargeons, fans ce que pour raifon des élections qui en pourroient avoir été faites, ils puiffent être contraints recevoir & accepter lefdites Charges & Tutelles, & où par le paffé aucuns de nofdits Confeillers & Auditeurs auroient été élûs Tuteurs & Curateurs d'aucuns Mineurs, lefquels comme dit eft pour le Service qu'ils Nous doivent, ne peuvent entendre au fait & charge defdites Tutelles; Voulons & Nous plaît qu'ils en foient & demeurent déchargés; & lefquels de nôtre Grace fpeciale, pleine Puiffance & Autorité Royale avons déchargé & déchargeons par ces Prefentes; en pourvoyant toute fois par nos Juges & Officiers des Lieux, où les élections font ou auront été faites, d'autres Perfonnes capables, Tuteurs, & Curateurs aufdits Mineurs, leurs Parens & Amis convoquez & appellez en la maniere accoûtumée, pourvû qu'ils ne fe foient immifcez efdites Tutelles & Curatelles, & n'ayent icelles acceptées; Si DONNONS EN MANDEMENT à nôtre Prévôt de Paris, ou fon Lieutenant, & à tous nos Baillis, Senéchaux, & autres nos Officiers, & à chacun d'eux, fi comme à lui appartiendra, que nos precedentes Declaration, Vouloir & Intention, ils faffent lire, publier & enregiftrer où befoin fera, garder & obferver & entretenir de point en point felon fa forme & teneur; CAR tel eft nôtre plaifir, nonobftant quelques Lettres, Ordonnances, Reftrictions, Mandements ou Deffenfes à ce contraires. DONNE' à Paris l'onziéme jour d'Octobre, l'an de grace 1556, & de nôtre Regne le dixiéme. Signé fur le reply, Par le Roy,

MICHEL.

VIOLARD Maître des Requêtes ordinaire de l'Hôtel, present. *Signé,* DE LAUBESPINE. *Au premier Livre noir, Fol. 128.*

Voyés cy-devant la Declaration du 29 Mars 1707, à la page 125 de cette Partie, qui donne aux Officiers de la Chambre l'Exemption de Nommination à Tutelle.

Voyés l'Edit du mois d'Octobre 1708, page 250 de la troisiéme Partie.

ARREST
DU CONSEIL D'ESTAT
DU ROY,

QUI casse la Sentence du Juge Prévôt de Nantes & maintient les Officiers la Chambre des Comptes de Bretagne, dans l'Exemption de Nommination à Tutelle.

Donné à Marly le 13 May 1710.

Extrait des Registres du Conseil d'Etat.

SUR la Requête presentée au Roy en son Conseil par le Procureur General de Sa Majesté en la Chambre des Comptes de Bretagne, contenant, que les Officiers de cette Compagnie sont en possession de tous tems de joüir de l'exemption de Tutelle & Curatelle ; mais Sa Majesté ayant voulu, non seulement les maintenir dans ce Privilege, mais encore l'étendre, en consideration des secours qu'ils ont fourny dans tous les tems pour les besoins de l'Etat, Elle les auroit par sa Declaration du 29 Mars 1707, dûëment regiftrée, confirmez dans tous les Privileges dont ils ont joüi ou dû joüir ; & en tant que besoin, leur en auroit accordé de nouveaux, nommément l'exemption de nommer à Tutelle & Curatelle, dérogeant pour cet effet à toutes Coûtumes, Usages & Loix qui pourroient y être contraires ; laquelle Declaration a été confirmée par l'Edit du mois d'Octobre dernier, qui maintient les Officiers de ladite Chambre des Comptes de Nantes dans tous les Privileges, Immunitez & Exemptions portées par la susd. Declaration, & generalement dans tous ceux dont joüissent, ou ont droit de joüir les Secretaires de la grande Chancellerie, exprimez ou non exprimez, lesquels joüissent incontestablement de ladite exemption de Nomination à Tutelle & Curatelle : Neanmoins le sieur Daniel Dardenne, l'un des Auditeurs de cette Chambre, ayant été appellé à une Tutelle devant le Juge Prévôt de Nantes, à la requête du Procureur du Roy de la Prévôté, il luy auroit fait notifier la Declaration du vingt-neuvieme Mars 1707, & demandé en consequence à être renvoyé hors d'assignation, attendu son Privilege, qui le dispense de nommer à Tutelle & Curatelle, specifié en cette Declaration ; sur quoy le Juge Prévôt auroit donné sa Sentence le 27 May dernier, qui décharge ledit Sieur Dardenne de la nommination à la Tutelle, dont est queſtion ; parce que neanmoins il demeurera Caution ſubſidiaire des autres Parens Nomminateurs ; laquelle Sentence eſt directement contraire à la Déclaration de Sa Majeſté, en ce qu'elle prive les Officiers de lad. Chambre de l'effet principal du Privilege qu'Elle leur a bien voulu accorder par cette Declaration, qui conſiſte en ce que n'étant point obligés de donner leurs voix à la Nommination des Tuteurs & Curateurs, ils ne peuvent être ſujets à aucun évenement, ni tenus de répondre de leur ſolvabilité, non plus que de celle des Parens Nomminateurs, ſans quoy leur Privilege ſeroit inutile & même onereux aux Officiers de ladite Chambre des Comptes, parce que ne donnant point leurs ſuffrages pour nommer un Tuteur ou Curateur ſolvable, ni pour faire appeller les Parens les plus capables de répondre de la geſtion des biens des Pupilles, ils s'en trouveroient ſouvent ſeuls reſponſables, & par là leur Privilege tourneroit à leur préjudice, & c'eſt ce qui fait connoître viſiblement l'affectation du Juge Prévôt de Nantes, lequel entreprend de donner des interpretations violentes & forcées aux Edits & Déclarations de Sa Majeſté, pour les rendre illuſoires & priver par ce moyen les Officiers de lad. Chambre des Comptes de cette marque de diſtinction que Sa Majeſté a bien voulu leur donner, comme un témoignage de la ſatisfaction qu'Elle a de leur zele & de leur attachement à ſon ſervice : C'eſt ce qui oblige le Procureur General de ladite Chambre des Comptes de Nantes, d'avoir recours à la bonté & à la juſtice de Sa Majeſté, pour la ſupplier très-humblement de ſe faire repreſenter ſa Déclaration du vingt-neuf Mars 1707, l'Edit du mois d'Octobre 1708, enſemble la Sentence du Juge Prévôt de Nantes du 27 May 1709, le tout cy-attaché ; & en conſequence, caſſer & annuller ladite Sentence : faire défenſes audit Juge Prévôt & à tous autres, de troubler à l'avenir les Officiers de ladite Chambre des Comptes de Bretagne, dans l'exemption de Nommination à Tutelle, qui leur a été accordée par ledit Edit & Déclaration, à peine de trois mille livres d'amende, & décharger ledit Sieur Dardenne de la caution ſubſidiaire, tant du Tuteur que des Parens nomminateurs de la Tutelle dont eſt queſtion. VEU ladite Requête : la Déclaration du 29 Mars 1707 : l'Edit du mois d'Octobre 1708 : la Sentence du Juge Prévôt de Nantes, du 27 May 1709 : les motifs fournis par ledit Juge Prévôt pour fonder ladite Sentence par lui renduë : enſemble l'Avis du Sieur Ferrand, Maître des Requêtes, Commiſſaire départi pour l'execution des Ordres de Sa Majeſté en la Province de Bretagne : Et oüi le Raport du Sieur Desmaretz, Conſeiller ordinaire au Conſeil Royal, Controlleur General des Finances. LE ROY EN SON CONSEIL, ayant égard à ladite Requête, & conformément à l'avis dudit Sieur Ferrand, a caſſé & annullé la Sentence du Juge Prévôt de Nantes, du 27 May 1709 : Ordonne que la Déclaration de Sa Majeſté du 29 Mars 1707, & l'Edit du mois d'Octobre 1708, ſeront executez ſelon leur forme & teneur. Fait Sa Majeſté très-expreſſes défenſes audit Juge Prévôt de Nantes & à tous autres, de troubler à l'avenir les Officiers de la Chambre des Comptes de Bretagne dans l'exemption de Nommination à Tutelle, à peine de trois mille livres d'amende : ce faiſant, a déchargé & décharge ledit Dardenne de la caution ſubſidiaire, tant du

Tuteur que des Parens nomminateurs de la Tutelle dont est question. Fait au Conseil d'Etat du Roy, tenu à Marly le treiziéme jour de May mil sept cens dix. Collationné. Signé, DU JARDIN.

LOUIS par la grace de Dieu Roy de France & de Navarre: Au premier nôtre Huissier ou Sergent sur ce requis. Nous te mandons & commandons, que l'Arrêt, dont l'Extrait est ci-attaché sous le Contrescel de nôtre Chancellerie, ce jourd'huy donné en nôtre Conseil d'Etat, sur la Requête à Nous presentée en icelui par nôtre Procureur General en la Chambre des Comptes de Bretagne, tu signifies au Juge Prévôt de Nantes y dénommé, & à tous autres qu'il appartiendra, à ce qu'aucun n'en ignore; & faire en outre pour l'entiere execution d'icelui, à la requête de nôtredit Procureur General en ladite Chambre des Comptes de Bretagne, tous Commandemens, Sommations, défenses y contenuës sur les peines y portées, & autres Actes & Exploits necessaires, sans autre permission: CAR tel est nôtre plaisir. DONNÉ à Marly le treiziéme jour de May, l'an de grace mil sept cens dix, & de nôtre Regne le soixante septiéme. Par le Roy en son Conseil, DU JARDIN. Et scellé.

LA CHAMBRE, oüi, & le requerant le Procureur General du Roy, a ordonné & ordonne que led. Arrêt & Lettres Patentes seront registrez pour avoir effet suivant la volonté du Roy; & qu'il sera signifié à la requête dudit Procureur General, à Maître Charles Valleton Juge Prevôt de Nantes, à ce qu'il n'en ignore, & qu'il ait à y obeïr & porter etat, sur les peines portées par ledit Arrêt. Fait à la Chambre des Comptes à Nantes, Semestres assemblez, le trentiéme Juin mil sept cens dix. Signé, C. BAZILLAYS.

Enregistré au Mandement coté 46, Fol. 180.

<hr>

§ IX.

EXEMPTION
DU HUITIEME DENIER.

<hr>

DECLARATION,

TOUCHANT le Droit Annuel, & dispense aux Officiers de la Chambre des Comptes, de payer le Prêt du Huitiéme Denier.

Du 28 Janvier 1640.

LOUIS par la Grace de Dieu, Roy de France & de Navarre: A tous ceux qui ces presentes Lettres verront, SALUT. La plus grande partie de nos Officiers ayant negligé de satisfaire aux conditions portées par nos

Declarations des 28 Octobre 1636 & 3 Mars 1637, par lesquelles Nous leur avons accordé la dispense des quarante jours pour six années, aprés l'expiration des neuf portées par nôtre Declaration du mois de Janvier 1630, Nous avons par autres nos Lettres de Declaration du 6 Octobre 1638, au-lieu des six années, continué ladite dispense des quarante jours à tous nos Officiers dont les Charges tombent en nos parties casuelles, pour neuf autres années consecutives, à commencer du premier Janvier 1639, en payant en nos parties casuelles par forme de Prêt & Avance, par ceux de nos Cours Souveraines qui voudront joüir de cette grace, le Huitiéme Denier de la somme à laquelle leurs Offices seroient nouvellement évaluez, & le Droit Annuel sur le même pied, dans les termes portez par nôtredite Declaration, laquelle évaluation seroit faite d'un quart ensus de celle faite en l'année 1605, & autres   depuis ladite année : & voulant pour bonnes considerations traiter favorablement nos Officiers de nôtre Chambre des Comptes de Bretagne, & leur donner lieu d'entrer audit Droit Annuel, & conserver à leurs Familles leurs Charges & Offices, afin de les obliger de continuer de plus en plus leur affection à nôtre service, Nous avons resolu de les dispenser du payement dudit Prêt & Avance portez par nôtredite Declaration : A CES CAUSES, aprés avoir mis cette affaire en déliberation en nôtre Conseil, où étoient nôtre trés-cher Frere unique le Duc d'Orleans, aucuns Princes, Officiers de nôtre Couronne, & autres Grands & Notables Personnages ; de l'avis d'iceluy, & de nôtre certaine science, pleine puissance & autorité Royale, Nous avons par ces Presentes, signées de nôtre main, dit, declaré & ordonné ; disons, declarons & ordonnons, voulons & Nous plaît, que les Officiers de nôtredite Chambre des Comptes de Bretagne, soient reçûs au payement dudit Droit Annuel, sur le pied de l'évaluation de leurs Offices, & du quart ensus porté par nôtredite Declaration du 6 Octobre 1638, & ce, pour le temps de neuf années consecutives, commencées au premier Janvier 1639, sans pour ce payer le Prêt & Avance, du Huitiéme Denier de ladite évaluation aussi portée par ladite Declaration, dont Nous les avons dispensez & dechargez, dispensons & déchargeons par cesdites Presentes, en payant seulement ledit Droit Annuel de ladite année derniere & la presente, sur le même pied & en un seul payement : & attendu que le tempsdans lequel nos Officiers doivent payer ledit Droit Annuel est expiré, pour la presente année, Nous voulons que par le Tréforier de nos parties casuelles en exercice en la presente année, ceux de nôtredite Chambre des Comptes de Bretagne soient admis au payement dudit Droit Annuel ausdites conditions, depuis le quinziéme jour de Mars jusqu'au dernier Avril prochain, lequel temps passé ils n'y seront plus reçûs ; & pour les années suivantes, dans le même temps que le Bureau sera ouvert pour nos autres Officiers : & si aucuns des Officiers de nôtred. Chambre des Comptes, ont payé & avancé ledit Huitiéme Denier de Prêt, porté par nôtredite Declaration du 6 Octobre 1638, pour entrer audit Droit Annuel, ou partie d'iceluy, Nous voulons que ce qu'ils auront pour ce payé leur soit rendu par les Tréforiers de nos parties casuelles qui en auront fait la Recette, lesquels retiendront seulement ledit Droit

Annuel,

Annuel, & les Quittances qu'ils en auront délivrées fur ledit Prêt leur feront renduës; & à cette fin déchargez du Contrôle General de nos Finances, & quoy faifant, ils demeureront déchargez d'en faire Recette en leurs Comptes. Si Donnons en Mandement à nôtre trés-cher amé & feal le Sieur Seguier   Chancelier de France, que ces Prefentes il faffe lire & publier, le Sceau tenant, & icelles regiftrer és Regiftres de l'Audience de France, & le contenu en icelles, garder, obferver & entretenir, fans permettre qu'il y foit contrevenu en aucune maniere: Car tel eft nôtre plaifir, en témoin de quoy Nous avons fait mettre nôtre Scel à cefdites Prefentes. Donne' à Saint Germain en Laye, le vingtiéme jour de Janvier, l'an de Grace mil fix cens quarante, & de nôtre Regne le trentiéme. *Signé*, LOUIS, *& plus bas*, Par le Roy, Bouthillier. Et fcellées du grand Scel en cire jaune fur double queuë.

EXTRAIT DES REGISTRES
DU CONSEIL D'ETAT.

L E Roy voulant gratifier & favorablement traiter les Officiers de fa Chambre des Comptes de Bretagne, & les faire joüir de la Grace à eux accordée par fa Declaration du 28 Janvier dernier ; par laquelle Elle a ordonné qu'ils feroient reçûs au payement du Droit annuel de leurs Offices, fans payer aucun prêt : Sa Majefté & fon Confeil a prorogé & proroge aufdits Officiers, les delays à eux accordez par les Arrêts dud. Confeil des 8 Février, & 25ᵉ May dernier jufqu'au dernier Juillet prochain, pendant lequel tems ils feront reçûs au payement dudit droit Annuel de leurs Offices, tant pour l'année derniere, que pour la prefente, fans aucun prêt, conformément à ladite Declaration du 28 Janvier dernier; & à cet effet le Bureau de ladite Recette dudit droit Annuel fera ouvert en la Ville de Nantes, à commencer du premier dudit mois de Juillet jufqu'au dernier d'iceluy inclufivement. Fait au Confeil d'Etat du Roy, tenu à Paris le vingt-feptiéme jour de Juin mil fix cens quarante. *Signé*, Boiseaux.

L A Chambre faifant droit fur la remontrance & conclufions du Procureur General du Roy, a ordonné & ordonne que la Declaration de S. M. du 28 Janvier 1640, concernant le droit Annuel, & difpenfe de payer le prêt & avance du Huitiéme Denier, fera regiftrée; enfemble l'Arrêt donné au Confeil d'Etat de Sadite Majefté le 27ᵉ Juin audit an, pour joüir les Officiers de ladite Chambre de l'effet de ladite Declaration, fuivant le Rôle qui en fera dreffé. Fait en la Chambre des Comptes à Nantes, Seances affemblées, le vingt-cinquiéme jour de Juillet mil fix cens quarante.

Au Mandement coté 28, Fol. 158.

§ X.

EXEMPTION
DES DROITS D'ENTRÉE
EN FAVEUR DES OFFICIERS DE LA CHAMBRE,

POUR les Denrées de leur Crû, & pour leurs Provisions seulement.

OBSERVATION.

VOYEZ les Lettres en forme d'Edit du Roy François premier, du mois d'Avril 1519, Article VII, accordées aux Officiers de la Chambre des Comptes de Paris, à fol. 64 de cette Partie; & les Lettres de 1610 & 1626 pages 53 & 55 de la même Partie, qui rendent communs aux Officiers de la Chambre des Comptes de Bretagne, les Privileges de la Chambre des Comptes de Paris.

Voyez aussi la Declaration du 29 Mars 1707 Section II de cette Partie, Chap. 2, §§ , 3, page 125.

§ XI.

FRANC-SALÉ

EDIT,

PORTANT Rétablissement du Franc-Salé, aux Parlements & autres Cours Superieures.

Du Mois d'Avril 1719.

LOUIS par la Grace de Dieu, Roy de France & de Navarre : A tous presens & à venir, SALUT. Depuis nôtre Avenement à la Couronne; le soulagement de nos Sujets a toûjours fait nôtre principale attention, & Nous avons cherché avec soin les differents moyens pour y parvenir, en les déchargeant d'une partie des Impôts que les continuelles Guerres que le feu

Roy nôtre très-honoré Seigneur & Bifayeul avoit été obligé de foûtenir, l'avoit obligé de leur impofer ; Nous n'en n'avons point trouvé de plus prompt & de plus general pour tous nos peuples, que la Suppreffion du Dixiéme, que Nous ordonnâmes par l'Article premier de nôtre Edit du mois d'Août 1717 ; cette Suppreffion qui faifoit une diminution confiderable fur nos Revenus Nous engagea auffi à faire des retranchemens fur nos propres Dépenfes, pour nous mettre en état de fubvenir aux autres Charges de nôtre Etat ; mais comme ces retranchemens joints aux reductions des Penfions que Nous ordonnâmes par le même Edit, ne fuffifoient pas pour égaler nôtre dépenfe au produit annuel de nos Revenus, Nous nous portâmes à ordonner la Revocation & la Suppreffion du Franc-Salé que Nous avions accordé aux Corps, Communautez & Particuliers, foit à titre de Finance, Dons, Gratifications & Aumônes, foit autrement; ainfi qu'il eft porté par l'Article IV. dudit Edit du mois d'Août 1717 ; en forte que les Parlements & les Compagnies Superieures de nôtre Royaume, fe trouverent comprifes dans cette Suppreffion generale que Nous avons toûjours eu intention de revoquer auffi-tôt que l'état de nos affaires le pourroit permettre ; à l'effet de quoy Nous étant fait reprefenter l'état des Francs-Salés, dont elles joüiffoient avant nôtred. Edit, Nous nous fommes déterminez à en ordonner le Rétabliffement en faveur de nos Parlements & des autres Compagnies Superieures feulement, en attendant que Nous foyons en état d'accorder un pareil Retabliffement aux autres Officiers qui en joüiffoient avant nôtred. Edit, & ayant été informé qu'il eft dû aux Officiers plufieurs années d'arrerages de leurs Gages & augmentations de Gages, que la fituation de nos Finances ne nous a pas permis d'acquitter encore, non feulement Nous en avons fait payer une partie depuis le commencement de la prefente année, mais auffi Nous avons pourvû à l'arrangement des Fonds neceffaires pour parvenir fucceffivement, & dans un tems limité, au payement du furplus : A CES CAUSES, de l'avis de nôtre très-cher & très-amé Oncle le Duc d'Orleans, petit Fils de France, Regent ; de nôtre très-cher & très-amé Oncle le Duc de Chartres, premier Prince du Sang ; de nôtre très-cher & très-amé Coufin le Duc de Bourbon ; de nôtre très-cher & très-amé Coufin le Prince de Conty, Prince de nôtre Sang ; de nôtre très-cher & très-amé Oncle le Comte de Touloufe, Prince legitimé, Pairs de France & autres grands & notables Perfonnages de nôtre Royaume, Nous avons par le prefent Edit, retabli & retabliffons, à commencer du premier Octobre prochain, nos Parlements & les autres Compagnies Superieures de nôtre Royaume dans la joüiffance des Francs-Salés qui leur étoient accordez avant la Suppreffion portée par nôtre Edit du mois d'Août 1717, auquel Nous avons dérogé à cet effet & pour ce regard feulement ; en confequence voulons que l'Employ foit annuellement fait defdits Francs-Salés dans nos Etats, à commencer par celuy qui fera arrêté pour l'année prochaine 1720, ainfi qu'il s'eft pratiqué avant nôtredit Edit du mois d'Août 1717. SI DONNONS EN MANDEMENT à nos amez & feaux les Gens tenans nôtre Chambre des Comptes à Nantes que nôtre prefent Edit ils ayent à faire lire, publier & regiftrer, & le contenu en iceluy garder & executer felon fa forme & teneur;

CAR tel est nôtre plaisir : & afin que ce soit chose ferme & stable à toûjours Nous y avons fait mettre nôtre Scel. DONNE' à Paris au mois d'Avril l'an de grace mil sept cens dix-neuf, & de nôtre Regne le quatriéme. *Signé*, LOUIS, *Et plus bas*, Par le Roy, le Duc d'Orleans Regent, present, *Visa*, DE VOYER, D'ARGENSON, PHELYPEAUX, & scellé du grand Sceau de Cire verte.

LA Chambre, oüy & le requerant le Procureur General du Roy, a ordonné & ordonne, que ledit Edit sera regiftré au Greffe d'icelle pour avoir effet, suivant la volonté du Roy. FAIT en la Chambre des Comptes à Nantes, Semestres assemblés, le treziéme Juillet mil sept cens dix-neuf.

Au Mandement coté 49, *Fol.* 206, *V°.*

Voyés les Lettres du Roy François premier, du 24 Avril 1520, Sect. II. de cette Partie, page 62.

Le Titre XIII. de l'Ordonnance des Gabeles, du mois de May 1680, portant attribution du Franc-Salé aux Secretaires du Roy, dont les Privileges font communs aux Officiers de la Chambre des Comptes de Bretagne.

La Declaration du 29 Mars 1707, page 125 de cette Partie.

L'Edit du mois d'Octobre 1708, page 150 de la troisiéme Partie.

§ XII.

DROITS DE ROBES ET MANTEAUX.

Du dernier Août 1539.

FRANÇOIS par la grace de Dieu, Roy de France, Pere & legitime Administrateur & Usufructuaire des biens de nôtre très-cher & trésamé Fils le Dauphin, Duc & Seigneur Propriétaire des Pays & Duché de Bretagne; à nôtre amé & féal Conseiller & General de nos Finances, tant ordinaires qu'extraordinaires en nosd. Pays & Duché de Bretagne & Trésorier de nôtre Epargne, present & à venir, SALUT. Nos mez & féaux les Gens de nos Comptes audit Pays, nous ont fait dire & remontrer, que cy-devant & auparavant la mutation & changement dernierement fait de l'ordre de nos Finances, ils souloient avoir & prendre par chacun an pour leur Droit de Robe, la somme de sept cens cinquante livres monnoye, à départir entr'eux, de laquelle depuis iceluy changement, ils n'ont pû aucunement être payez, & à cette cause, ils nous ont très humblement fait supplier & requerir, que nôtre plaisir soit leur faire continuer ledit Don & Bienfait, & sur ce expedier nos Lettres de Provision à ce convenables, pour ce est-il que nous

ce

ce que dit est consideré, voulons bien & favorablement traiter les Gens de nos Comptes, en consideration du bon & loyal devoir qu'ils font chacun jour de mieux en mieux, à l'exercice de leursdits états, afin qu'ils ayent meilleure & plus grande occasion d'y continuer & perseverer à iceux: POUR CES CAUSES, & autres bonnes considerations à ce Nous mouvans, avons octroyé & ordonné, octroyons & ordonnons par ces Presentes ladite somme de 750. livres monnoye à départir entr'eux, pour leur droit de Robbes à icelle avoir & prendre doresnavant par chacun an, à commencer au jour & date de cesdites Presentes, sur les Deniers de nosdites Finances desdits Pays & Duché de Bretagne, par les simples Quittances de leur Receveur & Payeur, & sans ce que leur soit besoin en avoir, ne recouvrer de Nous chacun an autre acquit ne Mandement que cesdites Presentes, par lesquelles Voulons & vous Mandons, qu'en faisant iceux Gens des Comptes joüir & user de nos presens Don & Octroy, vous par le Tresorier de nosdits Pays & Duché ou Commis à ladite Tresorerie, & des Deniers qu'il recevra, provenans d'icelle Tresorerie, faites payer, bailler & délivrer doresnavant par chacun an lad. somme de 750 livres monnoye pour leurdit droit de Robbes, à commencer & tout ainsi que dessus est dit ; & rapportant cesdites Presentes, signées de nôtre main, au *Vidimus* d'icelles, fait sous Scel Royal ou Ducal pour une fois seulement, & Quittance chacun an dudit Receveur & Payeur desd. Gens des Comptes, Nous voulons ladite somme de 750 livres monnoye, être passée & alloüée és Ccomptes, & rabatuë de la Recette dudit Tresorier & Commis susdit, & par nos amez & feaux les Gens de nos Comptes, ausquels Nous mandons ainsi le faire sans difficulté ; & à vous General de nosdites Finances, coucher & employer chacun an icelle partie en l'Etat de nos Finances dudit Pays : CAR tel est nôtre plaisir nonobstant l'Ordonnance par Nous faite sur l'érection de nos Coffres du Louvre, à laquelle, pour cette fois seulement & sans préjudice d'icelle en autres choses, Nous avons dérogé & dérogeons par cesdites Presentes & à quelconques autres Ordonnances, Restrictions, Mandemens ou Deffenses à ce contraires. DONNE' à Paris l'onziéme jour d'Octobre, l'an de grace mil cinq cens trentehuit, & de nôtre Regne le vingt quatre. *Signé*, FRANÇOIS, *Et plus bas*, Par le Roy, le Seigneur de MONTMORANCY, Connêtable de France & autres presents, ROCHETEL. *T. B. 2. Liasse coté 28.*

GUILLAUME PRUDHOMME, CONSEILLER DU ROY, General de ses Finances, & Tresorier de son Epargne : vûës par Nous les Lettres Patentes dudit Seigneur, données à Paris le onziéme jour de ce present mois, ausquelles ces Presentes sont attachées sous nôtre signet, par lesquelles & pour les causes y contenuës, le Roy nôtredit Seigneur a octroyé & ordonné aux Gens de ses Comptes du Pays & Duché de Bretagne, la somme de 750 livres monnoye, à départir entre eux pour leur droit de Robbes, à icelle avoir & prendre dorénavant par chacun an, à commencer au jour & date desdites Lettres Patentes, sur les deniers des Finances dudit Pays & Duché de Bretagne, par les simples Quittances de leur Receveur & Payeur, & sans qu'il leur soit besoin en avoir ne recouvrer

d'iceluy Seigneur chaicun an autre Acquit ne Mandement que lesdites Lettres. Consentons en tant que à Nous, l'enterinement & accomplissement d'icelles Lettres Patentes, & que par le Tréforier & Receveur General desdites Finances audit Pays de Bretagne, ou Commis à l'exercice de ladite Tréforie & Recette Generale, presens & à venir, soit payé, baillé & délivré dorénavant par chacun an ladite somme de sept cens cinquante livres monnoye, pour ledit Droit de Robbes desdits Gens des Comptes, à commencer & tout ainsi que dessus est dit, & que le Roy nôtredit Seigneur le veut & mande par sesdites Lettres. Donné sous nôtredit signet le quatorziéme jour de Decembre, l'an mil cinq cens trente-huit. *Signé*, PRUDHOMME.
T. B. 2 *Liasse*, coté 29.

ANTHOINE BULLION, CONSEILLER DU ROY nôtre Sire, & General de ses Finances, tant ordinaires qu'extraordinaires és Pays & Duché de Bretagne : au Tréforier & Receveur General desdites Finances, ou Commis à l'exercice d'icelle Recette Generale, present & à venir, SALUT. En ensuivant & accomplissant le bon plaisir & vouloir dudit Seigneur & contenu en ses Lettres Patentes, signées de sa main, données à Paris l'onziéme jour de Decembre dernier passé, ausquelles les Presentes sont attachées sous nôtre signet, payez, baillez & délivrez comptant dorénavant par chaicun an des deniers de ladite Recette Generale, aux Gens des Comptes dudit Pays & Duché de Bretagne, par les simples Quitances de leur Receveur ou Payeur, la somme de sept cens cinquante livres monnoyes, laquelle somme ledit Seigneur leur a donné à départir entr'eux, pour leur droit de Robbes qu'ils souloient avoir & prendre par chaicun an, par cy-devant auparavant la mutation & changement dernierement fait de l'ordre des Finances, ainsi que plus au long est déclaré esdites Lettres Patentes, desquelles consentons l'enterinement & accomplissement. Donné sous nôtredit signet le dernier jour d'Août l'an mil cinq cens trente-neuf. *Signé*, BULLION. *A de T. B.* 2 *Liasse cote* 30.

LETTRES DU ROY HENRY II.

QUI Ordonnent qu'il sera fait Fonds de douze cens livres par chacun an aux Gens des Comptes, pour Droit de Robbes d'Hyver.

Du 13 Juillet 1551.

HENRY par la grace de Dieu, Roy de France : A tous ceux qui ces Presentes Lettres verront, SALUT. Sçavoir faisons, que Nous étant dûëment avertis des bons & recommandables services que de jour à autres nous font, & esperons que nous feront cy-aprés les Gens de nos Comptes en Bretagne : & ayant égard à la modicité de leurs Gages, Labeurs, Vacations, & désirans les traiter bien & favorablement en leursdits Etats & Offices, à ce que en iceux ils se puissent honorablement conduire & entretenir,

& qu'ils soient plus enclins & curieux à nôtre service, & pour autres bonnes considerations à ce nous mouvans, avons de nôtre grace speciale, pleine puissance & autorité Royale, donné & octroyé, donnons & octroyons à nosdits Gens des Comptes dorénavant par chacun an, la somme de douze cens livres monnoye dudit Pays, pour être ladite somme départie & distribuée par entr'eux, comme droit de Robbes d'Hyver, ainsi qu'ont accoûtumé avoir nos amez & feaux les Gens de nos Comptes à Paris, à icelle somme avoir & prendre sur les deniers des taux & amendes, tant de nos Cours de Parlemens, Conseil & Chancellerie, Rachats, Sous-rachats, Ventes, Lods, qu'autres deniers casuels & extraordinaires dudit Pays de Bretagne. Si donnons en Mandement par ces Presentes, à nos amez & feaux Conseillers les General de nos Finances dudit Pays, & Tresorier de nôtre Epargne, presens & avenir, & à chacun d'eux si comme à luy appartiendra, que dorénavant par chacun an, ils fassent par nôtre Tresorier & Receveur General de nos Finances, tant ordinaires qu'extraordinaires dudit Pays, payer & délivrer au Receveur & Payeur des Gages & Droits desdits Gens de nos Comptes, & par ses simples quittances seulement, ladite somme de douze cens livres monnoye dudit Pays, pour icelle somme être distribuée par ledit Receveur & Payeur ausdits Gens de nos Comptes, selon le département qu'ils en feront par entr'eux; laquelle somme nous voulons être par Vous General de nosdites Finances, couchée & employée chacun an en l'état dudit Tresorier & Receveur General; & en rapportant ces Presentes signées de nôtre main, avec quittance dudit Receveur & Payeur desdits Gens de nos Comptes audit Bretagne, Nous voulons ladite somme de douze cens livres monnoye, être par iceux Gens des Comptes, passée & alloüée és Comptes desdits Tresorier & Receveur General, & dudit Receveur & Payeur des Gages & Droits desdits Gens des Comptes respectivement, sans que pour cet effet, soit besoin à l'un ne à l'autre, avoir ne recevoir cy-après de Nous, autre Mandement ou acquit, que cesdites Presentes: C a r tel est nôtre plaisir, nonobstant quelconques Ordonnances, Restrictions, Mandement ou Deffenses à ce contraires; que ne voulons en ce que dessus, nuire ne préjudicier à nosdits Gens des Comptes, dont Nous les avons relevé & relevons: & à icelles Ordonnances & à la Dérogatoire de la Dérogatoire, & sans préjudice d'icelle en autres choses, dérogé & derogeons: en témoignage de ce, Nous avons fait mettre nôtre Seel à cesd. Presentes. Donné à Nantes le treziéme jour de Juillet, l'an de grace mil cinq cens cinquante-un, & de nôtre Regne le cinquiéme. *Signé*, HENRY, & sur le reply, par le Roy, le Sieur de Montmorancy Connétable de France, present. Clausse & Seellé. Et sur le reply est écrit le Mandement & Lettres du Roy contenus cy-dessus, ont été lûës, publiées & reçûës en lad. Chambre des Comptes dudit Pays, & ordonné être enregistrées, avec commandement d'y obéir: le Procureur en ladite Chambre sur ce oüy. FAIT à Nantes le neuviéme jour d'Octobre, l'an mil cinq cens cinquante-un. *T. B. Liasse 1. Cote 25. Et au Mandement Cote 3. Fol. 149.*

GUY Arbalestre, Vicomte de Melun, Seigneur de la Borde & Teron, Conseiller du Roy nôtre Sire, & General de ses Finances, tant ordinaires qu'extraordinaires, és Pays & Duché de Bretagne : vûës par Nous les Lettres Patentes dudit Sieur, données à Nantes le treiziéme jour de Juillet dernier passé, ausquelles cesdites Presentes sont attachées sous nôtre signet; par lesquelles ledit Sieur étant dûment averti des bons & recommendables services que de jours à autres font, & espere que luy feront cy aprés les Gens des Comptes en Bretagne; & ayant égard à la modicité de leur Gages, Labeurs, Vacations & chatté de vivres, & desirans les traiter bien & favorablement en leursdits Etats & Offices, à ce qu'ils se puissent honorablement conduire & entretenir, & qu'ils soient plus enclins au service dud. Sieur, & pour autres bonnes considerations à ce le mouvans, a donné & octroyé ausdits Gens des Comptes dorénavant par chacun an, la somme de douze cens livres monnoye dudit Pays, pour icelle avoir & prendre sur les deniers dés Taux & Amendes, tant de la Cour de Parlement, Conseil & Chancellerie, Rachats, Sous-Rachats, Ventes, Lods & autres deniers casuels & extraordinaires dudit Pays de Bretagne, pour être ladite somme départie & distribuée par entr'eux, pour droit de Robbes d'Hyver, ainsi qu'ont accoûtumé avoir les Gens des Comptes à Paris, comme plus à plein lesdites Patentes le contiennent, desquelles en tant qu'à nous est, consentons l'enterinement & accomplissement selon leur forme & teneur, en mandant au Tresorier & Receveur General des Finances dudit Pays, qu'il paye & délivre au Receveur & Payeur des Gages & Droits desdits Gens des Comptes, & par ses simples quittances seulement, ladite somme de douze cens livres monnoye du Pays, pour icelle être distribuée par ledit Receveur & Payeur ausdits Gens des Comptes, selon le département qu'ils en feront par entr'eux. Donné à Nantes le septiéme jour d'Octobre, l'an mil cinq cens cinquante-un. *Signé*, ARBALESTRE. *T. B. 1. Liasse, Coté* 36.

ANDRE' BLONDET, Conseiller du Roy & Tresorier de son Epargne : Vûës par Nous les Lettres Patentes dudit Seigneur, données à Nantes le treiziéme jour de Juillet dernier passé, ausquelles ces Presentes sont attachées sous nôtre signet, par lesquelles & pour les causes y contenûës, icelui Seigneur a donné & octroyé à Messieurs les Gens des Comptes en Bretagne dorénavant par chacun an, la somme de douze cens livres monnoye dudit Pays, pour être ladite somme despartie & distribuée par entr'eux, comme Droit de Robbes d'Hyver, ainsi qu'ont accoûtumé avoir Messieurs les Gens des Comptes à Paris, à icelle somme avoir & prendre sur les deniers des Taux & Amendes, tant des Cours de Parlement, Conseil & Chancellerie, Rachats, Sous-Rachats, Ventes, Lods, qu'autres deniers casuels & extraordinaires dudit Pays de Bretagne, comme plus à plein le contiennent lesdites Lettres Patentes; desquelles en tant qu'à Nous est, consentons l'enterinement & accomplissement selon leur forme & teneur, le tout selon & ainsi que le Roy nôtre Seigneur le veut & mande par icelles. Donné sous nôtredit signet le vingt-troisiéme jour de Decembre, l'an mil cinq cens cinquante-un. *Signé*, BLONDET. *T. B. 1. Liasse, Coté* 37.

§ XIII.

LETTRES PATENTES
DU ROY HENRY III.

CONCERNANT les Droits de Robbes & Manteaux, pour les Officiers de la Chambre de nouvelle Création.

Du 21 Octobre 1575.

HENRY par la grace de Dieu, Roy de France & de Pologne : A nos amez & feaux Conseillers les Gens de nos Comptes, Tresoriers de France & Generaux de nos Finances en Bretagne, SALUT. Nos amez & feaux Conseillers, Presidens, Maîtres & Auditeurs nouvellement créez & érigez en nôtre Chambre desdits Comptes, Nous ont en nôtre Conseil Privé, fait remontrer que le feu Roy nôtre tres-cher Seigneur & Frere, par son Edit du mois d'Avril 1572, les auroit créez en pareil nombre que les anciens qui y étoient d'ancienneté, & avec de semblables Privileges, Franchises, & Libertez que les anciens Presidens, Maîtres & Auditeurs ; & encore que lesd. anciens ayent & prennent chacun an de tous temps Robbes & Manteaux, d'Hyver & d'Esté, outre leurs Gages accoûtumez, & que lesdits nouveaux en ayent été payez par le passé jusqu'à cette presente année, le Tresorier & Receveur General desdites Finances audit Pays, étant de present en exercice differe leur payer, Nous suppliant leur vouloir sur ce pourvoir : A CES CAUSES, de l'avis de nôtre Conseil, qui a vû ledit Edit de Création & plusieurs Extraits cy-attachés, par lesquels il appert que lesdits anciens Officiers de la Chambre joüissent desdites Robbes & Manteaux d'Hyver & d'Esté, outre leurs anciens gages, ne voulant lesdits Officiers de la nouvelle Création être de moindre condition que lesd. anciens : voulons, vous mandons, & très-expressément enjoignons, que par ledit Tresorier & Receveur General & autres Comptables qu'il appartiendra, vous faites payer, bailler & délivrer ausd. Presidens, Maîtres & Auditeurs d'icelle Chambre de ladite nouvelle Création, lesdites Robbes d'Esté & Manteaux d'Hyver, ainsi & en la même sorte que à ceux de l'ancienne Création, & ce outre & par dessus les Gages à chacun d'iceux ordonnez par ledit Edit de Création, & rapportant par lesdits Tresoriers & Receveurs Generaux & autres Comptables, Copie des Presentes, dûement collationnées, avec Quittance sur ce suffisante : vous Gens de nosdits Comptes, passez, alloüez & rabattez en leurs Comptes, tout ce qui aura par eux été payé & acquitté, sans y faire aucune difficulté, ne attendre de Nous autre Inssion ne Commandement ; & afin que lesdits Presidens, Maîtres & Auditeurs puissent joüir & prendre lesdits Droits de Robbes & Manteaux, vousdits Tresoriers & Receveurs Generaux de nosdites Finances, les coucherez & employerez és Etats que dresserez chacun an, avec

Fff

& comme les Charges ordinaires, & les Gages & Droits des anciens Officiers de ladite Chambre : C A R tel est nôtre plaisir, nonobstant quelconques Ordonnances & Lettres à ce contraires, ausquelles Nous avons derogé & derogeons par cesdites Presentes. D O N N E' à Paris le vingt-uniéme jour d'Octobre, l'an de Grace mil cinq cens soixante-quinze , & de nôtre Regne le deuxiéme. *Ainsi signé* : Par le Roy en son Conseil, F I Z E S. Et scellées sur simple queuë de cire jaune.

L ES GENS DES COMPTES DU ROY NOSTRE SIRE en Bretagne. V E U par Nous les Lettres dudit Seigneur données à Paris le 21.ᵉ jour d'Octobre l'an 1575, signées par le Roy en son Conseil, Fizes, & scellées de cire jaune sur simple queuë, par lesquelles Sa Majesté veut , mande & ordonne , les Droits de Robbes & Manteaux d'Esté & d'Hyver, être Payez aux Officiers de la Chambre nouvellement créés & érigez, outre & par dessus leurs Gages, selon que plus au long lesdites Lettres le contiennent ; Oüy sur ce & le consentant le Procureur General du Roy, avons verifié & verifions lesdites Lettres selon leur forme & teneur, pour être lesdits Droits payez au desir des Extraits y attachez. F A I T en la Chambre des Comptes à Nantes le deuxiéme jour de May, mil cinq cens soixante-seize. *Au Mandement coté 10, folio 265.*

Voyez l'Edit du mois d'Avril 1588 au même sujet , cy-devant à la page 232 de la troisiéme Partie.
Voyez l'Arrêt de la Chambre du 7 Janvier 1611 : Et l'Etat de Distribution du 12 Janvier 1647.

§ XIII.

JETTONS

DUS AUX OFFICIERS DE LA CHAMBRE,

A L'AVENEMENT DU DUC AU DUCHE' DE BRETAGNE.

Du 22 Juin 1540.

H ENRY, Fils aîné du Roy, Dauphin de Viennois, Duc de Bretagne, Comte de Vallentinois & de Diois : A nôtre amé & feal Conseiller & Receveur General de ses Finances en nos Pays & Duché de Bretagne, Maître Florimond le Charron, S A L U T & D I L E C T I O N. Nous voulons &

vous mandons, que des Deniers des plus valans de ladite Recette Generale de cette presente année, vous paiyez, bailliez & délivriez comptant à nos amez & feaux les Gens de nos Comptes en nosdits Pays & Duché, la somme de quatre cens soixante livres tournois, pour convertir & employer au payement d'un cent de Jettons d'argent à chacun d'iceux, en impression de nos Armes, pour servir en nôtredite Chambre, c'est à sçavoir, à deux Présidens, cinq Maîtres des Comptes & neuf Secretaires, Procureur & Garde, dont leur en avons fait & faisons don par cesdites Presentes, de nos grace & liberalité, à nôtre nouvel avenement audit Duché, ainsi que nos Predecesseurs ont cy-devant fait; & en rapportant cesdites Presentes signées de nôtre main, avec Quittance de nosdits Gens des Comptes, Nous voulons ladite somme de quatre cens soixante livres tournois, être par eux passée & alloüée, & rabattuë de vôtre Recette; ce que leur mandons ainsi faire sans difficulté: Car tel est nôtre plaisir, nonobstant quelconques Ordonnances, Restrictions, Mandemens ou Défenses à ce contraires. Donné à Fontainebleau le vingt-deuxiéme jour de Juin, l'an mil cinq cens quarante. *Signé*, HENRY: Par Monseigneur le Dauphin & Duc. Closse & scellé de cire rouge. Donné & fait par Copie collationnée à l'Original, le derren jour de Juin, l'an mil cinq cens quarante.

Au Mandement cotté 4, *follio* 201, *V°.*

$ XIV.

DES BRIEFS,

OU CONGEZ POUR LA MER,

Appellez Brieux.

OBSERVATION.

NOUS rapporterons icy ce que M. B. d'Argentré en dit au premier Livre de son Histoire de Bretagne chap. 28, fol. 82. Le Droit de Bris & de Briefs, dit-il, est fort ancien en Bretagne; il est même dès l'établissement des premiers Princes Bretons en l'Armorique, lesquels connoissant que l'abord aux Côtes de Bretagne étoit difficile & dangereux, à cause des Rochers que la Mer couvre aux grandes marées, firent défenses à leurs Sujets de sortir en Mer avec leurs Vaisseaux, sans prendre des Pilotes, qu'ils entretenoient à leurs dépens, & fournissoient une partie des Victuailles & de l'Armement des Vaisseaux; pour laquelle dépense ils avoient certain Droit sur les effets & retours du Vaisseau. Il est arrivé depuis que le Convoy a cessé, & que les

Droits sont demeurez : & il fut de plus établi un Dixiéme au profit du Duc sur les Vaisseaux pris sur l'Ennemi, quoiqu'il ne fournit plus rien pour l'Armement. Ce Droit de Convoy ayant été examiné de nôtre temps sur les Pancartes & Titres étant à la Chambre des Comptes, il fut rétabli par le Roy, qui créa des Officiers pour en percevoir les Droits. Les Etats en firent leurs Remontrances à Sa Majesté : ils representerent que ce Droit augmentoit considerablement le prix des Marchandises, & génoit beaucoup le Commerce, parce que le Marchand perdoit souvent l'occasion des vents & de la marée, par la vexation des Fermiers de ces Droits ; ce qui porta les Etats à donner au Roy une somme considerable pour en obtenir la suppression & abolition. Ces Briefs, ajoûte-t-il, sont petits Billets scellez pour bailler à ceux qui navigent : ce sont des Congez que donnoient autrefois les Maîtres d'Hôtel du Duc & les Gens des Comptes, & qu'on prend encore aujourd'huy en la Chambre des Comptes. Il y en a de trois sortes, Briefs de Conduite, Briefs de Sauveté, & Briefs de Vituailles. Il y en a qui ne se donnent que pour un an, qu'ils appellent Briefs d'année, lesquels se donnent aux Vaisseaux de neuf tonneaux & au dessous, & à toutes les Barques qui ne font pas longs voyages & qui vont le long des Côtes, comme Pêcheurs & autres petits Vaisseaux. Les Briefs de Conduite se donnent aux Vaisseaux de plus grand port. Les Briefs de sauveté se prennent pour être exemts des Droits de Bris, au cas qu'ils se perdent & échoüent sur les Côtes de Bretagne.

Voila ce que dit nôtre Historien sur le sujet des Brieux : aujourd'huy ces trois especes de Briefs sont confondus en un seul qui les comprend tous. Ceux qui sont chargez de recevoir dans les Ports de Bretagne les Droits de Monsieur l'Amiral, comme Gouverneur de Bretagne, les donnent aux Capitaines de Navires Marchands & Maîtres de Barques, qui payent pour cela certains Droits, plus ou moins, suivant les lieux où ces Bâtimens sont destinez, & il y en a un Tarif arrêté au Conseil. Nonobstant cela la Chambre n'a pas laissé de continuer, selon l'ancien Usage, de délivrer des Briefs de Mer, ou Congez, pour les Vaisseaux qui partent des Ports de Bretagne ; & ce n'est que depuis quelques années que les Fermiers des Ports & Havres, dont la Ferme est presentement unie à celle des cinq grosses Fermes, ont cessé de prendre des Brieux à la Chambre. Elle en a souvent fait ses plaintes aux Fermiers Generaux, comme on le verra cy-aprés ; lesquels ont toûjous continué de payer au Receveur des Epices de la Chambre, la somme de quatre cent livres par chacun an pour les Brieux, qui est comme une espece de reconnoissance du Droit qu'elle a eu de toute ancienneté de les signer, & n'ont plus payé par la suite, que deux cens livres.

Il n'est pas possible de produire icy les Titres primordiaux d'un Droit si ancien, & qui a été attribué aux Gens des Comptes dès leur Etablissement : on les trouveroit si les incendies arrivez à la Chambre, comme on l'a dit dans la Preface de cet Ouvrage, ne nous en avoient pas privé : tout ce que nous en sçavons est, que la Chambre ayant été créé & établie pour avoir l'inspection & direction du Domaine & des Finances du Duché, comme on l'a vû par les Edits & Lettres Patentes rapportez dans les deux premieres Parties. C'étoit à elle à qui les Receveurs du Duc rendoient compte des Droits des Ports & Havres & Brieux, qui faisoient partie du Domaine Ducal : d'ailleurs les Gens des Comptes étoient reputez Officiers commenceaux de la Maison du Duc, & en

cette

cette qualité ils signoient les Briefs de Mer, & les delivroient aux Receveurs du Duc qui en comptoient à la Chambre, comme on le verra cy-après.

Quant au Droit de Bris, il y a plusieurs Seigneurs qui le prétendent
dans leurs Terres, quoique ce soient, comme dit M. d'Argentré, Noblesses,
que les anciens appelloient Regales, reservées au seul Souverain, ou à ceux
à qui il en a fait une concession expresse par Lettres dûement regiftrées. Ce
Droit parut autrefois si odieux, que du temps de Conan IV. dit le Petit, qui fut
Duc de Bretagne en 1156, il en fut fait des plaintes au Concile Provincial
de Nantes, où Conan s'en desista publiquement, protestant qu'il ne le
vouloit plus prendre; mais c'est qu'en ce temps-là, il suffisoit qu'un Vaisseau
fut peri ou échoüé à la Côte, pour que les Officiers du Duc s'en saisissent,
quoiqu'il se trouvat un reclamateur qui en justifioit la propieté, en quoy,
dit M. d'Argentré, il y avoit de l'hinumanité; mais ce Droit n'a rien d'o-
dieux quand il est reglé de la maniere que nous le voyons dans les Articles
XXIV. XXVI. & XXX. du Titre des Nauffrages & Bris, de l'Ordonnance de la Marine de l'année 1684 faite pour la Province de Bretagne;
car s'il se trouve un Reclamateur dans l'an & jour des publications, qui
justifie la propieté du Vaisseau brisé ou échoüé, Effets & Marchandifes, ils luy sont rendus en payant seulement les frais faits pour les sau-
ver. Ce Droit n'est pas particulier aux Ducs de Bretagne, il n'y a point
de Souverain qui n'en use dans les limites de ses Etats; il y a même plusieurs Seigneurs particuliers qui le pretendent dans leur Terres, soit par
concession du Prince, soit par une possession immemoriale; mais celuy de
delivrer des Briefs ou Brieux de Congez aux Vaisseaux Marchands, est un
Droit reservé au Souverain; depuis l'union du Duché de Bretagne à la Couronne, tous les Droits d'Amirauté qui appartenoient aux Ducs, sont demeurez attachez au Gouvernement de Bretagne. Ce n'est point comme
Amiral de France que son Altesse S. Monseigneur le Comte de Touloufe
joüit de ces Droits, c'est en qualité de Gouverneur de la Province de Bretagne; & il a été decidé dans le Conseil du Roy, que l'Amirauté de Bretagne demeureroit separée & distincte de celle de France; c'est pour cela
que fut faite l'Ordonnance de 1684, dont le premier Article porte, *Que le
Gouverneur de la Province de Bretagne joüira en ladite qualité, des Droits & pouvoirs
d'Amirauté, ainsi qu'il en a joüi & dû joüir en ladite Province.*

On sçait que les Droits de l'Amirauté consistent en trois choses, 1°. Dans
le Droit de prendre le dixiéme de la valeur des Vaisseaux, Marchandises &
Effets pris en Guerre sur les Ennemis de l'Etat, à la deduction des frais
specifiez par l'Article XXXI. du Titre des Prises, de la même Ordonnance
de 1684. 2°. Le Droit de donner des Commissions en Guerre pour faire la
course sur les Ennemis; & les Congez pour sortir des Ports de la Province.
3°. Le Droit de Bris, ainsi qu'il est expliqué aux Articles XXVI. &
XXVII. du Titre des Nauffrages & Bris, de la même Ordonnance; ce qui
n'étant pas de nôtre sujet, nous ferons seulement observer à la
Chambre, que par l'Article XXX. du même Titre, il est fait défenses à
tous Seigneurs particuliers, Officiers de Guerre ou de Justice, de prendre

G gg

aucune connoiſſance des Bris & échoüimens, & de s'en attribuer aucuns droits, à cauſe de leurs Terres, Offices ou Commiſſions, à peine de privation de leurs Fiefs, Offices & Emplois. C'eſt ce qui merite une attention particuliere dans la reception des Aveux des Seigneurs qui y auroient employé le Droit de Bris ; pour la juſtification duquel il eſt neceſſaire qu'ils la rapportent la conceſſion expreſſe du Prince, ou autre titre équivalent, la poſſeſſion en cette matiere ne paroiſſant pas ſuffiſante, parce que c'eſt un Droit Royal, qui n'eſt point ſujet à preſcription, nonplus que celuy de donner des Congez ou Brieux, aux Navires Marchands.

M. d'Argentré au Liv. 4. de ſon Hiſtoire, Fol. 186 & 87, rapporte que Guyhomar Vicomte de Leon, quoyqu'il fut en poſſeſſion de joüir de ces Droits dans ſa Vicomté de Leon, ainſi qu'avoient fait ſes predeceſſeurs depuis pluſieurs ſiécles ; néanmoins Pierre de Dreux, Prince du Sang de France, ſurnommé Mauclere, qui fut Duc de Bretagne, an 1213, par ſon Mariage avec Alix, Fille de Conſtance Heritiere de Bretagne, & de Guy de Toüars, entreprit de les ôter au Vicomte de Leon, ſoûtenant que c'étoient Droits Royaux & Nobleſſes de Princes, qu'un Sujet étoit incapable de poſſeder. Guyhomar prit les Armes pour défendre ſes Droits ; il aſſembla des Troupes, on ſe battit prés de Châteaubriant, & il y eut beaucoup de ſang repandu de part & d'autre : le Duc demeura victorieux, Guyhomar fit ſa paix ; mais l'Hiſtoire ne nous apprend pas s'il conſerva ſon Droit de Bris & de Brieux : ce qui eſt certain, c'eſt que les predeceſſeurs de Guyhomar, joüiſſoient de ces Droits depuis pluſieurs ſiécles, en vertu des alliances qu'ils avoient contractées avec les Ducs de Bretagne, qui leurs avoient donné en dot & partage, le droit de donner Briefs en leur Terre & le Droit de Bris.

B. d'Argentré qui parle de ce Droit au Liv. 1. de ſon Hiſtoire, page 83, nous apprend Livre 4 page 212, qu'ayant paru au Duc Jean premier, trop conſiderable pour être communiqué à des Seigneurs particuliers, il acquit en l'anée 1275, la Seigneurie & Vicomté de Leon avec les Droits de Briefs & de Bris en dependans, afin qu'autre Seigneur que lui n'en joüit en Bretagne. Nous voyons néanmoins que cette Seigneurie & Vicomté de Leon, eſt encore au ourd'huy poſſedée par Meſſieurs de Rohan, ſous le titre de Principauté, & qu'ils joüiſſent des Droits de Bris en certains endroits de leurs Terres, ſoit qu'ils n'euſſent pas tout aliéné au Duc Jean, ſoit qu'ils y ſoient rentrez par la ſuite par Mariage, Acquiſition ou autrement : quoyqu'il en ſoit, il doit demeurer pour conſtant que les Maîtres d'Hôtel du Duc & les Gens des Comptes, comme étant les uns & les autres Officiers Commenceaux de ſa Maiſon, étoient ſeuls en droit de ſigner & délivrer les Brieux de Congé & Sauf-Conduit, lequel Droit eſt demeuré propre aux Gens des Comptes, pour les Ports du Comté Nantois, & il en a été fait un Article dans le Reglement du 14 Août 1675, rendu entre les Préſidents, Maîtres ordinaires, & les Conſeillers-Secretaires-Auditeurs, qui porte Article V. *que la delivrance des Brieux, Saufs-Conduits, ou Brevets, qui s'expedient pour les Marchands & Maîtres de Navires de la Province, avant que d'entreprendre leur Route, appartiendra aux Maîtres des Comptes, ou aux Secretaires-Auditeurs, ſuivant qu'ils seront commis par Arrêt de ladite Chambre,* ce qui marque que le Conseil a reconnu le droit & la possession de la Chambre, pour la signature des Brieux.

Les Arrêts & Memoires suivants, donneront un plus grand éclaircissement à cette matiere; nous commencerons par l'Arrêt que la Chambre rendit en 1565, sur la Remontrance des Receveurs de la Prévôté de Nantes, au sujet de la Pancarte de Bretagne, qui justifie que la Chambre a toûjours pris connoissance du Domaine Ducal & Droits en dépendants, dont les Droits de Congé & Brieux font partie.

ARREST
DE LA CHAMBRE,

QUI ordonne le payement des Droits marquez par la Pancarte.

Du 25 Juin 1565.

LES Gens des Comptes du Roy nôtre Sire en Bretagne. Sçavoir faisons, que sur la remontrance qui nous a été faite au Boreau de la Chambre desdits Comptes, par Maître Pierre Bruneau, Receveur General de ladite Prévôté de Nantes, pour luy & ses Consorts, Fermiers de ladite Prévôté, pour dix ans, qui commencerent dès le premier Octobre, l'an mil cinq cens soixante-trois, que le Tableau qui par cy-devant a été mis & attaché à ladite Prévôté, à la Tour où se reçoivent & levent les devoirs dûs au Roy & Duc de ce Pays, que plusieurs Seigneurs prétendans Droits sur lesdits Devoirs, quelques parts & portions, étoit tant usé & effacé sur le Parchemin & en l'Ecriture d'iceluy, que difficilement l'on pouvoit lire lesd. Devoirs aussi y avoit-il quelques ratures & choses suspectes qui étoient cause de grands troubles, difficultez & empêchemens sur lesdits devoirs dûs au Roy, requerant que ledit Tableau eût été reformé pour le regard desdits Devoirs dûs audit Sieur Roy & Duc, afin qu'ils puissent joüir en sûreté, & sans reprehension aucune de leur Ferme, selon les Pancartes & Déclarations anciennes desdits Devoirs, & iceux Devoirs être éclaircis & mis par ordre au plus brief selon les Comptes, Livres, Contrôles, Registres & autres Titres & Enseignemens étant à ladite Chambre, sur lesquels auroit été fait & dressé cy-devant ledit Tableau, sur laquelle Requête, Oüy le Procureur General en ladite Chambre, après que de nôtre Ordonnance ledit Tableau a été apporté & representé en icelle Chambre, en laquelle il est demeuré; & vû les anciens Comptes rendus pour ladite Ferme & Recette sous la main du Roy & Duc, Rapports des Contrôleurs, & autres Enseignemens étans en ladite Chambre. Avons Ordonné par provision, & jusqu'à ce qu'autrement il en ait été ordonné par la Majesté dudit Sieur Roy, que lefdits Fermiers de ladite Prévôté de Nantes, joüiront des Devoirs cy-après déclarés pour le Roy & Duc; enfemble de ceux qui ont accoûtumé fe lever & partager entre ledit Sieur, & les Particuliers cy-après nommez, pretendans quelques parts & portions defdits Devoirs avec ledit Sieur, & fans perjudice des Droits & Souverainetez dudit Sieur, & fans aucunement approuver lefdits Devoirs prétendus par lefdits Particuliers Sieurs, jufques à ce que par eux & plufieurs autres Particuliers, auffi prétendans Devoirs fur les Vaiffeaux & Marchandifes, montant & defcendant au Port de ladite Prévôté, ait été dûëment fait apparoir à ladite Chambre, du Droit & Titre qu'ils prétendent de les pouvoir lever, lefquels pour le defaut de ce, ont été, & font faifis fuivant les Lettres Patentes dudit Sieur, fur ce données & publiées en ladite Chambre, defquels Devoirs dûs au Roy & Duc, à caufe de fadite Prévôté de Nantes, & dont il eft avec fes Prédeceffeurs en poffeffion de tout temps immémorial de joüir par les Chapitres, & ainfi qu'ils ont accoûtumé de fe recevoir par fes Receveurs & Fermiers, leurs Clercs, Commis & Deputez, la Déclaration enfuit, &c.

Au payement defquels Devoirs, felon la forme & maniere qui font cy-devant déclarez & fpecifiez avec les charges y mentionnées, feront tenus & contraints les Marchands, Voituriers, Conducteurs defdites Marchandifes, par toutes voyes de Juftice dûë & raifonnable, comme pour les propres deniers & affaires du Roy; même par arrêts & faifies de leurfdites Marchandifes, Navires, Batteaux & Vaiffeaux, conduifans icelles ventes & exploitations d'iceux, jufqu'à l'entier & parfait payent defdits deniers, nonobftant oppofitions ou appellations quelconques, & fans préjudice d'icelles, le tout par provifion comme dit eft, & jufqu'à ce que par ledit Sieur Roy, autrement en ait été ordonné, fauf à ajoûter ou diminuer en ces Prefentes, fi par aprés il eft vû devoir être fait par raifon : & ordonné que la prefente Déclaration & Pancarte fera enregiftrée au Livre & Regiftre des Extraits couvers de Parchemins, à Folio xxxii. étant en ladite Chambre pour y avoir recours quand befoin fera. Auffi fera écrite bien au long en Tableau qui fera porté au Tablier de ladite Prévôté de Nantes, & autres Tabliers y rapportez, afin que les Marchands, & tous autres ménans & conduifans lefdites Marchandifes, puiffent connoître au vray, combien en feront tenus payer, FAIT & conclu au Bureau de ladite Chambre, le vingt-cinquiéme jour de Juin l'an mil cinq cens foixante cinq.

Par les Gens des Comptes.

Signé, GUILLOPPE.

LETTRES
DU ROY HENRY III.

QVI ordonnent que le Fermier General de la Prevôté de Nantes joüira des Droits de Brieux, conformément à la Pancarte, nonobstant l'Arrêt du Parlement de Bretagne qui en avoit ordonné la diminution ; avec défenses d'entreprendre à l'avenenir de reduire lesdits Droits ; & qu'en cas de Procez au sujet d'iceux, ils ne pourront être jugez sans appeller les Gens des Comptes en nombre égal avec les Officiers du Parlement, comme ayant meilleure connoissance qu'aucuns autres Juges de tout ce qui concerne les Droits de Sa Majesté.

Du 19 Octbre 1579.

HENRY par la Grace de Dieu, Roy de France & de Pologne : A tous iceux qui ces presentes Lettres verront, SALUT. Nous avons fait voir en nôtre Conseil la Requête presentée à la Royne nôtre trés-honorée Dame & Mere, par André Rhuis, Fermier General de nôtre Prevôté de Nantes, Ports, Havres, Briefs & Traites de Bêtes vives en Bretagne, par laquelle il luy fait entendre comme depuis qu'il tient sadite Ferme, il auroit toûjours paisiblement joüi desd. Briefs, conformément à la Pancarte, fors depuis quelque temps que procez & differend s'est meu entre Jean Robin, Fermier sous ledit Rhuis desd. Brieux & Havres de nôtredit Pays de Bretagne ; & un appellé St. Alomnin, Sous-Fermier dudit Devoir sous led. Robin, dont il seroit ensuivi Arrêt en nôtre Cour de Parlement dudit Pays ; par lequel les Gens de nôtredite Cour auroient diminué nosdits Devoirs de Brieux, contre la teneur de lad. Pancarte, & à nôtre trés-grand préjudice, ayant ordonné que pour chacun Vaisseau du port de cinq tonneaux jusqu'à dix, seroit dû Brief de Vituaille, & pour iceux quinze sols tournois ; aulieu que par la Pancarte il est permis de prendre dix-sept sols six deniers. *Item*, Que pour chacun Vaisseau du port de dix Tonneaux jusqu'à vingt, sont deux Brieux de Vituaille & Conduite, & pour iceux cinquante-deux sols six deniers, aulieu que lad. Pancarte permet cinquante-cinq sols ; & pour chacun Vaisseau du port de vingt tonneaux, de quelque Port que ce soit, Brieux de Vituaille, Conduite & Sauveté ; & pour iceux cinq livres cinq sols, aulieu que par lad. Pancarte il est permis de prendre cinq livres dix sols, qui est une grande diminution de nos Droits, au moyen de quoy ledit Rhuis pretend de grands interêts & rabais envers nôtredite Dame & Mere, laquelle à cette cause a pareillement recours à Nous, pour pourvoir audit Rhuis sur le contenu en sadite Requête de remede necessaire : POUR CE EST-IL, qu'aprés avoir fait voir en nôtre Conseil l'Extrait de ladite Pancarte touchant ce qui concerne lesd. deniers de Brieux, signé Baldain Greffier de nôtred. Chambre

H hh

des Comptes, de la Copie de l'Arrêt de nôtredite Cour concernant ladite diminution, le tout cy-attaché. Attendu le grand interêt que ce Nous est, que ne voulons souffrir ne endurer en aucune maniere, joint que iceluy Arrêt a été donné, ledit Rhuis non appellé, ni autres Parties y ayant interêt; & le tout consideré. Avons en approuvant ladite Pancarte, & pour couper chemin aux autres differends qui se pourroient trouver pour pareil effet, voulu, declaré, ordonné; voulons, declarons, ordonnons & Nous plaît, que ledit Rhuis, ensemble ses Sous-Fermiers, & autres ayant droit, d'eux & tous autres Fermiers de ladite Ferme, joüissent dorénavant desd. Devoirs de Brieux, à la raison & ainsi qu'il est contenu audit Extrait, nonobstant ledit Arrêt & autre du 22 Septembre 1573 mentionné en iceluy, & toutes autres Lettres, Arrêts & Jugements à ce contraires; défendant très expressément à nôtredite Cour, même à nôtre Procureur General, de dorénavant entreprendre telles reductions & diminutions de nos Droits & anciens Devoirs, & aux Parties d'en faire instance a nôtre préjudice; & là où procez & differend seroit meu, ou viendroit à se mouvoir cy-aprés pour pareil cas, & même en l'exécution de ces Presentes, attendu que les Titres & Papiers concernants nos Droits & Deniers, sont en nôtredite Chambre des Comptes audit Païs, & que nos amez & feaux les Gens d'icelle ont meilleure & plus particuliere connoissance que tous autres de nosd. Droits, Nous voulons lesdits differend, circonstances & dependances, ne pouvoir être jugez ni decidez, sans la presence & assistance de nos amez & feaux les Gens de nosdits Comptes audit Pays de Bretagne, en pareil nombre que nôtredite Cour, pour juger & terminer ensemblement lesd. procez & differends, ainsi qu'il se fait & pratique en la plûpart des Cours de Parlemens & Chambres des Comptes de nôtre Royaume, appelé nôtre Procureur General en ladite Chambre, pour s'ajoindre & faire toutes requisitions conjointement avec nôtre Procureur General en ladite Cour; & pour cet effet en tant que besoin sera, Nous en avons commis & attribué, commettons & attribuons toute Cour, Jurisdiction & connoissance aux Gens tenans nôtre Cour de Parlement & Chambre des Comptes respectivement, ainsi que dit est, nonobstant les susdits Arrêts, les Institutions & Etablissemens de nosdites Cours, & que possible par iceux leur ont été baillé pouvoir de juger & connoître desdites matieres & differends, & tous autres Edits, Declarations, Arrêts, Jugements & choses à ce contraires, ausquels & aux derogatoires y contenuës Nous avons derogé & derogeons. SI DONNONS EN MANDEMENT aux Gens tenans nosdites Cours de Parlement & Chambre des Comptes en Bretagne, que ces Presentes ils fassent lire, publier & enregistrer, garder & entretenir & observer de point en point selon leur forme & teneur, sans souffrir être contrevenu ni fait chose quelconque au contraire, en quelque sorte & maniere que ce soit; en declarant nuls & de nul effet, tous Actes & Procedures & Jugemens faits & à faire au prejudice de cesdites Presentes : CAR tel est nôtre plaisir. DONNE' à Paris le vingt-neuviéme jour d'Octobre, l'an de Grace mil cinq cens soixante-dix-neuf, & de nôtre Regne le sixiéme. *Ainsi signé* : Par le Roy en son Conseil, BRULART. Et scellé sur double queuë de cire jaune. *Au premier Livre des Edits, fol.* 184.

BAIL
DE LA PREVOSTÉ
DE NANTES,

QUI comprend les Ports & Havres, Brieux & Traites des Bêtes vives.

Du 10 Janvier 1583.

NICOLAS MOLAY, Seigneur de Juzainurigny, Conseiller du Roy & de la Reine sa Mere, Intendant & General de ses Finances, & Commissaire deputé par leurs Majestés, pour proceder au renouvellement des Baux des Fermes de la Prevôté de Nantes, Ports, Havres, Brieux & Traites de Bêtes vives du Païs de Bretagne, delaissez à ladite Dame pour partie de son dot & douaire, SÇAVOIR FAISONS. Que pour proceder à l'exécution des Commissions de leurs Majestés, données à Paris les 29.e jour d'Octobre, & premier de Novembre 1582. Nous aurions suivant le commandement à Nous fait par ladite Dame, expedié nôtre Ordonnance du 13.e jour dudit mois d'Octobre, pour faire proclamer par les principales Villes & Jurisdictions dudit Païs de Bretagne & circonvoisines d'icelles, que lesdits Droits & Devoirs de ladite Prevôte de Nantes, Ports, Havres, Brieux & Traites de Bêtes vives d'iceluy Païs, avec leurs appartenances & dépendances, seroient baillées & ajugées aux plus offrans & derniers Encherisseurs : avec profits de bourz & debourz, & autres Charges anciennes & accoûtumées, selon les conditions des precedens Baux en la Ville de Rhedon, au vingtiéme jour du mois de Novembre, où l'Assemblée des Etats Generaux dudit Païs étoit assignée ; & ayant été avertis qu'ils avoient été remis à Vannes au 28.e jour dudit mois de Novembre, Nous aurions depêché autre nôtre Ordonnance pour remettre l'adjudication desd. Baux au 29 d'iceluy mois audit Vannes, auquel lieu étants rendus ledit jour, & ayant sçû que la Coûtume dudit Pays étoit de ne bailler lesdites Fermes, qu'au dernier jour de l'Assemblée desdits Etats. Nous aurions differé jusques alors de proceder à l'Adjudication d'icelles, & fait publier & fait publier en la Ville de Vannes le troisiéme jour de Novembre ensuivant, que les Baux d'icelles Fermes seroient par Nous faits le quatréime dudit mois à une heure aprés midy en la Sale de ladite Assemblée, lequel jour advenu & lad. heure d'une heure aprés midy sonnée, Nous nous serions transporté en ladite Sale avec Me. François Myron, Sieur de Villeneuve, Conseiller du Roy, Tresorier de France, & General de ses Finances en Bretagne, auquel

leurs Majeſtez avoient écrit de Nous aſſiſter en exécution de nôtredite Commiſſion ; & Jacques Febry Senéchal de Vannes, & là preſens Maître Pierre
de Cambout, Procureur du Roy audit Vannes, & Maîtres Pierre Gaultier
& Gilles le Moyne Notaires & Secretaires du Roy audit Païs, par Nous
prins pour Greffiers en exécution de nôtredite Commiſſion ; & Nous étants
apparu des proclamations dûëment faites d'icelles Fermes, tant en ladite
Ville de Vannes que par toutes les autres Villes dudit Païs & leurs circon-
voiſines, par le rapport & exploits d'icelles mis en nos mains, aurions ſur
la Requête dudit Procureur du Roy, à ce qu'euſſions à proceder à l'exécution de nôtredite Charge, fait faire lecture à haute voix de noſdites Lettres
de Commiſſion, enſemble des charges & conditions ſous leſquelles entendons proceder au Bail deſdites Fermes, dont la teneur enſuit.

PREMIEREMENT.

Que les Fermes des Droits & Devoirs, tant de la Prevôté de Nantes, Ports & Havres, Brieux & Traites des Bêtes vives de Bretagne,
leurs appartenances & dépendances, compris les Baux anciens accoûtumez,
delaiſſez par le Roy à la Reine ſa Mere, pour portion de ſon dot & doüaire,
ſeroit baillée ſeparément ou enſemblement, pour en joüir à la maniere accoûtumée, & ainſi que les precedens Fermiers en ont bien & dûëment
joüi, ſans aucune innovation ; & ce, pour dix années, commençant le onziéme jour de Janvier que l'on comptera 1583 prochain venant, ou autre moindre terme qui ſera aviſé en l'Adjudication & declaration d'icelles, faite aux
plus offrans & derniers Encheriſſeurs à l'extinction de la chandelle, à celuy
ou ceux auſquels leſdites Fermes demeureront, & auſquels en ſera faite délivrance, ſeront baillées par la Majeſté de ladite Dame, dedans trois mois
prochains, à compter du jour de la paſſation du Bail & d'icelles Lettres Patentes du Roy dûëment verifiées és Cours de Parlement & Chambres des Comptes, contenants ratification d'iceluy Bail, avec aſſurance & promeſſe de
laiſſer paiſiblement joüir leſdits Fermiers, & les maintenir eſdites Fermes
durant le temps d'icelles, encore que pendant ledit temps la Majeſté de
ladite Dame vint à deceder, ce que Dieu ne veüille.

II. Le Fermier General, ou Fermiers Particuliers, ſeront tenus à leurs
coûts & dépens, de payer en ladite Ville de Nantes, és mains du Treſorier &
Receveur General des Finances de Sa Majeſté, ou de celuy qui ſera à ce
faire commis par Sa Majeſté, par ſes Quittances, le prix de leurs Fermes
par chacune année aux jours de Saint Jean-Baptiſte audit an 1583, & d'icelles en avant de terme en terme juſques en fin deſdits Baux ſans ceſſer, &
le tout ſix ſemaines aprés chacun terme échû, à peine d'y être contraints
comme pour les propres deniers & affaires du Roy.

III. Prendront leſdits Fermiers, à tous perils & fortunes & inconveniens,
ſoit de Guerre civile ou étrangere, peſte, famine, ou autres cas inopinez
& non prevûs, ſans que pour raiſon de ce ils puiſſent prétendre aucun
rabais, décharge ni diminution du prix d'icelles Fermes, ſi ce n'étoit que
les Ports & Havres fuſſent tenus & occupez par les Ennemis Etranges, ou
que

que le cours de la Rivière de Loire fut occupé par les Ennemis depuis Saumur jusqu'à Nantes ; ausquels cas susdits , & non autrement , leur sera fait rabais à la raison & au prorata du lieu occupé & du temps de la detention , selon la verification qui s'en fera par le Contrôle & papier de Recette desdits Droits auparavant tenu esdits lieux occupez.

Outre le prix principal desquelles Fermes & sans diminution d'icelles , payeront lesdits Fermiers par chacune année, les Charges ordinaires & anciennes assignées sur icelles , ainsi qu'il s'ensuit ;

Sur la Prevôté de Nantes.

	livres.	sols.	den.
Aux Chartreux de Nantes sept cens quatre-vingt livres , cy	780	0	0
Aux Gens des Comptes de Bretagne , pour les Brieux de la Prevôté deux cens livres , cy	200	0	0
A l'Hôtel-Dieu d'Angers, dix muids de sel mesure Nantoise, cy neuf cens quatre-vingt livres ,	dix muids de sel. 980	0	0

Sur la Ferme des Ports & Havres.

	livres.	sols.	den.
A l'Abbaye Saint Benoist de Rhedon , deux cens quarante livres , cy	240	0	0
A l'Eglise Collegiale de Lantreguer , trois cens quatre-vingt-quatre livres , cy	384	0	0
Au Chapitre de Treguer , deux livres huit sols , cy	2	8	0
Au Chapellain de la Chapelle Nôtre-Dame du Mur à Morlaix , deux cens quarante livres , cy	240	0	0
A l'Abbé de bon Repos , au jour de Toussaints , pour l'appreciation de quatre tonneaux de vin l'une année portant l'autre , à raison de soixante livres le tonneau , deux cens quarante livres , cy	240	0	0
A la grande Eglise Cathedrale de Saint Brieuc pour la Messe du Duc , cent quatre-vingt livres , cy	180	0	0
Au Capitaine du Château de l'Hermine à Vannes pour ses Gages , deux cens quarante livres , cy	240	0	0
Aux dix Convents de Cordeliers du tiers Ordre de Bretagne à départir entre eux , par don que le Roy leur en a fait , deux cens livres , cy	200	0	0
laquelle somme de deux cens livres sera payée tant que le don que le Roy leur a fait durera pendant ladite Ferme , dix-sept cens vingt-six livres huit sols , cy	1726	8	0

Sur la Ferme des Brieux.

	livres.	sols.	den.
Aux Gens des Comptes de Bretagne , tant pour la signature & écriture d'iceux Brieux , que pour les Droits de la Ferme d'iceux Brieux , attendant que la taxation leur en soit faite , la somme de deux cens livres , cy	200	0	0

A Messieurs les Commissaires qui assisteront aux Baux desdites Fermes pour les Droits entrans qu'ils ont accoûtumé de prendre pour les pouvoirs & distributions desdites Fermes, à raison de cens huit livres dix sols, pour trois années qui se payeront ; à sçavoir, pour la Prevôté de Nantes deux cens quatre-vingt dix sept livres dix sols : pour les Ports & Havres trois cens vingt-neuf livres : pour les Brieux quatre-vingt onze livres ; & pour la Traite des Bêtes vives quatre-vingt onze livres, revenant pour chacune année à deux cens soixante-neuf livres dix sols, cy . . . 269 .. 10 .. 0

IV. De toutes lesquelles susdites parties, montans & revenants ensemble par chacune année à la somme de trois mille cent soixante-quinze livres dix-huit sols tournois, & dix muids de sel mesure Nantoise, lesdits Fermiers rapporteront à la fin de leurs Fermes les Quittances, tant des payemens qu'ils en auront faits parchacune année, que de ce qui aura été par eux peyé au Tresorier & Receveur General des Finances de Sa Majesté, ou de celuy qui sera par Elle commis, & les representeront par inventaire signé de leurs mains au General desd. Finances, pour en faire la verification ; & sur ce leur en faire & dresser Etat au vray.

V. Lesquels Etat, Inventaire & Quitances & Aquits dessus dits, ils porteront & remettront à la Chambre des Comptes de Sa Majesté, seant au dessus de la Chambre du Tresor au Palais à Paris, dont leur sera baillé décharge ; & moyennant ce, seront dechargez de rendre compte desdites Fermes, tant en icelle Chambre, qu'en celle du Païs de Bretagne, en donnant un double desdits Etat & inventaire dûement signé, soit par ledit General des Finances, ou par l'un des Commissaires de ladite Chambre des Comptes de Sadite Majesté, des payemens faits par lesdits Fermiers, des charges ordinaires étants sur lesdites Fermes.

VI. Bailleront lesdits Fermiers & chacun d'eux, bonnes & suffisantes Cautions, selon les Ordonnances du Roy & ainsi qu'il a été cy-devant fait és Baux precedens, dans vingt-quatre heures après la délivrance & adjudication qui leur en sera faite desdites Fermes, par devant Messieurs les Tresoriers Generaux de Bretagne, à faute de quoy icelles Fermes seront rebaillées à leur folle enchere, laquelle ils seront contraints de payer promptement par chacune des années que durera le Bail desdites Fermes, à quelque prix qu'elles se puissent monter ; & renforceront & renouvelleront si besoin est, lesdits Cautions, de terme en terme, avant que de toucher aux deniers du terme ensuivant, aux peines que dessus.

VII. Et advenant que les derniers Encherisseurs desdites Fermes, ou de l'une d'icelles, se viendroient dedire & degoûter, ou renoncer à leurs encheres, faire le pourront dedans vingt-quatre heures après, en le faisant dûement signifier au precedent Encherisseur, en payant promptement leurs folles encheres, pour autant d'années que les Fermes seront adjugées, après lesquelles vingt-quatre heures passées, ils ne seront plus reçûs à faire lesdites renonciations, ains leur demeureront lesdites Fermes du tout adjugées, & eux contraints de bailler leurs Cautions, en la forme que dessus & ; de satisfaire aux autres charges & conditions cy-devant declarées, le tout aux peines susd. & d'y être contraints comme pour les propres deniers & affaires du Roy.

VIII. Eliront lesdits Fermiers domicile en ladite Ville de Nantes, pour y recevoir tous Commandemens, Exploits & Assignations necessaires.

Après laquelle lecture faite, ayant interpellé l'assistance & compagnie qui étoit en très grand nombre de personnes, pour mettre à prix lesdites Fermes, soit en general ou particulier, à la charge de prendre & retenir par Nous le choix des offres qui seront plus avantageuses, sur le general ou particulier; & ayant trouvé que les encheres particulieres, faites sur chacune desdites Fermes, tant de la Prévôté de Nantes, Ports, Havres, Brieux & Traites de Bêtes vives, revenoient à la somme de cinquante-deux mille sept cens écus, & l'enchere faite sur le general desdites Fermes montoit seulement à cinquante mille écus profits ou rabais pour la premiere année, qui étoit moindre que les encheres faites sur lesdites Fermes particulieres de la somme de trois mille sept cens livres. De l'avis dudit Sieur Myron & dudit Fabry, aurions ordonné qu'il seroit procedé à l'adjudication desdites Fermes en particulier; laquelle toutefois, pour ce que la nuit approchoit, Nous remimes au lendemain cinquiéme dudit mois de Decembre audit lieu & heure de huit heures du matin. lequel jour & heure susdite sonnée, serions avec lesdits Sieurs Myron & Fabry Procureur du Roy & Greffiers, transportez en ladite Sale, où ayans derechef fait lire les conditions & charges cy-dessus transcrites, Nous aurions fait proclamer ensemblement les Fermes des Ports & Havres, Brieux & Traite des Bêtes vives, sur la somme de vingt-deux mille sept cens livres à quoy elles avoient été encheries le jour precedent, lesquelles furent encheries par Guy de Gennes demeurant à Vitré, à vingt trois mille quatre cens livres par an, & pour six ans quatre cens écus, profits ou rabais, pour une fois; & voyant qu'autre ne se presentoit pour faire plus grande offre, qui étoit de beaucoup plus éloignée du prix que ladite Dame Reine prétendoit avoir desdites Fermes, Nous aurions declaré à l'Assistance, que Nous n'en pouvions faire adjudication s'ils ne vouloient encherir davantage, & que Nous ne ussions averti Sa Majesté des Encheres faites sur lesdites Fermes: toutefois que s'il y avoit quelqu'un qui les voulût encherir, qu'il eût à se trouver à l'heure de trois heures après midy en ladite Sale, où l'adjudication d'icelle Ferme luy seroit faite, sous le bon plaisir de lad. Dame; laquelle heure avenuë, étants en ladite Sale accompagnez comme dessus, Nous aurions derechef fait proclamer lesdites Fermes sur ledit prix de vingt-trois mille quatre cens livres par an; & ne se presentant personne pour encherir par dessus ledit prix, Nous aurions été requis par ledit de Gennes de recevoir son denier à Dieu, ce que luy aurions accordé; & voulant faire allumer la chandelle, s'est presenté Jehan Bernugat demeurant audit Vannes, qui nous auroit fait offre de vingt-quatre mille livres par an desdites Fermes, cinq cens écus

profits ou rabais pour la premiere année ; laquelle offre avantageant toûjours
la condition de Sa Majeste, Nous aurions ordonné qu'elle seroit reçûë, encore que nous eussions déja pris le denier à Dieu dudit de Gennes, & de fait
a été ladite Chandelle allumée sur l'offre dudit Bernugat de vingt-quatre
mille livres par an, avec condition que nul ne seroit reçû à encherir à
moins de cent écus ; laquelle chandelle étant éteinte sans qu'autre l'eût en-
cherie, Avons par l'avis desdits Sieurs Myron & Senéchal de Vannes,
ajugé du consentement dudit Procureur du Roy audit Bernuguat, comme
plus offrant & dernier encherisseur, lesdites Fermes des Ports & Havres,
Brieux & Traites des Bêtes Vives dudit Païs de Bretagne, fors & excepté
les Brieux du Comté de Nantes, dont les Fermiers de la Prevôté dudit Nantes ont accoûtumé de joüir, pour six années, commençans le onziéme jour
du mois de Janvier 1583, & finissans le dernier jour de Decembre 1588,
moyennant la somme de vingt-quatre mille livres par an, qu'il sera tenu
payer par chacune desd. six années, également aux jours de Saint Jean-Baptiste
& Noël, par moitié, six semaines aprés chacune d'iceux échûës, à ses coûts
& dépens en la Ville de Nantes, és mains de Maître Jehan Hinsselin Commis pour ladite Dame Reine, à la Recette des Droits & Devoirs de la Prevôté de Nantes, & de satisfaire outre ce à toutes les charges & conditions
cy-dessus declarées, sur laquelle somme de vingt-quatre mille livres, sera
rabattu audit de Bernugat en la premiere année de son Bail, seulement és
deux termes d'icelle, neuf cens écus pour les boutz acquis par luy & ledit
de Gennes ; & sur le dernier terme des six années, sera aussi deduit audit
Bernugat ce que monteront lesdits jours qui deffaudront de la premiere année, à la susdite raison de vingt-quatre mille livres par an, le tout toute-
fois sous le bon plaisir & volonté de la Reine, pour laquelle entendre Nous
aurions assigné ledit Bernugat au dernier jour dudit mois de Decembre en
la Ville d'Ancenis.

Dont ayant été avertis par Lettres missives, que Sa Majesté nous écrit
le vingt-huitiéme jour dudit mois de Decembre, & fait sçavoir audit Bernugat & Consorts son intention en la Ville de Nantes le 9 du present
mois de Janvier: Nous aurions derechef, en tant que besoin seroit, confirmé audit Bernugat l'Adjudication desdites Fermes des Ports & Havres,
Brieux & Traites des Bêtes vives, excepté les Brieux du Comté de Nantes,
dont les precedens Fermiers de la Prevôté dudit Nantes ont accoûtumé de
joüir, pour ledit prix de vingt-quatre mille livres par an durant les susdites
six années, commençans & finissans sous les charges & conditions susdites,
remettant led. Bernugat au bon plaisir de Sa Majesté, pour luy ordonner ce qui
luy plaira des neuf cens livres par luy & ledit de Gennes acquis pour leurs
deboutz, pour joüir desd. Fermes par ledit Bernugat & ses Consorts, pendant
ledit temps, en baillant toutefois bonne & suffisante Caution du prix de
ladite Ferme, & de satisfaire aux conditions d'icelles par devant ledit Sr.
Myron, dont ledit Bernugat sera tenu de Nous representer l'Acte, à quoy
ledit Bernugat a promis de satisfaire, & à toutes les autres charges & conditions du present Bail ; & à ce faire s'est obligé, comme pour les propres
deniers & affaires du Roy, & d'en bailler bonne & suffisante Caution, &
icelle

icelle renouveller toutes & quantes fois que besoin sera , en mandant aux Officiers & Sujets du Roy , de prêter toute assistance, confort & aide audit Bernugat pour l'exécution & joüissance du présent Bail , & perception des Droits & Devoirs desdites Fermes, toutes & quantes fois qu'ils en seront par luy requis. Fait & arrêté le dixiéme jour de Janvier mil cinq cens quatre-vingt-trois. *Ainsi signé*, MOLAY, MYRON, LE MOYNE.

LE dixiéme jour de Janvier mil cinq cens quatre-vingt trois , furent presens en leurs personnes par devant Noble-Homme Maître François Myron , Sieur de Villeneuve , Conseiler du Roy , Tresorier de France , & General de ses Finances en Bretagne; & de Nous Gilles le Moyne , Notaire & Secretaire du Roy audit Païs; & Pierre Rousseau Notaire Royal du nombre des quarante-six établis à Nantes : Jehan Bernugat Marchand demeurant en la Ville de Vannes, Jehan Chedane de Lybourbon, & Vincent Gillard Sieur de Lezlegot, aussi demeurans audit Vannes : Amaury Chevallerais, sieur de la Baratiere, & Pierre Hardy Sieur du Rocher, demeurans en la Ville de Vitré; lesquels ont & sont connoissans & confessans avoir ce jourd'huy eu & reçû l'Acte du Bail & Ajudication qui fut fait audit de Bernugat le cinquiéme jour du mois de Decembre dernier, de la Ferme des Ports & Havres , Brieux & Traites des Bêtes vives dudit Païs & Duché , pour le temps de six années, qui commenceront le jour de demain onziéme du present mois, comme plus amplement est fait mention par l'Acte dudit Bail & Adjudication, signée de Noble-Homme Nicolas Molay, Conseiller du Roy & de ladite Dame, Intendant & General de ses Finances , dudit Sieur Myron & de Nous le Moyne; lequel ils ont vû & reçû, comme dit est, & iceluy loüent & approuvent selon sa forme & teneur; confirment, approuvent & ratifient l'Acte de Caution qu'ils baillerent en la Ville de Vannes dés ledit jour onziéme Decembre dernier, par devant ledit Sieur Myron, Maître Pierre Gaultier, Notaire & Secretaire du Roy , & de Nous le Moyne. Dabondant ils se mettent & constituent Cautions dudit Bernugat pour l'acomplissement du contenu audit Bail à ferme , & ont promis & se sont obligez sur l'obligation de leur corps, & de tous & chacuns leurs biens, presens & futurs, l'un pour l'autre & chacun pour le tout, sans division ne discution, ainsi qu'il est accoûtumé faire pour les propres deniers & affaires du Roy : faire avoir le tout agréable à leurs autres Cautions, Consorts & Associez, qui s'obligerent ledit jour cinquiéme de Decembre dernier en la Ville de Vannes, & en delivrer Acte sous leurs seings, & des Notaires & Secretaires, toutes fois & quantes qu'ils en seront requis; même d'icelles renouveller, si besoin est; à quoy faire, de leur consentement & requête, les y avons jugez & condamnez par le Jugement de nôtre Cour de Nantes, à laquelle ils se sont respectivement soumis, & ont prorogé de Jurisdiction : ensemble ont lesdits Bernugat & Consorts, cy devant nommez, choisis & élûs demension & domicile en cette Ville de Nantes, en la maison & demeurance dudit Rouxeau l'un des Notaires soussignez, selon & au desir desdites conditions rapportées au Contrat de ladite Ferme. Fait & consenti à Nantes en la maison dudit Sieur Myron , lesdits jour &

K kk

an. *Signé*, BERNUGAT, CILLARD, J. CHEDANE, M. CHEVAL-
LERAYE, P. HARDY, P. ROUXEAU Notaire Royal, & LE MOYNE
vers lequel le Regiftre eft demeuré. *Signé*, LE MOYNE, P. ROUXEAU
Notaire Royal.

Regiftré ſuivant l'Arrêt du ſixiéme jour d'Octobre mil cinq cens quatre-vingt-trois.
Fait en Parlement leſdits jour & an. Signé, G A U D I N.

Au Mandement coté 13, fol. 222.

Quatre cens livres par an payées à la Chambre pour les Brieux.

DU Compte cinquiéme de Me. Mathurin Lenfandieu, Payeur des Gages de Meſſieurs les Officiers de la Chambre des Comptes de Bretagne, pendant l'année 1605, conclu le 21 Fevrier 1607, & coté IX. xx. III.
a été extrait ce qui ſuit, au fol. 54, *R°*.

Droits de Brieux.

Audit Sieur Monnier, Sieur de la Frenays, Commis à la Recette des
Epices & Droits de ladite Chambre, la ſomme de deux cens livres tournois,
pour la moitié des Droits de ſignature dûs pour l'année de ce Compte de
1605, comme appert par deux Quittances dudit Sieur Monnier, datées des
20 de May an ſuſdit 1605, & 7 de Juillet 1606 de luy ſignées, cy renduës ;
en vertu deſquelles ſera ladite ſomme cy, paſſée & alloüée ; & pour ce,
cy . . . . 200 liv.

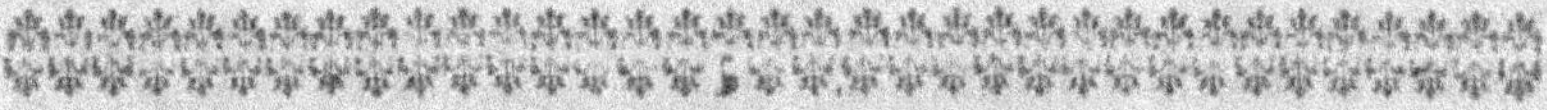

BAIL A FERME

DES DEVOIRS DES PORTS ET HAVRES

DE BRETAGNE.

Du 16 Juin 1657.

PIERRE GUYDO, Chevalier, Seigneur du Reſt, Conſeiller du Roy,
Treſorier de France & General des Finances en Bretagne, Sçavoir
faiſons. Qu'ayant par nôtre Ordonnance du 15.e jour de May an preſent
1657, enjoint aux Huiſſiers Collecteurs des Finances de cette Generalité, de
faire ſçavoir par Bannies, publications & affiches aux principales Villes,
Ports & Havres de cette Province, qu'il ſeroit par Nous procedé au Bail
à Ferme des Devoirs des Ports & Havres, Brieux & Traites des Bêtes vives

de cettedite Province au mardy cinquiéme jour de Juin present mois, deux heures de l'aprés midy, en l'Auditoire du Siége Présidial de Nantes, à ce que tous ceux qui voudront prendre ladite Ferme, eussent à se trouver audit lieu, où Nous en ferions l'adjudication au plus offrant & dernier encherisseur, à l'extinction de la chandelle, pour le temps de trois années, qui commenceront au premier jour de Janvier prochain, que l'on comptera 1658; & ce, aux charges & conditions qui seroient lors lûës. Nous nous serions ledit jour 5 de Juin 1657, environ ladite heure de deux heures, rendus audit Auditoire de Nantes, où étant assisté de Jean Charette, Ecuyer Sieur de la Gascherie, Conseiller du Roy & Senéchal audit Présidial de Nantes; & en presence de Pierre Bedeau, Ecuyer Sieur de Launnay, aussi Conseiller du Roy, & son Procureur audit Présidial, Nous aurions par Maître Jean Durasty nôtre Adjoint, fait lire, &c.

Ne seront compris audit Bail, les Brieux de la Prevôté de Nantes, qui y demeureront annexez.

Laisseront joüir les Seigneurs de Rohan, Evêque de Leon & autres Seigneurs qui ont droit de tout temps de prendre quelques Droits anciens desdits Ports & Havres & Brieux comme au passé, suivant les Pancartes; ensemble les Habitans du Port-Loüis, de l'exemption des Brieux au Havre dudit lieu, durant le temps à eux accordé seulement.

Les Brieux de Sauveté, Conduite & Vituaille, pris à la Prevôté de Nantes, seront valables dans tous les Ports & Havres de ce Pays, comme aussi ceux qui seront baillez par les Preneurs, vers les Fermiers & Receveurs de lad. Prévôté, sans que les Marchans soient tenus d'en prendre de nouveaux.

Payeront les Preneurs le prix de leur Ferme en la Recette Generale des Finances de ce Païs établie à Nantes, par les demies années de Saint Jean & Noël, six semaines aprés chacune d'icelle expirée.

Acquitteront, sans diminution du prix dudit Bail, les Charges anciennes & accoûtumées sur lesdits Ports & Havres, Brieux & Traites des Bêtes vives, & payeront deux cens livres seulement pour la signature des Brieux,

Veu par la Chambre la Requête presentée par Loüis le Bourguignon, Adjudicataire du Bail des Devoirs des Ports & Havres, Brieux & Traite des Bêtes vives de cette Province, &c.

LA CHAMBRE a ordonné & ordonne que ledit Bail sera registré, pour joüir ledit le Bourguignon de ladite Ferme des Ports & Havres, pendant les trois années portées par iceluy, commençant au premier jour de Janvier, que l'on comptera mil six cens cinquante-huit, aux charges & conditions portées par iceluy, & que les Officiers de ladite Chambre demeureront exempts desdits Devoirs : & au regard des Fiefs & aumônes dûës à l'Abbaye de Rhedon, seront payées à la maniere accoûtumée : & pour la signature des Brieux, a commis & commet Maître Yves de Monty, & Michel Dupas Conseillers & Maîtres; avec défenses audit Guydo de prendre la qualité de Chevalier, jusqu'à l'avoir justifiée à ladite Chambre. Fait en la Chambre des Comptes à Nantes, le neuviéme Novembre mil six cens cinquante-sept.   *Au Mandement coté 32, fol. 127, V°.*

EXTRAIT DES REGISTRES

DE LA CHAMBRE DES COMPTES

DE BRETAGNE

Du 16 Decembre 1676.

Le Procureur General du Roy entré au Bureau, a remontré,

QUE comme le Privilege d'accorder des Brieux, autrement Droits de Conduite, est un apanage & une attribution de la Souveraineté, comme concernant l'établissement & la sûreté du Commerce, il n'y a pareillement que les Souverains ou ceux qui sont preposez de leur part, qui soient en droit & en pouvoir de les délivrer à ceux qui navigent sur les Côtes de leur Seigneurie, ou qui trafiquent dans leurs Ports. Aussi pendant que la Province de Bretagne étoit sous la domination des Ducs ses Seigneurs, eux seuls ont accordé les Brieux dans l'étenduë de leur Duché, comme le gage & le garent de la protection qu'ils devoient aux personnes qui abordoient en leurs Ports : & depuis l'heureuse réunion de ce Duché à la Couronne, la Chambre des Comptes qui a resté dépositaire des Sceaux, ainsi que de tous les Titres les plus precieux des Droits & Avantages de la Province, a été bien plus continuée que maintenuë dans la possession de signer & sceller seule, à l'exclusion de tous autres, les Brieux qui sont necessaires dans les limites de son Ressort, tant pour la sûreté de ceux qui n'oseroient autrement entrer dans les Ports de la Province, que pour la conservation des Droits qui en doivent accroître à Sa Majesté; ce qui est non-seulement justifié par un usage constant & public; mais de plus, verifié par autant d'Arrêts, qu'il y a eu de Baux des Ports & Havres, registrez en ladite Chambre, par lesquels on a toûjours commis deux de Messieurs les Conseillers & Maîtres, pour signer les Brieux, requis & sollicitez par les Ajudicataires desdits Baux; & entre tous lesquels Arrêts, celuy rendu le
Juin 1629, est d'autant plus remarquable, que ne s'étant pas arrêté à commettre, comme à l'ordinaire, deux de Messieurs les Maîtres pour signer les Brieux, requis & sollicitez, ils ordonnent que le Sceau leur sera mis en main par le Garde, afin de l'y ajoûter de plus; parce qu'il ne suffisoit pas que lesdits Brieux fussent signez par des Officiers qui avoient droit & caractere de le faire; mais qu'ils devoient être de plus revêtus de la marque du Prince, afin de pouvoir être autentiques, reconnus & effectifs : cependant comme la Chambre procedant à l'enregistrement de l'Arrêt du Conseil du
qui ajuge les Fermes du Domaine du Royaume à
& de la Procuration consentie à   de la Ferme
                                                                                  particuliere

particuliere des Domaines de la Province, dans laquelle celle des Ports &
Havres est confuse, auroit oublié de commettre deux de Messieurs les
Conseillers & Maîtres, pour signer les Brieux à l'ordinaire ; ce qui pourroit apporter du trouble ou du retardement dans les affaires de Sa Majesté,
ou solliciteroit même des particuliers d'en fournir sans ordre ni pouvoir,
contre l'authorité de Sa Majesté, à la surcharge des Negocians dans la Province, & au prejudice des Fermiers & Adjudicataires des Ports & Havres :
car il ne se pourroit faire que l'authorité du Prince ne se trouvât en quelque façon commise, si quelqu'un osoit s'arroger le credit de delivrer des
Actes de ce poids, sans son aveu & sa participation, lesquels étans nuls,
pourroient être contredits, en tous cas seroient inutiles à ceux qui s'en
pretenderoient servir ; & la facilité qu'un exemple si dereglé donneroit à
un chacun d'en supposer & d'en pouvoir representer indifferemment dans
les suites, mettroit un chacun dans la liberté de frauder tous & tels Droits
que l'on peut recüeillir en vertu d'iceux ; ainsi le procedé même des Fermiers seroit contraire à leur intention & en détruiroit l'effet ; si bien qu'é-
tant important de prevenir & d'arrêter le cours de tous ces dereglemens,
& de rétablir les choses dans leur premier & veritable ordre, il a requis que deux de Messieurs les Conseillers & Maîtres fussent commis pour
signer & sceller, à la maniere accoûtumée, les Brieux qui seront requis par
les Fermiers & Adjudicataires des Domaines ; avec défenses à tout autre
de signer ni de s'en servir d'autres, sur les peines qui y échoient ; & que
l'Arrêt qui interviendra sera lû & signifié où & à qui il appartiendra. FAIT
au Parquet le quatorze Decembre mil six cens soixante-seize. *Signé*, YVES
MORICE.

LA CHAMBRE faisant droit sur ladite Remontrance, a commis
Maîtres Jean Artthaud & Gabriel de Saint Pern, Conseillers & Maîtres,
pour signer lesdits Brieux qui seront requis par lesdits Fermiers pendant
le cours de leur Ferme ; & fait défenses à toutes personnes d'en signer, de
delivrer & de se servir d'autres que de ceux signez par lesdits Maîtres, sur
les peines qui y échoient : Et à ce qu'aucuns n'en ignorent & ayent à y porter état. Ordonne ladite Chambre, que le present Arrêt sera signifié où
être devra, à la Requête & diligence dudit Procureur General. FAIT
en la Chambre des Comptes à Nantes, le quatorziéme Decembre mil six cens
soixante-seize. *Signé*, JACQUES HUTEAU & RENE' DE LOHEAC.

Au Registre courant de ladite année, fol. 163.

EXTRAIT
DES REGISTRES
DE LA CHAMBRE DES COMPTES
DE BRETAGNE
1686.

MEMOIRE INSTRUCTIF,

Pour Messieurs les Interessez au Bail General des cinq grosses Fermes, Aydes & Gabelles de France, fait sous le nom de Maître Jean Fauconet, presenté par Monsieur le Procureur General de la Chambre des Comptes de Bretagne, pour qu'ils veuillent bien ordonner à leurs Commis des Ports & Havres de la Prevôté de Nantes, de retirer de la Chambre des Brieux.

POUR l'itelligence de cette affaire, il est de necessité de sçavoir que de temps immemorial, il a été delivré en Bretagne des Brieux aux Marchands qui alloient en Mer avec des Vaisseaux chargez de Marchandises, sans lesquels Brieux lesdites Marchandises & Vaisseaux pouvoient être saisis & acquis aux Ducs : que par Lettres Patentes concedées par les anciens Ducs de Bretagne à la Chambre des Comptes de cette Provinnce, ils luy ont accordé le droit de signer tous ces Brieux, à l'effet de quoy elle commettoit un Maître, ou autre Officier, qui étoit chargé de ce soin.

Qu'au commencement de l'établissement de ce Droit, & pendant que les Receveurs d'iceluy en comptoient directement à la Chambre, comme faisant partie des Revenus du Duc. Ces Receveurs étoient obligez d'aller à la Chambre prendre des Brieux en forme, c'est à dire, signez d'un Officier de ladite Chambre, & se chargeoit ce Receveur desdits Brieux par compte, & étoit obligé d'en faire recette & dépense dans celuy qu'il rendoit à la fin de son exercice; ce qui se justifie par les Extraits joints au present Memoire, des Comptes rendus en ladite Chambre par Yvon Cusquelon en l'année 1411, par Henry de Cregoursiech arrêté à Vannes en 1444, par Yvon Couan en 1445, & 1447 par Jean Benoist dont le Compte fut arrêté à Vannes le 22 Fevrier 1454, par Jean de Launay en 1455, par Geffroy de Logadet en 1463, & autres restez en la Chambre, qu'on n'a pas pris soin de coter icy; parce qu'on estime ceux-cy cotez, suffisants pour la justification de ce que dessus.

Que depuis le temps & pendant que les Droits de Brieux ont cessé d'être perçûs directement par les Tréforiers & Receveurs Generaux de Bretagne, pour les Ducs, pour être regis par des Fermiers particuliers, les Receveurs ne recevoient plus les Brieux de la Chambre; mais les Receveurs étoient obligez de les faire figner par un Officier de ladite Chambre, pour lequel Droit de fignature lefdits Fermiers étoient obligez de payer à Meffieurs la fomme de deux cens livres, qui faifoient partie des Charges de leurdit Bail, qu'ils étoient obligez de payer outre & par deffus le prix d'iceluy, ainfi qu'il paroît par l'Extrait auffi cy attaché, d'un Livre couvert de parchemin, intitulé Livre des Extraits faits faire par Maître Jean Morin, Confeiller du Roy, premier Préfident en la Chambre des Comptes de Bretagne, des Chartres étants au Château de Nantes, par Commiffion du Roy Henry III. auquel Livre fol. 106, V^e. appert fous le Titre des Charges que devoit payer le Fermier de la Prevôté de Nantes, & Ports & Havres être tiré ladite fomme de deux cens livres pour la fignature & écriture des Brieux fur la Prevôté de Nantes, & autant fur la Ferme des Ports & Havres :

Que depuis encore & durant ledit temps que les Baux de ces Fermes des Droits de Prevôté de Nantes, & Ports & Havres ont été faits par les Generaux des Finances de la Province de Bretagne, cette charge de deux cens livres par an, étoit encore acquittée outre & par deffus le prix du Bail, ainfi qu'il paroît par l'Extrait cy-joint, & celuy fait par Maître Pierre Guydo Seigneur du Reft, lors General des Finances, regiftrée à la Chambre au trentiéme Livre des Mandemens, commençant en Septembre 1655, & finiffant en Fevrier 1661 :

Que les Fermiers l'ont fi bien reconnu, qu'eux-mêmes prefentoient Requête à la Chambre, à ce qu'il luy plût commettre un de Meffieurs pour la fignature des Brieux, fuivant celle dont Copie cy jointe, prefentée par Maître Mathieu le Clerc, au bas de laquelle appert qu'il a été commis par la Chambre à cet effet :

Que même ils ont été confirmez en ce droit de fignature par Arrêt du Confeil rendu en forme de Reglement le 14 Août 1675, entre Meffieurs les Préfidens, Confeillers & Maîtres, Secretaires-Auditeurs & autres Officiers de ladite Chambre; par lequel il eft dit qu'il appartiendra aux Maîtres.

Pendant lequel temps les Fermiers de la Prevôté & Ports & Havres, n'ont fait aucune difficulté de fe retirer à la Chambre pour faire nommer un Officier d'icelle, qui leur fignoit des Brieux, & qu'on leur delivroit en fi grand nombre, qu'ils en avoient befoin, non plus que de payer chacun aux Receveurs des Epices de la Chambre pour le Droit de fignature la fomme de deux cens livres par an feulement. En 1659 ils refuferent de payer ladite fomme, & pour s'en exempter ils s'arrogerent le droit de figner eux-mêmes les Brieux; de quoy la Chambre étant informée, & ayant connoiffance que les Fermes des Ports & Havres & de la Prevôté, étoient réunies aux cinq groffes Fermes, Elle ordonna, avant que de rien énoncer, au Procureur General du Roy, d'en conferer avec Meffieurs les

Intereſſez generaux, auſquels en ayant été écrit & fait connoître le Droit de la Chambre , ils envoyerent audit Sieur Procureur General , un ordre pour leurs Commis de payer deux cens livres par an , pour la ſignature des Brieux des Ports & Havres , pour les années qui n'avoient été acquittées ; mais leſdits Commis ne s'étans preſentez pour les retirer de la Chambre , Elle n'a voulu toucher cette ſomme , qui ne luy eſt dûë qu'à cauſe du travail de ſes Officiers.

Si bien qu'il ne s'agit aujourd'huy que d'ordonner auſdits Commis de retirer de la Chambre les Billets de Brieux , puiſque Meſſieurs les Intereſſez generaux ont conſenti au payement qui eſt dû pour la ſignature d'iceux , ce qu'on ne croit pas qu'ils veuillent refuſer , d'autant que c'eſt un avantage pour leurs Commis , qui n'auront ni peine ni dépenſe , à ſuivre cet ancien uſage , & qui n'attendent même que l'ordre de Meſſieurs les Intereſſez pour s'y conformer : & comme ils joüiſſent auſſi de la Ferme de la Prevôté , ils voudront bien ordonner qu'il en ſera uſé pour les Brieux d'icelle , comme pour ceux des Ports & Havres.

REPONSE
DES FERMIERS GENERAUX
ET ORDRE DE PAYER.

1685.

LA Compagnie deſirant que les Billets de Brieux qui ſe delivrent aux Marchands , Maîtres de Navires & Barques qui partent des Ports & Havres de Bretagne , qui n'ont été ſignez dans les dernieres années que par les Commis , le ſoient à l'avenir par Meſſieurs de la Chambre des Comptes , qui commetteront l'un de Meſſieurs à cet effet , pour les raiſons du Memoire cy-deſſus donné par Monſieur le Procureur General , qui a promis à la Compagnie qu'ils ſeroient delivrez ſans retardement ; Monſieur Heron Directeur du Département de Montaigu , donnera ſes ordres aux Commis de ne plus delivrer à l'avenir de Brieux de Congez pour les Ports & Havres & Prevôté de Nantes , qu'ils ne ſoient ſignez par ledit Sieur Commiſſaire ; & pour cet effet il preſentera Requête à la Chambre pour l'exécution de ce que deſſus ; & fera payer annuellement és mains du Greffier de ladite Chambre , & ſur ſa Quittance , à commencer du premier jour de Juillet preſent mois & an , la ſomme de deux cens livres pour l'expedition deſdits Brieux , dans tous les Ports & Havres de Bretagne & Prevôté de Nantes , laquelle ſomme luy ſera paſſée dans la dépenſe de ſes Comptes , en raportant le preſent Ordre & la Quittance dudit Sieur Greffier. Fait au Bureau General des Fermes du Roy , à Paris le quatriéme

Juillet

Juillet mil six cens quatre-vingt-cinq. *Signé*, DE TURGIS, DE FREMONT BRUNET, HOCART, COLLIN. ARNAUD, l'HUILLIER, LE JUGE, BLIN, LE BOULANGER, ROUILE.

SOMMATION DE PAYER,

EN CONSEQUENCE DE L'ORDRE PRECEDENT.

1686.

SOussigne Mathurin Giraud, Huissier ordinaire du Roy, Collecteur des Finances en Bretagne, reçû en la Chambre des Comptes dudit Païs, demeurant à Nantes Paroisse de Saint Saturnin: rapporte m'être à la requête de Maître Michel Thibord, Greffier de la Chambre des Comptes de Bretagne, Receveur des Droits de Brieux dûs à Nosseigneurs de ladite Chambre, demeurant en la Rüe & Paroisse de Saint Denis dudit Nantes, où il fait élection de domicile, transporté en la demeure de Claude Bazin, Sieur de Champigny, Directeur & Receveur des Droits des Ports & Havres dans huit Evêchez de cette Province, celuy de Nantes non compris, qu'il fait prés les Carmes dechaussez de la Ville de Vannes, Paroisse Saint Patern, où étant, parlant à sa personne, je luy ay fait sommation de me payer presentement & sans delay, pour faire tenir audit Thibord en ladite qualité, la somme de huit cens livres pour quatre années des Droits de Brieux de ladite Chambre échûës le dernier Decembre 1685, suivant l'Ordre de Messieurs les Fermiers Generaux desdits Ports & Havres du 15 Avril 1684, que j'ay apparu & representé en cet endroit audit Sieur de Champigny, sans prejudice de pareille somme de huit cens livres dûë à ladite Chambre pour les Droits de Brieux & de la Prévôté de Nantes, joint mon offre de luy en donner Acquit valable; protestant audit Sieur de Champigny, que faute de payement de ladite somme, il y sera contraint incessamment par toutes voyes, comme pour deniers Royaux, sans prejudice d'autres droits: à l'endroit m'a ledit de Champigny, en qualité de Directeur desdits huits Evêchez, pour les Droits de Ports & Havres, fait réponse qu'il offre & est prêt de payer la somme de quatre cens livres portée par l'Ordre de Messieurs les Fermiers Generaux du 15 Avril 1684 pour deux années, à raison de deux cens livres par an; sçavoir, 1682 & 1683, en luy mettant entre les mains ledit Ordre de Messieurs les Fermiers Generaux, avec la Quittance du Greffier de la Chambre des Comptes de Nantes aux termes d'iceluy: & qu'à l'égard des quatre cens livres pour les années 1684 & 1685, il est aussi tout prêt d'y satisfaire, en luy mettant un pareil Ordre en main, de Messieurs les Fermiers Generaux pour luy servir de décharge: & pour lever toute difficulté, offre ledit Sieur de Champigny, d'en écrire à Messieurs les

Fermiers Generaux par le premier ordinaire pour avoir un Ordre, tant pour lefdites années 1684 & 1685, que pour l'avenir, n'étant pas jufte qu'il faffe femblable payement, fans avoir fes decharges valables, & a figné, Bazin de Champigny; laquelle declaration j'ay pris pour refus, & protefté de contraindre de jour à autre ledit Sieur de Champigny au payement de ladite fomme de huit cens livres, & du tout luy ay laiffé Copie parlant à fa perfonne, comme dit eft en fa demeure. Le vingt-fix avril mil fix cens quatre-vingt-fix, avant midy. *Ainfi figné*, GIRAUD.

Controllé à Vannes, le vingt-feptiéme Avril mil fix cens quatre-vingt-fix. Ainfi figné, JAMES.

Extrait du fecond Livre noir étant au dépôt du Garde des Livres fol. 91.

Ut maneant leges intactæ, juraque fifci,
Hunc bene fuada themis condidit ipfa Librum.

ORDONNANCE
DE LA ROYNE ANNE
DUCHESSE DE BRETAGNE,

PORTANT QUE LES GAGES DES OFFICIERS DE LA CHAMBRE leur seront payez sans attendre état de Finance, en vertu des Presentes, & seront assignez sur la Ferme des Brieux & de l'Impôt & Billot.

Institution & creation de Maistres Jehan Lenas, Jehan Drouillart, François de Callac & Yves Maido aux Offices d'Auditeurs des Comptes.

ANNE par la Grace de Dieu Royne de France, Duchesse de Bretaigne : A tous ceulx qui ces presentes Lettres verront, SALUT. Comme ainsi soit que de toute antiquité nos predecesseurs Roys, Ducs & Princes de nostredit Pays, & Nous successivement aprés, ayant eu & ayons Chambre des Comptes pour faire traiter, regir & gouverner le fait & état de nos Finances, tant ordinaires qu'extraordinaires ; y contraindre tous Officiers comptables & autres ayant administration d'icelles, à rendre compte & fournir au reliqua par devant les Presidents, Auditeurs & autres supposts d'icelle, au desir & selon les stiles, Etats & Ordonnances de nostredite Chambre y observez, gardez & confirmez de Prince en autre, sans jamais à icelles contrevenir en aucune maniere ; & entre autres y ait stile & Ordonnance que lors que l'un des Auditeurs d'icelle decede qui a en ladite Chambre plus grands gaiges & états que les autres supposts d'icelle qui ne sont en tel & pareil état & degré, le prochain institué & reçû aprés est subrogé esdits gaiges & état d'iceluy decedé, sauf à pourvoir en l'Office d'iceluy subrogé au plaisir du Prince : quels stiles & Ordonnances ont tousjours été gardez & observez, sans les enfreindre tant és temps de nosdits predecesseurs que de Nous, jusqu'à puis peu de temps en ça que Nous inavertis desdits stiles & Ordonnances avons derogé à icelles en l'endroit de Maistres Jehan Lenas, Jehan Drouillart, François de Callac & Yves Maido gens de nosdits Comptes ; esquels à cette cause & pour de bonnes raisons sulimes tenus leur en faire bonne recompense. POURQUOY aprés que avons été bien & deuëment informez & acertenez de ce que dessus, desirant garder leur droit à chacun, aussi Nous acquitter envers les dessusdits du prejudice que leur avons en tant fait, en derogeant esd. Ordonnances & stiles, mesme que les dessusdits sont des plus anciens & premiers instituez & receux en ladite Chambre & dés le temps du vivant de feu Mon-

N nn

seigneur & pere, que Dieu abfoille, & des grands ſervices qu'ils & leurs
predeceſſeurs avant eulx ont fait à Nous & ès noſtres en ladite Chambre
& ailleurs en maintes manieres, & eſperons qu'ils feront en l'avenir : pour
celles & autres raiſons & conſiderations à ce Nous mouvants, avons du-
jourd'huy & en ſuivant le bon plaiſir de Monſeigneur, qui a été Nous
octroyer & accorder la totale diſpoſition des offices & affaires de cedit
Pays, crée & inſtitué, creons & inſtituons par ces Preſentes leſdits Lenas,
Drouillart, Callac, Maido & chacun Auditeurs de noſd. Comptes ès gaiges
de trois cent livres par an à chacun ainſi que les autres Auditeurs, & en
un tel & pareil état & degré, juſques & en attendant qu'ils & chacun puiſſent
eſtre pourveus audit état en enſuivant leſdits ſtiles & Ordonnances quand
le cas y adviendra; & pourtant que pour le fait & état des gaiges des
gens deſdits Comptes, avons paravant ces heures ordonné par nos Lettres de
Chartre la ſomme de quatre mille ſix cent cinquante livres monnoye à eſtre
prinſe ſur les deniers des fermes des Brieuffz de cedit Pays & de l'impoſt
de l'Evêché de Vannes, pour être diſtribuée ſelon la forme de ladite Chartre, par laquelle les deſſuſdits n'avoient que deux cens livres chacun : pour
quoy ils ne pourroient eſtre payez de ce que leur revient en augmentation par ces preſentes, qu'eſt à chacun cent livres, ſi ne faiſons plus grande
Ordonnance : A cette cauſe & afin qu'ils puiſſent eſtre payez à raiſon de
trois cens livres chacun par an, ordonnons outre la ſomme contenue en
ladite Chartre, la ſomme de quatre cent livres monnoye, qu'eſt à chacun
deſdits nommez cent liv. d'augmentation par maniere de penſion juſqu'à ce
qu'ils ſoient pourveus, ainſi que dit eſt, à eſtre prinſe en l'avenir par Nicolas
Duval payeur des gaiges des gens deſdits Comptes deſdits Fermiers & Receveurs deſdits Brieufz & impoſts, outre & par deſſus ladite ſomme de
quatre mille ſix cens cinquante livres qu'il leve & a accoûtumé de lever par
chacun an pour le fait & état des gens deſdits Comptes, & icelle ſomme
eſtre pareillement par ledit Duval payee ès deſſuſdits & chacun, ainſi que
dit eſt; & outre la ſomme de deux cent livres que chacun d'eux prend
chacun an à cauſe des offices de Secretaires qu'ils exercent en ladite Chambre.
En mandant & mandons à noſtre bien amé & feal Conſeiller Jehan François
Chevalier general des Finances en noſtredit Pays, faire par leſdits Fermiers
& Receveurs deſdits impoſts & Brieufz preſens & à venir des deniers deſdites Fermes icelle ſomme de quatre cent livres monnoye, payer & bailler
chacun an audit Nicolas Duval payeur ſuſdit, pour icelle eſtre diſtribuée
& payée ès deſſuſdits, comme dit eſt, outre la ſomme que ledit Duval a
acoutumé leur payer chacun an pour leurs offices de Secretaires, & tout
ainſi & de la maniere que ſi elle étoit couchée ès Lettres de ladite Chartre &
ſans prejudicier à icelle, ne qu'il leur ſoit beſoin attendre état de Finance,
deſcharge, aſſignation ne verification de nos Generaux & Treſoriers de
nos Finances ne autre acquit, fors la quittance dudit Duval ou de celuy
qui aura charge de payer leſdits gaiges ſeulement. Voulans & voulons
cettes nos preſentes valoir pour état ès deſſuſdits, & cettes une fois veues
en ladite Chambre, enſemble la quittance dudit payeur valoir acquit &
deſcharge auſdits Fermiers & Receveurs des payemens qu'ils en auront

faits, leur estre allouez & passez par les gens de nosdits Comptes sans refus ne difficulté, nonobstant ladite Chartre & sans y prejudicier, & quelconques Mandemens, restrinctions, deffenses, Ordonnances, états de Finance ou autres choses à ce contraires ou desrogatoires, & mesme nonobstant les obligations en quoy lesdits Fermiers, Receveurs & chacun seront ou pourroient estre obligez envers Nous & nos Tresoriers par la prinse desdites Fermes & Recette, pour lesquelles ne voulons estre à ces presentes differé. Si SUPPLIONS à mondit Seigneur le contenu en ces presentes confirmer & avoir agreable, & en octroyer ses Lettres en forme deuë. Donné en nostre Ville de Nantes le quart jour de Juillet l'an de grace mil cinq cent cinq. *Ainsi signé* ANNE, & sur le reply par la Royne & Duchesse. MARCHAND. Et scellé à double queuë. Donné & fait par copie collationnée à l'original au tablier de la Chambre des Comptes le derrain jour de Janvier l'an mil cinq cent & six, & declairé à icelle copie autant de foy devoir estre ajoustée qu'audit original comme dessus. *Signé* J. DE LESPINAY & MAIDO.

Mandement premier coté 3, fol. 59. Lesdites Lettres confirmées par celles du Roy Louis XII. du 12 Juillet 1505. fol. 60.

MENUES NECESSITEZ.

LETTRES DU ROY HENRY III.

Qui ordonnent que le fonds destiné aux menues Necessitez de la Chambre sera remis par le Receveur general des Finances au Commis à la Recette des menues Necessitez, moitié par moitié à l'ouverture de chaque Semestre.

Du 10 Mars 1578.

HENRY par la grace de Dieu, Roy de France & de Pologne : A tous presents & à venir, SALUT. Nos amez & feaulx Conseillers les gens de nos Comptes en nostre pays & Duché de Bretaigne Nous ont trés-humblement en nostre Conseil Privé, fait remontrer que de toute ancienneté nos predecesseurs & Nous leur aurions permis & accordé prendre & avoir chacun an certains menuz droits & necessitez, comme distribution de papier, plumes, écritoires, getz de cuivre, cierges & torches, avec Beuvetes de matin & relevée, ainsi qu'ont accoustumé d'avoir & prendre les autres Officiers de nos autres Chambres des Comptes, mesmes pour achapt de bois qu'il convient avoir en cinq Bureaux de nôtre dite Chambre : pourquoy leur étoit ordonné la somme de quatre cent livres tournois, à icelle prendre des deniers de nostre Recette generale; & se trouvoit ladite somme, lors qu'elle fut ordonnée, suffisante pour ce que il n'y avoit en icelle que 16 Officiers, lesquels au commencement de l'institution de ladite Chambre vivoient en communauté & avoient les vivres à bon & competant prix : mais au moyen que lesdits Officiers ont été depuis augmentez, comme ils sont à present, jusqu'au nombre de 52 prenants lesdits droits en toutes choses à leurs depens de plus des deux parts, ladite somme de quatre cens livres auroit puis peu de temps été augmentée d'autres quatre cens livres, qui font huit cent livres tournois, lesquelles ne peuvent suffire pour lesdites menues necessitez, non pas au tiers, comme il se justifie par un extrait des comptes renduz en nostredite Chambre, de la depense desdites menuës Necessitez ; Nous supplians à ces causes leur vouloir sur ce pourvoir & leur ordonner pour les causes contenues audit état, qui est partie par estimation, d'autant que les prix de la pluspart desd. menues Necessitez font inopinez, jusqu'à la somme de trois mille livres, comme pour semblables causes Nous aurions puis naguéres fait à l'endroit de nos amez & feaulx les gens tenants nostre Cour de Parlement audit Pays. A CES CAUSES, aprés avoir fait voir en nostre Conseil Privé ledit état cy-attaché sous le Contrescel de nostre Chancellerie, desirans comme Nous avons toûjours eu la volonté de bien & favorablement traiter lesdits gens de nos Comptes en Bretaigne & ceulx du College d'iceux, en consideration des bons, fideles & recommandables services qu'ils ont fait à nosd. predecesseurs & à Nous, font & continuent chacun jour à la conservation de nos Finances & Domaine ; & pour leur donner occasion d'y continuer, avons par l'avis de nostre Conseil & de nos grace speciale, pleine puissance & authorité Royale, ordonné & ordonnons par ces Presentes signées de nostre main, ausdits gens de nos Comptes presens & à leurs successeurs pour lesdites menuës Necessitez, jusqu'à la somme de seize cent livres à icelle avoir & prendre chacun an ; sçavoir, sur la Recette generale dudit Pays les huit cent livres tournois seulement qui ont accoûtumez y estre pris, & le parsus sur les deniers casuels plus valables & autres levées extraordinaires dudit Pays ; laquelle somme sera mises és mains de l'administrateur & commis par eulx à faire la recette & depense desdites menuës Necessitez, par moitié à chacune ouverture de nostredite Chambre par les Tresoriers & Receveurs generaux d'icelles ou autres comptables qu'il appartiendra ; lequel administrateur sera tenu d'en compter en nostredite Chambre comme il a fait cy-devant. SI DONNONS EN MANDEMENT à nos amez & feaulx Conseillers Tresoriers de France & Generaulx de nos Finances en Bretaigne, & laisser jouir lesd. gens de nos Comptes des present, don & octroy, declaration & augmentation pour lesdits droits & menuës Necessitez, & d'employer d'oresnavant par chacun an aux états qu'ils feront des deniers de nos Finances tant ordinaires que extraordinaires, lad. somme de seize cent livres, laquelle Nous voulons estre passée & allouée en la depense desdits Receveurs generaulx ou autres comptables qui l'auront payée, par nosd. gens de nos Comptes, ausquels Nous donnons pouvoir de ce faire : CAR tel est nostre plaisir, nonobstant nos Ordonnances, tant avenues que modernes sur le fait ordinaire & distribution de nosdits Mandements, que les deniers soient ailleurs destinez, & quelconques autres Edits, Ordonnances & deffenses à ce contraires ; & à la derogatoire des derogatoires y contenues Nous avons pour cette fois & sans y prejudicier ni autres choses, derogé & derogeons par cesdites presentes. Données à Paris le dixiéme jour de Mars l'an de grace mil cinq cent soixante dix-huit, & de nostre Regne le quatriéme. *Signé* HENRY ; Et sur le reply, par le Roy en son Conseil, BRULART. *Au Mandement coté* XI. *fol.* 239.

OBSERVATION

OBSERVATIONS
SUR
LES MENUES NECESSITEZ
DE LA CHAMBRE DES COMPTES
DE BRETAGNE.

CEtte Compagnie a eu de tout temps un fonds destiné au payement des Menues necessitez ; ce droit du temps des Ducs de Bretagne s'appelloit droit de Robe d'Esté & Manteau d'Hyver, & il se
payoit en especes. On trouve au Livre de Chancellerie commencé le
25 Octobre 1405 & fini le 7 Avril 1407, un Mandement du Duc Jean V.
qui porte, *Mandement à Gilles Sousbois Garde-Robier, bailler à l'Abbé de
S. Mahé, Me. Geffroy Coglais, Jamet le Cocq, Guillaume Mouvoisin, Jean
Chauvin & Jean Guerm Auditeurs & Clercs des Comptes, à chacun d'eux
cinq aulnes de bon fin drap & un cent de bonnes fouines pour avoir chacun une
robe de livrée. Du 3 Juin 1406.*

Le Roy François I. informé que de toute ancienneté les gens des
Comptes avoient accoûtumé de jouir du droit de Robes & Manteaux,
qui depuis a été employé dans les états du Roy sous le titre de Menues
Necessitez, le confirma par ses Lettres du 21 Octobre 1538, & leur
assigna sur la Recette generale des Finances une somme de sept cent
cinquante livres monnoye par chacun an, à departir entre les Officiers
entrant en Semestre moitié par moitié, par leur Receveur, avec cette
clause, *& ce sans qu'il leur soit besoin en avoir chacun an autre ordre &
mandement que lesdites Presentes.*

Aussi ce fonds a-t'il toûjours été exactement remis par le Receveur general des Finances à l'ouverture des Semestres és mains du Payeur ou Receveur des menues Necessitez, pour être par luy distribué aux Officiers
entrant en service, sans attendre l'état du Roy ni aucun autre ordre,
cette partie étant destinée à fournir aux Officiers les choses necessaires
pour leurs fonctions ordinaires, comme encre, papier, cornets, bois,
beuvette & reparations de la Chambre, pour la retribution qu'on
donne aux Peres Cordeliers qui disent les Messes à l'issue de la Chambre, pour l'honoraire du Predicateur du Carême & de l'Advent, &
autres dépenses qui ne pourroient être differées sans troubler l'ordre
œconomique des affaires de la Compagnie.

Le Roy Henry II. voulant aussi donner aux Officiers de ladite Chambre des marques de la satisfaction qu'il avoit de leurs services, aug-
menta par ses Lettres du 13 Juillet 1551 le fonds ordonné par les Lettres

O oo

du Roy François I. pour les menues Neceffitez de la Chambre, jufqu'à douze cent livres monnoye, pour être ladite fomme reçûë par chacun an par le Payeur des Gages de la Chambre, & par luy diftribuée aux Officiers entrant en exercice; avec cette claufe, *fans qu'il foit befoin pour cet effet audit Payeur ni aux Gens des Comptes avoir cy-aprés autre Mandement que lefdites Prefentes.*

Le Roy Charles IX. ayant créé plufieurs Charges à la Chambre par fon Edit du mois d'Avril 1572, le Roy Henry III. fon fucceffeur ordonna par fes Lettres du 21 Octobre 1575, que les Officiers nouvellement créez jouïroient (comme ceux d'ancienne création) du droit de Robes d'Hyver & Manteau d'Efté, outre les gages ordinaires à eux attribuez, avec cette claufe femblable aux precedentes Lettres, *fans attendre de Nous autre juffion ne commandement, & ordre aux Treforiers Receveurs generaux de les employer dans les états qu'ils drefferont chacun an, comme charge ordinaire.*

Ces termes *fans attendre de Nous autre juffion ne commandement*, font relatifs aux Lettres de François I. du 21 Octobre 1538 cy deffus rapportées, *fans qu'il leur foit befoin*, aux gens des Comptes, *en avoir chacun an autre ordre ne Mandement que lefdites prefentes*, attendu, comme portent les Lettres du Roy Charles IX. du 21 Octobre 1575, *que c'eft Charge ordinaire*, & que le fonds fur lequel elle fe leve eft toûjours exiftant és mains du Receveur general des Finances, avant qu'il le remette au Payeur ou Receveur des menues Neceffitez de la Chambre, lefquelles n'étant dûës qu'aux mois de Mars & Septembre, il en a reçû fa plus grande partie dans les mois de Janvier & Fevrier, & par confequent obligé de s'en déffaifir fans qu'il luy foit permis d'en differer le payement, fous pretexte que l'état du Roy ne luy aura pas encore été envoyé.

Il en eft de même des gages qui fe prennent fur le même fonds, qui font les Fouages de la Province : il a toûjours été d'ufage de les remettre au Payeur de la Chambre aux termes de la S. Jean & Noël, fans attendre l'état du Roy, fuivant les Lettres de la Reine Anne Ducheffe de Bretagne du 4 Juillet 1505, confirmées par celles du Roy Louis XII. du 12 dudit mois & an, qui portent, *fans qu'il leur foit befoin*, les gens des Comptes, *attendre état de Finance.*

C'eft en conformité de ces anciennes Ordonnances des Ducs de Bretagne & des Rois leurs fucceffeurs audit Duché, que les gages des Officiers de la Chambre, ceux du Parlement & de la Maréchauffée, qui font de tout temps affignez fur les Fouages, ont toûjours été regulierement remis aux termes de S. Jean & Noël és mains des Payeurs defdites Compagnies par le Receveur general des Finances, avant même que les états du Roy foient arrêtez; parce que étant toûjours faifi, comme il a été dit, du fonds que les Receveurs des Fouages ne manquent jamais de luy porter par chacun an, partie dans les mois de Janvier & Fevrier, & partie dans celuy de Septembre, il n'a aucun pretexte d'en differer le payement; & cela s'eft toûjours pratiqué jufqu'à prefent, fans que jamais Sa Majefté l'ait defaprouvé, & fans qu'aucun Receveur général des Finances ait entrepris de troubler cet ordre, soit pour les gages qui de temps immemorial se payent à la S. Jean & à Noël, soit pour les menues necessitez qui ont toûjours été payez au commencement des Semestres, ainsi qu'il est expressément ordonné par les Lettres du Roy Henry III. du 10 Mars 1578 qui portent, *que le fonds des menues necessitez sera remis es mais de l'Administrateur & Commis par les gens des Comptes à faire la recette & dépense desdites menues Necessitez, par moitié à chaque ouverture de ladite Chambre, par les Tresoriers & Receveurs generaux.* Par la suite ce fonds a été augmenté à cause des diverses creations d'Offices qui ont été faites à la Chambre, mais le même ordre a toûjours été gardé; & ce qui marque encore que le temps du payement des menues necessitez n'est pas le même que celuy des gages, c'est que quoyque la partie qui regarde les menues necessitez soit confondue dans le sommaire des gages, elle est neantmoins employée dans plusieurs états du Roy par article separé; ce qui doit faire connoître au Receveur general des Finances que la partie des menues Necessitez ne suit point l'ordre ordinaire des temps marquez pour le payement des gages, mais qu'elle doit être acquittée sans retardement à l'ouverture de chaque Semestre, pour les raisons cy dessus expliquées.

Au Livre des Mandem. coté 21. fol. 239.

Voyez l'Arrêt de la Chambre du mois de Septembre 1633, au Registre suivant commencé en Août 1632, coté LXXI. fol. 201. v°. qui ordonne à Me. Guillaume Martin Receveur general des Finances, de payer comptant au premier Huissier Receveur des Menues Necessitez de ladite Chambre, la somme de mille sept cent soixante quinze livres, pour être employée au payement des Menues Necessitez au commencement du Semestre de Septembre 1633, à peine de prise de corps dudit Receveur general.

DECLARATION DU ROY,

Concernant les Registres Journaux que doivent tenir les Comptables, leurs Commis & Caissiers.

Du 4 Octobre 1723.

LOUIS par la grace de Dieu, Roy de France & de Navarre : A tous ceux qui ces presentes Lettres verront, SALUT. Les abus qui s'étoient introduits dans la perception, le maniement & distribution des Finances par l'inexecution des anciennes Ordonnances & Reglemens concernant les Comptables, & notamment des Edits des mois de Mars 1600, Janvier 1634, Avril 1643 & Août 1669, Nous ont obligé à en renouveller les dispositions par nôtre Edit du mois de Juin 1716 & par nôtre Declaration du 10 du même mois, par lesquels Nous avons retably l'usage des Registres journaux, en ordonnant que tous les Comptables, Tresoriers, Receveurs, Caissiers, Commis Comptables de nos Finances & de nos Fermes, & Depositaires des deniers publics, seroient tenus de se conformer à la loy generale que Nous avons faite. Nous avons eu depuis la satisfaction de voir le bon ordre & l'œconomie se former insensiblement dans les parties des Finances qui ont été administrées suivant les dispositions desdits Edit & Declaration: mais quoique Nous eussions suffisamment expliqué nos intentions à cet égard, & que la regle exacte que Nous avons eu dessein de retablir soit aussi essentielle pour la tranquillité des Comptables que pour le bien de nôtre service, l'interêt particulier de ceux a qui la confusion peut être avantageuse, ayant fait éluder l'execution de cette loy dans plusieurs autres parties de nos Finances, Nous nous sommes determinez en rappellant les dispositions de nosdits Edits & declaration du mois de Juin 1716 à marquer toute l'étenduë des obligations des Comptables, d'une maniere si precise, qu'ils ne puissent avoir à l'avenir aucun pretexte de se dispenser de les remplir : A CES CAUSES & autres à ce Nous mouvans, de l'avis de nôtre Conseil & de nôtre certaine science, pleine puissance & authorité Royale, Nous avons dit & declaré, & par ces presentes signées de nôtre main, disons, declarons & ordonnons, voulons & Nous plaît ce qui en suit.

ARTICLE PREMIER.

Que conformement à l'Article premier de nôtre Edit du mois de Juin 1716, tous nos Officiers Comptables, de quelque qualité qu'ils puissent être, les Gardes de nôtre Tresor Royal, le Tresorier general de nos Parties casuelles, les Receveurs generaux de nos Finances, Domaines & Bois, les Tresoriers des Pays d'Etats, les Receveurs des Octrois & Deniers publics, les Tresoriers de l'Extraordinaire des Guerres, ceux de la Marine, des Galeres, & tous les autres Tresoriers, même ceux qui ont le maniement des deniers destinez pour toutes les differentes dépenses de nôtre Maison, ensemble tous leurs Caissiers & Commis Comptables, comme aussi tous les Caissiers & Commis comptables de nos Fermiers & Sousfermiers, soit en Titre ou par Commission, les Entrepreneurs des Vivres de Terre ou de Mer, Fourages, Etapes, Hôpitaux & fortifications, leurs Caissiers & Commis comptables en deniers, papiers ou effets, & tous ceux, sans aucune exception, qui sont chargez de la recette, recouvrement & maniement de nos deniers de toutes especes, seront tenus d'avoir un Registre Journal dans lequel ils écriront jour par jour de suite & sans aucun blanc ni transposition toutes les Parties, tant de recette que depense qu'ils feront dans l'exercice de leurs Charges, Emplois & Commissions.

II.

Tous Officiers comptables en charge ou par commission, tels que sont les Gardes de nôtre Tresor Royal, Tresorier general de nos Parties

ties cafuelles, les Receveurs generaux de nos Finances, Domaines & Bois, les Treforiers des Païs d'Etats, les Treforiers generaux de l'Extraordinaire des Guerres, ceux de la Marine, des Galeres, des Fortifications, de l'Artillerie, de l'Ordinaire des Guerres, & tous les autres Treforiers, même ceux qui ont le maniement des deniers deftinez pour toutes les differentes depenfes de nôtre Maifon, tiendront un Journal en leur nom independemment de celuy qui fera tenu par leurs Caifliers ou Commis, dans lequel Journal ainfi tenu en leur nom, lefdits Officiers comptables en charge ou par commiffion, enregiftreront toutes les parties de recette & depenfe de quelque nature qu'elles puiffent être, qui fe feront pour le fait de leurs exercices, foit qu'elles foient faites directement par eux-mêmes, foit qu'elles ne foient faites que par les mains de leurs Caifliers ou Commis. Voulons que l'enregiftrement de chaque article de recette & depenfe foit fait avec toutes les formalitez preferites par nôtre prefente Declaration, en forte que fans avoir recours aux Regiftres particuliers defdits Caifliers ou Commis comptables, ni aux autres Regiftres auxiliaires qu'ils font dans l'ufage de tenir pour l'ordre & la diftribution des matieres, on n'ait befoin que du Journal feul defdits Officiers comptables, pour connoître en tout temps les differentes parties de recette & depenfe faites par eux, leurs Caifliers ou Commis, & en quelles efpeces ou quels effets elles auront été faites.

III.

Aucun comptable ne pourra porter en recette ou en depenfe dans fon Journal, aucune partie qui foit étrangere au fait de fon Office ou Commiffion.

IV.

Tous les Regiftres Journaux feront reliés & en fuite fignés fur le premier & dernier feuillet, & tous les feuillets cotés & paraphés, lefquelles cotes, fignature & paraphe feront faites de la maniere qu'il eft marqué par l'Article II. de nôtre Edit du mois de Juin 1716, & par les Commiffaires de nôtre Confeil, nos Officiers ou Juges denomez audit Article.

V.

De ces fignatures, cotes & paraphes, il fera dreffé procez verbal dans lequel feront défignés le nom & la qualité de l'Officier qui aura fait les fignatures, cotes & paraphes; le nom & la qualité de l'Officier ou Commis comptable par qui le Journal doit être tenu; l'année où l'exercice pour lequel ledit Journal doit fervir; la qualité du volume dudit Regiftre; fi c'eft le premier, fecond, troifiéme ou autre volume du Journal dudit exercice ou de ladite année; & la qualité des Recettes & dépenfes qui doivent y être portées.

VI.

Ce Procez verbal de fignature, cote & paraphe fera figné du Commiffaire de nôtre Confeil, nôtre Greffier ou Juge qui l'aura dreffé, & du Comptable; & fera fait triple, dont l'un fera tranferit fur la premiere feuille du Journal; le fecond fera envoyé pour expedition au fieur Controlleur general de nos Finances par le Commiffaire de nôtre Confeil, nôtre Officier ou Juge qui aura dreffé ledit procez verbal, & ce dans la huitaine de la confection dudit procez verbal; & le troifiéme reftera pour minute au Greffe dudit Commiffaire, Officier ou Juge.

VII.

Les Comptables qui ne font de recette & dépenfe qu'en efpeces, tiendront leur Regiſtre Journal à deux colomnes ſeulement, dans la premiere deſquelles ſera tiré en chiffre le montant de la recette, & dans la ſeconde le montant de la depenſe. Ces deux colomnes ſeront marquées par deux lignes qui ſeront tirées du haut de la page en bas à la droite de chaque page. Outre ces deux colomnes il ſera laiſſé une marge qui ſera marquée par une ligne qui ſera tirée à la gauche de chaque page, auſſi du haut de la page en bas; cette marge ſera laiſſée libre pour écrire quand le cas y échoira. Les nottes qui devront être miſes à côté de l'article & l'intervalle qui ſera entre cette marge & la premiere colomne, ſervira à enregiſtrer le texte de chaque article, ſoit de recette ſoit de dépenſe, ainſi qu'il ſe preſentera indiſtinctement, ſans y laiſſer aucun blanc.

VIII.

A l'égard des Comptables dans la recette & depenſe deſquels il pourra entrer des Ordonnances, Reſcriptions, Lettres de change ou autres effets exigibles ou de compenſation, leurs Journaux auront quatre colomnes, dans la premiere deſquelles ſeront tirées les ſommes reçûes en eſpeces, dans la ſeconde celles reçûes en effets, dans la troiſiéme celles payées en eſpeces, & dans la quatriéme celles payées en effets; en ſorte que les recettes & dépenſes en eſpeces ne ſe trouvent jamais confondues dans les mêmes colomnes avec les recettes & depenſes en effets. Ces quatre colomnes ſeront ouvertes dans le folio recto qui ne contiendra que les ſommes portées auſdites colomnes, & le folio verſo ſera occupé tout entier par la marge & l'énonciation des articles.

IX.

Au commencement de chaque page il ſera tiré une ligne depuis la marge juſqu'à la premiere colomne, & cette ligne demeurera ouverte par le milieu, ſuivant le modele cy-attaché ſous le contreſcel de nôtre Chancellerie, pour mettre dans ce vide la date de l'article. Pareille ligne ſera tirée aprés l'enregiſtrement de chaque article de recette & depenſe; le dernier article de chaque page ſera fermé par une ligne qui ſera tirée en plein dans toute la largeur de la page, & il ne pourra être laiſſé aucun vide d'un article au ſuivant.

X.

Le Comptable énoncera dans le texte de chaque article de recette ou depenſe le nom & la qualité de celuy de qui il recevra, ou à qui il payera le montant, le tout en lettre & ſans chiffre, du payement qu'il ſera ou qui luy ſera fait; la cauſe du payement, & par quel ordre ou ſur quel état de diſtribution ledit payement aura été fait ou reçû; & il ſera obligé d'ajoûter à la fin de l'article un bordereau des differentes eſpeces ſoit d'or ou d'argent, reformées ou non reformées, qu'il aura reçûes ou payées; & en cas que le tout ou partie de la valeur ait été fournie en lettres, reſcriptions, billets ou autres effets, la qualité deſdits effets & le terme de leur échéance ſeront pareillement exprimés, conformement aux modeles d'enregiſtrement qui ſeront attachés ſous le contreſcel des Preſentes.

XI.

Enſuite de ce bordereau le Comptable fera mention des charges qu'il aura regiſtrées ou de celles qu'il aura fournies pour valeur de la ſomme compriſe dans l'article.

XII.

Tous les Comptables, ſans aucune exception, au lieu de faire la diſtinction d'année, ordonnée par l'article VI. de nôtre Edit du mois de Juin 1716, tiendront un Journal separé pour chaque exercice, & suivront sur ledit Journal les recettes & dépenses faites sur l'exercice, pour lequel ledit Journal aura été signé, soit que ces parties soient consommées pendant le cours de l'année d'exercice, soit qu'elles ne le soient que dans le cours des années suivantes.

XIII.

A l'égard des Comptables qui, par le trop grand détail dont ils sont chargés, se trouvent obligés de tenir plusieurs Registres particuliers de recette, & dont la recette ne se fait que par petite partie, ils pourroient être dispensés par écrit en connoissance de cause par les Commissaires de nôtre Conseil, de faire sur leur Journal le détail de toutes ces parties, au lieu duquel détail il suffira d'enregistrer la totalité de la recette du jour portée sur chacun de leurs differens Registres de recette ordinaire, en observant neantmoins de distinguer ce qui aura été reçû sur chaque nature de recette, & en faisant un bordereau des especes qui ont formé ladite recette ; mais cette dispense ne pourra avoir lieu que pour la recette & non pour la depense, qu'ils seront toûjours tenus dans tous les cas d'enregistrer dans la forme prescrite.

XIV.

Aprés avoir enregistré les parties de recette ou de dépense dans l'ordre & avec les circonstances cy-dessus marquées, le Comptable tirera hors ligne en chiffre, le montant de la recette en especes dans la colomne de la recette en especes, celuy de la depense en especes dans la colomne de la depense en especes, & ainsi des autres colomnes de recette ou de depense en effets, à mesure que chaque page sera remplie : il calculera & arrêtera au bas de chaque colomne le montant desdites recettes & depenses, & les raportera ensuite en tête des colomnes de la page suivante : il continuera les mêmes calculs de page en page jusqu'à la fin du Journal ; en sorte que par le calcul des colomnes de la derniere page, on puisse connoître en tout temps le montant de toutes les parties de recette & depense portées sur le Journal, & le restant en caisse tant en deniers qu'en effets separément.

XV.

Tout effet de compensation operera recette & depense dans l'instant qu'il sera reçû par le Comptable, & l'effet exigible sera porté en recette en entrant dans la caisse, mais il ne sera porté en depense, que le jour qu'il sortira des mains du Comptable.

XVI.

Toutes les fois qu'un Comptable aura reçû en deniers comptants la valeur d'un effet exigible, il en sera fait recette en especes, & depense en effets sur son Journal ; & lorsque l'effet exigible sera par luy donné en payement, il en sera simplement depense dans la colomne de la depense en effets, en observant ce qui est prescrit cy-dessus.

XVII.

Lorsque le Comptable chargé de faire des envoys à ses frais & risques sera autorisé, pour la commodité de ses remises, à convertir les deniers de sa caisse en effets exigibles, il fera depense des deniers sur son registre & recette en effets pour les effets en provenant.

XVIII.

Lorsqu'il fera fait des converfions de recepifcés en Quittances finales ou comptables, il fera fait fur le Journal un article détaillé qui contiendra la mention des recepifcés particuliers qui auront été reçûs ou donnés pour valeur defdites quittances date par date & fomme par fomme, & le Comptable fera obligé de rappeller dans ledit article le folio du Regiftre Journal où lefdits recepifcés auront été enregiftrés, & même de faire mention à la marge, de l'enregiftrement defdits recepifcés de ladite converfion en quittances finales ou comptables, & ladite converfion ne fera portée dans ledit Journal que pour mémoire, fauf par ledit Comptable à tirer hors ligne en recette ou depenfe les fommes payées ou reçûes pour appoint defd. quittances finales ou comptables.

XIX.

En cas de retenue de capitation, dixiéme ou autres, le Comptable fe chargera en recette defdites retenues, & portera en dépenfe le montant de la quittance qui luy fera fournie, dans la forme portée par l'Article XII. du modele attaché aux prefentes.

XX.

Si pour valeur de la décharge ou quittance délivrée à quelque Comptable, il arrivoit que le Comptable ne fit pas le payement en efpeces en entier, & que pour la foute il en fournit fon billet, fa lettre, refcription ou reconnoiffance, il en fera mention fur fon Regiftre Journal & ne tirera dans la colomne des efpeces que le fonds réellement par luy payé en efpeces, & le furplus fera employé en recette & dépenfe dans les colomnes des effets.

XXI.

L'envoy de deniers ou effets exigibles qui fera fait de Comptable à Comptable fera enregiftré fur le Journal le jour de l'envoy fans être tiré hors ligne, & feulement pour mémoire; & lorfque le recepifcé luy fera envoyé, il en fera un article fur fon Journal daté du jour de la reception, en portant hors ligne le montant du recepifcé.

XXII.

Lorfqu'un Comptable prefentera fon Compte, foit par état au vray prefenté au Confeil, foit en nos Chambres des Comptes ou ailleurs, il en fera mention pour mémoire fur fon Journal, & il obfervera la même chofe lorfque fon compte fera arrêté & lorfqu'il fera appuré.

XXIII.

Les procés verbaux de caiffe qui feront faits par les Commiffaires de nôtre Confeil, nos Officiers ou Juges, lors des variations d'efpeces ou pour quelque autre caufe que ce foit, feront mention du montant de la Recette & dépenfe portées fur le Journal, tant en efpeces qu'en effets diftinctement, & du reftant en caiffe auffi en efpeces ou effets diftinctement, & contiendront le bordereau d'efpeces. Les procés verbaux feront tranfcrits fur ledit Journal à l'inftant même de leur confection, & ils feront faits triples; la minute en reftera entre les mains du Commiffaire de nôtre Confeil, nôtre Officier ou Juge qui aura dreffé le procez verbal; une expedition fera remife au Comptable pour fe procurer les valeurs ou décharges neceffaires, & une autre expedition fera envoyée fur le champ au fieur Controlleur general de nos Finances par le Commiffaire de
nôtre

nôtre Conseil, nôtre Officier ou Juge qui aura dressé le procez verbal.

XXIV.

Si un Comptable se trouve avoir des fonds sur differentes années ou exercices pour lesquels il tienne differens Journaux, il suffira de ne faire qu'un seul procés verbal pour toutes les differentes années ou exercices, en expliquant dans iceluy ce qui concerne chaque exercice.

XXV.

Voulons qu'il ne puisse être fait aucune liquidation ni expedié aucune Ordonnance ou décharge en faveur des Comptables pour diminutions d'especes, qu'aprés que les procés verbaux faits à l'occasion desdites diminutions auront été verifiés sur les copies des Journaux envoyés au Conseil.

XXVI.

Les Comptables de nos Impositions seront tenus de faire mention sur leurs Journaux pour mémoire seulement des payemens qu'ils feront & qui leur seront faits pour frais contre les redevables.

XXVII.

Il sera tous les mois envoyé au Conseil par les Comptables une copie separée de chacun de leurs Journaux; ces copies seront transcrites mot pour mot & figurées en tout comme le Journal; elles seront signées & certifiées du Comptable, & remises à la poste le premier ordinaire de chaque mois.

XXVIII.

Les Comptables seront tenus de se pourvoir incessamment de Journaux dans la forme prescrite par ces Presentes, pour être en état d'y porter toutes les recettes & depenses de leur prochain exercice, sans qu'ils puissent s'en dispenser sous quelque pretexte que ce soit. Pourront neantmoins continuer de se servir de leurs Journaux en l'état qu'ils sont pour les exercices commencés, en se conformant autant qu'il sera possible à la disposition des presentes.

XXIX.

Les differentes parties de recette & depense, ainsi que les parties qui ne doivent être portés sur le Journal que pour *adversaur* ou pour mémoire, seront enregistrées sur ledit Journal, conformément aux modeles d'enregistrement attachés sous le contrescel des Presentes; il pourra cependant encore être dressé par les Ordonnateurs de chaque partie de recette & de dépense, des modeles particuliers & instructions sur les mêmes principes & sans déroger à aucun point des Presentes, suivant le rapport qu'ils Nous en feront & les ordres que Nous leur en donnerons; dans lesquels cas Nous autoriserons ces modeles particuliers par des Arrêts de nôtre Conseil.

XXX.

Au commencement de chaque Journal sera joint un Imprimé, tant de nôtre Edit du mois de Juin 1716, que des Presentes & du modele general y joint, & ce Registre sera renouvellé tous les ans si le Comptable est continuellement en fonction, & à chaque changement d'exercice seulement. Si le Comptable n'est en fonction que de deux, trois ou quatre années l'une, la recette & dépense qui se feront sur chaque année, où chaque exercice seront portées sur le Journal de ladite année ou dudit exercice, sans confondre les parties d'une année ou d'un exercice sur le Journal d'une autre année ou d'un autre exercice.

XXXI.

Si le Journal de chaque exercice ou de chaque année ne suffit pas pour porter toutes les parties de recette & dépense de ladite année ou dudit exercice, il en sera fait un second, troisiéme ou autres volumes, qui seront revêtus des mêmes formalitez qui sont ordonnées pour le Journal.

XXXII.

ENJOIGNONS à tous ceux qui sont dénommés ou indiqués aux precedens Articles, d'avoir & de tenir chacun à leur égard leurs Registres Journaux en la forme & maniere prescrites par ces Presentes, & conformément au Modele general y joint, à peine de dépossession de leurs Charges, Employs ou Commissions, conformément à l'Article VII. de nôtre Edit du mois de Juin 1716. Voulons qu'en cas de fausse dépense employée dans lesdits Registres, ou d'obmission de recette, ils soient condamnés à la restitution du quadruple de la somme obmise en recette, ou faussement employée en dépense; le tout sans que lesdites peines puissent être reputées comminatoires, remises, ni moderées, & sans préjudice de la procedure extraordinaire qui pourra être instruite contr'eux, s'il y échoit pour raison de concussion ou divertissement; auquel cas de concussion ou divertissement, Nous entendons que lesdits Comptables & leurs complices soient punis suivant la rigueur des Ordonnances. Voulons au surplus que nôtre Edit du mois de Juin 1716, Declaration du 10 du même mois, & Arrêts rendus en consequence, soient executés selon leur forme & teneur, en ce qu'il n'y est point dérogé par les Presentes.

SI DONNONS EN MANDEMENT à nos amez & feaux les gens tenants nôtre Chambre des Comptes à Nantes (même en temps de vacations) que ces Presentes ils ayent à faire lire, publier & registrer, & le contenu en icelles garder, observer & executer selon leur forme & teneur, nonobstant tous Edits, Declarotions, Arrêts, Reglemens, & autres choses à ce contraires, ausquels Nous avons dérogé & dérogeons par ces Presentes: CAR TEL EST NÔTRE PLAISIR, en témoin de quoy Nous avons fait mettre nôtre Scel à cesdites Presentes. Donné à Versailles le quatriéme jour d'Octobre l'an de grace mil sept cens vingt-trois, de nôtre Regne le neuviéme. *Signé* LOUIS, *plus bas*, Par le Roy, PHELYPEAUX. *Et au dessous est écrit en marge*, Vû au Conseil. *Signé* DODUN, & scelée du grand Sceau de cire jaune.

LA Chambre, *oüy l'Avocat general pour le Procureur general du Roy, a ordonné & ordonne que ladite Declaration & Modele instructif seront registrés au Greffe d'icelle pour être executés selon leur forme & teneur, & qu'à la diligence dudit Procureur general du Roy copies en seront envoyées aux Sieges Presidiaux & Royaux de la Province, afin qu'à la requête de ses Substituts elles y soient pareillement lûes, publiées & registrées, lesquels en certifieront la Chambre dans le mois. Fait en la Chambre des Comptes à Nantes, Semestres assemblés, le deuxième Decembre mil sept cens vingt-trois*

Au Mandement coté 50, fol. 226 v°.

Voyez l'Edit du mois de Juin 1616 fol 371 du Mandement coté 48.

EDIT DU ROY,

Portant que le prix des Offices sera & demeurera fixé pour chacun desdits Offices, sur le pied qu'il l'étoit avant l'Edit du mois de Decembre 1709.

Donné à Fontainebleau au mois de Septembre 1724.

LOUIS par la grace de Dieu, Roy de France & de Navarre : A tous presens & à venir, SALUT. Rien ne seroit plus desirable pour Nous & plus avantageux à nos Sujets, que d'abolir la venalité des Charges, pour ne les donner qu'au mérite & à la vertu : mais la necessité de trouver des fonds suffisans pour des remboursemens aussi considerables rendant ce projet impossible quant à present, & même fort difficile pour l'avenir, Nous avons cru du moins devoir regler le prix des Offices sur un pied juste & moderé, qui en laissant aux bons sujets la liberté de se presenter sans crainte de se voir exclus par des offres excessives de personnes plus riches & souvent moins dignes, Nous mît en état de nôtre part de regler nôtre choix sur la capacité, la naissance & les services. Le feu Roy nôtre trés-honoré Seigneur & bisayeul, qui avoit reconnu les inconveniens du prix excessif auquel la plûpart des Offices avoient été portés dans les premiers temps de son Regne, en avoit fixé le prix, & ce n'est que dans les besoins extrêmes causés par une longue suite de guerres qu'il avoit revoqué cette fixation par l'Edit de Decembre 1709, pour recompenser en quelque façon ceux qui étoient alors proprietaires des Offices, des secours qu'ils lui fournissoient pour les besoins pressans de l'Etat : mais ce qui pouvoit être profitable à quelques particuliers étant trés préjudiciable à l'avantage & à la dignité des Corps, dont la veritable consideration dans le public dépend en partie des sujets dont ils sont composés, il Nous a paru que leur veritable interêt, celuy de nos Peuples & le bien de nôtre service, exigeoient également de Nous le rétablissement de la fixation des Offices sur le même pied qu'ils étoient avant la revocation qui en a été ordonnée par l'Edit du mois de Decembre 1709 : Et si quelques particuliers y trouvent une perte par la difference du prix de la fixation, à celuy auquel ils ont porté leurs Offices lors de leur acquisition, les avantages qui en resulteront pour l'ordre public & le bien general de nos sujets, doivent être preferés à l'interêt de quelques particuliers. A CES CAUSES & autres à ce Nous mouvans, de l'avis de Nôtre Conseil, & de nôtre certaine science, pleine puissance & authorité Royale, Nous avons par nôtre present Edit perpetuel & irrévocable, dit, statué & ordonné, disons, statuons & ordonnons, voulons & Nous plaît, qu'à compter du jour de la publication de nôtre present Edit, le prix des Offices de nôtre Royaume sera & demeurera fixé pour chacun desdits Offices, sur le pied qu'il l'étoit avant l'Edit du mois de Decembre 1709, qui a revoqué ladite fixation, auquel Nous avons derogé & dérogeons pour cet égard : Voulons en conséquence, que lorsque ceux qui auront été agréés par Nous pour quelqu'un desdits Offices vacants, n'auront pas pû convenir de gré à gré avec les Vendeurs, du prix & des conditions pour l'acquisition dudit Office, ils puissent consigner le prix de la fixation dudit Office entre les mains du Tresorier de nos Revenus casuels qui leur en delivrera la quittance, en consequence de laquelle la propriété leur en sera transmise & les provisions expediées, sauf aux Proprietaires ou autres pretendants droit sur le prix dudit Office, à se pourvoir en nos Revenus casuels, pour en retirer les deniers consignés pour le prix de la fixation. N'entendons préjudicier par la presente disposition aux traités qui pourront se faire de gré à gré, aux conditions & aux prix dont les parties conviendront pour la vente des Offices, pourvû neanmoins que le prix n'excede pas celuy de la fixation, & que l'acquereur ait obtenu de Nous l'agrément sur ce necessaire. Et attendu qu'il y a plusieurs Offices, & principalement des Offices de Finance dont le prix n'étoit point fixé lors de la revocation de la fixation ordonnée par l'Edit de Decembre 1709, soit qu'ils n'eussent jamais été fixés, ou que la fixation en eut été revoquée par quelques Edits ou Declarations particuliers anterieurs audit Edit, & qu'il est également necessaire pour remplir toutes les vûes que Nous nous proposons par le present Edit, d'en rendre la disposition generale pour tous les Offices de nôtre Royaume: Nous voulons & ordonnons que par les Commissaires de nôtre Conseil que Nous nommerons à cet effet, il soit procedé, tant à l'examen des Finances, gages, appointemens & droits attribués à chacun desdits Offices, que du prix que ces Offices, ou autres de pareille nature ont été vendus avant l'année 1709, pour en être par eux dressé un état, avec leur avis, qui sera remis au sieur Controlleur General de nos Finances, pour sur le rapport qu'il en sera en nôtre Conseil, être par Nous statué sur la fixation du prix de chacun desdits Offices, qui ne pourront être vendus à l'avenir à un prix plus haut que celuy de ladite fixation, conformément aux dispositions de nôtre present Edit, qui seront executées à leur égard.

SI DONNONS EN MANDEMENT à nos amez & feaux Conseillers les Gens tenants nôtre Cour de Parlement, Chambre des Comptes & Cour des Aydes à Paris, que nôtre present Edit ils ayent à faire lire, publier & registrer, même en temps de vacations, & le contenu en iceluy garder, observer & executer selon sa forme & teneur: CAR TEL EST NOSTRE PLAISIR. Et afin que ce soit chose ferme & stable à toûjours, Nous y avons fait mettre nôtre Scel. Donné à Fontainebleau au mois de Septembre l'an de grace mil sept cens vingt-quatre, & de nôtre Regne le dixiéme. *Signé* LOUIS. *Et plus bas*, Par le Roy, PHELYPEAUX. *Visa*, FLEURIAU. Vû au Conseil, DODUN. Et scellé du grand Sceau de cire verte.

Enregistré au Livre des Mandemens coté 50, fol. 319.

Les cinq pieces cy-dessus ajoutées, ayant été obmises d'être placées en leur lieu, on a été obligé de les mettre à la fin de cette IV. Partie.

TABLE

GENERALE DES MATIERES

CONTENUES EN CET OUVRAGE,

Selon l'ordre Alphabetique.

A

B

C.

tems

D.

E.

G.

H.

I.

que

N

O

terpretter, *ibid.* 293.

Ouvertures ou séances de la Chambre étoient anciennement au nombre de quatre de deux mois chacune, ensuite réduites à deux de trois mois chacune. III. part. p. 61. L'ouverture de la première Séance fixée au lendemain de la Quasimodo; la seconde le premier Octobre, *Ibid.* 63. Prolongation des Séances de deux mois pour être tenues pendant quatre mois chacune; la première commençant le premier jour de Mars; le second le premier jour de Juillet, *Ibid.* 64. Depuis remise au premier Novembre, & continuer pendant les mois de Décembre, Janvier & Février, 66. Ouvertures des Séances prolongées de deux mois chacune, afin qu'il n'y ait aucune interruption de service, si ce n'est de dix jours entre l'un & l'autre Semestre, *ibid.* 67.

P

PAncarte des Droits de Brieux & de la Prevôté de Nantes reglée par les Officiers de la Chambre, deffentes au Parlement d'en connoître non en presence des Officiers de la Chambre en nombre égal que ceux du Parlement, II. partie, page 286.

Parlement de Bretagne, sa première creation en 1485. IV. part. Succ. Cron. L. 2. p. 113. Sa seconde creation, *ibid.* 123. Sa troisième creation, II. partie, page 262. Officiers du Parlement ne peuvent tenir autres Offices Royaux dans la Province, semblablement tous Officiers de Cour Superieure, *ibid.* 273. Le Parlement ne doit prendre connoissance des affaires de Finances, *Ibid.* page 274. 276. & 312. Lui est deffendu de recevoir les Appellations des Jugements de la Chambre, hors en cas de revision, II. partie, page 280. Comme aussi d'entreprendre aucune Jurisdiction sur celle de la Chambre, *ibid.* 288. 297. 312. & 312. Memoire presenté au Conseil sur les differens entre le Parlement & la Chambre, *ibid.* 290. La Chambre des Comptes de Bretagne reglée à l'instar de celle de Paris 291. Gages des Officiers du Parlement ne sont allouez par la Chambre que sur l'Acte de service, ou Certificat de service signé de l'un des Presidens de ladite Cour, 291. & 311. Reglement de 1581. entre le Parlement & la Chambre, 294. Autre Reglement de 1582. p. 298. Observation sur ce Reglement, 304. Autre Reglement de l'année 1625. page 304. Procez des Officiers de la Chambre évoquez au grand Conseil, page 327. Quel rang les Officiers du Parlement & de la Chambre tiennent dans les ceremonies publiques quand les Compagnies marchent en Corps, 397. Et quel rang ils ont chacun en particulier, *ibid.* II. partie.

Papier Terrier & reformation du Domaine faite par les gens des Comptes, II. partie, page 302. *Voyez* Reformation.

Parquet, registres du Parquet comment doivent être tenus & conservez par le Procureur general II. part. page 165. Clerc ou Secretaire du Parquet ne doit rien prendre pour les expeditions sous quelque pretexte que ce soit, enjoint au Procureur general d'y tenir la main à peine d'en repondre, *ibid.* 58. Quelles Requêtes doivent être communiquées au Procureur general, *Ibid.* 161.

Partie rayée sur le Compte commun est allouë en l'appurement, III. partie, page 307. & 308.

Paulet, IV. part. Succ. Cron. L. 2. p. 167.

Premier President preside dans les deux Semestres & a droit d'y entrer quand il veut, III. partie, page 64. 72. 77. & 81. Doit signer tous les Arrêts sans rien innover à l'ancien usage pour la delivrance des extraits, II. part. page 177.

Préeminances employées aux aveux ne se justifient que par Titres & non par procez verbaux III. partie, page 38.

Presens & gratifications deffendus aux Officiers sur peine de privation de leurs Offices, II. partie p. 17. Et de recevoir gages ou pensions d'autres Seigneurs que du Roy, *Ibid.* Parens ne peuvent connoître des affaires de leurs parens, *ibid.*

Presidens distribuent & ne rapportent point, II. partie, p. 16.

Presentation des Evêchez & Abayes de Bretagne appartient au Duc, I. partie, p. 253.

Presentation des Comptes doit être écrite sur un Registre tenu à cet effet par l'un des Maîtres, II. partie, p. 17.

Presidial de Nantes, son rang aux processions, IV. partie, p. 142. Creation des Presidiaux en Bretagne, Succ. Cron. L. 2. p. 146. Prisonniers Comptables arrêtez par ordre & commission de la Chambre ne peuvent être élargis par les Juges ordinaires, ni par le Parlement, ni leur donner main levée ou à leurs caution & heritiers de leurs biens saisis, ni surseance de payement sur peine de repondre des evenemens, II. partie, p. 301. & 326.

Privileges de la Province de Bretagne conservez en leur entier, I. partie, p. 211. & IV. partie, depuis la p. 1. jusqu'à 52. inclusivement.

Privileges de la Chambre des Comptes de Paris communs à celle de Bretagne, IV.

II. part. p. 162. Doit tenir Registre de la presentation & cloture des Comptes, des noms & qualités des Comptables, & des pourfuites faites contr'eux, & en doit donner un Etat à la Chambre au commencement de chaque Semestre, I. part. p. 9. & 10. & II. part. p. 15. 63. 155. & 161. Doit executer les ordres de la Chambre pour faire compter & apurer les Comptables, II. part. p. 5. Doit porter aux Auditeurs-Raporteurs les Comptes qui leur sont distribuez, II. part. p. 15. Ne doit demeurer au Bureau s'il n'y a affaire à requerir ou s'il n'est mandé, *Ibid.* 15. Son rang aux Processions & ceremonies publiques, *Ibid.* Doit requerir tous les mois la condamnation aux amandes contre les Comptables en retard. II. partie, p. 49. & 50. Doit faire ses diligences & pourfuites contre les Commissaires abienneurs établis au gouvernement des biens saisis sur les Comptables en demeure de compter, ou redevables, afin que lesdits abienneurs en rendent compte à la Chambre, *Ibid.* 51. Doit envoyer au Procureur general de la Chambre des Comptes de Paris six mois après chacune année finie les extraits des Chapitres des Comptes rendus contenant les Parties payées au Tresor Royal ou au Trésorier de l'ordinaire des Guerres, & des Ponts & Chaussées, II. part. 97. Doit porter au Bureau à la fin de chacun Semestre l'Etat des Comptes qui auront été remis au Parquet pendant le cours d'icelui, pour être distribuez aux Correcteurs, *Ibid.* 97. Doit envoyer au Conseil d'Etat des Debets des Comptes pour en être envoyé un Extrait aux Tresoriers de France ou Receveurs generaux, afin d'en faire le recouvrement, III. partie, pag. 205. Quelles Requêtes lui doivent être communiquées, II. partie, p. 161.

Procureurs postulants doivent entrer à la Chambre à l'heure des Auditeurs, II. part. p. 18. Peuvent être revoquez par les Comptables, *Ibid.* 98. Deffenses à eux de prendre plus grande somme pour leurs Vacations & salaires pour façons de Comptes & autres que celles qui leur sont reglées par les Etats du Roy, à peine d'interdiction, *Ibid.* Leurs Vacations pour l'adresse des Requêtes afin de presentation d'Homages & Aveus reglées par le Conseil sur l'avis des Commissaires du Roy aux Etats, III. partie, p. 358.

Prolongation des Seances de la Chambre, la premiere demeurant toûjours fixée au premier Mars; la seconde au premier Septembre au lieu du premier Novembre, *Voyez* Ouvertures; les Etats de la Province sont deboutez de leur opposition à la prolongation des Semestres de la Chambre, III. part. p. 70.

Provisions d'Offices de Comptables ou Commissions des generaux des Finances doivent être presentées & Enregistrées à la Chambre avec les Actes de Caution, II. part. p. 46.

Provôts des Marechaux tenus de bailler tous les ans au Receveur general du Domaine des Rôles signez de leurs Greffiers, des amandes & confiscations par eux énoncées pour être rapportées à la reddition des Comptes desdits Receveurs, à peine contre les Provôts de perte de leurs Etats, II. partie, p. 53.

Q.

QUittances des Receveurs generaux des Domaines & Finances doivent être Controllées dans le mois de la datte d'icelles à peine de nullité & de rejection, II. partie, p. 94.

R.

RAng & Seance des Officiers de la Chambre égal en l'un & l'autre Semestre & reglé suivant l'ancienneté de leur reception avec voix & opinion deliberative, III. part. p. 231. Rang & Préséance des Officiers de la Chambre sur ceux du Présidial de Nantes, IV. partie, page 142. & suivantes.

Rang des Officiers du Parlement & de la Chambre, soit dans les marches & ceremonies publiques de Corps à Corps & de Particulier à Particulier, *Voyez* Marche.

Receveur general des Finances doit recevoir en especes des Receveurs particuliers par Quittances dûëment Controllées & non en reconnoissances ou prommesses de payer, II. p. p. 44. Receveurs generaux & autres Comptables ne peuvent être reçus en autres Offices de la Chambre qu'ils n'ayent auparavant compté de leur maniement & payé les Debets de leurs Comptes, *ibid.* 45. Doit raporter sur son Compte les Rolles des amandes & confiscations ajugées au Roy, aubaines, rachats, lods & ventes & autres profits Feodaux, II. part. p. 55. Doit en faire recette entiere (sauf à en faire reprise, *Ibid.* 55. 117. 118. 145. 146. 147. & 148. Tenu pareillement de raporter sur les Com-

S.

T.

V

FIN de la Table des Matieres.

F